LA JUSTICE AU CONGO : BILAN GLOBAL SOIXANTENAIRE

La genèse et l'évolution de la justice de droit commun

Collection « Études africaines »
dirigée par Denis Pryen et son équipe

Forte de plus de mille titres publiés à ce jour, la collection « Études africaines » fait peau neuve. Elle présentera toujours les essais généraux qui ont fait son succès, mais se déclinera désormais également par séries thématiques : droit, économie, politique, sociologie, etc.

Dernières parutions

Dieudonné MUSA ALOKPO, *L'éducation en Afrique dans des sociétés en mutation. À partir du cas de la RD Congo*, 2023.
Ruddy KABAMBI TSHITADI, *Internationalisation de l'insécurité des eaux du bassin du Congo. Géostratégie de la sécurité*, 2023.
Émile AMOUZOU, *Littérature comparée et enseignement du français. Pour une didactique des humanités en Afrique : le cas de la Côte d'Ivoire*, 2023.
Sena Yawo AKAKPO-NUMADO et Bilakani TONYEME (dir.), *L'école en Afrique. La fin des mythes et le début d'une nouvelle ère*, 2023.
Sabine NDZENGUE AMOA, *Justice pour l'environnement en Afrique et ailleurs. La cour internationale pour le climat (CIC)*, 2023.
Fernand Ghislain Ateba Ossendé, *Politiques et développement des industries culturelles et créatives. Vers une possible adéquation au Cameroun*, 2023.
Antoine NGUIDJOL, *Métapolitique africaine. Une contribution à la renaissance de la pensée*, 2023.
Mandiou TRAORÉ, *Le règlement des litiges commerciaux en Afrique de l'Ouest*, 2023.
Léon KOUNGOU, *Sahel indocile. Coup d'Etat, institution et impuissance de la puissance française*, 2023.
Michel Fabrice AKONO ABINA, *Jean Abessolo Nkoudou, un militant nationaliste camerounais. D'agent de l'État à homme politique*, 2023.
Anne-Marie DAUPHIN-TINTURIER, *L'initiation des filles en Zambie. Métamorphoses du cisungu dans la zone de parler cibemba*, 2023.
Alain MARLIAC, *Archéologie socio-active, en Afrique et au-delà. Étudier, raconter et vivre le passé des autres*, 2023.
Emmanuel Alain ATANGANA, Nathan ONANA NOAH, *L'Etat du Cameroun dans tous ses états*, 2023.
NIAMKEY-KOFFI, *Une lecture de* Kaydara *d'Amadou Hampâté Bâ*, 2023.
Aly TOUNKARA, *Le Mali, des rébellions aux accords de paix. Enjeux, enseignements et résilience des populations*, 2023.
Etienne BAKISSI, *Ethnicité et bandes armées au Congo-Brazzaville*, 2023.

Auguste Iloki
Valencia Engamba Iloki
Raïssa Kartelle Iloki

LA JUSTICE AU CONGO : BILAN GLOBAL SOIXANTENAIRE

La genèse et l'évolution de la justice de droit commun

Avec la collaboration de Mireille Iloki Gondo

L'Harmattan

Du même auteur Auguste Iloki

Le droit des parcelles de terrain au Congo, tome 3, L'Harmattan, 2014, collection « Études africaines ».

Le droit des parcelles de terrain au Congo, tome 2, L'Harmattan, 2012, collection « Études africaines ».

Le droit des parcelles de terrain au Congo, tome 1, L'Harmattan, 2010, collection « Études africaines ».

Le droit du mariage au Congo, L'Harmattan, 2008, collection « Études africaines ».

Le droit des successions au Congo, tome 2, L'Harmattan, 2006, collection « Études africaines ».

Le droit des successions au Congo, tome 1, L'Harmattan, 2006, collection « Études africaines ».

Le droit du divorce au Congo, L'Harmattan, 2004, collection « Études africaines ».

Le recours pour excès de pouvoir au Congo, 1ère édition, L'Harmattan, 2004, collection « Études africaines ».

Le droit du licenciement au Congo, 1ère édition, L'Harmattan, 2000, collection « Logiques juridiques ».

De la même auteure Valencia Iloki Engamba

Au tribunal de Wamy, tome 1, Les éditions du Panthéon, 2020.

Une industrie pour la justice congolaise, Éditions Mabiki, Kinshasa-Bruxelles-Wabre, 2021.

5-7, rue de l'Ecole-Polytechnique, 75005 Paris
http://www.editions-harmattan.fr
ISBN : 978-2-336-40249-9
EAN : 9782336402499

AVANT-PROPOS

Plus de six décennies après l'indépendance de la République du Congo, il paraît nécessaire d'effectuer la revue du système judiciaire permettant de présenter autant que faire se peut l'état des lieux de la justice dans les principaux domaines qui en constituent l'ossature afin d'entrevoir la perspective susceptible de se profiler.

Cette tâche, de grande envergure, complexe, exaltante et malaisée à la fois compte tenu de son immensité susceptible d'épouvanter les trois auteurs déterminés à oser l'accomplir, n'a pas été en mesure de les rebuter. Ils en ont mesuré, pleinement, l'ampleur et conclu qu'elle n'est pas impossible à réaliser. Ainsi, à travers d'innombrables difficultés bien perceptibles, ils ont résolu de l'assumer en projetant leur passion pour le progrès de la justice. Le défi mérite, en effet, opportunément et résolument, d'être relevé d'autant plus qu'il augure les progrès espérés du système judiciaire.

Parti dans l'optique de rédiger un ouvrage unique dans lequel seraient regroupées toutes les questions de justice de droit commun, de justice spéciale et de justice constitutionnelle, les auteurs étaient, agréablement, surpris lors de sa mise en œuvre par la vaste étendue de la tâche à accomplir tant la fluidité du texte était d'une densité qui dépassait les limites d'un seul livre à moins de synthétiser à l'excès les sujets à traiter. Cette approche, bien qu'envisageable, n'avait pas recueilli leur assentiment. Ils ont, finalement, consenti à confiner leur étude à la genèse et à l'évolution de la justice de droit commun.

L'ambition des auteurs est de présenter, autant que possible, le bilan exhaustif du système judiciaire depuis l'indépendance de la République du Congo jusqu'en 2023. Sans rechigner, ils élargissent le champ de leurs analyses sur les grands principes d'organisation et de fonctionnement de la justice congolaise.

Plusieurs domaines clés de la justice ont, par conséquent, été explorés en procédant aux subdivisions qui exigeaient la présentation des questions spécifiques en les répartissant suivant les dénominations manifestées par leurs particularités.

Ainsi, fut opérée la distinction entre la justice de droit commun ou la justice ordinaire visant les règles généralement appliquées en matière civile, pénale, commerciale, sociale… par les juridictions ordinaires à tous les individus sans distinction de leur qualité ou des particularités, la justice spéciale engobant les règles relatives à l'organisation et au fonctionnement des juridictions d'exception ou particulières et la justice constitutionnelle.

Le présent ouvrage, consacré à la justice de droit commun, se trouve justifié par l'énormité des matières qui le composent dont la diversité a exigé sa subdivision en autant de parties que de sujets spécifiques à développer.

L'effort de compression pour sérier les questions qui intéressent, uniquement, la justice de droit commun a permis leur synthétisation ayant généré des analyses relatives à la genèse et à l'évolution de ce type de justice.

Le bilan soixantenaire de la justice en République du Congo suggère, du point de vue des auteurs, l'évaluation du système judiciaire sur une période couvrant les soixante-trois années de son existence. Cela implique l'examen des défis autant que des progrès ou réalisations sans éluder les échecs enregistrés. Ces derniers n'ont pas manqué de susciter, de la part des auteurs, quelques suggestions, estimées pertinentes, aux concepteurs de la politique judiciaire congolaise en vue de réussir l'élaboration des réformes pertinentes.

Pour être global, le bilan soixantenaire de la justice ne pourra être achevé qu'autant que l'œuvre aura été complétée par le bilan d'autres types de justice à présenter dans d'autres ouvrages que nécessite ce vaste chantier, encore, en friche depuis plus de soixante ans ! D'où cet emballement des auteurs dans leur exaltation rédactionnelle indissimulable.

ABRÉVIATIONS ET SIGLES

N.B. Les chiffres renvoient aux numéros des paragraphes

Act. fond.	: Acte fondamental
AEF	: Afrique équatoriale française
Aff.	: affaire
Al.	: alinéa
All.	: allocution
Arr.	: arrêté
Art.	: article
A. r.	: avis de réunion
Att.	: attestation
Cf	: confer (voir, se reporter à)
Ch. Adm. Fin.	: chambre administrative et financière
Chap.	: chapitre
Coll.	: collection
Const.	: Constitution
CNRJ	: commission nationale de réformes judiciaires
CPIJ	: centre populaire d'information juridique
CPP	: code de procédure pénale
CSM	: Conseil supérieur de la magistrature
Cs	: Cour suprême
CSC	: confédération syndicale congolaise
Déc.	: décision
Décr.	: décret
DCSE	: document cadre de suivi et évaluation
ENAM	: école nationale d'administration et de magistrature
Éd.	: édition
Fesytragem	: fédération syndicale des travailleurs de l'administration générale et de mairie
IHEOM	: institut des hautes études Outre-mer
Infra	: plus loin dans le texte, ci-dessous
IST	: institut supérieur de la magistrature de Tunisie
JNP	: juge non-professionnel
JMNR	: jeunesse du mouvement national de la révolution

JORC	: journal officiel de la République du Congo
JORPC	: journal officiel de la République populaire du Congo
L.	: loi
LDB	: les dépêches de Brazzaville
LSA	: la Semaine Africaine
MNR	: mouvement national de la révolution
N°	: numéro
Nouv.	: nouveau
Ord.	: ordonnance
P.	: page
PA	: protocole d'accord
PAED	: programme d'appui à l'État de droit
Parag.	: paragraphe
PAREDA	: Projet d'actions pour le renforcement de l'État de droit et des associations
PCT	: Parti congolais du Travail
PND	: plan national de développement
P.	: page
PUB	: presses universitaires de Brazzaville
RIN	: règlement intérieur national
RPC	: République populaire du Congo
Sp.	: spécialement.
RSS	: revue de sciences sociales
Supra	: ci-dessus
TPA	: tribunal populaire d'arrondissement
TPD	: tribunal populaire de district
TPDA	: tribunal populaire de district ou d'arrondissement
TPCB	: tribunal populaire de commune de Brazzaville
TPRC	: tribunal populaire de région ou de commune
UJSC	: union de la jeunesse socialiste congolaise
UNEAC	: union nationale des écrivains et artistes congolais
URFC	: union révolutionnaire des femmes du Congo

SOMMAIRE

INTRODUCTION

1 - **Institutions judiciaires précoloniales, impact de la coutume**. Les institutions judiciaires précoloniales se caractérisaient par le règne de la coutume, autrement dit, par l'absence de documents écrits. L'existence d'une harmonie, symbolisant l'ordre au sein des communautés, préfigurait, par conséquent, inéluctablement, la préexistence d'un droit adapté à l'évolution de la société traditionnelle avant la pénétration coloniale. L'on ne peut, en effet, imaginer la vie communautaire exempte de différends qui pouvaient troubler la paix sociale. Des mécanismes ne manquaient pas pour ramener la cohésion entre les individus et, ce, au moyen du droit, fut-il embryonnaire et oral mais il constituait l'ensemble des règles qui permettaient la vie paisible en société.

2 - **Institutions judiciaires précoloniales, types de justice**. Ayant, fortement et profondément, perturbé et bouleversé les structures sociales, la colonisation n'avait épargné le système judiciaire des colonisés qui en subissaient les affres. Il s'était, en effet, posé aux colonisateurs, en contact avec les règles coutumières non conformes au droit qui les régissait, la problématique de leur observation ou l'établissement d'un nouveau droit unique devant s'imposer à tous les individus, colonisateurs et colonisés.

Une position hybride fut adoptée. En effet, si auparavant les administrateurs des colonies avaient reçu la compétence d'exercer des attributions judiciaires à l'égard des indigènes, la politique coloniale française engendrait deux types de système judiciaire du fait de la coexistence de deux communautés, l'une autochtone et l'autre métropolitaine. Ainsi, naissaient deux types de justice, l'une française et l'autre indigène. Alors que le système français était soumis à la loi de la métropole, le système indigène se référait à la coutume.

3 - **Indigènes, signification**. Les indigènes étaient des individus originaires des colonies françaises de l'Afrique équatoriale française (AEF), qui ne disposaient pas de la qualité de citoyens français. Selon la logique institutionnelle coloniale, ces individus étaient justiciables des tribunaux dits indigènes qui appliquaient le droit coutumier tandis que les citoyens étaient soumis au droit français. Le terme « indigène »

comportait, sans nul doute, une connotation péjorative.

La doctrine estime que le terme « citoyen » comporte des « significations multiples qui éclairent son contenu. Il sert, en effet, à désigner : l'individu qui jouit sur le territoire de l'État dont il relève, des droits civils et politiques ; la personne qui respecte les libertés démocratiques : un démocrate, un républicain, un patriote ; le national d'un pays dont le statut juridique est celui de la République. C'est ainsi que l'on considère dans le monde contemporain que la simple appartenance à une nation suffit pour se voir reconnaître la citoyenneté » (cf. Auguste Iloki, « Droits et devoirs du travailleur en tant que citoyen en démocratie », 2001, p. 1, inédit).

4 – Afrique équatoriale française, étendue. L'Afrique équatoriale française (AEF), créée le 15 janvier 1910, formait un vaste territoire constitué de quatre colonies françaises : le Gabon, le Moyen Congo, l'Oubangui Chari et le Tchad. Le chef-lieu fut Brazzaville tandis que celui du Moyen Congo était Pointe-Noire (Repères de l'histoire de la République du Congo, C) Création de l'Afrique équatoriale française (15 janvier 1910), présidence de la République, 2016, p. 17, inédit).

5 - Justices de paix à compétence étendue, objet. Ce type de juridiction, d'exportation coloniale, avait pour objet le règlement des conflits mineurs qui mettaient, donc, en jeu des intérêts considérés comme modestes.

6 - Justices de paix à compétence étendue, composition. Les justices de paix à compétence étendue se composaient, uniquement, d'un juge de paix, magistrat d'un grade peu élevé, assisté d'un greffier qui était l'unique auxiliaire de justice habilité à accomplir les actes du greffe.

Le ministère public n'y était pas prévu. Le juge de paix composait, ainsi, tout seul, la juridiction. Cependant, faute de magistrat, les fonctions de juge de paix à compétence étendue pouvaient être exercées par un administrateur, donc, par un non-magistrat.

L'étendue du ressort des justices de paix était déterminée suivant arrêté du gouverneur général de l'Afrique équatoriale française (AEF).

7 - Justices de paix à compétence étendue, lieux de création. Avant leur transformation en tribunaux de première instance, les justices de paix étaient créées : - à Brazzaville, de 1897 à 1913 ; - à

Loango, de 1897 à 1913 ; - à Ouesso, de 1910 à 1913 ; - à Madingou, de 1910 à 1913.

8 - Juridiction d'appel, Conseil d'appel. Alors qu'il avait, déjà, été créé, par ordonnance royale du 7 janvier 1822, une juridiction d'appel dénommée conseil d'appel à Saint-Louis, au Sénégal, ce n'est que plus tard que fut institué, par décret du 28 septembre 1897, un conseil d'appel à Libreville présidé par le commissaire général du gouvernement au Congo. Grâce à cette innovation, l'Afrique équatoriale française obtenait son détachement judiciaire du Sénégal auquel il était rattaché.

L'exercice des fonctions judiciaires étaient dévolu, par décret du 22 septembre 1887, aux chefs de circonscriptions administratives. Toutefois, par décret du 23 novembre1899, la présidence du Conseil d'appel était confiée à un magistrat de carrière assumant, également, les fonctions de chef du service judiciaire. De même, pour la première fois, la justice de paix à compétence étendue de Brazzaville était, à cette époque, présidée par un magistrat de carrière.

9 - Juridiction d'appel, tribunal supérieur d'appel. Le développement de la ville de Brazzaville avait nécessité la création du tribunal supérieur d'appel par décret du 17 mars 1903. Composée de trois magistrats de carrière, cette juridiction d'appel était substituée au Conseil d'appel de Libreville.

Cependant, par décret du 12 mai 1910, naissait la Cour d'appel de l'Afrique équatoriale française qui se substituait au tribunal supérieur d'appel.

10 - Tribunaux indigènes, dénominations. Les juridictions dénommées « tribunaux indigènes », autrement dit les tribunaux qui jugeaient des affaires dans lesquelles étaient impliqués des individus nés dans les pays colonisés de l'Afrique équatoriale française et qui étaient dépourvus du statut de citoyens français, furent créées par décret du 10 novembre 1903 (sur la compréhension du terme « indigène », cf. également, ci- haut,« Indigènes, signification », n° 3, p. 17).

Ces tribunaux furent, véritablement, organisés par décrets du 22 mars 1924, 29 avril 1927 et 29 mai 1936. Ils reçurent les dénominations suivantes : - tribunaux de conciliation ; - tribunaux du premier degré ; - tribunaux de deuxième degré ; - chambre spéciale d'homologation qui exerçait les compétences d'une juridiction de cassation à l'égard des décisions rendues en dernier ressort par les tribunaux de premier degré et de deuxième degré.

11 – Tribunaux de droit local, création. C'est en 1946 que les « tribunaux indigènes » étaient désignés « tribunaux de droit local ». Au regard de l'organisation judiciaire de droit local en Afrique équatoriale française, le décret du 29 mai 1936 précité constituait le texte organique des juridictions de droit local. Il fut complété par le décret du 26 mai 1944 relatif aux tribunaux coutumiers.

Les règles de procédure et, notamment, celles relatives à l'introduction du procès et à son déroulement résultaient de l'arrêté du 11 mai 1914 réglant la procédure en matière civile et commerciale devant la cour d'appel, les tribunaux de première instance, les justices de paix à compétence étendue et à compétence ordinaire de l'Afrique équatoriale française.

12 - Tribunaux de droit local, premier degré. La liste des tribunaux de droit local du premier degré comportait les juridictions dont la dénomination se déclinait ainsi qu'il suit : Abala (Plateaux) ; Bacongo (Brazzaville) ; Bambama (Lekoumou) ; Banda (Niari) ; Betou (Likouala) ; Boko (Pool) ; Boko-Songho (Bouenza) ; Mbomo (Cuvette) ; Boundji (Cuvette) ; Divenié (Niari) ; Djambala (Plateaux) ; Dongou (Likouala) ; Epéna (Likouala) ; Enyelle (Likouala) ; Etoumbi (Cuvette) ; Ewo (Cuvette) ; Gamaba (Pool) ; Gamboma (Plateaux) ; Impfondo (Likouala) ; Kakamoeka (Kouilou) ; Kellé (Cuvette) ; Kibangou (Niari) ; Kimongo (Niari) ; Kindamba (Pool) ; Kingoué (Bouenza) ; Kinkala (Pool) ; Liranga (Likouala) ; Lekana (Plateaux) ; Loandjili (Kouilou) ; Londela-Kayes (Niari) ; Loudima (Bouenza) ; Louingui (Pool) ; Loukolela (Cuvette) ; Loumo (Pool) ; Loubakou (Niari) ; Mabombo (Bouenza) ; Madingou (Bouenza) ; Madingou-Kayes (Kouilou) ; Makabana (Niari) ; Makélékélé (Brazzaville) ; Makotipoko (Plateaux) ; Makoua (Cuvette) ; Mayama (Pool) ; Mayoko (Niari) ; Mbama (Cuvette) ; Mbanza-Ndounga (Pool) ; Mbinda (Niari) ; Mbomo (Cuvette) ; Mfouati (Bouenza) ; Mindouli (Pool) ; Mossaka (Cuvette) ; Mossendjo (Niari) ; Moungali (Brazzaville) ; Moungoundou (Niari) ; Mouyondzi (Bouenza) ; Mpouya (Plateaux) ; Mvouti (Kouilou) ; Ngabé (Pool) ; Ngbala (Sangha) ; Ngo (Plateaux) ; Ngoko (Cuvette) ; Nkayi (Bouenza) ; Ntokou (Cuvette) ; Nyanga (Niari) ; Nzambi (Kouilou) ; Ollombo (Plateaux) ; Ouesso (Sangha) ; Ouenzé (Brazzaville) ; Owando (Cuvette) ; Oyo (Cuvette) ; Okoyo

(Cuvette) ; Pikounda (Sangha) ; Poto-Poto (Brazzaville) ; Sembé (Sangha) ; Sibiti (Lekoumou) ; Souanké (Sangha) ; Talangaï (Brazzaville) ; Tchikapika (Cuvette) ; Tsiaki (Bouenza) ; Vinza (Pool) ; Zanaga (Lekoumou) ; Loubomo (Niari) ; Pointe-Noire (premier arrondissement) ; Pointe-Noire (deuxième arrondissement) ; Pointe-Noire (troisième arrondissement).

13 - Tribunaux de droit local, tribunal de droit local du premier degré de la commune de Brazzaville. Après la suppression des tribunaux de droit local du premier degré de Bacongo et de Poto-Poto (art. premier, arr. n° 3708 du 27 décembre 1956 portant création d'un tribunal du premier degré à Brazzaville) institués par arrêté n 3855 du 22 décembre 1950 portant création de deux tribunaux du premier degré dans la commune mixte de Brazzaville, il fut constitué, dans ladite commune, un tribunal de droit local du premier degré suivant arrêté n° 3708 du 27 décembre 1956 portant création d'un tribunal du premier degré à Brazzaville.

Celui-ci comprenait deux sections situées à Bacongo et à Poto-Poto dans lesquelles les présidents suppléants, les assesseurs et les secrétaires continuaient à exercer leurs fonctions. Leur ressort demeurait le même que celui des anciens tribunaux de droit local du premier degré de Bacongo et de Poto-Poto.

14 – Tribunaux de droit local, deuxième degré. L'on dénombrait trois tribunaux de ce niveau dont les sièges étaient situés à Brazzaville ; Pointe-Noire ; Loubomo (Niari).

15 - Tribunaux de droit local, deuxième degré à rouvrir. En raison des difficultés inhérentes à leur fonctionnement, les juridictions précitées étaient supprimées. D'autres tribunaux de droit local de deuxième degré, ci-après, étaient rouverts pour rendre justice dans les localités où ces juridictions étaient, auparavant, installées : Djambala (Plateaux) ; Kinkala (Pool) ; Ouesso (Sangha) ; Owando (Cuvette) ; Loubomo (Niari).

16 - Tribunaux de droit local, deuxième degré à ouvrir. L'implantation des tribunaux de droit local de deuxième degré s'était, aussi, révélée indispensable dans les deux localités suivantes : Madingou (Bouenza) ; Sibiti (Lekoumou).

17- Dualité des statuts, exception. Il se produisit une sorte d'unicité judiciaire du fait de l'unification réalisée entre le droit pénal et le droit du travail qui a débouché sur la connaissance, par les seules juridictions de droit écrit, des affaires pénales et sociales.

L'évolution amorcée, depuis la Conférence de Brazzaville en 1944, avait permis de constater que deux exceptions étaient apportées à la dualité des statuts :

D'abord, les personnes de statut local, soumises au droit pénal coutumier, subissaient la loi pénale française par l'effet du décret du 30 octobre 1946 qui abrogeait le code pénal indigène et marquait, par conséquent, l'unification de la justice pénale.

Ensuite, tous les citoyens et administrés français, sans distinction de statut, étaient régis par le code du travail (loi n° 52-1322 du 15 décembre 1952 portant code du travail dans les territoires d'outre-mer). C'est, en effet, l'abrogation du code de l'indigénat en 1947 qui mettait un terme à la discrimination, entre les Congolais et les Français, devant la loi.

18 – Justice administrative, Conseils du contentieux administratif. L'introduction de la justice administrative, dans les colonies, induisait la dualité des juridictions de l'ordre administratif et de l'ordre judiciaire.

Dénommées Conseils du contentieux administratif, les juridictions administratives du 1er degré n'étaient pas installées dans chaque territoire mais au chef-lieu de chaque fédération.

C'est ainsi que Brazzaville en a été un des sièges. En l'absence de corps de magistrats administratifs, la composition des juridictions administratives comprenait un magistrat de l'ordre judiciaire qui en assurait la présidence, des conseillers et un commissaire du gouvernement.

19 – Ordre de juridictions, dualisme en 1959. Avec la création du tribunal administratif par la loi n° 31/59 du 30 juin 1959 relative au contentieux administratif, apparaissait le dualisme des ordres de juridictions : ordre de juridictions judiciaires et ordre de juridictions administratives.

20 – Ordre de juridictions, tribunal des conflits. En raison de la dualité de juridictions, les conflits de compétence y relatifs relevaient de la compétence du tribunal des conflits siégeant à Paris.

21 - Cour de cassation, compétence sur les décisions des cours d'appel. La Cour de cassation exerçait sa compétence sur toutes les décisions des Cours d'appel rendues en Afrique, dont celle de l'Afrique équatoriale française, ayant son siège à Brazzaville, qui avait une chambre détachée à Fort Lamy, au Tchad.

Telle se présentait la carte judiciaire à l'ère coloniale.

22 – Proclamation de la République du Congo. L'article 2 de la délibération n° 112-58 du 28 novembre 1958 érigeant le territoire du Moyen-Congo en Etat membre de la Communauté et portant création de la République du Congo disposait que « L'Etat autonome du Moyen-Congo prend le nom de République du Congo ». C'est ainsi que fut décidée la proclamation de la République du Congo (cf. recueil des comptes rendus de l'assemblée territoriale, session budgétaire 1958-1959, 1ère partie, p. 1, cité dans « Repères de l'histoire de la République du Congo, V – Proclamation de la République du Congo, présidence de la République, 2016, p. 30, inédit) ». Par cet acte, le Congo acquérait le statut de République.

C'est alors que le président de la République, Abbé Fulbert Youlou, promulguait la loi n° 60-46 du 10 septembre 1960 accordant au Gouvernement pleins pouvoirs pour défendre l'appellation internationale de la République du Congo.

Aux termes de l'article premier, de ladite loi, « L'Assemblée nationale du Congo donne pleins pouvoirs au Gouvernement pour défendre en tous lieux et notamment au sein des organisations internationales la dénomination « République du Congo » qui a été adoptée le 28 novembre 1958 ».

23 – Indépendance de la République du Congo, politique judiciaire. Le 15 août 1960 marque la date de l'indépendance formelle, c'est-à-dire, l'acquisition par le Congo, des attributs de sa souveraineté au plan international, et partant la pleine jouissance de sa personnalité internationale et de sa capacité dans la gestion de ses affaires intérieures, sans recours à une quelconque tutelle (cf. « Repères de l'histoire de la République du Congo, V – Proclamation de la République du Congo, présidence de la République, 2016, p. 31, inédit) ».

Usant de sa souveraineté, le 15 août 1960, à la suite de la proclamation de la République le 28 novembre 1958, le Congo a adapté le droit issu de la colonisation aux aspirations de sa population. Il tentait, ainsi, d'instituer sa propre politique judiciaire par sa volonté, à tout le moins légitime, de faire émerger un droit national.

24 - Indépendance de la République du Congo, principe de continuité en matière juridique. Afin d'éviter la rupture brutale entre l'ordre juridique colonial et le nouveau système juridique de l'État congolais indépendant, il fut imaginé des astuces qui ont permis le fonctionnement des institutions à tous les niveaux, dans différents domaines : la proclamation du principe de la continuité en matière juridique ; la conclusion, avant l'indépendance de la République du Congo, le 15 août 1960, de la convention relative au concours en personnel apporté par la République française au fonctionnement des services publics de la République du Congo du 23 juillet 1959 (JORC, 15 septembre 1959, p. 563) ; la convention annexe relative à l'emploi du personnel judiciaire du 25 juillet 1959 (JORC, 15 septembre 1959, p. 565) ; l'Accord de coopération entre la République du Congo et la République française du 18 mai 1962.

L'organisation judiciaire, dont s'est dotée la République du Congo, s'inscrivait, par conséquent, dans la continuité de l'esprit de plusieurs textes antérieurs constituant l'héritage colonial, lesquels ont servi de modèles pour l'élaboration de la législation judiciaire congolaise.

La doctrine ne s'est, cependant, pas réservée de dénoncer « l'anachronisme des textes qui régissaient le système juridique congolais » qu'elle estimait « très prononcé à la suite de l'avènement du pays à la souveraineté internationale » (Auguste Iloki, cours de droit judiciaire, Université Marien Ngouabi, Institut supérieur des sciences économiques, juridiques, administratives et de gestion, licence en droit, 2ème année, option droit privé, 1984-1985, p. 1).

C'est dans ces conditions qu'il convient de présenter une sorte de panorama de la justice de droit commun. Et, pour ce faire, il importe de procéder, méthodiquement, aux développements des thèmes spécifiques sélectionnés : la création des juridictions, leur installation, leur fonctionnement, la nomination des magistrats, l'institution du Conseil supérieur de la magistrature (CSM), les attributions de cet organe, son fonctionnement, en tenant à chaque fois compte du contexte historique adapté de conception et d'élaboration des normes juridiques et de la législation judiciaire y afférente.

PREMIÈRE PARTIE

LA JUSTICE DE 1961 À 1963

La nature du système judiciaire postindépendance découlait de la place que lui réservaient les Constitutions de la République du Congo.

Si la consécration de l'institution judiciaire fut incertaine dans les lois constitutionnelles, la loi n° 22-61 du 2 mars 1961 portant adoption de la Constitution de la République du Congo et la Constitution de 1963 affirmaient, nettement, la place de la justice avec l'apparition de l'expression « Autorité judiciaire ».

L'organisation judiciaire de cette période couvrant les années 1961 à 1963 comportait les premières juridictions de la République du Congo (titre 1).

Cependant, la recherche d'un meilleur fonctionnement de l'institution judiciaire nécessitait la création du Conseil supérieur de la magistrature (titre 2).

TITRE I

L'ORGANISATION JUDICIAIRE DE 1961 À 1963

Moins de six mois, après l'indépendance du Congo, et, donc, avant l'adoption de la première Constitution du 2 mars 1961, il était mis en place l'organisation judiciaire de la République du Congo, objet de la loi n° 6-61 du 11 janvier 1961. Il en résultait que la justice était rendue, au nom du peuple congolais, par les juridictions dont la composition, en l'absence de personnel qualifié suffisant, était problématique.

25 – Carte judiciaire en 1961, dénomination des juridictions. La dénomination des juridictions issues de la loi n° 6-61 du 11 janvier 1961 fixant l'organisation judiciaire était la suivante (art. 3 de ladite loi) :

- La Cour de cassation (chapitre 1) ;
- La Cour d'appel (chapitre 2) ;
- La Cour criminelle (chapitre 3) ;
- Les tribunaux de grande instance (chapitre 4) ;
- Les tribunaux d'instance (chapitre 5) ;
- Les tribunaux du travail (chapitre 6).

Pour permettre le fonctionnement régulier des tribunaux d'instance, le législateur avait institué le principe du juge unique (chapitre 7).

Dans l'exercice de leurs fonctions, les magistrats percevaient une rémunération (chapitre 8).

Il apparait, nettement, au regard de cette carte judiciaire que l'organisation judiciaire de la République du Congo, telle qu'elle résultait de la loi n° 6-61 du 11 janvier 1961 susvisée, ignorait la justice administrative alors qu'à l'orée de l'indépendance il avait été créé le tribunal administratif en tant que juge de droit commun du contentieux administratif en premier ressort et sous réserve d'appel devant le Conseil d'État (art. premier, L. n° 31-59 du 30 juin 1959 relatif au contentieux administratif, JORC, 15 juillet 1959, p.456).

La composition du tribunal administratif de Brazzaville comportait un président et trois conseillers nommés par décret du Premier ministre pris en conseil des ministres, lesquels exerçaient des fonctions qui pouvaient être remplies par des magistrats de l'ordre judiciaire à défaut de conseillers titulaires.

Le ministère public était représenté, au tribunal administratif, par un conseiller qui était dénommé commissaire de la loi (art. 2 de la loi n° 31-59 du 30 juin 1959 précitée).

CHAPITRE I

LA COUR DE CASSATION ET LA COUR SUPRÊME

La Constitution de la République du Congo du 2 mars 1961 avait prévu des compétences spécifiques de la Cour suprême qui devait, en effet :

- Veiller à la régularité des opérations de référendum et en proclamer les résultats (art. 3 de ladite Constitution) ;
- Contrôler la régularité des opérations relatives aux conditions d'éligibilité, de présentation de candidatures, de déroulement du scrutin, de dépouillement et de proclamation des résultats de l'élection du président de la République (art. 7 de la Constitution susvisée) ;
- Statuer sur l'éligibilité des candidats en cas de contestation de l'élection (art. 26 al. 4 de la Constitution) ;
- Statuer, dans le délai de huit jours, en cas de contestation portant sur l'irrecevabilité prononcée par le président de l'Assemblée nationale ayant trait aux propositions de lois et amendements qui ne sont pas du domaine de la loi (art 44 al. 2 de la Constitution) ;
- Déclarer qu'une clause d'un engagement international est contraire à la Constitution (art. 56 de la Constitution).

Toutefois la Cour suprême n'étant pas, encore, créée il était prévu à l'article 4 de la loi n° 6-61 du 11 janvier 1961 fixant l'organisation judiciaire l'accomplissement de ses fonctions par la cour de cassation de Paris (section 1).

La Cour suprême congolaise ne sera créée que plus tard, par la loi n° 04-62 du 20 janvier 1962 portant création de la Cour suprême et son installation n'eut lieu que le 20 juin 1962 (section 2).

Section 1 - La Cour de cassation de Paris en 1961

Pour suppléer la Cour suprême non existante, encore, en République du Congo puisqu'elle ne fut créée que par la loi n° 04-62 du 20 janvier 1962 susdite, la Cour de cassation française examinait les recours formés contre les décisions rendues par les juridictions ayant leur siège sur le territoire congolais (parag. 1).

L'article 69 de la Constitution de la République du Congo, du 2 mars 1961, prévoyait, en ses dispositions transitoires, l'exercice des compétences de la Cour suprême, non encore fonctionnelle, par une commission extraordinaire (parag. 2).

Parag. 1 - La formation spéciale en 1961

26 - Cour de cassation, formation spéciale de Paris. Au demeurant, la loi n° 6-61 du 11 janvier 1961 fixant l'organisation judiciaire recelait la dénomination « Cour de cassation » en tant que juridiction nationale la plus élevée de l'ordre judiciaire.

Toutefois, il était prévu à l'article 4 de ladite loi que « Jusqu'à l'installation d'une juridiction de cassation compétente pour connaître des recours contre les décisions rendues par les juridictions de l'ordre judiciaire, les recours continueront d'être portés devant la formation spéciale de la Cour de cassation de Paris ».

Autrement dit, avant l'installation de la Cour suprême de la République du Congo, les recours contre les décisions judiciaires relevaient de la formation spéciale de la Cour de cassation de Paris, juridiction étrangère déclarée compétente pour en connaître. Elle comblait le vide juridique créé par l'accession de la République du Congo à l'indépendance impliquant l'application de nouvelles normes adoptées par les institutions nationales habilitées non, encore, créées.

Et, donc, à défaut de Cour suprême en activité, les décisions rendues par les juridictions ayant leur siège en République du Congo devaient être attaquées devant une juridiction étrangère, la Cour de cassation française, qui se réunirait en formation spéciale pour appliquer le droit national congolais ! Cela constituait, sans aucun doute, la marque manifeste du rattachement judiciaire de la République du Congo à la République française et, donc, la violation de sa souveraineté en matière judiciaire.

L'article 4 de la loi n° 6-61 du 11 janvier 1961 fixant l'organisation judiciaire congolaise est à rapprocher de l'article 3 de la même loi qui énumère les juridictions compétentes constituant la carte judiciaire de la République du Congo qui comprenait, outre la Cour d'appel, la cour criminelle, les tribunaux de grande instance, les tribunaux d'instance, la plus haute juridiction dénommée Cour de cassation, chargée de connaître des pourvois formés contre les décisions rendues en dernier ressort par les juridictions inférieures précitées. Il n'y a aucun doute que la juridiction dont s'agit est la Cour de cassation française dès lors qu'au moment de l'adoption de la loi n° 22-61 du 2 mars 1961 susmentionnée, la Cour suprême de la République du Congo n'avait pas, encore, été créée. En effet, comme indiqué, précédemment, c'est dans la Constitution de la République du Congo du 2 mars 1961 qu'était apparue, au titre VI, l'institution de la Cour suprême (cf. supra, Cour suprême, création, n° 17, p. 33).

Parag. 2 – La commission extraordinaire en 1961

27 – Cour suprême, commission extraordinaire. Afin de combler tout vide juridique résultant du défaut d'installation de la Cour suprême, l'article 69 du titre XIII de la Constitution de la République du Congo du 2 mars 1961, réservé aux dispositions transitoires, avait prévu la mise en place d'une commission extraordinaire.

28 - Commission extraordinaire, missions. La mission conférée à la commission extraordinaire consistait à exercer, provisoirement, les attributions reconnues à la Cour suprême.

29 - Commission extraordinaire, composition. La Commission extraordinaire était, ainsi, composée : - président : président de la Cour d'appel ; - membres : le président du tribunal de grande instance de Brazzaville ; le président du tribunal de grande instance de Pointe-Noire ; le président du tribunal administratif ; un avocat-défenseur ; - secrétaire : un magistrat désigné par le garde des Sceaux, ministre de la Justice.

30 - Commission extraordinaire, application du droit national. La vocation de la Commission extraordinaire était d'appliquer le droit national congolais issu de la décolonisation. Il s'agissait, en l'occurrence, de l'ensemble des règles de droit nouvellement élaborées par l'État, dans des matières précises, pour régir, au plan juridique et judiciaire, le pays devenu indépendant. Sa création reflétait, en effet, l'exercice de la souveraineté nationale dès lors que sa composition déclinée, ci-dessus, comportait, essentiellement, et en majorité, de hauts magistrats supposés être des nationaux congolais.

Se substituant à la Cour suprême du Congo, encore, en attente d'installation, cette « commission extraordinaire » ne pouvait équivaloir à la « formation spéciale de la Cour de cassation de Paris », institution d'un pays étranger à laquelle avaient été arrogées les compétences de la Cour suprême congolaise en vue de se prononcer sur les pourvois en cassation dirigés contre les arrêts et jugements rendus en dernier ressort par toutes les juridictions ayant leur siège sur le territoire national congolais.

C'était, en réalité, le transfert de compétence de la Cour suprême congolaise à la Cour de cassation française, alors même que la République du Congo avait, déjà, acquis sa souveraineté. Toutefois, cette position peut être modulée par la volonté exprimée par l'État congolais successeur dans le cadre de l'application des principes qui résultent du processus de la succession d'États.

D'ailleurs, la première loi d'organisation judiciaire congolaise disposait ce qui suit : « La justice est rendue au nom du peuple congolais » (art. premier, L. n° 6-61 du 11 janvier 1961 fixant l'organisation judiciaire).

Telle que libellée, cette disposition interdisait à la formation « spéciale de la Cour de cassation de Paris » de rendre la justice au nom du peuple français (puisque ses décisions intéressaient les congolais et ne s'adressaient, donc, pas aux français), non plus au nom du peuple congolais (dès lors qu'il s'agissait d'une juridiction étrangère incompétente pour juger des pourvois en cassation formés contre les décisions rendues par les juges congolais).

Il n'existe, d'ailleurs, pas d'exemple en jurisprudence qui permettrait d'illustrer cet imbroglio. Il est, du reste, permis de douter de l'effectivité du fonctionnement de cette formation spéciale de la Cour de cassation de Paris dans l'accomplissement du rôle de la Cour suprême de la République du Congo avant son installation, et, donc, après l'indépendance de la République du Congo.

31 – Pourvoi en cassation, extension de compétence de la Cour d'appel en 1961. Le législateur avait prévu, en matière de droit privé traditionnel, qu'en cas de pourvoi en cassation contre les jugements rendus en dernier ressort par les tribunaux d'instance statuant en la matière pour violation de la loi, excès de pouvoir, incompétence ou vice de forme, la cour d'appel est compétente jusqu'à l'installation de la Cour suprême prévue par la Constitution (art. 41, al. premier, L. n° 29-61 du 29 mai 1961 déterminant l'organisation, la compétence, la procédure et le fonctionnement des tribunaux d'instance prévus par la loi n° 6-61 du 11 janvier 1961 fixant l'organisation judiciaire de la République).

Cette solution pouvait, être envisagée pour recevoir application aux domaines autres que ceux du droit privé traditionnel avant le fonctionnement de la Cour suprême de la République du Congo créée par la loi n° 4-62 du 20 janvier 1962.

La limitation de compétence de la Cour d'appel, antérieurement à l'installation de la Cour suprême afin de la suppléer dans l'exercice de ses attributions juridictionnelles, semble porteuse de l'empreinte d'esprit de prolongation de la conception colonisatrice du système judiciaire d'avant l'indépendance. On peut, légitimement, soupçonner l'influence que pourrait exercer le colonisateur au cours des travaux d'élaboration de la loi n° 29-61 du 29 mai 1961 visée ci-haut.

L'on pouvait, évidemment, concevoir que la loi n° 22-61 du 2 mars 1961 portant adoption de la Constitution de la République du Congo ait abrogé l'article 4 de la loi n° 6-61 du 11 janvier 1961 fixant l'organisation judiciaire, ainsi libellé : « jusqu'à l'installation d'une juridiction de cassation compétente pour connaître des recours contre les décisions rendues par les juridictions de l'ordre judiciaire, les recours continueront d'être portés devant la formation spéciale de la Cour de cassation de Paris ».

32 – Commission extraordinaire, attribut de la souveraineté. Seule la commission extraordinaire se substituait, alors, à la formation spéciale de la Cour de cassation française. Elle était, par conséquent, compétente pour statuer, puisque ladite formation spéciale de la Cour de cassation de Paris devenait sans objet dès lors que ses attributions étaient exercées par la commission extraordinaire, institution nationale congolaise, en tant qu'attribut de la souveraineté de la République du Congo.

En l'absence de juridiction jouant le rôle de cour de cassation, la difficulté éprouvée par le législateur congolais, au moment de l'adoption de la loi n° 6-61 du 11 janvier 1961 fixant l'organisation judiciaire de la République du Congo, était perceptible.

En effet, la nécessité de faire juger les pourvois en cassation portés contre les décisions rendues par les juridictions congolaises pendant la période postindépendance justifiait l'institution de la juridiction compétente pour y procéder.

Seulement, la pénurie du personnel magistrat congolais pour exercer les fonctions y afférentes constituait un obstacle qu'il fallait lever. Les difficultés liées tant à l'élaboration qu'à la mise en place d'institutions nouvelles suggéraient le recours à la solution la plus facile, celle qui constituait un des mécanismes de résorption de l'insuffisance des magistrats. Elle consistait à confier le pouvoir juridictionnel recherché à l'institution de l'ancienne métropole, la France, compétente dans ce domaine, en l'occurrence sa juridiction la plus élevée dans l'ordre judiciaire, la Cour de cassation.

Disposant, en son sein, d'une formation spéciale, la Cour de cassation française avait reçu la mission de continuer à exercer les attributions qui lui étaient dévolues pendant la période coloniale, celles de connaître des pourvois en cassation dirigés contre les décisions des juridictions congolaises rendues en dernier ressort.

Ainsi, était comblé le vide juridique né de l'inexistence de juge de cassation, à l'avènement de la République du Congo à la souveraineté internationale.

33 - Principe de territorialité des lois, inobservation. On peut dénoncer l'inobservation du principe de territorialité des lois qui implique l'application de la loi congolaise dans l'espace du territoire congolais, par des juridictions congolaises, car aucune loi nationale ne peut produire d'effet en dehors du territoire national.

C'est, d'ailleurs ce qui explique que l'accord de coopération en matière de justice entre la République du Congo et la République française n'ait pu être conclu que le 18 mai 1962 (remplacé et abrogé par la Convention de coopération en matière judiciaire entre la République populaire du Congo et la République française du 1er janvier 1974, ratifiée par la loi n° 05-75 du 12 mars 1975) après la création de la Cour suprême du Congo (loi n° 4-62 du 20 janvier 1962, JORC, 15 février 1962, p. 149) qui laisse supposer, implicitement, toute cessation d'activité juridictionnelle de la formation spéciale de la Cour de cassation française créée pour suppléer l'absence d'une juridiction de cassation congolaise après l'indépendance du pays.

En effet, tout accord de coopération entre États étant dominé par l'égalité entre eux, celle-ci ne pouvait, en matière judiciaire exister entre la France et le Congo dès lors que la Cour de cassation française, même s'il lui était conféré le statut de « formation spéciale », avait compétence pour connaître des recours portés contre les décisions des juridictions congolaises qui rendaient la justice « au nom du peuple congolais » comme le spécifient l'article premier de la loi n° 6-61 du 11 janvier 1961 fixant l'organisation judiciaire et, postérieurement, l'article 59 de la loi n° 22-61 du 2 mars 1961 portant adoption de la Constitution de la République du Congo disposant que « La justice est rendue au nom du peuple congolais ».

Le respect de la souveraineté de chacun de ces pays interdisait la connaissance, par la Cour de cassation française, en formation spéciale, des affaires jugées par les juridictions congolaises. Cette attribution de compétence « néo coloniale » pouvait, certainement, trouver sa justification dans la volonté de l'État congolais qui l'acceptait, de combler le vide juridique résultant de la proximité entre l'acquisition de l'indépendance par la République du Congo et l'exercice effectif de la souveraineté.

Celle-ci impliquait l'élaboration d'une législation régissant le domaine judiciaire, notamment la mise en place d'un corps de règles spécifiques fixant la réorganisation dc la justice et la détermination des normes procédurales complètes pour permettre le fonctionnement optimal des juridictions nouvellement créées.

Aussi, convenait-il de reconnaître que les principes découlant de la succession d'État méritaient, largement, application avant la mise en place des règles juridiques adaptées à la nouvelle situation du pays devenu indépendant et devant, par conséquent, œuvrer pour créer et faire fonctionner la juridiction la plus élevée de l'organisation judiciaire, en l'occurrence la Cour suprême.

Celle-ci était habilitée à se prononcer sur les pourvois en cassation des décisions rendues par les juridictions inférieures dont la dénomination appropriée, préférée au cours de l'élaboration de la Constitution de la République du Congo du 2 mars 1961, fut celle de « Cour suprême ».

Section 2 - La Cour suprême en 1962

34 - Cour suprême, création en 1962. La première manifestation de la constitutionnalisation de la justice est intervenue par la loi n° 22-61 du 2 mars 1961 portant adoption de la Constitution de la République du Congo.

Cette Constitution avait consacré son titre VI à la Cour suprême qu'elle organisait en chambres avant la création de cette juridiction nationale (parag. 1).

Après sa création le 20 janvier 1962, la Cour suprême fut installée le 20 juin 1962 (parag. 2).

La loi précisait sa composition (parag.3) ainsi que les avantages dont bénéficiaient ses membres (parag. 4).

La cour suprême, comprenait, outre les magistrats, des auditeurs (parag. 5).

Parag. 1 – L'organisation de la Cour suprême en 1962

35 - Cour suprême, organisation en 1962. Il avait été prévu, à l'article 58 la Constitution du 2 mars 1961, que la Cour suprême comprenait quatre chambres :

- la chambre constitutionnelle ;
- la chambre judiciaire ;
- la chambre administrative ;
- la chambre des comptes.

Le constituant renvoyait la détermination de la composition, de l'organisation, des attributions et du fonctionnement de la Cour suprême à la loi. Ce fut l'objet de la loi n° 4-62 du 20 janvier 1962 portant création de la Cour suprême (JORC, 15 février 1962, p. 149). S'éloignant des prévisions de la Constitution relatives au nombre et à la nature des chambres précitées de la Cour suprême, cette loi instituait :

- Deux chambres principales (art. 23, al. 1er de ladite loi) : la chambre administrative ; la chambre judiciaire,
- Deux autres formations de ladite Cour (art. 22 de la même loi) : les chambres réunies : l'assemblée générale consultative.

Ainsi deux chambres, en l'occurrence la chambre des comptes et la chambre constitutionnelle, pourtant prévues à l'article 58 de la Constitution du 2 mars 1961, n'ont, donc, pas été prises en compte par la loi n° 4-62 du 20 janvier 1962 portant création de la Cour suprême. Sa conformité à la Constitution était, dans ces conditions, incertaine à cet égard.

36 – Cour suprême en 1962, concentration des pouvoirs par le président. Le président de la Cour suprême présidait chaque chambre et, en cas d'empêchement de ce dernier, le doyen des juges qui y était affecté en assurait la présidence (art. 23, alinéa 4, L. n° 4-62 du 20 janvier 1962 portant création de la Cour suprême, JORC, 15 février 1962, p. 149).

C'était l'époque de la concentration des pouvoirs conférés, uniquement, au président de la Cour suprême puisqu'il n'avait pas été prévu la présidence des chambres à la Cour suprême par des présidents de chambres.

L'organisation de la Cour suprême, juridiction nationale, ne comportait, en effet, en qualité de membres de cette juridiction, au siège, limitativement, qu'un président et quatre juges (art. 8, al. premier, L. n° 4-62 du 20 janvier 1962 portant création de la Cour suprême).

Parag. 2 – L'installation de la Cour suprême en 1962

37 - Cour suprême, installation en 1962. Bien que créée par la loi n° 4-62 du 20 janvier 1962 susmentionnée (JORC, 15 février 1962, p. 149), la Cour suprême n'avait pu être installée que cinq mois plus tard, soit le 20 juin 1962 (art. 7, décr. n° 62-165 du 12 juin 1962 portant application de la loi n° 4-62 du 20 janvier 1962).

Auparavant, pour résoudre les questions susceptibles de naître du fait de l'inexistence de la Cour suprême et, donc, à l'effet d'en assurer la suppléance en attendant son fonctionnement régulier, l'on avait cru devoir se contenter des pouvoirs conférés à la formation spéciale de la Cour de cassation de France (cf. n° 15 supra, « La Cour de cassation, formation spéciale de Paris », p. 31) ou de mettre en place ce que l'on désignait par la « commission extraordinaire » (cf. n° 16, « Cour suprême, commission extraordinaire », p. 32).

Parag. 3 – La composition de la Cour suprême en 1962

A – La nomination du président en 1962

38 - Cour suprême, nomination du président ayant exercé les fonctions en cette qualité en 1962. L'article 8 de la loi n° 4-62 du 20 janvier 1962 portant création de la Cour suprême (J O R C, 15 février 1962, p. 149) fournit la composition de cette juridiction qui comprenait :

Au siège : un président ; quatre (4) juges ».

Au parquet : un procureur général.

Afin de rendre fonctionnelle la Cour suprême, et conformément à l'article 8 de la loi n° 4-62 du 20 janvier 1962 précitée, M. Pouabou Joseph fut nommé, en 1962, président de la Cour suprême (décr. n° 62-116 du 20 avril 1962 portant nomination du président de la Cour suprême, JORC du 1er mai 1962, p. 358).

Il exerçait, auparavant, les fonctions de procureur général près la Cour suprême (décret n° 62-91 du 6 avril 1962 portant nomination du procureur général près la Cour suprême du Congo).

Placé en position de détachement au cabinet du président de la République, où il assumait les fonctions de directeur de cabinet du président de la République, M. Pouabou Joseph était maintenu à ce poste jusqu'à son installation dans ses nouvelles fonctions de président de la Cour suprême.

M. Pouabou Joseph fut, donc, le premier haut magistrat congolais qui occupa le poste de président de la Cour suprême, après l'accession du pays à l'indépendance.

39 – Cour suprême, signification du vocable « premier président » en 1962. Alors qu'il était, clairement, disposé à l'article 8 alinéa premier de la loi n° 4-62 du 20 janvier 1962 portant création de la Cour suprême (JORC, 15 février 1962, p. 149) que cette juridiction comprenait un « président » et 4 juges, on observe que le législateur avait laissé apparaître le vocable « premier président » dans la formulation de l'article 9 alinéa 2 de la loi susvisée relatif à la nomination du « premier président de la Cour suprême » dont le choix s'opérait parmi les juges qui venaient pour ce poste, en concours avec le procureur général près la Cour suprême.

40 - Cour suprême, utilisation du vocable « président » en 1962. S'agissant de l'administration de la Cour suprême, seule était utilisée l'appellation « président » et non celle de « premier président ». Ainsi, l'article 18 de la loi n° 4-62 du 20 janvier 1962 portant création de la Cour suprême (JORC, 15 février 1962, p. 149) disposait que :

- Le « président » est chargé de l'administration et de la discipline de la Cour suprême (alinéa premier dudit article) ;
- Le « président » peut réunir les membres de la Cour suprême en assemblée intérieure pour délibérer sur toutes les questions intéressant l'ensemble de la Cour (alinéa 2 de la loi précitée).

De même, suivant la même logique de dénomination du président (et non du premier président) de la Cour suprême il était prévu, dans plusieurs autres dispositions de la loi n° 4-62 du 20 janvier 1962 portant création de la Cour suprême (JORC, 15 février 1962, p. 149), que :

- Des auditeurs étaient répartis entre les chambres de la Cour suprême au début de chaque année judiciaire par arrêté du président de cette haute juridiction (art. 23, al. 2, L. n° 4-62 du 20 janvier 1962 portant création de la Cour suprême (JORC, 15 février 1962, p. 149) ;
- Chaque chambre est présidée par le président de la Cour ou, en cas d'empêchement, par le doyen des juges qui y sont affectés (art. 23, al. 4, L. n° 4-62 du 20 janvier 1962 portant création de la Cour suprême, JORC, 15 février 1962, p. 149) ;
- Les chambres réunies comprennent, sous la présidence du président ou, en cas d'empêchement, sous la présidence du doyen des juges, tous les juges de la Cour suprême (art. 24, al. premier, L. n° 4-62

du 20 janvier 1962 portant création de la Cour suprême, JORC, 15 février 1962, p. 149) ;

- Le président préside, quand il le juge convenable, toute formation juridictionnelle de la Cour suprême (art. 26, L. n° 4-62 du 20 janvier 1962 portant création de la Cour suprême, JORC, 15 février 1962, p. 149) ;

- Le président, le bureau entendu, et sous réserve des dispositions des articles 4 et 6 de l'article 9, affecte les membres de la Cour suprême n'appartenant pas au ministère public entre les formations juridictionnelles de cette plus haute juridiction nationale. Il peut, pour assurer la bonne marche de la juridiction, affecter provisoirement un membre de la Cour à plusieurs formations (art. 27, L. n° 4-62 du 20 janvier 1962 portant création de la Cour suprême, JORC, 15 février 1962, p. 149) ;

- L'assemblée générale consultative de la Cour suprême, sous la présidence du président de cette plus haute juridiction nationale, ou à défaut du doyen des juges à la Cour suprême, comprend les membres de la Cour suprême énumérés à l'article 8 (art. 30, al. premier, L. n° 4-62 du 20 janvier 1962 portant création de la Cour suprême, JORC, 15 février 1962, p. 149) ;

- Le président désigne un rapporteur au sein des chambres réunies (art. 36, al. 2, L. n° 4-62 du 20 janvier 1962 portant création de la Cour suprême, JORC, 15 février 1962, p. 149) ;

- La décision mentionne les noms des membres de la Cour qui ont pris part au délibéré, elle est signée du président, du rapporteur et du greffier (art. 37, al. 3, L. n° 4-62 du 20 janvier 1962 portant création de la Cour suprême, JORC, 15 février 1962, p. 149) ;

- Dès l'enrôlement du pourvoi ou du recours, le président de la Cour suprême désigne un rapporteur dans la chambre qui sera appelée à statuer. Ce rapporteur suit la procédure et demande communication du dossier des juges du fond s'il en existe un (art. 48, L. n° 4-62 du 20 janvier 1962 portant création de la Cour suprême, JORC, 15 février 1962, p. 149) ;

- La demande en inscription de faux contre une pièce produite devant la Cour suprême est soumise au président (art. 55, al. premier, L. n° 4-62 du 20 janvier 1962 portant création de la Cour suprême, JORC, 15 février 1962, p. 149) ;

- Le président rend, soit une ordonnance de rejet, soit une ordonnance portant permission de s'inscrire en faux (art. 55, al. 3 L. n° 4-62 du 20 janvier 1962 portant création de la Cour suprême,

JORC, 15 février 1962, p. 149) ;

- Le président renvoie alors les parties à se pourvoir devant telle juridiction qu'il désigne pour y être procédé, suivant la loi, au jugement du faux (art. 56, al. 5 de L. n° 4-62 du 20 janvier 1962 portant création de la Cour suprême, JORC, 15 février 1962, p. 149) ;

- Ceux qui assistent aux audiences doivent se tenir découverts dans le respect et le silence. Tout ce que le président ordonne pour le maintien de l'ordre est exécuté ponctuellement et à l'instant. La même disposition est observée en tous lieux où les membres de la Cour exercent des fonctions de leur état (art. 60, al. premier, L. n° 4-62 du 20 janvier 1962 portant création de la Cour suprême, JORC, 15 février 1962, p. 149) ;

- La minute de l'arrêt est signée par le président, le rapporteur et le greffier (art. 64, al. 3, L. n° 4-62 du 20 janvier 1962 portant création de la Cour suprême, JORC, 15 février 1962, p. 149) ;

- Les arrêts de la Cour suprême sont insérés dans un bulletin trimestriel dont les modalités de diffusion seront fixées par le président de la Cour suprême (art. 65, al. 2 L. n° 4-62 du 20 janvier 1962 portant création de la Cour suprême, JORC, 15 février 1962, p. 149) ;

- Un juge appartenant à une autre chambre que celle qui a rendu l'arrêt de renvoi est chargé par le président du rapport devant les chambres réunies (art. 72, al. 2 de L. n° 4-62 du 20 janvier 1962 portant création de la Cour suprême, JORC, 15 février 1962, p. 149) ;

- Il est statué sur ces demandes (demandes de renvoi pour cause de sûreté publique) dans les huit jours, en chambre du conseil, par le président de la Cour suprême et les juges doyens de chaque chambre (art. 98, al. 2 L. n° 4-62 du 20 janvier 1962 portant création de la Cour suprême, JORC, 15 février 1962, p. 149) ;

- Quand la chambre judiciaire statue en matière de droit privé traditionnel, elle s'adjoint quatre assesseurs choisis par le président de la Cour suprême sur des listes, spécialement, dressées à cet effet dans les conditions déterminées par l'article 29 de la loi n° 29-61 du 29 mai 1961 sur les tribunaux d'instance. Les assesseurs ont voix consultative (art. 107, al. premier, L. n° 4-62 du 20 janvier 1962 portant création de la Cour suprême, JORC, 15 février 1962, p. 149).

41 – Cour suprême, nomination du premier des futurs présidents de la Cour suprême en 1962. C'est sur la base de l'article 8 alinéa premier de la loi n° 4-62 du 20 janvier 1962 portant création de la Cour suprême (JORC, 15 février 1962, p. 149) énonçant que cette juridiction comprenait un « président » et 4 juges que fut nommé monsieur Pouabou Joseph, alors procureur général près la Cour suprême, en qualité de « président de la Cour suprême » (et non de « premier président ») suivant décret n° 62-116 du 20 avril 1962 portant nomination du président de la Cour suprême.

Si on devait rechercher la raison de cette dénomination de « président » issue de l'article 8 alinéa premier de la loi n° 4-62 du 20 janvier 1962 plutôt que celle de « premier président » évoquée à l'article 9 alinéa 2 de la loi susvisée relatif à la nomination du président de la Cour suprême dont le choix s'opérait parmi les juges qui venaient pour ce poste, en concours avec le procureur général près la Cour suprême, l'on comprendrait, aisément, qu'il s'était agi pour le législateur d'indiquer, simplement, la procédure de nomination du président de la Cour suprême qui serait choisi pour la première fois puisque le poste, nouvellement créé, n'avait, jamais, été pourvu.

En utilisant le vocable « premier président », le législateur n'indiquait, donc, pas moins dans cette disposition de l'article 9 de la loi susmentionnée la manière par laquelle il fallait procéder pour parvenir à la nomination du président de la Cour suprême qui était le tout premier à occuper ce poste et pour lequel la question du choix se posait et qui venait, pour ce poste, en concours avec les quatre juges, déjà, nommés à la Cour suprême et le procureur général près la Cour suprême exerçant, auparavant, ses fonctions. C'était, en réalité, une précision procédurale qui n'avait sa validité qu'au moment de choisir, pour qu'il soit nommé, le premier des futurs présidents de la Cour suprême.

42 - Cour suprême, inexistence du vocable « premier président » dans les textes en 1962. L'explication du vocable « premier président de la Cour suprême » pour désigner le président de la Cour suprême ne saurait provenir de l'interprétation d'un texte en 1962. C'est, d'ailleurs, la raison de son inexistence dans tous les textes de cette époque, sur la justice.

Pour élucider ce qui vient d'être évoqué, on peut remonter loin dans l'histoire, au moment de l'indépendance de la République du Congo, pour constater qu'en 1960, l'abbé Fulbert Youlou, alors Premier ministre, devint président de la République du Congo. C'était, donc, dans l'ordre des présidents à venir que connaîtra le pays, le « premier président » de la République du Congo. Il resta, à la tête de l'État congolais jusqu'au moment où il fut contraint à la démission au cours des événements qui eurent lieu les 13,14 et 15 août 1963, sous la pression des syndicalistes selon des révélations historiques. Il fut remplacé par monsieur Alphonse Massamba-Débat.

Pouvait-on considérer, aussi, son successeur ci-dessus nommé, comme ayant été le « premier président » de la République du Congo, en raison de ce qu'il succédait au « premier président » qu'avait connu la République ?

La réponse logique qui en découle est qu'il fut le deuxième président de la République du Congo, comme il en a existé un troisième, un quatrième et ainsi de suite, le premier président ne pouvant être qu'unique dans le long processus d'accession des présidents de la République du Congo à ces fonctions.

Si cette illustration paraît éloignée du monde judiciaire, alors, plus concrètement, on peut se référer au cas de monsieur Pouabou Joseph, nommé président de la Cour suprême de la République du Congo par décret n° 62-116 du 20 avril 1962 qui ne fut point nommé « premier président » de la Cour suprême.

Dans l'ordre de nomination des présidents de la Cour suprême créée par la loi n° 42- 62 du 20 janvier 1962, monsieur Pouabou Joseph était, donc, le premier des futurs présidents de cette institution à être nommés.

Ensuite, lui succédèrent :

- Assemekang Charles, en 1969 (décr. n° 69-393 du 21 novembre 1969 portant nomination des magistrats). Il était nommé en qualité de « Juge à la Cour suprême chargé de la présidence de cette cour ») ;
- Lenga Placide, en 1991 ;
- Bouka Henri, en 2018 (décr. n° 2018-102 du 14 mars 2018 portant nomination des magistrats à la Cour suprême).

C'est alors que celui qui secondait monsieur Pouabou Joseph, en l'occurrence Assemekang Charles, ne saurait être appelé « premier président », puisqu'il était, dans l'ordre d'intervention des nominations des présidents de la Cour suprême, plutôt, le « deuxième président de cette juridiction » et ainsi de suite.

43 – Cour suprême, assassinat du président en 1965. Pouabou Joseph, président de la Cour suprême en 1962, était assassiné, à Brazzaville le 15 février 1965, à 45 ans (cf. Albert Roger Massema « Crimes de sang et pouvoirs au Congo-Brazzaville, Les assassinats de Lazare Matsokota, Joseph Pouabou, Anselme Massoueme, Ange Diawara, Marien Ngouabi et Pierre Anga », L'Harmattan, 2005, études africaines, p 27).

S'agissant des faits d'insécurité qui s'étaient déroulés au cours du régime du président Alphonse Massamba-Débat, il était rapporté que « L'atmosphère policière du régime se renforçait. Des gens étaient arrêtés, ou disparaissaient, sous prétexte d'attitude contre-révolutionnaire… Hilaire Mounthault, pourtant membre du bureau politique du MNR, fut arrêté, accusé de complot… Les intellectuels aux propos libres se sentaient menacés (cf. Loes H. « Il est déjà demain », Paris, JC Lattès, 2018, p. 281, cité par Placide Moudoudou « Présidents et Ministres du Congo-Brazzaville (1958-2021) », PUB, 2022, p. 79).

On signale que « les crimes commis contre Matsokota, Pouabou et Massouémé ne sont pas les seuls commis par le régime de Massamba-Débat, il y en a eu de nombreux autres passés inaperçus, comme ceux du Procureur Nganzadi curieusement mort par accident de circulation sur la route de Kinkala au lieu-dit « trou de Dieu » se rendant dans la soirée à Brazzaville, du jeune Basile Moumbani et autres » (cf. Ngouélondélé Mongo E. « Au service du Congo. Mon témoignage », T. 1, L'Harmattan, 2012, p. 129, cité par Placide Moudoudou, op. cit., p. 79).

B - La nomination du procureur général en 1962

44 - Cour suprême, nomination du procureur général en 1962. Le procureur général près la Cour suprême fut nommé en application de la convention Franco-Congolaise du 23 juillet 1959 relative au concours en personnel apporté par la République française au fonctionnement des services publics de la République du Congo et de la convention judiciaire Franco-Congolaise du 25 juillet 1959.

A titre illustratif, Mathieu, magistrat, était promu procureur général près la Cour suprême, cumulativement avec ses fonctions de procureur général près la cour d'appel de Brazzaville (décr. n° 62- 164 du 12 juin 1962 portant nomination des membres de la Cour suprême, JORC du 1er juillet 1962, p. 543).

C - La nomination des juges en 1962

45 - Cour suprême, nomination des juges en 1962. La République du Congo ne disposait pas, au moment de son indépendance, de magistrats formés pour exercer les fonctions en qualité de juges à la Cour suprême.

C'est ainsi que des magistrats expatriés, notamment, français, furent nommés pour occuper les postes vacants dans cette juridiction plus élevée, à compétence nationale.

Les nominations des magistrats, au sein de la Cour suprême, étaient rendues possibles grâce à l'application de deux conventions conclues entre la République française et la République congolaise, respectivement, le 23 juillet 1959 pour aider au fonctionnement des services publics de la République du Congo et le 25 juillet 1959 afin de résoudre les problèmes relatifs à la pénurie de personnel judiciaire (cf. JORC, 15 septembre 1959, p. 563).

Parag. 4 – Les avantages des membres en 1962

46 - Cour suprême, avantages des membres en 1962. Les décrets n° 62-154 du 29 mai 1962 (JORC du 15 juin 1962, p. 512) et n° 62-135 du 11 mai 1962 (JORC du 1er juin 1962, p. 441) déterminaient les avantages, tant financiers qu'en nature, accordés aux membres de la Cour suprême (président de la Cour suprême, procureur général près la Cour suprême, juges à la Cour suprême) en 1962, ainsi qu'il suit :

A – Les avantages financiers en 1962

Déterminés, mensuellement, suivant le niveau des fonctions exercées à la Cour suprême, les frais de représentation étaient perçus par le président de la Cour suprême, le procureur général près la Cour suprême et les juges à la Cour suprême, dans les proportions suivantes :

- Président de la Cour suprême : 40 000 francs pour frais de représentation ;
- Procureur général près la Cour suprême : 30 000 francs pour frais de représentation ;
- Juges à la Cour suprême : 25 000 francs pour frais de représentation.

B – Les avantages en nature en 1962

On observait, hormis les avantages accordés au président de la Cour suprême, que les juges du siège de ladite juridiction bénéficiaient des mêmes avantages en nature que le procureur général près la Cour suprême, sans aucune discrimination.

Il était attribué, aux magistrats de la Cour suprême, les avantages en nature ainsi qu'il suit :

- résident de la Cour suprême : il est attaché au service de son hôtel deux boys garde-meubles et un chauffeur ;

- Procureur général près la Cour suprême : il est attaché au service de son hôtel un boy garde-meubles et un chauffeur ;

- Juges à la Cour suprême : il est attaché au service de leur hôtel un boy garde-meubles et un chauffeur.

Les magistrats de la Cour suprême bénéficiaient, également, des véhicules de fonction : le président de la Cour suprême, le procureur général près la Cour suprême, les juges à la Cour suprême (décret n° 62-135 du 11 mai 1962 (JORC du 1er juin 1962, p. 441).

Parag. 5 – Les auditeurs à la Cour suprême

En raison du rôle important qu'ils étaient appelés à jouer, au sein de la Cour suprême (A), les auditeurs de justice devaient faire l'objet d'un choix minutieux basé sur des critères de diplômes (B).

La nomination des auditeurs de justice était d'une durée limitée (C).

A - Le rôle des auditeurs en 1962

47 – Cour suprême, rôle des auditeurs. Outre les magistrats, la Cour suprême comprenait des auditeurs que le président de cette juridiction répartissait, par arrêté, entre les chambres, au début de chaque année judiciaire.

Assistant les juges dans l'étude des affaires soumises à la Cour suprême, lorsqu'il ne leur était pas confié de rapport, les auditeurs pouvaient remplacer un magistrat afin de compléter la composition de trois magistrats à l'audience et être mis à la disposition du parquet général près la Cour suprême (art. 23, alinéas 2 et 3, loi n° 4-62 du 20 janvier 1962 portant création de la Cour suprême, JORC, 15 février 1962, p. 149).

B – Le choix des auditeurs en 1962

48 – Cour suprême, choix des auditeurs. Les auditeurs à la Cour suprême étaient choisis parmi les magistrats et fonctionnaires titulaires d'une licence de l'enseignement supérieur ou d'un diplôme admis en équivalence de la licence. Cependant seuls les auditeurs magistrats de l'ordre judiciaire étaient habilités à siéger à la chambre judiciaire de la Cour suprême qui connaissait des pourvois en cassation en matière civile, pénale, sociale ou commerciale (art. 49, al. 2, L. n°4-62 du 20 janvier 1962 susvisée).

C – La durée de nomination des auditeurs en 1962

49 – Cour suprême, durée de nomination des auditeurs. Nommés pour deux ans d'exercice de fonctions au sein de la Cour suprême, les auditeurs étaient, à l'issue de cette période, affectés, obligatoirement, dans les fonctions judiciaires ou administratives dans des juridictions autres que la Cour suprême (art. 10, L. n° 4-62 du 20 janvier 1962 portant création de la Cour suprême, JORC, 15 février 1962, p. 149).

CHAPITRE II

LA COUR D'APPEL DE 1961 À 1963

Suivant l'organisation judiciaire mise en place, la Cour d'appel était une juridiction unique à compétence territoriale nationale (section 1) dont la nomination du président nécessitait la mise en œuvre d'une technique particulière en raison de l'insuffisance des magistrats (section 2).

Avec l'ordonnance n° 63-10 du 6 novembre 1963 fixant l'organisation judiciaire et la compétence des juridictions, il fut envisagé la faculté de création non plus d'une seule cour d'appel mais davantage de juridictions de cette nature en République du Congo (section 3).

Section 1 – La Cour d'appel en 1961

50 – Cour d'appel, place dans l'organisation judiciaire de 1961. La loi n° 6-61 du 11 janvier 1961 fixant l'organisation judiciaire avait prévu la cour d'appel, comme institution, au chapitre II du titre premier consacré à l'organisation et à la compétence des juridictions.

Énumérant les juridictions qui rendent la justice en République du Congo, l'article 3 de la loi susmentionnée plaçait, en seconde position, la cour d'appel après la Cour de cassation qui statuait en formation spéciale à Paris.

Le recours à la Cour de cassation française trouvait, certainement, son fondement dans l'article 50 de la même loi qui disposait : « Jusqu'à la refonte des textes actuels, les dispositions législatives et réglementaires déterminant l'organisation judiciaire, la procédure civile et la procédure pénale y compris les règles en matières coutumières, sont expressément maintenues en vigueur dans la mesure où elles sont compatibles avec les dispositions de la présente loi » (Sur la Cour de cassation en tant que juridiction nationale avant la création et le fonctionnement effectif de la Cour suprême de la République du Congo, cf. supra, n° 15 - La Cour de cassation, formation spéciale de Paris, p. 32).

Fixant son siège à Brazzaville, l'article 5 de la loi n° 6-61 du 11 janvier 1961 précitée étendait son ressort à toute l'étendue du territoire de la République du Congo.

Au regard de sa compétence, la Cour d'appel connaissait de l'appel des jugements rendus en premier ressort par les tribunaux de grande instance, les tribunaux d'instance et les tribunaux du travail (art. 6, loi n° 6-61 du 11 janvier 1961 fixant l'organisation judiciaire en République du Congo).

Moins de trois mois plus tard, la Constitution de la République du Congo du 2 mars 1961 ne fournissait aucune indication sur la dénomination des juridictions. Elle ne faisait, seulement, état que de la Cour suprême au titre VI dont la disposition laconique de l'article 58 alinéa premier indiquait que « La Cour suprême comprend quatre chambres : la chambre constitutionnelle, la chambre judiciaire, la chambre administrative et la chambre des comptes ».

Section 2 – Le président de la Cour d'appel en 1960

51 – Cour d'appel, fondement de la nomination du président en 1960. La nomination du président de la Cour d'appel de Brazzaville intervenait, en conseil des ministres sur proposition du garde des Sceaux, ministre de la Justice. Elle se fondait sur la convention Franco-congolaise du 23 juillet 1959 et ses annexes relatives à l'utilisation du personnel relevant de la fonction publique métropolitaine par la République du Congo ainsi que sur la convention judiciaire Franco-congolaise du 25 juillet 1959.

52 – Cour d'appel, technique de nomination du président en 1960. En raison de la carence des magistrats pour composer les juridictions ayant leur siège sur le territoire de la République du Congo, il était fait recours à la technique de délégation de magistrats (cf. titre 2, la réforme de l'organisation judiciaire en 1969, chap. 1, la délégation de magistrats, infra, p. 109).

C'est grâce à ce procédé salutaire qu'avant d'être nommé en qualité de président de la Cour d'appel de Brazzaville, Emmanuelli, qui occupait le poste d'avocat général près cette juridiction, était délégué dans les fonctions de premier président de ladite Cour afin de combler le vide à ce poste, par décret du président de la République centrafricaine, du président de la République du Congo et du Premier ministre de la République gabonaise en ces termes :

« Vu les conventions judiciaires conclues entre les Gouvernements de la République française d'une part, et des Républiques centrafricaine, gabonaise et du Congo d'autre part,

« décrètent :

« Art. 1er – M. Emmanuelli, magistrat de 2e grade, avocat général près la cour d'appel de Brazzaville, est délégué dans les fonctions de premier président de cette juridiction… » (décr. portant délégation dans les fonctions du premier président de la cour d'appel de Brazzaville, signé par le président de la République du Congo, chef du Gouvernement, à Brazzaville le 2 juillet 1960, le président du Gouvernement de la République centrafricaine, à Bangui le 26 juillet 1960 et le Premier ministre de la République gabonaise le 30 juillet 1960, JORC du 15 août 1960, p. 611).

53 – Cour d'appel, nomination du président en 1962. M. Boyer Charles, magistrat de 1er groupe, 2e grade, mis à la disposition de la République du Congo, était nommé président de la Cour d'appel de Brazzaville en 1962 (décr. n° 62-8 du 18 janvier 1962 portant nomination du président de la Cour d'appel de Brazzaville, JORC du 15 février 1962, p. 168).

Il en a été, ainsi, également, de la nomination d'Emmanuelli René, magistrat du 2e grade, en qualité de président de la Cour d'appel de Brazzaville, en remplacement de Boyer appelé à d'autres fonctions (décr. n° 62-66 du 12 mars 1962 portant nomination du président de la Cour d'appel, JORC du 1er avril 1962, p. 288).

Section 3 – La Cour d'appel en 1963

54 – Cours d'appel, place dans l'organisation judiciaire de 1963. Alors que la loi n° 6-61 du 11 janvier 1961 fixant l'organisation judiciaire ne disposait que pour l'unique Cour d'appel existante, celle de Brazzaville (art. 5 et suivants de ladite loi, au chapitre II consacré à la Cour d'appel), l'ordonnance n° 63-10 du 6 novembre 1963 fixant l'organisation judiciaire et la compétence des juridictions énonçait, au chapitre II « Des cours d'appel », l'éventualité de la création de plusieurs cours d'appel en indiquant, notamment, que « le siège, la composition et le ressort des cours d'appel sont fixés par décret pris sur proposition du garde des Sceaux, ministre de la Justice après avis conforme de la Cour suprême (art. 5, ordonnance n° 63-10 du 6 novembre 1963 précitée).

Au sujet de la compétence des cours d'appel, l'article 6 de l'ordonnance n° 63-10 du 6 novembre 1963 susvisée énonçait que « Les cours d'appel connaissent de l'appel des jugements rendus en premier ressort par les tribunaux de grande instance et leurs sections, les tribunaux du travail, les tribunaux d'instance à l'exclusion des décisions rendues en matière de droit privé traditionnel.

Les arrêts rendus par les cours d'appel étaient, toujours, susceptibles de pourvoi en cassation, non plus devant la formation spéciale de la Cour de cassation française, mais soumis pour examen à la Cour suprême créée par la loi n° 04-62 du 20 janvier 1962 et, déjà, installée depuis le 20 juin 1962.

CHAPITRE III

LA COUR CRIMINELLE EN 1961 ET 1963

55 - **Cour criminelle, institution en 1961**. Siégeant à Brazzaville, (art. 8 de la loi n° 6-61 du 11 janvier 1961 fixant l'organisation judiciaire), la Cour criminelle était compétente pour juger des infractions qualifiées crimes et des délits connexes. Sa compétente territoriale s'étendait à toute l'étendue du territoire national (art. 14 de la loi n° 6-61 du 11 janvier 1961 susvisée).

56 - Cour criminelle, maintien en 1963. L'article 216-1 de la loi n° 1-63 du 13 janvier 1963 portant code de procédure pénale avait repris la disposition de l'article 8 de la loi n° 6-61 du 11 janvier 1961 fixant l'organisation judiciaire en République du Congo qui déterminait le siège de la Cour criminelle à Brazzaville : « La cour criminelle siège à Brazzaville ».

Cependant, l'article 216-2 dudit code admet la faculté, pour le président de la cour d'appel, sur réquisition du procureur général près cette juridiction, de décider, par ordonnance, si la nécessité se fait sentir, que la cour criminelle tienne ses audiences au siège d'un tribunal de grande instance ou d'une de ses sections.

57 – Cour criminelle, abrogation des dispositions de la loi n° 6-61 du 11 janvier 1961 fixant l'organisation judiciaire. Le législateur avait décidé, péremptoirement, que les dispositions antérieures à celles du code de procédure pénale, donc, celles qui portaient sur les matières qu'il régissait faisaient l'objet d'une abrogation.

Ne visant pas, uniquement, les dispositions contraires, l'article 8 de la loi n° 6-61 du 11 janvier 1961 fixant l'organisation judiciaire ne pouvait, en conséquence, subsister. Ainsi, seules demeuraient, en vigueur, les dispositions de la loi n° 1-63 du 13 janvier 1963 portant code de procédure pénale consacrées à la cour criminelle ayant trait à sa composition (section 1) et à la procédure préalable aux sessions de ladite cour (section 2).

Section 1 - La composition de la cour criminelle en 1963

58 - Cour criminelle, composition en 1961. La composition de la cour criminelle, telle qu'elle résultait de l'article 9 de la loi n° 6-61 du 11 janvier 1961 fixant l'organisation judiciaire, comprenait : le président de la Cour d'appel ; deux magistrats du siège désignés par le président de la Cour d'appel ; le procureur général près la Cour d'appel ou un membre du ministère public qui le représentait ; quatre jurés titulaires ; un greffier.

Le président de la Cour d'appel pouvait, en cas d'empêchement, désigner pour son remplacement un conseiller à l'effet d'accomplir les actes liés à l'exercice des fonctions de président de la cour criminelle.

59 - Cour criminelle, composition selon l'ordonnance n° 63-10 du 6 novembre 1963 fixant l'organisation judiciaire. Suivant les dispositions de l'article 9 alinéa 4 de l'ordonnance n° 63-10 du 6 novembre 1963 fixant l'organisation judiciaire et la compétence des juridictions, « La composition des cours criminelles et la procédure suivie devant elles seront réglées par le code de procédure pénale ».

60 - Cour criminelle, composition selon la loi n° 1-63 du 13 janvier 1963 portant code de procédure pénale. L'article 220 de la loi n° 1-63 du 13 janvier 1963 portant code de procédure pénale prescrit, concernant la composition du siège de la cour criminelle, que « La cour criminelle comprend la cour proprement dite et les jurés ».

61 - Cour criminelle, siège en 1963. La cour proprement dite, dans sa formation de jugement, est composée du président et de deux assesseurs, choisis parmi les conseillers à la cour d'appel ou les magistrats des tribunaux de grande instance. Elle peut être présidée par un conseiller désigné par le président lorsqu'il est empêché.

62 - Cour criminelle, collège de jurés en 1963 . Il se forme, au siège de chaque tribunal de grande instance, préalablement à la tenue de chaque session criminelle, au cours du mois de la rentrée judiciaire, les collèges de jurés devant composer la cour criminelle pour l'année suivante.

63 - Cour criminelle, notion de jurés en 1963. Les jurés sont des citoyens tirés au sort pour siéger à la Cour criminelle aux côtés des magistrats et décident avec eux de la culpabilité ou non des accusés ainsi que, le cas échéant, des peines qu'ils encourent.

64 - Cour criminelle, liste des jurés en 1963. Pour être inscrit sur les listes des jurés, comportant vingt noms au moins et trente au plus, les citoyens intéressés devaient réunir les conditions suivantes : être domiciliés dans la ville où la cour criminelle tient sa session ; être âgés de vingt-cinq ans au moins ; savoir parler et écrire le français ; jouir de leurs droits civils et politiques.

Étant donné que le président de la cour d'appel présidait la cour criminelle, il était exigé du président du tribunal de grande instance de l'informer des incapacités, des incompatibilités ou des décès survenus concernant les jurés qui avaient leurs noms sur la liste annuelle dressée par la commission habilitée à cet effet.

65 - Cour criminelle, incapacités pour être jurés en 1963. L'article 233 du code de procédure pénale relevait sept cas d'incapacité : les condamnés à une peine criminelle ; les condamnés à un mois au moins d'emprisonnement pour crime ou délit ; les condamnés pour délit quelconque à un emprisonnement de moins d'un mois ou à une amende au moins égale à 100 000 francs, pendant cinq ans seulement à compter du jugement définitif ; les aliénés interdits ou internés ainsi que les individus pourvus d'un conseil judiciaire ; les faillis non réhabilités ; les individus auxquels les fonctions d'assesseurs ou de jurés avaient été interdites par décision de justice ; les fonctionnaires et agents de l'État révoqués de leurs fonctions.

66 - Cour criminelle, incompatibilités avec les fonctions de juré en 1963. Les fonctions de jurés étaient incompatibles, suivant les dispositions de l'article 234 du code de procédure pénale, avec celles de : membre du gouvernement ; membre de l'Assemblée nationale ; secrétaire général du gouvernement ; directeur dans un ministère ; magistrat ; préfet ; sous-préfet ; officier ministériel ; commissaires de police ; militaires en activité de service.

67 - Cour criminelle, commission pour dresser la liste des jurés en 1963. Une commission ad hoc, présidée par le président du tribunal ou le conseiller par lui désigné pour le représenter s'il est empêché, est chargée de dresser la liste des jurés devant siéger au cours des audiences de la cour criminelle. Instituée à l'article 229 du code de procédure pénale, ladite commission se compose du préfet ; du maire ou de son adjoint ; de quatre conseillers municipaux ; du président de la chambre de commerce ou de son délégué.

Les membres de cette commission arrêtent la liste des jurés qu'ils signent séance tenante et la déposent au greffe de la cour criminelle. L'extrait de cette liste est, ensuite, notifié aux jurés.

68 - Cour criminelle, greffe en 1963. A l'audience, le greffier qui assiste la cour criminelle est le greffier en chef de la Cour d'appel au cas où cette juridiction tient ses audiences au siège de ladite Cour d'appel. Dans l'hypothèse où la cour criminelle se réunit en dehors du siège de la Cour d'appel, elle se fait assister du greffier en chef ou, à défaut, du greffier en fonction dans cette juridiction (art. 222, L. n° 1-63 du 13 janvier 1963 portant code de procédure pénale).

69 - Cour criminelle, ministère public en 1963. La composition du ministère public près la cour criminelle est indiquée à l'article 221 du code de procédure pénale qui renvoie à l'article 22 du même code. Celui-ci confie l'exercice des fonctions de représentation, en personne ou par ses substituts, du ministère public à la cour criminelle au procureur général près la Cour d'appel.

Étant donné que la cour criminelle était instituée au siège de la Cour d'appel, il incombait, par conséquent, au procureur général près cette juridiction la charge de veiller à l'application de la loi pénale dans le ressort de la cour criminelle correspondant à celui de la cour d'appel.

Section 2 - La procédure préalable aux sessions en 1963

70 – Chambre d'accusation, rôle en 1963. Le juge d'instruction a la mission d'examiner si les charges constitutives de crimes pèsent sur l'inculpé dont il instruit le dossier. Dans l'affirmative, il transmet le dossier de la procédure au procureur de la République qui l'adresse au procureur général près la cour d'appel qui saisit la juridiction compétente pour la poursuite de la procédure d'instruction conduisant au jugement par la cour criminelle.

En effet, la loi prévoit, au siège de chaque cour d'appel, une chambre d'accusation (art. 177, CPP). Elle assure le rôle de juridiction d'instruction du second degré. Autrement dit, la chambre d'accusation examine la régularité des procédures qui lui sont soumises, lesquelles proviennent des juges d'instruction.

Elle prononce la mise en accusation devant la cour criminelle dans le cas où elle décide que les faits infractionnels retenus à l'encontre des prévenus sont qualifiés crimes. C'est alors que l'arrêt de mise en accusation y afférent doit mentionner la qualification légale précise desdits faits qui fondent l'accusation (art. 199 CPP).

71 – Chambre d'accusation, composition au siège en 1963. La chambre d'accusation comporte la composition régulière d'une juridiction de jugement. Elle se compose, en effet, au siège, du président de la cour d'appel et de deux conseillers. Ceux-ci ne sont pas, exclusivement, consacrés au service de la chambre d'accusation. Ils peuvent, également, exercer des fonctions judiciaires dans les autres chambres de la cour d'appel.

Il est procédé à la désignation des conseillers composant la chambre d'accusation par l'assemblée générale de la Cour d'appel qui se tient dans la première quinzaine du mois qui précède l'année judiciaire. Lesdits conseillers n'accomplissent leurs fonctions que dans le courant de l'année judiciaire suivante (art. 178 CPP).

72 – Chambre d'accusation, composition au parquet en 1963. Le procureur général près la cour d'appel ou ses substituts, assure les fonctions du ministère public.

Il revient au procureur général, avant de demander la réunion de la chambre d'accusation, de mettre en état les affaires qui lui seront soumises en y joignant son réquisitoire (art. 181, CPP). Au cours des débats de la chambre d'accusation qui se déroulent hors la présence du public et, donc, en chambre de conseil, le procureur général, ou le substitut qu'il a désigné pour représenter le ministère public, présente ses observations sommaires après avoir suivi le rapport du conseiller de la cour d'appel.

Lorsque le président déclare clos les débats, la chambre d'accusation délibère en l'absence du procureur général et du greffier pour garder le secret du délibéré.

73 – Chambre d'accusation, pouvoirs propres du président. Le président de la chambre d'accusation dispose des pouvoirs propres que lui confère le code de procédure pénale aux articles 180, 203 à 207 dont il peut être procédé, ainsi qu'il suit, à l'énumération sommaire :

- S'assurer du fonctionnement des cabinets des juges d'instruction dans l'accomplissement de leur mission de procéder, légalement, à tous les actes d'information qu'il juge utiles à la manifestation de la vérité ;

- Visiter les maisons d'arrêt du ressort de la cour d'appel aux fins, entre autres, d'y vérifier la situation des inculpés en détention préventive ;

- Saisir, le cas échéant, la chambre d'accusation à l'effet qu'elle statue sur le maintien en détention d'un inculpé dont les conditions de mise en liberté provisoire ne sont pas réunies ;

- Convoquer, si nécessaire, la réunion de la chambre d'accusation.

CHAPITRE IV

LES TRIBUNAUX DE GRANDE INSTANCE EN 1961

74 - **Tribunaux de grande instance, création en 1961**. Le garde des Sceaux, ministre de la Justice, avait compétence pour proposer le décret de fixation du siège, de détermination du ressort et de la composition des tribunaux de grande instance et ce, après avoir recueilli l'avis du Conseil de l'organisation judiciaire. Cet organe était compétent pour émettre des avis portant sur des questions relatives à l'organisation judiciaire. Il se réunissait sur convocation du garde des Sceaux, ministre de la Justice.

75 - Tribunaux de grande instance, sections. Plutôt que de créer, dans plusieurs localités des tribunaux de grande instance, il avait été décidé que ceux-ci pouvaient comporter une ou des sections détachées desdites juridictions à l'effet de limiter les difficultés inhérentes aussi bien à leur composition qu'à leur installation dans toute l'étendue du territoire national (art. 15, alinéa 2 de la loi n° 6-61 du 11 janvier 1961 fixant l'organisation judiciaire).

76 - Tribunaux de grande instance, présidents statuant en qualité de juge unique en 1963. Les Présidents des tribunaux de grande instance, de même que les juges des sections détachées desdits tribunaux, disposaient des compétences pour rendre la justice, en qualité de juge unique, dans des matières dont leurs juridictions avaient connaissance selon la loi.

La loi indiquait leur composition (section 1), déterminait leur compétence (section 2) et précisait les matières sur lesquelles s'étendait ladite compétence (section 3).

Section 1 – La composition en 1961

77 - Tribunaux de grande instance, composition en 1963. La présidence des tribunaux de grande instance relevait des présidents de ces juridictions alors que leurs sections étaient placées sous l'autorité des juges. Les présidents et les juges rendaient la justice à juge unique mais, exclusivement, dans les matières dont la compétence leur était reconnue.

Cependant les tribunaux de grande instance et leurs sections détachées, ayant compétence pour juger des appels formés contre les décisions rendues par les tribunaux d'instance en matière de droit privé traditionnel, se composaient, collégialement, du président ou du juge ainsi que de deux assesseurs choisis sur la liste spéciale dressée tous les deux ans, en tenant, autant que possible, compte des coutumes des justiciables, par arrêté du garde des Sceaux, ministre de la Justice (art. 29, L. 29-61 du 29 mai 1961 déterminant l'organisation, la compétence, la procédure et le fonctionnement des tribunaux d'instance prévus par la loi n° 6-61 du 11 janvier 1961 fixant l'organisation judiciaire de la République).

Les assesseurs ayant voix délibérative, ces juridictions rendaient, en conséquence, des décisions, en collégialité, lorsqu'elles statuaient comme juges de second degré dans le domaine sus indiqué (art. 1er, 2/ L. n° 28-61 du 29 mai 1961 modifiant certains articles de la loi n° 6-61 du 11 janvier 1961 fixant l'organisation judiciaire de la République).

Section 2 – Les compétences en 1961

Les tribunaux de grande instance étaient compétents en matière civile (parag. 1) et en matière pénale (parag. 2).

Parag. 1 - Les compétences en matière civile en 1961

78 - Tribunaux de grande instance, compétences en matière civile et commerciale en 1961. En matière civile et commerciale, les tribunaux de grande instance connaissaient :

- En premier et dernier ressort, et sous réserves des attributions des tribunaux d'instance (qui connaissaient des actions personnelles ou mobilières en premier ressort jusqu'à la valeur de 10 000 francs en capital et 3 000 francs en revenu et, à charge d'appel, jusqu'à la valeur de 100 000 francs en capital et 15 000 francs en revenu), des actions civiles et commerciales jusqu'à la valeur de 100 000 francs en principal et 10 000 francs de revenu ;
- En premier ressort et à charge d'appel, des actions s'élevant au-dessus de 100 000 francs en principal et 10 000 francs de revenu (art. 16 de la loi n° 6-61 du 11 janvier 1961 fixant l'organisation judiciaire).

Parag. 2 - Les compétences en matière pénale en 1961

79 - Tribunaux de grande instance, compétence en matière pénale en 1961. Les tribunaux de grande instance et les sections desdites juridictions étaient compétents, en matière pénale, pour connaître des infractions punies de peines correctionnelles et de peines de simple police.

On observe, en application de la loi n° 6-61 du 11 janvier 1961 fixant l'organisation judiciaire, la création effective notamment de deux tribunaux de grande instance ainsi que des sections que comportent lesdites juridictions : le tribunal de grande instance de Dolisie (décr. n° 62-262 du 28 août 1962) ; le tribunal de grande instance de Fort-Rousset (décr. n° 64-213 du 24 juin 1964).

Section 3 - L'extension des compétences en 1961

Les tribunaux de grande instance ainsi que leurs sections avaient connu une extension des compétences dans certaines matières : civile (parag. 1), administrative (parag. 2), de droit privé traditionnel (parag. (3).

Parag. 1 – En matière civile en 1961

80 - Tribunaux de grande instance, extension des compétences en matière civile en 1961. En matière civile, les tribunaux de grande instance connaissaient, auparavant, en premier et dernier ressort, des actions civiles et commerciales jusqu'à la valeur de 100 000 francs en principal et 10 000 francs en revenu, soit en rente, soit par prix de bail et, en premier ressort seulement et à charge d'appel, des actions s'élevant au-dessus de ces montants (art. 16 de la loi n° 6-61 du 11 janvier 1961 fixant l'organisation judiciaire).

Les tribunaux de grande instance et leurs sections ont vu leurs compétences s'étendre dans les matières sus évoquées, en premier et dernier ressort, aux actions jusqu'à la valeur de 150 000 francs en principal et 30 000 francs en revenus, rente ou prix de bail.

En premier ressort seulement et à charge d'appel, les tribunaux de grande instance et leurs sections connaissaient, plus tard, des actions dont le montant se situait au-delà de ces sommes (art. 11, ord. n° 63-10 du 6 novembre 1963 fixant l'organisation judiciaire et la compétence des juridictions, JORC du 15 novembre 1963, p. 929).

Parag. 2 – En matière administrative en 1961

81 - Tribunaux de grande instance, compétence en matière administrative en 1961. S'agissant de la matière administrative, les tribunaux de grande instance et leurs sections exerçaient les attributions administratives dévolues au juge de paix (art. 18 de la loi n° 6-61 du 11 janvier 1961 fixant l'organisation judiciaire). Alors que cette compétence était retirée aux tribunaux de grande instance, ceux-ci ont vu leurs compétences s'accroître en matière administrative.

Ils connaissaient, en effet, de toutes instances tendant à faire déclarer débitrices les collectivités publiques, du contentieux des contributions perçues par les collectivités publiques et des litiges portant sur les avantages pécuniaires ou statutaires attribués aux fonctionnaires et autres agents de l'État (art. 13 de l'ordonnance n° 63-10 du 6 novembre 1963 fixant l'organisation judiciaire et la compétence des juridictions, JORC du 15 novembre 1963, p. 929).

Parag. 3 – En matière de droit privé traditionnel en 1961

82 -Tribunaux de grande instance, compétence en matière de droit privé traditionnel en 1961. En matière de droit privé traditionnel, les tribunaux de grande instance et leurs sections avaient reçu compétence de juger, en appel, des affaires connues par les tribunaux d'instance (art. 37 de la loi n° 29-61 du 29 mai 1961 déterminant l'organisation, la compétence, la procédure et le fonctionnement des tribunaux d'instance prévus par la loi n° 6-61 du 11 janvier 1961 fixant l'organisation judiciaire de la République).

CHAPITRE V

LES TRIBUNAUX D'INSTANCE EN 1961

La loi n° 6-61 du 11 janvier 1961 fixant l'organisation judiciaire avait précisé les modalités de création des tribunaux d'instance en République du Congo (section 1). Ainsi le législateur déterminait, avec une certaine précision, dans le même texte, la composition régulière desdites juridictions (section 2). Leurs compétences détaillées furent, aussi, fixées par la loi susdite (section 3).

Section 1 – La création des tribunaux d'instance en 1961

83 - Tribunaux d'instance, création en 1961. Comme s'agissant des tribunaux de grande instance et des sections détachées de ces juridictions, il revenait au garde des Sceaux, ministre de la Justice, de proposer le décret d'établissement des tribunaux d'instance, de leur siège et de leur ressort.

84 -Tribunaux d'instance, lieux de création. Afin de couvrir tout le territoire national en juridictions de base, plusieurs tribunaux d'instance, ci-après, furent, effectivement, créés dans différentes localités de la République du Congo, en application de la loi n° 6-61 du 11 janvier 1961 fixant l'organisation judiciaire :

- Mouyondzi (décr. n° 62-168 du 13 juin 1962, JORC, 1er juillet 1962, p. 544) ; cf. également, ordonnance n° 62/168 du 13 juin 1962) ;
- Fort-Rousset (décr. n° 62-169 du 13 juin 1962, JORC, 1er juillet 1962, p. 544).
- Ouesso (décr. n° 62-170 du 13 juin 1962, JORC, 1er juillet 1962, p. 544) et 62/264 du 28 août 1962) ;
- Djambala (décr. n° 62-171 du 13 juin 1962) ;
- Mossendjo (décr. 62-263 du 28 août 1962) ;
- Impfondo (décr. 62-40 du 6 février 1962) ;
- Impfondo, extension de compétence (décr. n° 62-65 du 6 mars 1962).

Section 2 – La composition des tribunaux d'instance en 1961

85 - Tribunaux d'instance, composition en 1961. Le siège des tribunaux d'instance était composé d'un seul juge. Ces juridictions siégeaient, donc, à juge unique.

Toutefois, en matière de conflits individuels du travail et pour le jugement des litiges de droit privé traditionnel, les tribunaux d'instance devaient avoir une composition collégiale car le juge d'instance, président de l'audience, était assisté de deux assesseurs ayant voix délibérative (art. 29 de la loi n° 29-61 du 29 mai 1961 déterminant l'organisation, la compétence, la procédure et le fonctionnement des tribunaux d'instance prévus par la loi n° 6-61 du 11 janvier 1961 fixant l'organisation judiciaire).

Le ministère public n'était pas représenté auprès des tribunaux d'instance. Cependant le procureur de la République près le tribunal de grande instance pouvait, en toutes matières dont la compétence était dévolue aux tribunaux d'instance, occuper le siège du ministère public devant ces juridictions de base de son ressort (art. 1er, al. 2, L. n° 29-61 du 29 mai 1961 susmentionnée).

Section 3 – La compétence des tribunaux d'instance en 1961

Les tribunaux d'instance exerçaient leur compétence en matière civile (parag. 1), pénale (parag. 2) et sociale (parag. 3).

Parag. 1 - En matière civile en 1961

86 - Tribunaux d'instance, compétence en matière civile en 1961. En matière civile, les tribunaux d'instance connaissaient des actions personnelles ou mobilières en premier ressort jusqu'à la valeur de 10 000 francs en capital et 3 000 francs en revenu et, à charge d'appel, jusqu'à la valeur de 100 000 francs en capital et 15 000 francs en revenu (art. 4 de la loi n° 29-61 du 29 mai 1961 déterminant l'organisation, la compétence, la procédure et le fonctionnement des tribunaux d'instance prévus par la loi n° 6-61 du 11 janvier 1961 fixant l'organisation judiciaire).

Les actions étaient introduites par assignation ou par requête adressée au tribunal (art. 12 de la loi n° 29-61 du 29 mai 1961 précitée).

Celle-ci, introduisant l'instance, pouvait être présentée sous deux formes : écrite ou verbale.

87 - Tribunaux d'instance, saisine par requête écrite en matière civile en 1961. Écrite, la requête devait être, naturellement, rédigée en français, sur papier timbré, adressée au juge du tribunal d'instance compétent. Il était exigé, à l'article 13 de la loi n° 29-61 du 29 mai 1961 susvisée, que la requête comporte les indications suivantes : « Les noms, prénoms, profession et domicile du demandeur ; les noms et domiciles des défendeurs et si possible leurs profession et résidence ; l'exposé des faits qui servent de base à la demande ; les moyens et les conclusions ; l'énonciation des pièces produites à l'appui de la demande ou que le demandeur se propose de produire ; l'énumération des témoins qu'il désire faire entendre avec l'indication de leur adresse ; l'évaluation de la demande si celle-ci peut être évaluée en argent ; une élection de domicile au siège du tribunal ou dans toute autre localité de son ressort pourvue d'un bureau de poste ; la constitution d'un mandataire emporte de plein droit élection de domicile chez ledit mandataire, dont l'adresse doit être précisée ; la signature du requérant ou de son mandataire ; le requérant illettré qui n'a pas de mandataire y appose une empreinte digitale ».

88 - Tribunaux d'instance, saisine par requête orale en matière civile en 1961. Orale, la requête était formée devant le juge, en présence du greffier. Celui-ci la consignait dans un registre.

La requête présentée par écrit, Comme celle qui était formée oralement devait, aussi, comporter les mêmes indications énumérées ci-haut (cf. supra, n° 87 « Tribunaux d'instance, saisine par requête écrite en matière civile en 1961 ».

89 - Tribunaux d'instance, constitution d'une provision en cas de saisine par requête en matière civile en 1961. La saisine du tribunal d'instance impliquait le dépôt, au greffe, d'une requête écrite ou orale introductive d'instance.

Ladite requête devait être accompagnée de la constitution d'une provision. Il incombait au greffier la charge d'en déterminer le montant. Pour ce faire, il se référait aux éléments relatifs aux différents actes de procédure engendrant des frais tels les droits de timbre, d'enregistrement et tous autres frais de justice laissés à sa libre appréciation.

Après encaissement des sommes versées à titre de consignation de la provision par le demandeur ayant introduit l'instance, le greffier lui délivrait, en conséquence, un reçu (art. 14, loi n° 29-61 du 29 mai 1961 déterminant l'organisation, la compétence, la procédure et le fonctionnement des tribunaux d'instance prévus par la loi n° 6-61 du 11 janvier 1961 fixant l'organisation judiciaire de la République).

Parag. 2 - En matière pénale en 1961

90 - Tribunaux d'instance, compétence en matière pénale en 1961. Les tribunaux d'instance étaient compétents, en matière pénale, pour juger des infractions punies de peines de simple police.

Cependant, les juges d'instance disposaient des mêmes pouvoirs en matière d'instruction criminelle et correctionnelle que les juges des sections des tribunaux de grande instance si le crime était commis dans le ressort de leur juridiction (art.26 de la loi n° 29-61 du 29 mai 1961 susvisée).

Parag. 3 - En matière sociale en 1961

91 - Tribunaux d'instance, compétence en matière sociale en 1961. Lorsqu'il n'y avait pas de tribunal du travail institué dans leur ressort territorial, les tribunaux d'instance jugeaient, en matière sociale, des différends individuels survenus à l'occasion du contrat de travail (art. 25, L. n° 29-61 du 29 mai 1961 susvisée.). Ils y procédaient dans la limite de leur compétence déterminée à l'article 4 de la même loi comme ci-après : en premier ressort jusqu'à la valeur de 10 000 francs en capital et 3 000 francs en revenu ; à charge d'appel, jusqu'à la valeur de 100 000 francs en capital et 15 000 francs en revenu.

Dans ces conditions, les tribunaux d'instance étaient invités à se conformer, en ce qui concerne les règles de procédure, à celles déterminées par le code du travail (art. 25, al. 2, L. n° 29-61 du 29 mai 1961 précitée), en l'occurrence, la loi n° 52-1322 du 15 décembre 1952 instituant un code du travail dans les territoires et territoires associés relevant du ministère de la France d'outre-mer).

CHAPITRE VI

LES TRIBUNAUX DU TRAVAIL EN 1961

La création des tribunaux du travail en 1961 impliquait l'indication de l'autorité compétente pour y procéder (section 1) et déterminer leur composition juridictionnelle (section 2).

Section 1 - La création des tribunaux du travail en 1961

92 - Tribunaux du travail, création en 1961. Juge de droit commun en matière sociale, les tribunaux du travail étaient institués par décret pris sur proposition conjointe des ministres de la justice et du travail dans les localités où l'activité économique estimée importante justifiait leur installation.

Les conflits individuels du travail nés dans les localités autres que celles de leur implantation étaient soumis aux tribunaux de grande instance ou à leurs sections ainsi qu'aux tribunaux d'instance. Ces juridictions auxquelles la compétence en matière sociale était dévolue, appliquaient les règles de procédure prévues dans le code du travail (loi n° 52-1322 du 15 décembre 1952 portant code du travail dans les territoires d'outre-mer).

Section 2 - La composition des tribunaux du travail en 1961

93 - Tribunaux du travail, composition en 1961. La composition des tribunaux du travail épousait celle de l'article 184 du code du travail du 15 décembre 1952 qui disposait qu'il comprenait :

- Un magistrat, qui en assurait la présidence. Sa désignation était de la compétence du chef du service judiciaire. Cependant le président du tribunal de travail pouvait, exceptionnellement, être un fonctionnaire en cas d'insuffisance du personnel magistrat qui constituerait un obstacle pour pourvoir ce poste. Ledit fonctionnaire, assumant les fonctions de président du tribunal du travail, était désigné par le chef du territoire sur la proposition faite par le chef du service judiciaire. Dans l'hypothèse où un magistrat exerçait les fonctions de président dudit tribunal, sa suppléance, en cas d'absence, de congé ou d'empêchement était assurée par le fonctionnaire désigné dans les mêmes conditions que celles, précédemment, décrites.

- Deux assesseurs employeurs et deux assesseurs travailleurs. Ils sont choisis sur des listes présentées, selon les dispositions de l'article 185 du code du travail dans les territoires d'outre-mer, par les organisations syndicales les plus représentatives ou, en cas de carence de celles-ci, par l'inspection du travail et des lois sociales et comportant un nombre de noms double de celui des postes à pourvoir.

Il était prévu qu'en cas d'empêchement des assesseurs titulaires, les assesseurs suppléants les remplaçaient. Pour respecter le même nombre d'assesseurs titulaires et suppléants à l'audience, la défaillance d'un assesseur constituait la cause d'empêchement de la composition d'audience par le plus jeune membre de la catégorie en sur nombre. En effet, étant entendu que le président du tribunal du travail avait la charge de désigner pour le jugement des affaires, un nombre égal d'assesseurs employeurs et d'assesseurs travailleurs appartenant à la même catégorie intéressée, l'empêchement d'un assesseur employeur impliquait l'interdiction faite à l'assesseur employeur le plus jeune de la catégorie en surnombre de composer, dans ces conditions, le tribunal du travail à l'audience programmée.

Le président du tribunal du travail était assisté non d'un greffier mais d'un secrétaire, agent administratif attaché au tribunal, désigné par le chef de territoire.

CHAPITRE VII

L'INSTITUTION DU JUGE UNIQUE EN 1961

La loi n° 6-61 du 11 janvier 1961 fixant l'organisation judiciaire de la République du Congo avait été, par la suite, complétée par la loi n° 29-61 du 29 mai 1961 déterminant l'organisation, la compétence, la procédure et le fonctionnement des tribunaux d'instance.

Il était institué le principe du juge unique pour juguler les difficultés de fonctionnement des tribunaux d'instance qui constituaient, à cette époque, les tribunaux de base en raison de leur proximité avec les justiciables (section 1).

Toutefois le législateur avait, de manière exceptionnelle, prévu la règle de la collégialité qui devait être appliquée devant le tribunal d'instance lorsque cette juridiction siégeait pour trancher certaines affaires (section 2).

Section 1 – Le principe du juge unique en 1961

Bien que s'étant soucié d'instituer les tribunaux de base sous la dénomination de tribunaux d'instance, le législateur avait réduit leur composition au juge unique en raison des difficultés inhérentes au respect du principe de la collégialité dans les juridictions suivant lequel au moins trois juges devraient participer au jugement des affaires soumises à une juridiction.

94 - Tribunal d'instance, juridiction à juge unique en 1961. La composition des tribunaux d'instance est fixée par la loi n° 29-61 du 29 mai 1961 déterminant l'organisation, la compétence, la procédure et le fonctionnement des tribunaux d'instance prévus par la loi n° 6-61 du 11 janvier 1961 fixant l'organisation judiciaire de la République du Congo.

Selon l'article premier alinéa 2 de ladite loi, en effet, « Les tribunaux d'instance ne comportent qu'un juge… ». La justification du principe du juge unique était à rechercher dans l'insuffisance du nombre de magistrats pour participer à la composition régulière des juridictions.

Section 2 - L'exception à la collégialité en 1961

95 - Tribunal d'instance, juridiction collégiale en 1961. Bien qu'ayant disposé que le tribunal d'instance siège à juge unique, l'article premier alinéa 2 de ladite loi prévoyait l'exception à la collégialité devant cette juridiction au moyen de l'extension, par décret, de sa compétence dans des « litiges survenant entre personnes de quelque nationalité qu'elles soient dont le statut civil est régi par le droit traditionnel ».

Dans ce cas, le principe posé à l'article premier alinéa 2 de la loi n° 6-61 du 11 janvier 1961 précitée était mis en cause. La nouvelle composition préconisée était celle du tribunal d'instance composé du juge d'instance qui en assure la présidence, assisté de deux assesseurs qu'il choisissait sur des listes spéciales en se basant sur leur appartenance aux coutumes précises sur lesquelles le tribunal se fondait pour trancher les litiges qui lui étaient soumis.

Il y a lieu d'indiquer que les listes des assesseurs, sur lesquelles se basait le président du tribunal d'instance, étaient dressées par arrêtés du garde des Sceaux, ministre de la Justice. La périodicité de leur établissement fut bisannuelle. Il était, toutefois, prévu qu'avant la nomination de nouveaux assesseurs, les premiers continuaient à siéger (art. 29, alinéa 1 et 2, loi n° 29-61 du 29 mai 1961 déterminant l'organisation, la compétence, la procédure et le fonctionnement des tribunaux d'instance prévus par la loi n° 6-61 du 11 janvier 1961 fixant l'organisation judiciaire de la République). Étant donné que la loi précitée (art. 33) avait prévu l'obligation de la tentative de conciliation, celle-ci relevait autant de la compétence du président du tribunal d'instance que d'un de ses assesseurs ayant reçu de lui délégation d'y procéder.

CHAPITRE VIII

LA RÉMUNÉRATION DES MAGISTRATS EN 1961

Suivant la hiérarchie établie du corps judiciaire (section 1), il était déterminé des échelonnements indiciaires des magistrats en 1961 (section 2).

Section 1 – La hiérarchie du corps judiciaire

Plaçant les magistrats de la Cour suprême, le président de la Cour d'appel et le procureur général près ladite cour hors hiérarchie, la loi renvoyait au décret la détermination des conditions d'application de l'article 4 y afférent de la loi n° 42-61 du 20 juin 1961 portant statut de la magistrature. L'article premier du décret n° 61-183 du 3 août 1961 portant application de la loi n° 42-61 du 20 juin 1961 portant statut de la magistrature définit la composition de la hiérarchie du corps judiciaire (parag 1) ainsi que les modalités de notation et d'avancement des magistrats (parag. 2). Il était prévu l'application du statut des fonctionnaires aux magistrats régis par le statut de la magistrature (parag. 3).

Parag. 1 – La composition de la hiérarchie judiciaire

96 - Hiérarchie du corps judiciaire, grades, groupes et échelons d'ancienneté. Trois grades étaient prévus dans la hiérarchie du corps judiciaire. Si le premier grade et le second grade comprenaient, chacun, les premier et second groupes, le troisième grade ne comportait qu'un seul groupe. Il figurait, à l'intérieur des grades, des échelons d'ancienneté avec des indices correspondants.

La rémunération des magistrats se composait, sous l'empire de la loi n° 42-61 du 20 juin 1961 portant statut de la magistrature, du traitement et de ses accessoires (art. 16 de ladite loi).

Le décret n° 61-183 du 3 août 1961 portant application de la loi n° 42-61 du 20 juin 1961 relatif au statut de la magistrature indiquait, précisément, les échelonnements indiciaires des traitements des magistrats (art. 21 dudit décret, JORC, 1er septembre 1961, p. 595).

97 - Hiérarchie du corps judiciaire, magistrats du 3e grade. Selon l'article premier alinéa 2 de la loi n° 29-61 du 29 mai 1961 déterminant l'organisation, la compétence, la procédure et le fonctionnement des tribunaux d'instance prévus par la loi n° 6-61 du 11 janvier 1961 fixant l'organisation judiciaire de la République du Congo, les tribunaux d'instance ne comportent qu'un juge.

Le statut de ce dernier est celui du magistrat du 3e grade car les magistrats de cette catégorie sont appelés à exercer les fonctions de juge d'instance (art. 2 décr. n° 61-183 du 3 août 1961 portant application de la loi n° 42-61 du 20 juin 1961 portant statut de la magistrature, JORC, 1er septembre 1961, p. 595).

Trois conditions étaient exigées pour que les magistrats de 3e grade puissent accéder au 2e grade : être magistrat licencié en droit ayant accompli cinq années de service effectif en position d'activité ou en détachement ; être magistrat stagiaire justifiant de six années de service effectif en position d'activité ou en détachement ; être magistrat intérimaire ayant totalisé sept années de service en qualité de magistrat du 3e grade (art. 8, décr. n° 61-183 du 3 août 1961 portant application de la loi n° 42-61 du 20 juin 1961 portant statut de la magistrature, JORC, 1er septembre 1961, p. 595).

Huit échelons composaient le troisième grade. La durée pour accéder d'un échelon à un autre qui lui est supérieur était de : deux ans dans le 1er échelon, indice 740 ; deux ans dans le 2e échelon, indice 830 ; trois ans dans le 3e échelon, indice 940 ; trois ans dans le 4e échelon, indice 1000 ; trois ans dans le 5e échelon, indice 1120 ; trois ans dans le 6e échelon, indice 1230 ; trois ans dans le 7e échelon, indice 1410 (art. 18, décr. n° 61-183 du 3 août 1961 portant application de la loi n° 42-61 du 20 juin 1961 portant statut de la magistrature, JORC, 1er septembre 1961, p. 595).

98 - Hiérarchie du corps judiciaire, magistrats du 2e grade. Les magistrats du 2e grade sont reconnus en ce qu'ils sont appelés à exercer les fonctions classées selon l'ordre ci-après déterminé par le texte réglementaire appliquant le statut de la magistrature : 1er groupe : substitut, juge d'instruction, juge à un tribunal de grande instance ; 2e groupe : vice-président d'un tribunal de grande instance et procureur adjoint près un tribunal de grande instance (art. 3, décr. n° 61-183 du 3 août 1961 portant application de la loi n° 42-61 du 20 juin 1961, relatif au statut de la magistrature, JORC, 1er septembre 1961, p. 595).

L'accès du magistrat aux fonctions du 2e groupe, du 2e grade était conditionné par l'accomplissement de six années de service effectif dans les juridictions, en qualité de magistrat de 3e grade (art. 9, décr. n° 61-183 du 3 août 1961 portant application de la loi n° 42-61 du 20 juin 1961, relatif au statut de la magistrature, JORC, 1er septembre 1961, p. 595).

Le deuxième grade de la hiérarchie judiciaire comportait deux groupes : - dans le premier groupe, la durée exigée d'accès à l'échelon supérieur était de trois ans dans le 1er échelon, indice 580, de trois ans également dans le 2e échelon, indice 960, quatre ans dans le troisième échelon, indice 1140, cinq ans dans le quatrième échelon, indice 1370 ; - dans le deuxième groupe, le temps nécessaire pour accéder à l'échelon supérieur fut de deux années dans le premier échelon, indice 780, deux années dans le 2e échelon, indice 960, trois années dans le 3e échelon, indice 1140 et trois années dans le 4e échelon, indice 1370 (art. 17, al. 4, décr. n° 61-183 du 3 août 1961 portant application de la loi n° 42-61 du 20 juin 1961, relatif au statut de la magistrature, JORC, 1er septembre 1961, p. 595).

99 - Hiérarchie du corps judiciaire, magistrats du premier grade. Grade le plus élevé du corps de la magistrature, le premier grade comprenait, comme le troisième et le deuxième grade, le premier groupe auquel les magistrats ci-dessous étaient appelés à exercer les fonctions y classées : le président d'un tribunal de grande instance ; le procureur de la République près le tribunal de grande instance ; le conseiller de la cour d'appel ; le substitut général près la cour d'appel (art. 4, décr. n° 81-183 du 3 août 1961 portant application de la loi n° 42-61 du 20 juin 1961, relatif au statut de la magistrature, JORC, 1er septembre 1961, p. 595).

Il comportait, également, à l'instar du deuxième grade, le second groupe auquel les magistrats suivants étaient appelés à exercer les fonctions y classées : le président de chambre ; l'avocat général près la cour d'appel (art. 4, décr. n° 81-183 du 3 août 1961 portant application de la loi n° 42-61 du 20 juin 1961, relatif au statut de la magistrature, JORC, 1er septembre 1961, p. 595).

La promotion d'un magistrat au 1er grade n'était possible que s'il justifiait de six années de service effectif en qualité de magistrat de 3e grade (art. 9, décr. n° 81-183 du 3 août 1961 portant application de la loi n° 42-61 du 20 juin 1961, relatif au statut de la magistrature, JORC, 1er septembre 1961, p. 595).

Outre les premier et deuxième groupes, le premier grade était décomposé en quatre échelons auxquels correspondaient des indices.

Ainsi, dans le premier groupe du premier grade, le temps nécessaire prévu pour accéder à l'échelon supérieur était fixé à deux ans dans le premier échelon, indice 1470 ; trois ans dans le deuxième échelon, indice 1630 ; trois ans dans le troisième échelons, indice, 1770.

Au total, le magistrat se trouvant au premier groupe du premier grade accomplissait huit années pour accéder au quatrième et dernier échelon, indice 1900, que comprenait ledit grade de la hiérarchie judiciaire (art. 17, al. 2, décr. n° 81-183 du 3 août 1961 portant application de la loi n° 42-61 du 20 juin 1961, relatif au statut de la magistrature, JORC, 1er septembre 1961, p. 595).

Dans le 2e groupe du 1er grade, la durée exigée pour accéder à l'échelon supérieur était de deux années dans le 2e échelon, indice 1630 et deux autres années dans le 3e échelon, indice 1770 (art. 17, al. 3, décr. n° 81-183 du 3 août 1961 portant application de la loi n° 42-61 du 20 juin 1961, relatif au statut de la magistrature, JORC, 1er septembre 1961, p. 595).

Parag. 2 – La notation et l'avancement des magistrats

A - La notation des magistrats en 1961

100 - Notation des magistrats, feuilles de notation en 1961. La loi prescrivait l'établissement des feuilles de notation des magistrats par le président de la cour d'appel et le procureur général près cette juridiction, avant le 1er juillet de chaque année.

Ces autorités judiciaires devaient se prémunir, dans l'exécution de cette tâche, de l'avis circonstancié des chefs de juridictions des magistrats concernés.

Les feuilles de notation contenaient les renseignements autant précis que détaillés sur l'exercice des fonctions des magistrats. Ainsi, ceux qui étaient en service dans l'administration centrale du ministère de la Justice devaient voir leurs notations être faites par le garde des Sceaux, ministre de la Justice.

Les notations des magistrats en position de détachement furent l'ouvre du ministre compétent duquel ils dépendaient (art. 5, décr. n° 61-183 du 3 août 1961 portant application de la loi n° 42-61 du 20 juin 1961, relatif au statut de la magistrature, JORC, 1er septembre 1961, p. 595).

B – L'avancement des magistrats en 1961

101 – Avancement des magistrats, tableau d'avancement en 1961. L'avancement d'un magistrat s'entend de sa nomination à un emploi classé hors hiérarchie, de sa promotion au grade supérieur ou, à l'intérieur de son grade, à l'échelon plus élevé après accomplissement du nombre d'années prévues pour ce faire et après son inscription au tableau d'avancement institué par la loi n° 42-61 du 20 juin 1961 portant statut de la magistrature (art. 26 de la loi susmentionnée.).

La commission d'avancement du conseil supérieur de la magistrature intéressait aussi bien les magistrats du siège que du parquet mais le tableau d'avancement était communiqué, pour avis, au conseil supérieur de la magistrature, uniquement pour des informations relatives à la situation des magistrats du siège.

Toutefois, les dispositions prévues pour régir l'avancement des magistrats ne s'appliquaient pas aux nominations des magistrats aux emplois classés hors hiérarchie (art. 16, décr. n° 61-183 du 3 août 1961 portant application de la loi n° 42-61 du 20 juin 1961, relatif au statut de la magistrature, JORC, 1er septembre 1961, p. 595).

102 - Avancement des magistrats, composition de la commission en 1961. L'article 27 de la loi n° 42-61 du 20 juin 1961 portant statut de la magistrature prévoyait la composition de la commission d'avancement qui comprenait les membres suivants : le président de la Cour suprême qui assurait les fonctions de président de ladite commission ; le procureur général près la Cour suprême ; trois magistrats des cours et tribunaux dont deux au moins devant appartenir au siège ; un magistrat en service au ministère de la Justice, désigné par le garde des Sceaux, ministre de la Justice.

En l'absence d'installation de la Cour suprême créée en 1962, il était prévu que la présidence de la commission d'avancement du conseil supérieur de la magistrature revenait, provisoirement, au président de la cour d'appel et comprendra, également, en tant que membre complémentaire, le procureur général près ladite juridiction (art. 27, al. 2, L. n° 42-61 du 20 juin 1961 portant statut de la magistrature).

Parag. 3 – L'applicabilité du statut général aux magistrats

103 - Statut général des fonctionnaires, applicabilité aux magistrats en 1962. Il était prévu, à l'article premier de la loi n° 15- 62 du 3 février 1962 portant statut général des fonctionnaires, en ce qui concernait les conditions d'applicabilité dudit statut aux magistrats, qu'il « ne s'applique aux magistrats de l'ordre judiciaire que dans la mesure précisée par leur statut ».

104 - Statut général des fonctionnaires, application des règles non contraires au statut de la magistrature en 1962. En d'autres termes, les dispositions du statut général des fonctionnaires ne pouvaient être appliquées aux magistrats que si elles n'étaient point contraires aux règles qui régissaient le statut de la magistrature. C'est ainsi qu'il était disposé, à l'article 51 de la loi n° 42-61 du 20 juin 1961 portant statut de la magistrature que « les dispositions du statut général des fonctionnaires concernant la cessation des fonctions s'appliquent aux magistrats dans la mesure où elles ne sont pas contraires aux règles statutaires du corps judiciaires ».

Il en est de même de l'article 52 de la loi n° 42-61 du 20 juin 1961 portant statut de la magistrature qui dispose que « Les magistrats sont administrés par le ministère de la Justice. En tout ce qui n'est pas contraire aux règles statutaires du corps judiciaires, les dispositions du statut général des fonctionnaires, sauf l'article 20, leur seront applicables ». L'exception relative à non application de l'article 20 de la loi n° 42-61 du 20 juin 1961 susvisée est en rapport avec la nomination des auditeurs de justice admis au concours de recrutement, à laquelle il est procédé, non par arrêté du ministre de la Justice mais par celui du Chef du Gouvernement.

Cette logique était respectée concernant les positions dans lesquelles se trouvaient placés les magistrats (en activité ou en congé régulier, en service détaché, en disponibilité, sous les drapeaux). En effet, les dispositions du statut général des fonctionnaires, en cette matière, s'appliquaient aux magistrats puisqu'elles ne contredisaient pas celles du statut de la magistrature.

105 - Statut général des fonctionnaires, imbroglio en 1962. Or, les règles statutaires du corps judiciaires sont déterminées par la loi n° 42-61 du 20 juin 1961 portant statut de la magistrature et celles relatives au statut des fonctionnaires résultent de la loi n° 15-62 du 3 février 1962 portant statut général des fonctionnaires. Le mécanisme par lequel le législateur de 1961 renvoie, pour l'application du statut de la magistrature, à la loi de 1962 sur le statut général des fonctionnaires semble, plutôt, relever d'un imbroglio, dès lors que ce texte lui est postérieur !

Par contre, selon les articles premiers alinéas 2 des lois n° 023-92 du 20 août 1992 portant statut de la magistrature et 15-99 du 15 avril 1999 modifiant et complétant certaines dispositions de la loi n° 023-92 du 20 août 1992 portant statut de la magistrature « Les règles concernant la fonction publique s'appliquent aux magistrats dans la mesure où elles ne sont pas contraires au présent statut ». Ces règles relatives à la fonction publique, fixées par la loi n° 021-89 du 14 novembre 1989 portant refonte du statut général de la fonction publique, sont postérieures aux lois susvisées auxquelles elles peuvent se référer pour opérer des réserves aux fins de recherche de la compatibilité de leurs dispositions avec celles de la loi antérieure de 1989.

Section 2 – Les échelonnements indiciaires en 1961

106 - Hiérarchie judiciaire, échelonnements indiciaires en 1961. Comme indiqué, ci- dessus, (cf. supra, section 1, hiérarchie du corps judiciaire, parag. 1, la composition de la hiérarchie du corps judiciaire, sp. Hiérarchie du corps judiciaire, grades, groupes et échelons d'ancienneté, n° 96, p; 73), les échelonnements indiciaires des traitements des magistrats du corps judiciaires étaient conçus en fonction de la hiérarchie judiciaire qui comprenait : les magistrats hors hiérarchie ; le premier grade ; le deuxième grade ; les auditeurs de justice ; le troisième grade (art. 21, décr. n° 61-183 du 3 août 1961 portant application de la loi n° 42-61 du 20 juin 1961, relatif au statut de la magistrature, JORC, 1er septembre 1961, p. 595).

107 - Echelonnements indiciaires, troisième grade en 1961. Le troisième grade comportait huit échelons dont la durée d'accès d'un échelon inférieur à un autre supérieur était de deux années dans le premier échelon, indice 740, et le second échelon, indice 830. Le temps nécessaire exigé pour être élevé à l'échelon supérieur était fixé à trois ans à partir du troisième échelons, indice 940, jusqu'au huitième échelon, indice 1570 (art. 18, décr. n° 61-183 du 3 août 1961 portant application de la loi n° 42-61 du 20 juin 1961, relatif au statut de la magistrature, JORC, 1er septembre 1961, p. 595).

D'où le tableau ci-dessous qui illustre cette périodicité ainsi les échelonnements correspondant aux indices appliqués.

Troisième grade en 1961

Echelons	**Indices**	**Temps nécessaire pour accéder à l'échelon supérieur**
8e	1570	
7e	1410	3 ans
6e	1230	3ans
5e	1120	3 ans
4e	1000	3 ans
3e	940	3 ans
2e	830	2 ans
1e	740	2 ans

108 - Echelonnements indiciaires, deuxième grade en 1961. Subdivisé en deux groupes, le deuxième grade comprenait cinq échelons.

Le magistrat se trouvant au premier groupe devait accomplir :

- Cinq années de service effectif dans les premier et deuxième échelons ;
- Quatre années dans le troisième échelon ;
- Cinq années dans le quatrième échelon (art. 17, al. 5, décr. n° 61-183 du 3 août 1961 portant application de la loi n° 42-61 du 20 juin 1961, relatif au statut de la magistrature, JORC, 1er septembre 1961, p. 595).

Il apparaissait, dans le tableau y relatif ci-dessous, une reproduction différente de la durée des services du magistrat dans le premier échelon du 2e grade, 1er groupe (3 ans au lieu de 5 ans comme indiqué à l'article 17, al. 5, décr. n° 61-183 du 3 août 1961 susdit) et dans le deuxième échelon du 2e grade, 1er groupe (3 ans, également, au lieu de 5 ans, pour se conformer aux dispositions de l'article 17, alinéa 5 du décret susvisé).

Au deuxième groupe, il était exigé du magistrat qui souhaitait accéder à l'échelon supérieur d'accomplir :

- Deux années dans les premier et deuxième échelons ;
- Trois années dans les troisième et quatrième échelons.

Le tableau représentatif y afférent se présente ainsi qu'il suit :

Deuxième grade en 1961

Echelons	Indices	1er groupe	2e groupe
		Temps nécessaire Pour accéder à l'échelon supérieur	**Temps nécessaire Pour accéder à l'échelon supérieur**
5e	1630		
4e	1370	5 ans	3 ans
3e	1140	4 ans	3 ans
2e	960	3 ans	2 ans
1e	780	3 ans	2 ans

109 - Echelonnements indiciaires, premier grade. Comprenant quatre échelons, le premier grade était composé de deux groupes comme le second grade.

La durée d'exercice des fonctions dans le premier groupe, pour avoir accès à l'échelon supérieur était de deux ans dans le premier échelon et de trois ans dans les deuxième et troisième échelons.

S'agissant du second groupe, le temps nécessaire prévu pour accéder à l'échelon supérieur fut de deux ans dans les deuxième et troisième échelons (art. 17, al. premier, 2 ct 3, décr. n° 61-183 du 3 août 1961 susmentionné) ainsi que l'illustre le tableau ci-après :

Premier grade en 1961

Echelons	Indices	1er groupe	2e groupe
		Temps nécessaire Pour accéder à l'échelon supérieur	**Temps nécessaire pour accéder à l'échelon supérieur**
4e	1900		
3e	1770	3 ans	2 ans
2e	1630	3 ans	2 ans
1er	1470	2 ans	

Source : décret n° 61-183 du 3 août 1961 portant application de la loi n° 42-61 du 20 juin 1961, relatif au statut de la magistrature).

110 - Echelonnements indiciaires, magistrats hors hiérarchie. L'échelonnement indiciaire des traitements des magistrats hors hiérarchie était réservé pour être déterminé par un texte ultérieur (art. 21, décr. n° 61-183 du 3 août 1961 portant application de la loi n° 42-61 du 20 juin 1961, relatif au statut de la magistrature, JORC, 1er septembre 1961, p. 595).

Seuls étaient placés hors hiérarchie, à cette époque, les magistrats de la Cour suprême, le président de la cour d'appel et le procureur général près la cour d'appel (art. 4, L. n° 42-61 du 20 juin 1961 portant statut de la magistrature, JORC, 1er juillet 1961, p. 403).

TITRE II

LE CONSEIL SUPÉRIEUR DE LA MAGISTRATURE (CSM)

Dans le souci d'institutionnaliser l'indépendance de la magistrature en France, il fut créé le Conseil supérieur de la magistrature. Il était attribué audit organe les compétences relatives à la discipline des magistrats confiées, historiquement, à la Cour de cassation en sa qualité de haute juridiction nationale (chap. 1).

C'est le modèle de cette institution qui fut implanté dans le système judiciaire congolais, à la suite de l'accession du Congo à la souveraineté internationale. La composition et les attributions du Conseil supérieur de la magistrature en République du Congo furent précisées dans une loi spécifique (chap. 2).

CHAPITRE I

LA GENÈSE DU CSM

Le Conseil supérieur de la magistrature est l'organe de gestion des magistrats dont les repères historiques sont français (section 1). Son institutionnalisation est intervenue en République du Congo deux années après l'indépendance du pays (section 2).

Section 1 – Les repères historiques du CSM en France

111 – Conseil supérieur de la magistrature en France, historique. La loi du 30 août 1883 sur la réforme de l'organisation judiciaire avait conféré à la Cour de cassation, en sa qualité de haute juridiction française, la compétence pour statuer, toutes chambres réunies, en matière de discipline des magistrats.

Ainsi apparaissait, ainsi, en France, la première des attributions essentielles qui sera, plus tard, reconnue à une nouvelle institution qui recevra la dénomination de Conseil supérieur de la magistrature.

En effet, la Constitution du 27 octobre 1946 instituait, en son titre IX, comme organe constitutionnel à part entière, le Conseil supérieur de la magistrature. Ce sera, ainsi, la manifestation de la volonté d'institutionnaliser l'indépendance de la justice. La Cour de cassation était, dans ces conditions, supplantée par le Conseil supérieur de la magistrature qui lui substituait dans l'exercice des compétences inhérentes à la discipline des magistrats.

La présidence du Conseil supérieur de la magistrature était, à cette époque, confiée au président de la République. Il était reconnu au garde des Sceaux, ministre de la Justice, la fonction de vice-président dudit organe.

La composition du Conseil supérieur de la magistrature comprenait les membres élus (six membres élus par l'assemblée nationale et quatre magistrats élus par leurs pairs) et deux membres désignés par le président de la République parmi les personnes exerçant des professions judiciaires.

Les compétences du Conseil supérieur de la magistrature étaient, clairement, indiquées : proposer au président de la République la nomination des magistrats du siège ; assurer la discipline et l'indépendance des magistrats du siège ; administrer les tribunaux judiciaires.

Réformé par la Constitution du 4 octobre 1958, le Conseil supérieur de la magistrature était, toujours, présidé par le président de la République et le garde des Sceaux, ministre de la Justice conservait la vice-présidence de cette institution.

L'extension des pouvoirs du président de la République en matière de nomination des membres du Conseil supérieur de la magistrature lui permettait, désormais, de procéder à la désignation de neuf membres de cet organe : soit directement, deux personnalités qualifiées ; soit indirectement, et dans cette hypothèse des propositions de nomination provenaient du bureau de la Cour de cassation (six magistrats) ou de l'assemblée générale du Conseil d'État (un conseiller).

En raison de ce que sous l'empire de la Constitution du 27 octobre 1946 le Conseil supérieur de la magistrature n'avait pu exercer la totalité de ses attributions, des prérogatives limitées lui étaient reconnues : proposition, au président de la République, de nomination des magistrats de la Cour de cassation et des présidents des cours d'appel ; émission d'avis simple relatif au projet de nomination des autres magistrats du siège.

Toutefois, le Conseil supérieur de la magistrature demeurait conseil de discipline des magistrats.

Section 2 – Le CSM au Congo en 1962

112 – Conseil supérieur de la magistrature en République du Congo, création en 1962. La loi n° 5-62 du 20 janvier 1962 sur l'organisation et le fonctionnement du Conseil supérieur de la magistrature avait institué cet organe qui connaissait des fortunes diverses, notamment, au cours des années 1983, 1992, 1994, 1999, 2004, 2008, 2018 et 2023.

CHAPITRE II

LA COMPOSITION ET LES ATTRIBUTIONS DU CSM

La loi n° 5-62 du 20 janvier 1962 sur l'organisation et le fonctionnement du Conseil supérieur de la magistrature indiquait non seulement la composition de cette institution (section 1) mais, également, les attributions qui étaient conférées audit organe (section 2).

Section 1 – La composition du CSM en 1962

113 - Conseil supérieur de la magistrature, composition en 1962. Au regard de sa composition, le Conseil supérieur de la magistrature comprenait les membres suivants : le président de la République qui en assurait la présidence ; le garde des Sceaux, ministre de la Justice, vice-président ;

Outre ces deux personnalités, le Conseil supérieur de la magistrature était composé d'autres membres dénommés comme suit : - les membres de droit : le président de la Cour suprême ; le président de la cour d'appel ; - les membres nommés : un magistrat du siège de la cour d'appel ; un magistrat du siège des tribunaux ; un juge d'instance.

Ces membres étaient nommés, pour accomplir un mandat de deux ans, par décret du président de la République pris en Conseil des ministres, sur proposition du garde des Sceaux, ministre de la Justice qui assurait la vice-présidence du Conseil supérieur de la magistrature.

Un suppléant était nommé, sur proposition du garde des Sceaux, ministre de la Justice, pour chacun de ces membres.

Cependant, l'article 15, alinéa 2 de la loi n° 5-62 du 20 janvier 1962 sur l'organisation et le fonctionnement du Conseil supérieur de la magistrature prévoyait, au chapitre 3, des dispositions transitoires de ladite loi, que « Jusqu'à la nomination des juges d'instance, le Conseil supérieur de la magistrature siègera sans juge d'instance ».

Section 2 - Les attributions du CSM en 1962

114 - Conseil supérieur de la magistrature, attributions en 1962. Les attributions conférées au Conseil supérieur de la magistrature étaient de deux ordres : les attributions en matière de nomination des magistrats du siège (parag. 1) et celles relatives à la discipline des magistrats du siège (parag. 2).

Parag. 1 – Les attributions en matière de nomination

115 - Conseil supérieur de la magistrature, nomination des magistrats du siège en 1962. La nomination des magistrats du siège était issue du cadre juridique tracé par la loi n° 5/62 du 20 janvier 1962 sur l'organisation et le fonctionnement du Conseil supérieur de la magistrature.

Deux types de nomination relevaient du Conseil supérieur de la magistrature : - la nomination des magistrats du siège de la Cour suprême. Elle intervenait, par décret en conseil des ministres, sur présentation du Conseil supérieur de la magistrature (art. 10, L. n° 5/62 du 20 janvier 1962 susdite) ; - les autres nominations des magistrats du siège avaient lieu, également, en conseil des ministres, après un avis du Conseil supérieur de la magistrature, sur proposition du garde des Sceaux, ministre de la Justice suite au rapport présenté par un membre dudit conseil (art. 10, L. n° 5/62 du 20 janvier 1962 sur l'organisation et le fonctionnement du Conseil supérieur de la magistrature).

116 - Conseil supérieur de la magistrature, présidence en 1962. Le président de la République présidait le Conseil supérieur de la magistrature en matière de nomination. Toutefois, il était prévu sa suppléance par le garde des Sceaux, ministre de la Justice en cas d'empêchement.

L'article 11 de la loi n° 5/62 du 20 janvier 1962 sur l'organisation et le fonctionnement du Conseil supérieur de la magistrature précisait, concernant la validité des délibérations relatives aux nominations des magistrats, que le Conseil supérieur de la magistrature devait comprendre, outre son président, au moins quatre de ses membres sur les cinq qui le composaient (le président de la Cour suprême et le président de la Cour d'appel en tant que membres de droit, un magistrat du siège de la Cour d'appel, un magistrat du siège des tribunaux et un juge d'instance).

Et, au cours des délibérations, la voix du président du Conseil supérieur de la magistrature est prépondérante en cas de partage des voix.

Parag. 2 – Les attributions en matière disciplinaire

117 - Conseil supérieur de la magistrature, conseil de discipline des magistrats du siège en 1962. La loi portant création du Conseil supérieur de la magistrature avait conféré audit organe, outre les attributions liées à la nomination des magistrats du siège, celles relatives à la discipline de ces magistrats en l'érigeant, sous la forme de conseil de discipline, dans l'accomplissement de cette tâche (art. 12, L. n° 5/62 du 20 janvier 1962 sur l'organisation et le fonctionnement du Conseil supérieur de la magistrature).

Dans sa formation de conseil de discipline, et pour renforcer davantage l'indépendance de la magistrature, la présidence du Conseil supérieur de la magistrature ne revenait plus au président de la République mais elle était confiée au plus haut magistrat qui était censé représenter une grande autorité, capable d'exercer une influence considérable et incontestable dans le corps de la magistrature, en la personne du président de la Cour suprême.

C'est ce qui expliquait que même le garde des Sceaux, ministre de la Justice ne pouvait présider le Conseil supérieur de la magistrature en formation disciplinaire nonobstant sa qualité de vice-président de cet organe.

Aussi, l'article 13, alinéa 2 de la loi n° 5/62 du 20 janvier 1962 sur l'organisation et le fonctionnement du Conseil supérieur disposait-il que le conseil de discipline « statue hors la présence du président de la République et du garde des Sceaux, ministre de la Justice ».

Dans ces conditions, le conseil de discipline ne pouvait, valablement, délibérer que si au moins deux de ses membres étaient présents, outre le président de la Cour suprême en assumant la présidence.

Toutefois, il était prévu, au chapitre 3 des dispositions transitoires de la loi n° 5-62 du 20 janvier 1962 sur l'organisation et le fonctionnement du Conseil supérieur de la magistrature, que « Par dérogation aux dispositions des articles 2, 3, et 13, jusqu'à la nomination des membres de la Cour suprême, le président de la Cour d'appel préside le conseil de discipline des magistrats du siège » (art. 15, al. premier, L. n° 5-62 du 20 janvier 1962 sur l'organisation et le fonctionnement du Conseil supérieur de la magistrature).

118 - Conseil supérieur de la magistrature, procédure disciplinaire en 1962. Le conseil de discipline, qui adopte des sanctions à la majorité des membres, y procédait en se conformant, selon l'article 14 de la loi n° 5/62 du 20 janvier 1962 précitée, à la procédure prévue dans la loi n° 42-61 du 20 juin 1961 portant statut de la magistrature.

En effet, aux termes de l'article 35 de ladite loi, il incombait au garde de Sceaux, ministre de la Justice de dénoncer les faits, objet de la poursuite disciplinaire, au Conseil supérieur de la magistrature en tant que conseil de discipline. Cet organe désignait, alors un rapporteur, qui en était membre, aux fins d'enquête pour déterminer la véracité des faits reprochés au magistrat poursuivi pour faute disciplinaire. Celui-ci pouvait, si telle était la proposition que faisait le Conseil supérieur de la magistrature au garde de Sceaux, ministre de la Justice, se voir interdire, par ce dernier, l'exercice des fonctions jusqu'à l'intervention de la décision définitive mais il pouvait continuer à percevoir son salaire (art. 36, L. n° 42-61 du 20 juin 1961 susvisée).

Le magistrat, auteur des faits répréhensibles, ne pouvait comparaitre, en personne, ou se faire assister ou représenter devant le Conseil supérieur de la magistrature réuni en conseil de discipline que lorsque l'enquête ordonnée était complète. Il avait, comme son avocat, le droit à la communication de son dossier composé des pièces de l'enquête menée ainsi que du rapport rédigé par le rapporteur.

119 - Conseil supérieur de la magistrature, décision du conseil de discipline en 1962. Les explications et moyens de défense du magistrat déféré devant le conseil de discipline, en rapport avec les faits à lui reprochés, étaient reçus et examinés par les membres de cet organe qui statuaient à huis-clos. La décision motivée, rendue par le conseil de discipline, dans ces conditions, n'était susceptible d'aucun recours. Et, même si le magistrat déféré ne comparaissait pas, cette décision était revêtue du caractère contradictoire, sauf en cas de force majeure (art. 42, L. n° 42-61 du 20 juin 1961 susdite).

120 – Conseil de discipline, magistrats du parquet en 1962. Étant donné que le Conseil supérieur de la magistrature ne disposait pas de compétence pour se prononcer sur les fautes disciplinaires commises par les magistrats du ministère public, un organe dénommé Conseil de discipline était créé, au ministère de la Justice, pour les apprécier et tirer les conséquences de leur gravité.

DEUXIÈME PARTIE

LA JUSTICE DE 1963 À 1983

L'organisation judiciaire congolaise de base, post-indépendance, antérieurement à l'adoption de la Constitution du 2 mars 1961, résultait de la loi n° 6-61 du 11 janvier 1961. Elle était modifiée, d'abord, par la nouvelle organisation judiciaire découlant de l'ordonnance n° 63-10 du 6 novembre 1963, ensuite, par la Constitution du 8 décembre 1963 ayant institué l'autorité judiciaire (titre 1).

Les réformes du système judiciaire ont été, ensuite, effectuées à différentes époques : de 1969 à 1979 (titre 2), puis en 1983 (titre 3).

TITRE I

LA RÉFORME DE LA JUSTICE EN 1963

Mettant en cause la loi n° 6-61 du 11 janvier 1961 fixant l'organisation judiciaire, l'ordonnance n° 63-10 du 6 novembre 1963 fixant l'organisation judiciaire et la compétence des juridictions apportait quelques modifications à l'ancienne organisation judiciaire congolaise au travers des nouvelles juridictions instituées (chap. 1).

Les réformes de la justice se sont, ensuite, enchaînées suite à l'adoption de la Constitution du 8 décembre 1963 (chap. 2).

CHAPITRE I

L'ORDONNANCE N° 63/10 DU 6 NOVEMBRE 1963

L'ordonnance n° 63/10 du 6 novembre 1963 fixant l'organisation judiciaire et la compétence des juridictions réformait les règles relatives au déroulement des audiences et à l'organisation judiciaire.

121 - Organisation judiciaire, déroulement des audiences en 1963. La réforme laissait apparaître de nouvelles règles relatives au déroulement des audiences, notamment, en ce qui concernait le suivi des débats de chaque affaire par les mêmes juges depuis l'ouverture du procès jusqu'au prononcé du jugement.

Autrement dit, les magistrats qui ont composé l'audience lors du premier appel d'une affaire devaient, tous, et à chaque fois que ladite affaire était enrôlée, participer à son instruction correspondant à sa mise en état : écouter les explications des parties (demandeur, défendeur, tiers intervenant) au cours de leur comparution, suivre les déclarations des témoins le cas échéant, participer aux enquêtes si elles étaient ordonnées, écouter les plaidoiries des avocats constitués, être présents à l'audience de mise en délibéré, participer au délibéré et composer l'audience au cours de laquelle ledit délibéré était vidé.

122 - Organisation judiciaire, remplacement des juges absents à l'audience en 1963. Il était, par ailleurs, encore, décidé, comme règle générale permettant de résoudre les difficultés susceptibles de survenir du fait de la récusation ou de l'abstention d'un ou de plusieurs magistrats empêchant la composition régulière des juridictions, que le président de la Cour d'appel dont relève la juridiction concernée pouvait les remplacer par ordonnance (art. 3, ord. n° 63-10 du 6 novembre 1963 fixant l'organisation judiciaire et la composition des juridictions).

123 Organisation judiciaire, juridictions existantes en 1963. Il ressortait de l'article 3 de l'ordonnance n° 63-10 du 6 novembre 1963 susvisée que la carte judiciaire était composée des juridictions suivantes : la Cour suprême, les cours d'appel, les cours criminelles, les tribunaux de grande instance, les sections de ces tribunaux, les tribunaux d'instance et les tribunaux du travail.

D'autres normes spécifiques adaptées sur l'organisation et le fonctionnement de ces juridictions furent édictées telles qu'elles seront exposées dans les développements qui suivent, partant de la juridiction la plus élevée au tribunal de base : la Cour suprême (section 1), les Cour d'appel (section 2), les cours criminelles (section 3), les tribunaux de grande instance (section 4) et les tribunaux d'instance (section 5).

Section 1 – La Cour suprême en 1963

124 - Organisation judiciaire en 1963, référence à la Cour suprême. Il importe de rappeler que l'article 4 de la loi n° 6-61 du 11 janvier 1961 fixant l'organisation judiciaire avait prévu qu'en l'absence d'une juridiction de cassation en République du Congo après son indépendance, c'était la formation spéciale de la Cour de cassation française ayant son siège à Paris qui connaissait des recours formés contre les décisions rendues par les juridictions congolaises de l'ordre judiciaire.

La juridiction compétente en la matière ayant été instituée par la loi n° 4-62 du 20 janvier 1962 portant création de la Cour suprême, la réforme de l'organisation judiciaire résultant de l'ordonnance n° 63/10 du 6 novembre 1963 fixant l'organisation judiciaire et la compétence des juridictions en a tenu compte pour prévoir, en son chapitre premier, non plus la Cour de cassation mais la Cour suprême dont la compétence, l'organisation et le fonctionnement furent renvoyés, pour l'observation des règles y afférentes, à la loi précitée.

C'est ainsi que ne figurait plus, à l'article 3 de la loi nouvelle d'organisation judiciaire n° 63-10 du 6 novembre 1963 susvisée l'expression « sous réserve de l'article 4 » de la même loi relative à la Cour de cassation, qui disposait que « Jusqu'à l'installation d'une juridiction de cassation compétente pour connaître des recours contre les décisions rendues par les juridictions de l'ordre judiciaire, les recours continueront d'être portés devant la formation spéciale de la Cour de cassation de Paris ».

La Cour suprême étant, déjà, créée par la loi n° 4-62 du 20 janvier 1962, les règles fixant sa compétence, son organisation et son fonctionnement relevaient, alors de ladite loi.

Toutefois, la loi n° 6-61 du 11 janvier 1961 fixant l'organisation judiciaire n'ayant pas abordé la question relative au siège de la Cour de cassation avant la création de la Cour suprême, la réforme de l'organisation judiciaire de 1963 fixait le siège de cette juridiction, la plus élevée de l'ordre judiciaire congolais, à Brazzaville (art. 4, ord. n° 63-10 du 6 novembre 1963 fixant l'organisation judiciaire et la composition des juridictions).

Section 2 – La Cour d'appel en 1963

125 - Organisation judiciaire, création des cours d'appel en 1963. Le chapitre 2 du titre premier de la loi n° 6-61 du 11 janvier 1961 fixant l'organisation judiciaire était consacré à « La Cour d'appel » qui siégeait à Brazzaville et son ressort s'étendait à tout le territoire de la République (art. 5, L. n° 6-61 du 11 janvier 1961 fixant l'organisation judiciaire).

L'ordonnance n° 63-10 du 6 novembre 1963 fixant l'organisation judiciaire et la composition des juridictions, subdivisée en chapitres réservait, quant à elle, au second chapitre, le titre « Des cours d'appel » dont le siège, la composition et le ressort étaient déterminés par décret pris sur proposition du garde des Sceaux, ministre de la Justice après avis conforme de la Cour suprême » (art. 5, ord. n° 63-10 du 6 novembre 1963 fixant l'organisation judiciaire et la composition des juridictions).

D'évidence, il se dégageait de ces textes l'existence, en République du Congo, de l'unique Cour d'appel en 1961 et la possibilité d'en créer plusieurs autres, outre celle de Brazzaville, selon la réorganisation de la justice opérée en 1963.

126 - Organisation judiciaire, compétences des cours d'appel en 1963. Reprenant les dispositions de l'ancienne loi n° 6-61 du 11 janvier 1961 fixant l'organisation judiciaire en République du Congo, l'ordonnance n° 63-10 du 6 novembre 1963 apportait quelques innovations qui avaient trait aux compétences des cours d'appel ainsi qu'il suit : la connaissance, par les cours d'appel, de l'appel des jugements rendus en premier ressort par les tribunaux de grande instance, était étendue à leurs sections (art. 6, al. premier, ord. n° 63-10 du 6 novembre 1963 fixant l'organisation judiciaire et la composition des juridictions) ; la connaissance, par les cours d'appel, de l'appel des jugements rendus en premier ressort par les tribunaux d'instance à l'exception des décisions en matière de droit privé traditionnel (art. 6, al. premier, ord. n° 63-10 du 6 novembre 1963 susvisée).

Il a été institué l'exercice du pourvoi en cassation contre ces décisions (art. 6, al. 2, ord. n° 63-10 du 6 novembre 1963 précitée).

127 - Organisation judiciaire, compétences des cours d'appel en matière administrative en 1963. Des compétences administratives précises étaient reconnues aux cours d'appel pour connaître des litiges relatifs à la désignation, par voie d'élections, des membres des assemblées, corps et organismes administratifs, à moins qu'il soit prévu quelques exceptions légales ; à l'assiette, au taux et au recouvrement des impositions de toutes natures relevant du service des contributions directes ou perçues comme en matière de contributions directes.

128 – Organisation judiciaire, tenue des audiences foraines des cours d'appel en 1963. Les présidents des cours d'appel avaient reçu des compétences pour organiser, s'ils estimaient que cela était nécessaire, des audiences hors du siège de leurs juridictions.

Après avoir recueilli l'avis du procureur général près la cour d'appel, le président de ladite juridiction y procédait par ordonnance (art. 7, ord. n° 63-10 du 6 novembre 1963 susmentionnée).

Ainsi, les cours d'appel qui tenaient des audiences en dehors de leur siège se rapprochaient des accusés et cette procédure recelait, donc, un effet de dissuasion incontestable en raison de l'intimidation qui pouvait découler de l'infliction des peines criminelles.

129 - Organisation judiciaire en 1963, collégialité dans les cours d'appel. Il était indiqué, à l'article 8 de l'ordonnance n° 63-10 du 6 novembre 1963 fixant l'organisation judiciaire et la composition des juridictions que lorsque les cours d'appel rendaient des arrêts dans des affaires de leurs compétences, elles y procédaient en formation collégiale, en ce sens qu'elles ne pouvaient siéger en juge unique.

Autrement dit, pour respecter le principe judiciaire d'adoption des décisions à la majorité des juges, c'est-à-dire celui de la collégialité, au moins trois magistrats, y compris le président de la juridiction concernée, composaient les cours d'appel lors des audiences, que ce soit pendant l'instruction définitive des affaires, au moment de délibérer pour décider à la majorité des magistrats réunis au cours des séances organisées à cet effet, ou de vider les délibérés lors des audiences publiques.

Section 3 – Les cours criminelles en 1963

130 - Organisation judiciaire, siège des cours criminelles en 1963. Si selon l'ancienne organisation fixée par la loi n° 6-61 du 11 janvier 1961fixant l'organisation judiciaire le siège de la Cour criminelle se situait à Brazzaville, la réforme issue de l'ordonnance n° 63-10 du 6 novembre 1963 fixant l'organisation judiciaire et la composition des juridictions prévoyait, en raison de ce que plusieurs cours d'appel étaient susceptibles d'être créées, que « les cours criminelles se tiennent au siège des cours d'appel (art. 9, al. premier, ord. n° 63-10 du 6 novembre 1963 susmentionnée).

Cependant, comme dans l'ancien système judiciaire de l'ordonnance n° 63-10 du 6 novembre 1963 précitée, il était envisagé la tenue des sessions des cours criminelles en dehors de leur siège, en cas de nécessité. Elles se tendraient, alors, dans ce cas, au siège d'un tribunal de grande instance ou, à défaut, d'une section de cette juridiction, pourvu que le président de la cour d'appel l'ordonne sur réquisition du procureur général près cette juridiction (art. 9, al. 2, ord. n° 63-10 du 6 novembre 1963 susvisée).

131 - Organisation judiciaire, compétence des cours criminelles en 1963. Les attributions des cours criminelles en 1963 correspondaient, en partie, aux compétences que leur reconnaissait la loi n° 6-61 du 11 janvier 1961 fixant l'organisation judiciaire (art. 14 de ladite loi et 9 al. 3, ord. n° 63-10 du 6 novembre 1963 fixant l'organisation judiciaire et la composition des juridictions).

Il avait été, toutefois, observé une extension de compétences dans la nouvelle organisation judiciaire de 1963 car outre la connaissance, par les cours criminelles, « des infractions qualifiées crimes et des délits qui leur sont connexes » (art. 14, L. n° 6-61 du 11 janvier 1961 fixant l'organisation judiciaire), elles jugeaient, désormais, aussi, des « contraventions qui leur sont connexes » et avaient reçu, par ailleurs, plénitude de juridiction, en ce sens qu'elles pouvaient juger, au cours de ses sessions, de toutes les affaires qui lui étaient soumises mais qui relèveraient, normalement, de la compétence d'une autre juridiction.

132 - Organisation judiciaire, composition des cours criminelles en 1963. S'il était prévu dans l'organisation judiciaire de 1961 que la cour criminelle se composait « du président de la Cour d'appel et de deux magistrats du siège désignés par lui, du procureur général ou d'un membre du ministère public désigné par lui, de quatre jurés titulaires et d'un greffier » (art. 9, L. n° 6-61 du 11 janvier 1961 fixant l'organisation judiciaire), les règles relatives à la composition des cours criminelles et à la procédure suivie devant elles étaient, selon la réforme de 1963, celles édictées dans la loi n° 1-63 du 13 janvier 1963 portant code de procédure pénale (art. 9, al. 4, ord. n° 63-10 du 6 novembre 1963 fixant l'organisation judiciaire et la composition des juridictions).

En effet, aux termes des dispositions combinées des articles 220, 223, 224, 225 226, 227 et 228 du code de procédure pénale, la Cour criminelle comprend la cour proprement dite (le président qui est président de la cour d'appel ou le conseiller désigné par lui et les assesseurs, au nombre de deux, choisis parmi les conseillers à la cour d'appel ou, en cas de nécessité, parmi les magistrats des tribunaux de grande instance, pour la durée de chaque session) et les jurés dont les collèges sont formés au siège de chaque tribunal de grande instance dans le mois de la rentrée judiciaire pour l'année suivante.

Section 4 – Les tribunaux de grande instance en 1963

133 - Organisation judiciaire, composition des tribunaux de grande instance et leurs sections en 1963. Le siège, la composition et le ressort des tribunaux de grande instance, étaient fixés, comme pour les cours d'appel, par décret pris sur proposition du garde des Sceaux, ministre de la Justice, après avis conforme de la Cour suprême. Dans l'ancien système judiciaire, cet avis était émis par le Conseil de l'organisation judiciaire.

134 - Organisation judiciaire, les tribunaux de grande instance en 1963. Selon l'organisation judiciaire nouvelle, en 1963, les tribunaux de grande instance et leurs sections détachées rendaient la justice à juge unique, certainement, pour juguler l'insuffisance d'effectifs des magistrats. Toutefois, les juges des tribunaux de grande instance ou de leurs sections bénéficiaient de l'assistance des assesseurs ayant voix délibérative lorsqu'ils jugeaient, en appel, des décisions rendues par les tribunaux d'instance de même que ceux des tribunaux du premier degré en matière de droit privé traditionnel.

Il existait un service du greffe. Le ministère public n'était représenté que dans les tribunaux de grande instance alors que leurs sections en étaient dépourvues.

135 - Organisation judiciaire, attributions des tribunaux de grande instance en matière civile et commerciale en 1963. Connaissant, dans la législation de 1961, des actions civiles et commerciales en premier et dernier ressort jusqu'à la valeur de 100 000 francs en principal et 10 000 francs en revenus, les tribunaux de grande instance ainsi que leurs sections avaient vu leur compétence matérielle s'étendre aux actions jusqu'à la valeur de 150 000 francs en principal et 30 000 francs en revenus. Au-dessus de ces sommes, ils jugeaient en premier ressort et à charge d'appel.

136 - Organisation judiciaire, attributions des tribunaux de grande instance en matière administrative en 1963. Il apparaissait, dans la réforme judiciaire de 1963, des attributions administratives nouvelles des tribunaux de grande instance, à l'exclusion de leurs sections, relatives à la connaissance : de toutes les instances tendant à faire déclarer débitrices les collectivités publiques à raison des marchés conclus par elles, des travaux qu'elles ont ordonnés ou des actes accomplis par eux ayant occasionné un préjudice à autrui ; du contentieux des contributions perçues par les collectivités publiques ; des litiges portant sur les avantages pécuniaires ou statutaires reconnus aux fonctionnaires et agents des diverses administrations ; des actions intentées par les administrations publiques contre les particuliers.

Les tribunaux de grande instance avaient été reconnus, en 1963, pour la première fois, compétents pour interpréter et apprécier la légalité des décisions des diverses autorités administratives au cours des instances dont elles étaient saisies (art. 13, ord. n° 63-10 du 6 novembre 1963 fixant l'organisation judiciaire et la composition des juridictions).

137 - Organisation judiciaire, attributions des tribunaux de grande instance en matière de droit privé traditionnel en 1963. Les décisions des tribunaux d'instance intervenues dans le domaine du droit privé traditionnel étaient soumises, en cas d'appel, devant les tribunaux de grande instance et leurs sections qui avaient été reconnus compétents en la matière.

Ces deux types de juridiction statuaient, également, dans les matières dont la compétence était réservée aux tribunaux d'instance en l'absence de ceux-ci au siège des tribunaux de grande instance ou de leurs sections. Elles ne pouvaient, cependant, pas statuer, en premier ressort, sur des questions intéressant le droit privé traditionnel sauf dans le cas où il apparaissait que les parties avaient fait option de juridiction en leur faveur (art. 15, ord. n° 63-10 du 6 novembre 1963 susmentionnée).

138 - Organisation judiciaire, extension de compétences des juges des sections des tribunaux d'instance en 1963. Auparavant, la législation prévoyait la représentation du ministère public devant les sections des tribunaux d'instance dépourvues de service du parquet par le procureur général près la Cour d'appel et par le procureur de la République du tribunal dont ils constituaient le détachement (art. 19, al. premier, L. n° 6-61 du 11 janvier 1961 fixant l'organisation judiciaire).

Il ressortait de la réforme judiciaire de 1963, que dans ce cas et en l'absence de juge d'instruction, les juges de section des tribunaux de grande instance cumulaient aussi bien les fonctions du ministère public que celles de juge d'instruction (art. 16, ord. n° 63-10 du 6 novembre 1963 fixant l'organisation judiciaire et la composition des juridictions).

139 - Organisation judiciaire, tenue des audiences foraines par les tribunaux de grande instance et leurs sections en 1963. Comme les tribunaux de grande instance, les tribunaux d'instance ainsi que les sections rattachées desdites juridictions étaient autorisés à tenir des audiences foraines (cf. infra, audiences foraines, objet, n° 90 bis, p. 134 ; supra, audiences foraines des cours d'appel, n° 36 p. 116) dont le tableau, dressé à l'avance au mois d'octobre de chaque année, devait être affiché dans l'auditoire de la juridiction (art. 19, ord. n° 63-10 du 6 novembre 1963 précitée).

140 - Organisation judiciaire, désignation de magistrat pour assurer les services des audiences en 1963. Exceptionnellement, sur requête du procureur général près la cour d'appel, le législateur attribuait, au président de cette juridiction de second degré, le pouvoir de désigner, par ordonnance, tout magistrat du siège du ressort territorial de cette juridiction à l'effet de compléter la composition des audiences ou d'exercer les fonctions dévolues au juge d'instruction à défaut de juge territorialement compétent (art. 20, ord. n° 63-10 du 6 novembre 1963 fixant l'organisation judiciaire et la composition des juridictions).

Section 5 – Les tribunaux d'instance en 1963

Alors que les tribunaux d'instance figuraient parmi les juridictions qui rendaient la justice selon l'article 3 de la loi n° 6-61 du 11 janvier

1961 fixant l'organisation judiciaire, nulle disposition n'était prévue concernant leurs attributions, organisation et fonctionnement.

C'est plus tard que vont apparaître, au chapitre V intitulé « Les tribunaux d'instance » de l'ordonnance n° 63-10 du 6 novembre 1963 fixant l'organisation judiciaire et la compétence des juridictions, les règles spécifiques consacrées aux tribunaux d'instance (art. 20 à 30, JORC, 15 novembre 1963, p. 930).

141 - Organisation judiciaire, composition des tribunaux d'instance en 1963. Un seul juge composait les tribunaux de grande instance. Ils ne disposaient pas de service du parquet mais le ministère public pouvait y être représenté, lorsqu'ils siégeaient en toutes matières, par le procureur de la République près le tribunal de grande instance de leur ressort.

Il était loisible au procureur général près la cour d'appel de déléguer un magistrat du parquet du ressort de la cour d'appel à l'effet d'exercer les fonctions de ministère public dans les tribunaux d'instance s'agissant des affaires bien précises (art. 17 et 21, ord. n° 63-10 du 6 novembre 1963 précitée).

142 - Organisation judiciaire, compétence des tribunaux d'instance en matière civile et commerciale en 1963. Le champ de compétence des tribunaux d'instance comprenait, limitativement, les matières ci-après énumérées :

- La connaissance des actions personnelles ou mobilières en dernier ressort jusqu'à la valeur de 10 000 francs en capital et 3000 francs en revenus en dernier ressort et jusqu'à la valeur de 100 000 francs en capital et 15 000 francs en revenus, à charge d'appel ;
- L'autorisation de toute saisie dont les causes se situaient dans la limite de leur compétence ainsi que toute contestation et opposition relatives à ces saisies.
- La connaissance de toute demande reconventionnelle ou de compensation qui entraient dans les limites de leur compétence (art. 22, ord. n° 63-10 du 6 novembre 1963 susvisée).

143 - Organisation judiciaire, compétence des tribunaux d'instance en matière sociale en 1963. A cette époque, les juridictions de base, dénommées tribunaux d'instance, connaissaient des différends individuels survenus à l'occasion du contrat de travail dans les limites de la compétence que leur reconnaissait la loi. Etant sous l'ère coloniale, la procédure à suivre relevait, par conséquent, du code du travail adopté avant l'indépendance du Congo le 15 août 1960 (L. n° 52-1322 du 15 décembre 1952 portant code du travail dans les territoires d'outre-mer).

CHAPITRE II

LA CONSTITUTION DU 8 DÉCEMBRE 1963

C'est en 1963 que fut institutionnalisée l'Autorité judiciaire (section 1). Afin de parfaire la procédure de nomination des magistrats en Conseil supérieur de la magistrature, cet organe connut quelques modifications en 1964 (section 2). La Cour suprême était organisée en chambres spécifiées dans la Constitution (section 3). Cette période se caractérisait, aussi, par des réformes en matière sociale (section 4), et le renouvellement du Conseil supérieur de la magistrature (section 5).

Section 1 – L'autorité judiciaire en 1963

144 – Monopartisme, institution en 1963. Après la révolution des 13,14 et 15 août 1963, il naissait l'idée d'un nouveau nationalisme que sous-tendait la dissolution du multipartisme. L'institution du monopartisme était symbolisée par la création du parti unique au moyen de la loi n° 14-63 du 13 avril 1963 en tant qu'organe constitutionnel d'orientation idéologique basée sur le socialisme bantou.

C'est dans ce contexte politique dominé par l'hégémonie du parti-État sur les divers secteurs de la vie nationale que fut instaurée, pour la première fois, la nouvelle conception de la justice sous la dénomination « autorité judiciaire ».

145 – Organisation judiciaire, apparition de l'autorité judiciaire en 1963. Une place de choix était réservée à l'institution judiciaire dans la Constitution du 8 décembre 1963 (sept articles). L'expression « Autorité judiciaire » apparaît dans le système juridique congolais qui l'empruntait à la Constitution française du 4 octobre 1958. C'était l'institutionnalisation de l'Autorité judiciaire.

Même si la Cour suprême était qualifiée « plus haute juridiction de la République », les dispositions la concernant ne figuraient pas dans le titre IX de la Constitution de la République du Congo du 8 décembre 1963 « De l'Autorité judiciaire » mais au titre X de cette Constitution, intitulé « De la Cour suprême ». Celle-ci comprenait trois chambres : une chambre judiciaire, une chambre administrative et une chambre des comptes (art. 71 de la Constitution susvisée).

Les décisions de cette juridiction s'imposaient au gouvernement, au Parlement et à l'autorité judiciaire, entendue comme les autres juridictions inférieures.

146 - Organisation judiciaire, sens de l'autorité judiciaire en 1963. L'autorité judiciaire s'entendait, lors de l'élaboration de la Constitution de la République du Congo du 8 décembre 1963, de l'ensemble des juridictions, placées sous le contrôle de la Cour suprême, et des magistrats qui les composaient pour rendre la justice en République du Congo, « au nom du peuple congolais ».

La fonction de juger était, ainsi, confiée non pas à un « pouvoir judiciaire » mais à une « autorité judiciaire » comme dans la Constitution française de la cinquième République du 4 octobre 1958 qui avait disqualifié le pouvoir judiciaire en souvenir aux parlements d'Ancien régime et au dogme de la primauté de la loi.

En effet, à l'instar de la conception française de l'autorité judiciaire, il était admis dans l'esprit de la Constitution du 8 décembre 1963 que même si les juges exerçaient leurs fonctions au nom du peuple congolais, ils n'étaient, cependant, pas pour autant représentants dudit peuple.

Aussi, la justice ne pouvait-elle constituer un pouvoir propre mais une institution dont l'inféodation au pouvoir politique impactait, inéluctablement, son indépendance.

Pourtant, il était, paradoxalement, affirmé dans la constitution du 8 décembre 1963, l'indépendance de la magistrature puisque les juges n'étaient soumis, dans l'exercice de leurs fonctions, qu'à l'autorité de la loi.

Afin de garantir cette indépendance, il fut tout de même prévu, en référence au système judiciaire français, le Conseil supérieur de la magistrature, l'inamovibilité des magistrats du siège et le statut des magistrats dont l'observation des textes organiques fut aléatoire.

Cet esprit se manifestait et se renforçait, ostensiblement, avec la création du Mouvement national de la révolution (MNR) revêtu de toutes les prérogatives de parti-État par la loi n° 25-64 du 20 juillet 1964 (cf. « Repères de l'histoire de la République du Congo, IX – Période révolutionnaire socialiste et avènement du monopartisme, présidence de la République, 2016, (1964-1991) p. 54, inédit) ».

147 - Organisation judiciaire, application de la loi n° 6-61 du 11 janvier 1961 fixant l'organisation judiciaire en 1963. A défaut d'énumération des juridictions rendant la justice en République du Congo dans la Constitution du 8 décembre 1963, la loi n° 6-61 du 11 janvier 1961 fixant l'organisation judiciaire continuait, logiquement, à s'appliquer comme texte de base dans ce domaine afin de combler tout vide juridique à cet égard.

La carte judiciaire en 1963 était, dans ces conditions, demeurée, exactement, la même que celle qui avait été élaborée en 1961. En effet, aux termes de l'article 3 de la loi n° 6-61 du 11 janvier 1961 fixant l'organisation judiciaire, « La justice est rendue par la Cour de cassation, la Cour d'appel, la Cour criminelle, les tribunaux de grande instance, les tribunaux d'instance, les tribunaux du travail, sous réserve de l'article 4 ». Celui-ci évoquait la compétence de la formation spéciale de la Cour de cassation de Paris avant la création de la Cour suprême en République du Congo.

Ainsi, les compétences des juridictions, leur composition, leur ressort et leur fonctionnement ne subissaient pas de modification dès lors qu'aucun autre texte nouveau ne mettait en cause les dispositions de la loi n° 6-61 du 11 janvier 1961 susdite.

Section 2 – Le Conseil supérieur de la magistrature en 1964

148 - Conseil supérieur de la magistrature, positions et cessation des fonctions des magistrats en 1964. Selon l'article 3, alinéa premier du décret n° 62-97 du 9 avril 1962 relatif au fonctionnement du Conseil supérieur de la magistrature, « Lorsqu'une nomination à un poste de magistrat du siège à la Cour suprême ou au poste de président de la cour d'appel est inscrite à l'ordre du jour d'une séance, le ministre de la Justice fait parvenir au conseil la liste des magistrats susceptibles d'être nommés à ces postes, accompagnée du dossier » (JORC, 1er mai 1962, p. 356).

Il en résultait que pour toute proposition liée à la nomination des magistrats du siège de la Cour suprême ou de président de la cour d'appel, il pesait sur le garde des Sceaux, ministre de la Justice l'obligation de faire parvenir au Conseil supérieur de la magistrature aussi bien la liste des magistrats concernés que les dossiers des intéressés afin de faciliter l'appréciation de cet organe habilité à procéder aux nominations.

A contrario, pour les propositions de nominations visant d'autres magistrats que ceux ci-dessus cités, les membres du Conseil supérieur de la magistrature qui désiraient consulter leurs dossiers pouvaient s'adresser, eux-mêmes, au ministère de la Justice selon les spécifications du décret n° 62-97 du 9 avril 1962 relatif au fonctionnement du Conseil supérieur de la magistrature sans intervention du garde des Sceaux, ministre de la Justice.

Estimant que la disposition de l'article 3 alinéa premier dudit décret était discriminatoire en ce qu'elle excluait les autres magistrats du siège et privilégiait ceux de la Cour suprême et le président de la cour d'appel, le gouvernement modifiait ledit article en généralisant la procédure de nomination des magistrats, en ces termes :

« Lorsqu'une nomination à un poste de magistrat du siège est inscrite à l'ordre du jour d'une séance, le ministre de la Justice fait parvenir au conseil la liste des magistrats susceptibles d'être nommés à ce poste, accompagnée du dossier des intéressés » (art. premier, alinéa 2, décr. n° 64-75, 28 février 1964 modifiant l'article 3 du décret n° 62-97 du 9 avril 1962 relatif au fonctionnement du Conseil supérieur de la magistrature et abrogeant l'article 4 du même décret).

Disparaissait, ainsi, dudit article 3 alinéa premier, du décret n° 62-97 du 9 avril 1962 susmentionné, le groupe de mots « à la cour suprême ou au poste de Président de la cour d'appel ».

Toutefois, la charge d'adresser les dossiers au Conseil supérieur de la magistrature continuait de peser sur le garde des Sceaux, ministre de la Justice en ce qui concernait la mise en position de détachement, de disponibilité ou sous les drapeaux des magistrats ainsi que s'agissant de la cessation de leurs fonctions en application du statut général des fonctionnaires (art. premier, alinéa 3, décr. n° 64-75, 28 février 1964 modifiant l'article 3 du décret n° 62-97 du 9 avril 1962 relatif au fonctionnement du Conseil supérieur de la magistrature et abrogeant l'article 4 du même décret).

Conséquemment était modifié l'article 4 du décret n° 64-75, 28 février 1964 précité aux fins d'harmonisation de ses dispositions avec celles du nouvel alinéa 2 modifié du même texte car il régissait les nominations des magistrats du siège autres que les membres de la Cour suprême et le président de la cour d'appel au sujet desquels le garde des Sceaux, ministre de la Justice transmettait les propositions de nomination les concernant au Conseil supérieur de la magistrature. Évidemment cette disposition devenait superfétatoire suite à la réforme opérée par le décret n° 64-75, 28 février 1964.

149 - Conseil supérieur de la magistrature, institutionnalisation constitutionnelle. Si la Constitution du 8 décembre 1963 avait institutionnalisé le Conseil supérieur de la magistrature , il n'en a pas été de même des Constitutions postérieures qui ne lui réservaient aucune disposition expresse, à l'instar de la Constitution du 30 décembre 1969, adoptée par le congrès constitutif du Parti congolais du Travail ; la Constitution de la République du Congo du 24 juin 1973 ; la Constitution de la République du Congo du 8 juillet 1979 (JORPC, 13 mai 1980, p. 118), modifiée par la loi n° 25-80 du 13 novembre 1980 portant amendement de l'article 47 de la Constitution et l'ordonnance n° 19-84 du 23 août 1984 portant modification de certaines dispositions de la Constitution du 8 juillet 1979, ratifiée par la loi n° 076-84 du 7 décembre 1984.

150 - Conseil supérieur de la magistrature, renouvellement en 1964. La première nomination des membres du Conseil supérieur de la magistrature en 1962 intervint suivant décret n° 62-99 du 9 avril 1962 nommant, en qualité de membres dudit organe, monsieur Boyer Charles, conseiller à la Cour d'appel de Brazzaville et monsieur Vincentelli René, président du tribunal de grande instance de Brazzaville (cf. supra, première partie, la justice de 1961 à 1963, titre 3, le Conseil supérieur de la magistrature en 1962, Chap. 3, la nomination des magistrats en Conseil supérieur de la magistrature en 1962, n° 118, Conseil supérieur de la magistrature, première nomination des membres en 1962, p. 96).

Le mandat des membres nommés du Conseil supérieur de la magistrature étant de deux ans (art. 3, L, n° 5/62 du 20 janvier 1962 sur l'organisation et le fonctionnement du Conseil supérieur de la magistrature), d'autres membres furent nommés pour siéger à la prochaine réunion de cet organe en 1964 comme le prévoyait l'article premier du décret n° 64/78 du 28 février 1964 portant nomination des membres du Conseil supérieur de la magistrature.

C'est ainsi que furent nommés membres titulaires du Conseil supérieur de la magistrature les magistrats : Berthelet Jacques, conseiller à la cour d'appel de Brazzaville ; Amega Koffi Louis, vice-président du tribunal de grande instance de Brazzaville ; Okoko Jacques, juge d'instruction.

Trois autres magistrats étaient nommés membres suppléants du Conseil supérieur de la magistrature : Vincentelli, magistrat en service à Brazzaville ; Georgin, magistrat en service à Brazzaville ; Okoko-

Ekaba Dieudonné, magistrat en service à Brazzaville (art. 2, décr. n° 64/78 du 28 février 1964 susvisé).

Section 3 – L'organisation de la Cour suprême en 1963

Même si la Cour suprême était qualifiée « plus haute juridiction de la République », les dispositions la concernant ne figuraient pas dans le titre 9 de la Constitution de la République du Congo du 8 décembre 1963 « De l'Autorité judiciaire » mais au titre 10 de cette Constitution, intitulé « De la Cour suprême ». Celle-ci comprenait trois chambres : une chambre judiciaire, une chambre administrative et une chambre des comptes (art. 71 de la Constitution susvisée).

Les décisions de cette juridiction s'imposaient au Gouvernement, au Parlement et à l'Autorité judiciaire, entendue comme les autres juridictions inférieures.

151 - Cour suprême, assassinat du président en 1965. C'est en 1965 que la justice était endeuillée, mortifiée du fait de l'assassinat du président de la Cour suprême et du procureur de la République à Brazzaville (cf., Placide Lenga, « Trente ans de justice nationale : quel avenir ? 8 mars 1991, inédit).

Décrivant la situation sociale, à Brazzaville, le 15 février 1965, Albert Roger Massema explique : « Il était neuf heures ce matin-là. La nouvelle de l'assassinat de trois hauts fonctionnaires congolais (Lazare Matsokota, Anselme Massouémé et Joseph Pouabou) se répand comme une traînée de poudre et plonge la capitale du Congo, dans une atmosphère de pré guerre civile. Les marchés se vident en un clin d'œil : les vendeurs et les acheteurs se précipitent chez eux... Des unités motorisées de la gendarmerie, de la jeunesse du mouvement national de la révolution (JMNR) et de la défense civile sillonnent les artères de la capitale » (cf. Albert Roger Massema « Crimes de sang et pouvoirs au Congo-Brazzaville, Les assassinats de Lazare Matsokota, Joseph Pouabou, Anselme Massoueme, Ange Diawara, Marien Ngouabi et Pierre Anga », L'Harmattan, 2005, études africaines, p 27).

Section 4 – Les réformes des textes en 1966

En matière sociale, il eut promulgation de la loi n° 10/64 du 25 juin 1964 portant institution d'un code du travail, en remplacement de celui du 15 décembre 1952 régissant les territoires d'Outre-Mer. Un autre code du travail était adopté en 1975, objet de la loi n° 45/75 du 15 mars 1975.

Le code pénal de 1810 étant devenu vétuste, une commission ad hoc, chargée de son élaboration, placée sous la présidence du garde des Sceaux, ministre de la Justice, était créée par décret du président de la République n° 66-186 du 27 mai 1966.

Section 5 – Le renouvellement du CSM en 1966

152 - Conseil supérieur de la magistrature, renouvellement en 1966. Après la dernière nomination de ses membres en 1964, le Conseil supérieur de la magistrature était renouvelé en 1966 suivant décret n° 66/132 du 6 avril 1966 portant nomination des membres du Conseil supérieur de la magistrature.

Les magistrats ci-après intégraient cet organe : Montagne, conseiller à la cour d'appel, en remplacement de M. Gabou Alexis ; Villien, président du tribunal du travail, en remplacement de M. Rivals (JORC, 15 avril 1966, p. 301).

153 - Conseil supérieur de la magistrature, troisième nomination des membres en 1966. On peut observer la régularité de nomination des membres du Conseil supérieur de la magistrature depuis sa création jusqu'en 1966 lors de ses renouvellements tous les deux ans : première nomination des membres du Conseil supérieur de la magistrature en 1962 (cf. supra n°24, Conseil supérieur de la magistrature en 1962, première nomination des membres en 1962, p 101) ; premier renouvellement du Conseil supérieur de la magistrature en 1964 pour la période 1962-1964 (cf. supra n° 25, Conseil supérieur de la magistrature, renouvellement en 1964, p 125); deuxième renouvellement du Conseil supérieur de la magistrature en 1966 pour la période 1964-1966 (cf. supra n° 80, Conseil supérieur de la magistrature renouvellement en 1964, p 125).

154 – Auditeurs de justice, nomination en 1968. Titulaire de la licence en droit, Monsieur Alihounou Emmanuel était nommé auditeur de justice, indice 740, à compter du 1er novembre 1968 (art. 1er du décret n° 81- 265 du 23 avril 1981 portant nomination de Monsieur Alihounou Emmanuel en qualité d'auditeur de justice (Régularisation).

TITRE II

LE SYSTÈME JUDICIAIRE DE 1969 À 1979

Plusieurs dispositions de la Constitution du 8 décembre 1963 furent abrogées par l'Acte fondamental du 5 août 1968 qui avait, cependant, maintenu le titre IX réservé à l'Autorité judiciaire.

Toutefois, la place de la justice parmi les autres institutions de l'État paraissait, plus qu'auparavant, difficile à déterminer dès lors que l'expression « Autorité judiciaire » ne figurait plus dans la nouvelle Constitution de la République populaire du Congo du 30 décembre 1969, même si quelques indices préfiguraient le maintien de l'organisation judiciaire issue de la loi n° 6-61 du 11 janvier 1961 :

- Exigence du fondement, à la loi, de tous les actes des tribunaux (art. 4, al. 3, Const. 30 décembre 1969) ;
- Reconnaissance du droit des citoyens de saisir les tribunaux pour porter plainte contre les organes du pouvoir de l'État ou contre les fonctionnaires qui leur auront causé préjudice (art. 28 de ladite constitution) ;
- Contrôle de la conformité, à la Constitution, des engagements internationaux par la Cour suprême (art. 57 de la même Constitution).

Les règles déterminant l'organisation judiciaire établies par la loi n° 6-61 du 11 janvier 1961 et l'ordonnance n° 63-10 du 6 novembre 1963 fixant l'organisation judiciaire et la composition des juridictions trouvaient, toujours, application en 1969 d'autant plus que l'article 34 de l'ordonnance susvisée n'abrogeait pas toutes les dispositions de la loi n° 6-61 du 11 janvier 1961 fixant l'organisation judiciaire mais celles qui lui étaient contraires : « Sont abrogées toutes les dispositions contraires à la présente ordonnance ». Cela sous-entendait, par conséquent, le maintien des règles compatibles avec celles qui figuraient dans la loi n° 6-61 du 11 janvier 1961 susmentionnée.

En effet, il était prévu dans les dispositions transitoires de l'ordonnance n° 63 10 du 6 novembre 1963 précitée qu'« En attendant la promulgation du code de procédure civile, les règles de procédure contenues dans les textes antérieurs relatifs, notamment, à l'organisation judiciaire continueront d'être observées » (art. 32, de ladite ordonnance).

C'est alors que l'on pouvait, en conséquence, relever la poursuite de l'application des règles antérieures issues de la loi n° 6-61 du 11 janvier 1961 fixant l'organisation judiciaire qui permettaient d'assurer le service régulier des juridictions (chapitre 1).

L'année 1969 avait, par ailleurs, porté à son paroxysme la conception répudiatoire du pouvoir judiciaire que couvaient les magistrats qui s'exprimèrent en organisant des forums de la magistrature (chapitre 2).

à l'exercice des fonctions judiciaires, dont ils n'étaient pas titulaires, dans les juridictions du ressort de la Cour d'appel.

Toutefois, le ministre de la Justice ne devait procéder, ainsi, qu'après avoir recueilli l'avis de la Cour suprême (art. premier, ord. n° 64/4 du 21 janvier 1964 autorisant les délégations de magistrats).

B – La durée de la délégation de magistrats en 1964

158 - Délégations de magistrats, durée en 1964. La durée de la délégation de magistrats décidée par le garde des Sceaux, ministre de la Justice était de quatre mois. Cependant, elle pouvait, exceptionnellement, être prorogée, par décret du président de la République, sur proposition du garde des Sceaux, ministre de la Justice, et après avis du Conseil supérieur de la magistrature, pour une durée qui ne pouvait excéder dix-huit mois (art. 2, ordonnance n° 64/4 du 21 janvier 1964 susvisée).

Parag. 2 - Le cumul de fonctions en 1962

159 - Collégialité, exception par le cumul de fonctions en 1962. Une des solutions préconisées pour assurer le bon fonctionnement des juridictions résidait dans l'organisation du cumul de fonctions par un seul et même magistrat désigné juge d'instruction

En effet, aux termes de l'article 1er de l'ordonnance n° 62/12 du 27 août 1962 portant l'insuffisance sur l'effectif des magistrats, « Lorsque l'effectif des magistrats d'un tribunal de grande instance est insuffisant, le juge d'instruction exercera, cumulativement avec ses fonctions, celles du ministère public près cette juridiction ».

Le cumul des fonctions, envisagé comme solution pour assurer le fonctionnement régulier des juridictions en manque de magistrats, était, également, pratiqué pour pourvoir tous les postes vacants.

160 - Audiences foraines, objet. Les audiences foraines, qui permettent au juge de se déplacer pour aller rendre la justice hors de son siège, en raison de l'insuffisance des magistrats ne favorisant pas la composition régulière des juridictions, étaient, à cet égard, amplement justifiées. Il demeure, cependant, que leur mise en œuvre requérait la mobilisation des moyens logistiques non négligeables qu'il fallait mettre à la disposition des magistrats appelés à pratiquer cette justice ambulante.

Section 2 – La répudiation du pouvoir judiciaire en 1969

161 – Forums sur la justice, répudiation du pouvoir judiciaire. Alors que la Constitution de la République du Congo du 2 mars 1961, qui n'était pas explicite sur la nature des juridictions qui rendaient la justice mais énonçait, seulement, en son titre 6 « De la Cour suprême » la composition de celle-ci en quatre chambres (la chambre constitutionnelle, la chambre judiciaire, la chambre administrative et la chambre des comptes, la Constitution de la République du Congo du 8 décembre 1963, avait réservé son titre 9 à « L'Autorité judiciaire » et le titre 10 à « La Cour suprême ».

Rien de tel n'était prévu dans la Constitution de la République populaire du Congo adoptée le 30 décembre 1969 par le congrès constitutif du Parti congolais du Travail (PCT).

C'est dans ce contexte politique dominé par la primauté du Parti-État que naissaient des manifestations de volontés réformatrices de la justice congolaise par des forums organisés en 1969 et en 1972 qui ne prônaient, nullement, l'institutionnalisation du pouvoir judiciaire.

CHAPITRE II

LES RÉFORMES EN 1973 ET 1979

Après le rejet de l'autorité judiciaire en 1973 (section 1), sur la base de l'ordonnance n° 63-10 du 6 novembre 1963 fixant l'organisation judiciaire et la compétence des juridictions, il fut procédé à l'institution des juridictions nationales populaires (section 2).

La rémunération des magistrats à cette époque demeurait celle déterminée par la réglementation ancienne (section 3).

L'on observait, à la Cour suprême, la contraction des compétences de cette haute juridiction nationale (section 4).

Section 1 – Le rejet de l'autorité judiciaire en 1973

162 – Juridictions nationales, répudiation de l'autorité judiciaire. C'était avec la Constitution du 24 juin 1973 que la justice fut reconsidérée au sein des institutions constitutionnelles, non plus avec la même dénomination d'autorité judiciaire, mais de « Juridictions nationales », au titre 9 qui lui fut, ainsi, consacré pour la première fois afin de mieux rendre compte de sa place, réellement, reconnue.

L'article 79 alinéa 1er de la Constitution du 24 juin 1973 disposait, en effet, que les tribunaux constituaient des « organes juridictionnels », en fournissait la liste exhaustive composée de la Cour suprême, la Cour d'appel, les tribunaux populaires locaux, les cours militaires et les tribunaux institués par la loi.

Les attributions nouvelles de contrôle des autres juridictions furent confiées à la Cour suprême, à l'article 82 de la Constitution. Si, jusque-là, la Cour suprême, qui était chargée par l'article 5 de la loi du 20 janvier 1962 du jugement des comptes des comptables publics et du contrôle de la gestion financière des entreprises nationales et des établissements publics à caractère industriel et commercial, n'était pas en mesure d'accomplir cette mission, l'ordonnance n° 53/63 du 13 décembre 1963 avait réglé son fonctionnement à cet égard.

Mais la Chambre des comptes de la Cour suprême, compétente en la matière, éprouvait des difficultés de fonctionnement, faute de personnel qualifié, dans le domaine financier.

En la matière, un conseiller technique ad hoc était mis à la disposition de la Cour suprême, par la France, en août 1974. Furent, ensuite, nommés, le président de la Chambre des comptes et deux fonctionnaires congolais.

Même si l'article 85 de la Constitution du 24 juin 1973 énonçait qu'au moment où ils rendaient leur décision, les juges n'obéissaient qu'à la loi, il ne semble pas qu'il ait été prévu des garanties constitutionnelles assurant l'indépendance des magistrats, dès lors que n'apparaissait plus, dans les dispositions constitutionnelles, ni l'institution du Conseil supérieur de la magistrature, ni la reconnaissance de l'inamovibilité des magistrats, qui constituaient autant de moyens pour garantir l'indépendance du juge.

Le statut de la magistrature, que la Constitution fait relever de la loi, n'avait pas, non plus, été mis en place par le législateur, de sorte que le régime de la justice demeurait celui qui lui avait été assigné par les lois anciennes.

Aucune réforme n'était intervenue, à cet égard, malgré les intentions exprimées par le constituant. Même les tribunaux populaires n'avaient pu être légalement institués, sous l'empire de la constitution du 24 juin 1973 qui les avait prévus.

Section 2 – Les juridictions nationales populaires en 1979

163 – Juridictions nationales populaires, création par la Constitution de 1979. Si le titre IX de la Constitution du 24 juin 1973 relatif aux juridictions nationales fut maintenu par l'Acte fondamental du 5 avril 1977, la Constitution de la République populaire du Congo du 8 juillet 1979 semble avoir apporté une innovation dans l'organisation judiciaire congolaise par l'institution des juges élus par les assemblées locales qui devaient, désormais, composer les juridictions dénommées comme suit : Cour suprême, Cour des comptes, cours d'appel, tribunaux populaires locaux, cours militaires, tribunaux institués par la loi (art. 91 de cette constitution).

Le titre VI de ladite Constitution avait, d'ailleurs, été intitulé, non plus, comme auparavant, « juridictions nationales », mais « Des juridictions nationales populaires » en vue d'intégrer dans le nouveau système juridique et judiciaire la dimension de la participation du peuple congolais à l'œuvre de justice.

Section 3 – La rémunération des magistrats en 1973-1979

L'acquisition de la qualité de magistrat, l'accession à un nouveau grade ou à un nouvel échelon implique l'attribution du salaire indiciaire de base ou l'amélioration de la rémunération du magistrat bénéficiaire de cette nouvelle situation.

164 – Avantages des magistrats, grille indiciaire en 1973-1979. En se reportant à la grille indiciaire de référence des magistrats, grâce à laquelle pouvait être calculé le salaire individuel de chacun d'eux, étant donné qu'il fournit les éléments relatifs au grade, au groupe, à l'échelon et à l'indice, l'on observait qu'il était prévu trois grades.

165 - Hiérarchisation en grades, deuxième grade en 1973-1979. Au 2e grade étaient intégrés les auditeurs de justice. Leur classement, à l'indice 790, correspondait à celui des magistrats intérimaires du 1er groupe, 1er échelon.

A l'issue de leur formation, les auditeurs de justice, nommés magistrats, étaient intégrés en cette qualité dans le corps de la magistrature, au 2e groupe, 2e grade, 1er échelon, indice 830.

Le 2e grade comprenait, en effet, deux groupes et cinq échelons auxquels se rattachaient des indices.

Les magistrats appartenant au deuxième groupe, classés au premier échelon, indice 830, comme indiqué précédemment, devaient passer dix ans au deuxième grade avant d'espérer atteindre le cinquième et dernier échelon dudit grade, indice 1680 alors que ceux classés au deuxième groupe du deuxième grade accomplissaient quinze années de service effectif pour accéder au cinquième échelon, même indice avant de demander, à la commission d'avancement, leur élévation au premier grade.

166 – Avancement des magistrats, Tableau synoptique représentant les échelons et indices en 1973-1979. Les magistrats du 2e grade, 5e échelon, indice 1680, accédaient, à concordance d'indice, au 2e échelon, indice 1680. Ceux du 2e groupe étaient promus au troisième échelon, indice 1820 après avoir accompli une durée de deux ans alors que les magistrats du 1er groupe attendaient trois ans pour accéder à l'indice 1820.

L'accès à l'indice 1950 exigeait des magistrats du second groupe l'ancienneté de deux années et de trois ans pour le premier groupe.

Au 4e échelon du 1er grade, l'avancement des magistrats était bloqué jusqu'à la satisfaction de leurs réclamations en 1991.

On constatait que les magistrats du troisième grade n'avançaient, en grade, échelon et indice que par rapport au premier groupe qui leur était réservé. Le second groupe n'apparaissait, en effet, que lorsqu'il s'agissait de promouvoir les magistrats du deuxième grade et du troisième grade comme l'indique le tableau synoptique ci-dessous :

I - Premier grade

Echelon	Indice	1er groupe	2e groupe
4e	1950	-	-
3e	1820	3 ans	2 ans
2e	1680	3 ans	2 ans
1er	1520	2 ans	-

II – Deuxième grade

Echelon	Indice	1er groupe	2e groupe
5e	1680	-	-
4e	1420	5 ans	3 ans
3e	1190	4 ans	3 ans
2e	1010	3 ans	2 ans
1er	830	3 ans	2 ans

III – Auditeurs de justice (indice 790).

IV - Troisième grade

Echelon	Indice	-
8e	1620	-
7e	1460	3 ans
6e	1280	3 ans
5e	1170	3 ans
4e	1050	3 ans
3e	960	3 ans
2e	880	2 ans
1er	790	2 ans

Source : décret n° 75-390 du 26 août 1975 abrogeant les dispositions de l'article 21 du décret n° 183-61 du 3 août 1961 portant application de la loi n° 42-61 du 20 juin 1961 relatif au statut de la magistrature.

De ce tableau, l'on observe, aisément, que si le temps d'ancienneté d'un échelon à l'autre reste inchangé dans tous les grades, il n'en est pas de même de l'indiciaire qui augmente à tous les grades et pour chaque échelon, en, 1975, à 50.

167 – Avancement des magistrats, discrimination en 1973-1979. Il s'agissait, vraisemblablement, de créer une discrimination entre les magistrats intérimaires et stagiaires, recrutés par nécessité afin de combler le vide existant du personnel possédant cette qualité et de répondre, ainsi, aux besoins de fonctionnement des juridictions d'une part, et ceux issus d'une programmation normale et provenant, par conséquent, des écoles de formation professionnelle des magistrats, d'autre part.

La durée d'accès d'un grade à un autre était, ainsi, déterminée comme suit : dix-neuf ans pour l'accès au deuxième grade des magistrats du troisième grade, premier groupe (le deuxième groupe n'ayant pas été prévu) ; dix ans pour être promu au premier grade en ce qui concerne les magistrats du deuxième groupe alors qu'il en fallait quinze s'agissant des magistrats dont l'avancement s'effectuait au premier groupe ;

La durée d'atteinte du quatrième échelon, dernier indice 1950 du premier grade était de quatre ans pour les magistrats du premier groupe mais ceux du deuxième groupe devaient en accomplir le double, soit huit ans.

168 – Service de la justice, autopsie faite par le PCT en 1979. Le « pouvoir populaire », produit du monopartisme, constituant la deuxième partie de la Constitution du 8 juillet 1979, il ne pouvait exister de pouvoirs autres que ceux inspirés par le Parti congolais du Travail dont le troisième congrès extraordinaire, tenu du 26 au 31 mars 1979, avait défini les axes de reformes qu'il convenait d'engager dans les domaines juridique et judiciaire afin de pouvoir mettre en œuvre la résolution y relative.

Autopsiant le service public de la justice, les participants à ce congrès relevaient les secteurs dans lesquels la vétusté des textes exigeait des refontes profondes, en l'occurrence : les structures et l'organisation de la justice ; les codes en vigueur ; la dualité entre les justices coutumière et moderne ; la profession d'avocat.

169 – Service de la justice, réformes préconisées par le PCT en 1979. Dénonçant la législation coloniale qui régissait ces domaines, les congressistes envisageaient des réformes relatives à : - l'unicité de la justice pour tous les Congolais ; - l'institution des tribunaux populaires composés de magistrats et de juges non-professionnels élus ; - l'élaboration du code de la famille ; - l'institution d'un barreau national des avocats ; - l'adoption d'une loi portant sur la création d'un cabinet juridique d'État ; la démocratisation de la justice.

La démocratisation de la justice devait être entreprise en la refondant au travers de l'élaboration des textes relatifs aux domaines précités.

Section 4 – Les compétences de la Cour suprême en 1979

170 – Cour suprême, perte de sa compétence en matière constitutionnelle en 1979. En raison de la création du Conseil constitutionnel, à l'article 89 de la Constitution du 8 juillet 1979, la Cour suprême perdait ses compétences, en matière de contrôle de la constitutionnalité des lois conférées, initialement, par l'article 1er de la loi n° 4-62 du 20 janvier 1962 susdite. Il ne lui demeurait plus que l'exercice des activités liées au contrôle de l'activité juridictionnelle des cours et tribunaux.

Alors que la Cour suprême comprenait quatre chambres selon l'article 58 la Constitution du 2 mars 1961, dont la chambre constitutionnelle, la loi n° 4-62 du 20 janvier 1962 portant création de la Cour suprême n'instituait que la chambre administrative et la chambre judiciaire en tant que chambres principales ainsi que deux autres formations dénommées chambres réunies et assemblée générale consultative.

Rapprochant les dispositions de l'article 58, la Constitution du 2 mars 1961 prévoyant la chambre constitutionnelle, et celles de l'article 89 de la Constitution du 8 juillet 1979 qui refusait à la Cour constitutionnelle l'exercice des attributions qui lui étaient, auparavant, reconnues, la doctrine affirmait, néanmoins, que la chambre constitutionnelle de la Cour suprême n'ayant plus de compétence en matière constitutionnelle, était devenue sans objet (Auguste Iloki, « le Conseil constitutionnel, une nouvelle institution au Congo », Penant, n° 790-791, janvier à juillet 1986, p. 9 ; Mweti n° 1032, mardi 4 septembre 1984, p. 2).

TITRE III

LA REFONTE DE LA JUSTICE EN 1983

Le troisième congrès extraordinaire du Parti congolais du Travail, qui s'est tenu du 26 au 30 mars 1979, avait fustigé la vétusté des textes régissant le service public de la justice par le biais d'une résolution sur la justice formulée ainsi qu'il suit :

« Considérant que la distribution de la justice est l'un des attributs de la souveraineté nationale ;

« Considérant qu'à l'heure actuelle les structures et l'organisation de la justice, vestiges de la colonisation, ne répondent plus aux aspirations profondes du Peuple congolais ;

« Considérant la caducité des codes en vigueur ;

« Considérant que la dualité entre la justice moderne et la justice coutumière tend à consacrer l'inégalité entre les justiciables ;

« Considérant qu'il y a lieu de réformer la profession d'avocats dans notre pays par la création d'un barreau national en rapport avec la mise en place d'une justice populaire ;

« Le troisième congrès extraordinaire du parti congolais du Travail réuni à Brazzaville du 26 au 30 mars 1979 :

« Demande l'institution d'une justice unique pour tous les Congolais ;

« Exige l'institution des tribunaux populaires où les juges non-professionnels seront élus ;

« Recommande l'adoption du code de la famille congolais et les modalités de son application ;

« Exige l'institution d'un barreau national des avocats et la création d'un cabinet juridique d'État près la Présidence de la République ».

C'est sur le fondement de cette résolution que furent mises en œuvre les réformes de la justice (chapitre 1).

L'accessibilité plus grande des citoyens à la justice impliquait leur information relative aux questions juridiques et judiciaires au moyen d'un instrument approprié dénommé « Centre populaire d'information juridique (chapitre 2).

Le rapprochement de la justice du justiciable nécessitait la garantie d'égalité d'accès à la justice (chapitre 3).

Le fondement de la réforme judiciaire ayant été, également et fortement, marqué par la volonté de faire participer le peuple aux activités judiciaires, il avait été institué les juges issus de la population dénommés « juges non-professionnels » (chapitre 4).

CHAPITRE I

LA MISE EN ŒUVRE DES RÉFORMES

Pour la mise en œuvre des recommandations du troisième congrès du Parti congolais du Travail, le membre du bureau politique, chef du département de l'organisation, secrétaire général de la Confédération syndicale congolaise instituait la Commission nationale des réformes judiciaires (section 1).

Ladite Commission avait élaboré des avant-projets de textes adoptés par le Gouvernement qui les soumettait à l'Assemblée nationale populaire, lesquels devenaient les nouvelles lois constituant la réforme juridique et judiciaire (section 2) dont celle instituant les nouvelles juridictions (section 3).

Le gouvernement accordait, à cette époque, quelques avantages matériels aux magistrats (section 4).

Section 1 – La commission nationale des réformes en 1981

La décision n° 001 du 31 mars 1981 portant organisation, composition, attributions de la commission nationale des réformes judiciaires fixait, comme son objet le spécifie, ses attributions (parag. 1), sa composition (parag. 2). Ladite commission était subdivisée en sous-commissions (parag. 3).

Parag. 1- Les attributions de la commission en 1981

171 - Commission nationale des réformes judiciaires en 1981, attributions. Après avoir indiqué la composition de la commission nationale des réformes, la décision n° 001 du 31 mars 1981 portant organisation, composition, attributions de la commission nationale des réformes judiciaires, fixait ses attributions. Elle les assumait en élaborant les avant-projets de textes législatifs suivant des domaines conférés aux sous-commissions dont la périodicité des réunions était fixée à deux fois par semaine tel que disposé à l'article 11 de la décision n° 001 du 31 mars 1981 susvisée.

Parag. 2 - La composition de la commission en 1981

172 – Commission nationale des réformes judiciaires en 1981, composition. Placée sous la présidence du garde des Sceaux, ministre de la Justice, la commission nationale des réformes judiciaires était instituée par décision n° 001 du 31 mars 1981 portant organisation composition et attributions de la commission nationale des réformes judiciaires (cf. bilan du ministère de la Justice portant sur la période 1981-1984, p. 1), sur initiative du département de l'organisation du Parti congolais du Travail, en vue de permettre la mise en œuvre des recommandations de cette structure politique.

Elle comprenait : le vice-président qui était le chef de la division des collectivités locales du département de l'organisation du Parti congolais du Travail et des membres choisis dans différents secteurs comme suit : les membres représentants du Parti congolais du Travail ; trois représentants du département de l'organisation ; trois représentants du département de l'éducation et de l'idéologie ; un représentant du département presse et propagande ; les membres représentant les organisations de masse : trois représentants de la Confédération syndicale congolaise (CSC) ; six représentants de l'Union révolutionnaire des femmes du Congo (URFC) ; trois représentants de l'Union de la jeunesse socialiste Congolaise (UJSC) ; trois représentants de l'Union nationale des écrivains et artistes congolais (UNEAC).

Les membres représentant les départements ministériels : douze représentants du ministère de la Justice ; trois représentants du ministère de l'intérieur ; trois représentants du ministère de l'éducation nationale ; trois représentants du ministère de la Santé et des Affaires sociales ; trois représentants du ministère de la jeunesse et des sports.

Les membres représentant les organismes : trois représentants de l'Université (un sociologue, un juriste, un médecin) ; un représentant de l'Organisation des Nations unies pour l'éducation, la science et la culture (UNESCO) ; un représentant de chaque confession religieuse autorisée ; des personnalités choisies en fonction de leur compétence.

Tenant compte de la diversité des réformes à mettre en œuvre et de l'immensité de la mission à accomplir, il avait été procédé à la division de la commission nationale des réformes judiciaires en plusieurs sous-commissions : la sous-commission démocratisation de la justice, la sous-commission chargée de l'élaboration du code pénal, la sous-commission chargée de l'élaboration du code de la famille.

Parag. 3 - Les sous-commissions en 1981

A –La démocratisation de la justice en 1981

173 - Sous-commission démocratisation de la justice en 1981, attributions. Il incombait, à cette sous-commission, les tâches liées à l'élaboration des projets de textes portant sur les domaines suivants : le statut de la magistrature et du personnel judiciaire en général ; l'organisation judiciaire et le fonctionnement des tribunaux populaires ; le barreau national ; la formation des magistrats, avocats, notaires, greffiers et huissiers.

174 - Sous-commission démocratisation de la justice, composition. La sous-commission chargée de la démocratisation de la justice était, ainsi, composée : président : secrétaire général à la justice ; vice-président : conseiller à la justice du garde des Sceaux, ministre de la Justice ; membres : un représentant du département de l'organisation ; un représentant du département de l'éducation et de l'idéologie ; un représentant de la Confédération syndicale congolaise (CSC) ; un représentant du ministère de l'intérieur ; deux représentants de l'Université ; deux avocats ; un représentant du comité du parti du ministère de la Justice ; trois magistrats ; un greffier ; un représentant du syndicat la Fesytragem.

B – L'élaboration du code pénal en 1981

175 - Sous-commission élaboration du code pénal, attributions. Il était mis à la charge de cette sous-commission l'élaboration des avant-projets de loi portant sur : la protection de la jeune fille mineure ; l'avortement ; toutes les questions se rapportant au droit pénal.

176 – Sous-commission élaboration du code pénal, composition. Elle comprenait : un président : le directeur des affaires criminelles et des grâces ; un vice-président : le procureur général près la cour d'appel de Brazzaville ; les membres : un représentant du département de l'organisation ; un représentant de la Confédération syndicale congolaise (CSC) ; un représentant de l'Union révolutionnaire des femmes du Congo (URFC) ; un représentant de l'Union de la jeunesse socialiste congolaise (UJSC) ; un représentant de l'Union nationale des écrivains et artistes congolais (UNEAC) ; un représentant du ministère de l'intérieur ; un représentant de l'Université ; trois magistrats ; des personnalités.

C – L'élaboration du code de la famille en 1981

177 - Sous-commission chargée de l'élaboration du code de la famille, attributions. Les membres de la sous-commission chargée de l'élaboration du code de la famille devaient s'atteler à intégrer, dans le projet de loi portant code de la famille, les questions inhérentes :

- Aux fiançailles ; au mariage : au divorce ; à la filiation ; aux régimes matrimoniaux ; au veuvage ; aux successions ;
- A toutes autres matières intéressant le droit de la famille comme cela avait été exigé par les résolutions du Parti Congolais du Travail y relatives.

178 - Sous-commission chargée de l'élaboration du code de la famille, composition. Cette sous-commission était composée comme ci-après : président : directeur des études, de la planification et de la statistique au ministère de la Justice ; vice-président : président du tribunal de grande instance de Brazzaville ; membres : un représentant du département de l'organisation ; un représentant de l'Union nationale des écrivains et artistes congolais (UNEAC) ; un représentant de la Confédération syndicale congolaise (CSC) ; une représentante de l'Union révolutionnaire des femmes du Congo (URFC) ; un représentant de l'Union de la jeunesse socialiste congolaise (UJSC) ; deux représentants de l'Université ; un représentant du ministère de la Santé et des Affaires sociales ; trois magistrats ; des personnalités choisies en raison de leurs compétences.

Section 2 – Les lois impliquant la justice en 1983

179 – Réformes judiciaires, exécution de la résolution du congrès du Parti congolais du Travail sur la justice. Il est évident que les tâches, confiées au ministère de la Justice par le département de l'organisation du Bureau politique du Parti congolais du Travail au travers de sa décision n° 001 du 31 mars 1981 portant organisation composition, attributions de la commission nationale des réformes judiciaires, dépassaient, largement le cadre tracé par les résolutions adoptées lors du troisième congrès extraordinaire dudit parti du 26 au 31 mars 1979.

180 - Démocratisation de la justice, lois adoptées. Il a, déjà, été indiqué que la création du ministère de la Justice séparé du ministère du travail a fourni l'occasion, au département de la justice, de mettre en œuvre les résolutions du parti unique en matière de justice.

En effet, l'année 1983 a été, à cet égard, marquée par une œuvre législative de référence centrée sur la justice congolaise. Elle constituait, incontestablement, l'année de rénovation du système judiciaire.

L'on concevait qu'en vue d'atteindre l'objectif global de démocratisation de la justice, les réformes devaient être opérées en suivant trois directions débouchant sur le rapprochement de la justice du justiciable au moyen de la création de nouvelles juridictions, la facilitation de l'accès à la justice par l'institution de l'assistance judiciaire puis l'institution des juges non-professionnels.

En effet, outre la loi n° 53/83 du 21 avril 1983 portant réorganisation de la justice en République populaire du Congo, les lois, ci-après, dont l'énumération est, simplement, indicative furent, également, adoptées pendant cette période de démocratisation de la justice : - loi n° 10-83 du 27 janvier 1983 portant modification de certains articles de la loi n° 01-63 du 13 janvier 1963 portant code de procédure pénale ; - loi n° 25-82 du 7 juillet 1982 relative à l'extradition des étrangers ; - loi n° 51-83 du 21 avril 1983 portant code de procédure civile, commerciale, administrative et financière ; - loi n° 53-83 du 21 avril 1983 portant réorganisation de la justice en République populaire du Congo ; - loi n° 010-84 du 20 janvier 1984 portant organisation de la section de recouvrement, des droits, amendes et autres redevances ; - loi n° 001-84 du 20 janvier 1984 portant réorganisation de l'assistance judiciaire ; - loi n° 073-84 du 17 octobre 1984 portant code de la famille ; loi n° 072-84 du 11 septembre 1984 portant organisation du cabinet juridique d'État ; - loi n° 017/89 du 29 septembre 1989 portant institution du notariat ; - loi n° 063/84 du 11 septembre 1984 définissant les armoiries de la République et le sceau de l'État ; - loi n° 074/84 du 7 novembre 1984 portant organisation et fonctionnement du Conseil constitutionnel ; - ordonnance n°018/84 du 23 août 1984 étendant la compétence matérielle des juridictions de droit commun et organisant la procédure applicable en matière de crime, de délit de détournement de deniers publics, d'escroquerie, de concussion, de corruption de fonctionnaires, d'émission de chèque sans provision, de sabotage économique au préjudice du parti, des organisations de masse, de l'État et des services publics ou parapublics.

Section 3 – Les nouvelles juridictions en 1983

Il existait, dans l'ancienne organisation judiciaire, des juridictions dont la dénomination était classique (parag. 1). La réforme ayant dénommé, autrement, les juridictions, n'a maintenu comme ancienne appellation que celle de la Cour suprême (parag. 2).

Parag. 1 - Les juridictions anciennes

181 – Démocratisation de la justice, juridictions existantes avant 1983. Les juridictions, ci-après, constituaient la carte judiciaire de la République populaire du Congo avant la création, en 1983, de nouvelles juridictions nécessitées par la mise en œuvre de la résolution sur la justice adoptée par le troisième congrès extraordinaire du Parti congolais du Travail qui s'était réuni du 26 au 30 mars 1979 appelant à démocratiser la justice : - la Cour suprême à Brazzaville ; - la cour d'appel de Brazzaville ; - la cour d'appel de Pointe-Noire ; - le tribunal de grande instance de Brazzaville ; - le tribunal de grande instance de Pointe-Noire ; - le tribunal de grande instance de Loubomo (Région du Niari) ; - le tribunal de grande instance de Madingou (région de la Bouenza) ; - le tribunal de grande instance de Sibiti (Région de la Lékoumou) ; - le tribunal de grande instance de Djambala (région des Plateaux) ; - le tribunal de grande instance d'Owando (région de la Cuvette) ; - le tribunal de grande instance d'Impfondo (région de la Likouala) ; - le tribunal de grande instance d'Ouesso (région de la Sangha).

Parag. 2 – Les juridictions issues de la réforme de 1983

182 – Démocratisation de la justice, création des juridictions en 1983. Le rapprochement de la justice du justiciable était regardé comme constituant la décentralisation judiciaire.

Le principe de la démocratisation de la justice permettait, ainsi, d'éviter de longs déplacements des citoyens vers le siège de la juridiction plus proche. La décentralisation se manifestait, alors, par la mise à la disposition des justiciables, des juridictions plus rapprochées des localités où ils habitaient.

Ainsi, la carte judiciaire de la République populaire du Congo devait correspondre à la carte géographique en ce sens qu'à chaque niveau de circonscription administrative devait être créée une juridiction reflétant son importance. Ainsi, à titre d'exemple, les tribunaux populaires de village-centre devaient être créés dans les villages.

Si l'intérêt du rapprochement de la justice du justiciable ne peut être contesté en raison de son évidence, cet objectif ne saurait être recherché sans tenir compte des considérations géographiques et financières des localités où l'implantation des juridictions était envisagée.

Autrement dit, le critère lié à la simple dénomination de la circonscription administrative ne primerait pas sur la densité de la population, le volume des affaires à juger, l'activité économique…

183 - Démocratisation de la justice, nouvelles dénominations des juridictions. Le décret n° 67-243 du 25 août 1967 fixant l'organisation administrative territoriale de la République du Congo avait, précisément, procédé à la dénomination des circonscriptions administratives et inspiré les nouvelles appellations des juridictions en 1983. Ainsi, aux régions correspondaient les tribunaux populaires de région ou de commune, aux districts les tribunaux populaires de district, aux villages les tribunaux populaires de village.

Le programme du Parti congolais du Travail exigeant l'établissement des tribunaux populaires où les juges seront élus, la Constitution de 1979 prévoyait que « La Cour suprême, la Cour des comptes, la Cour d'appel, les tribunaux populaires locaux, les cours militaires et les tribunaux institués par la loi, constituent les organes juridictionnels de la République populaire du Congo »

« En cas de nécessité, et pour juger des affaires spéciales, l'Assemblée Nationale Populaire sur proposition du conseil des ministres peut décider de la création des tribunaux spéciaux après avis du comité central » (art. 88, Const. 8 juillet 1979).

184 - Démocratisation de la justice, nombre de juridictions en 1983. La démocratisation de la justice, vu sous l'angle de la création des juridictions, afin de rapprocher au plus la justice du justiciable, pouvait se mesurer au nombre de juridictions créées en 1983 ainsi dénommées et dénombrées, partant de la juridiction la plus haute, à compétence nationale, aux juridictions inférieures qui constituent des tribunaux de base, plus proches des justiciables : la Cour suprême, la Cour des comptes, les tribunaux populaires de région ou de commune, les tribunaux populaires de district ou d'arrondissement, les tribunaux populaires de village-centre ou de quartier, les tribunaux du travail, les juridictions pour enfants.

A - La Cour suprême en 1983

Alors que toutes les autres juridictions inférieures avaient vu leurs dénominations muées en « tribunal populaire de... suivi de l'appellation de la circonscription du lieu de leur implantation correspondant au siège de ladite juridiction, la Cour suprême, elle, implacable, gardait sa dénomination reçue depuis son institution par la Constitution de la République du Congo du 2 mars 1961 dans laquelle on pouvait lire, au titre VI « De la Cour suprême », l'article 58 ainsi libellé : « La Cour suprême comprend quatre chambres : la chambre constitutionnelle, la chambre judiciaire, la chambre administrative et la chambre des comptes ».

Il a, déjà, été, précédemment, affirmé que nonobstant sa création effective par la loi n° 04 du 20 janvier 1962, la Cour suprême ne fut installée que le 20 juin 1962.

La prééminence de la Cour suprême se manifestait au travers de ses compétences, son organisation et son fonctionnement tels que déterminés par la loi n° 53-83 du 21 avril 1983 portant réorganisation de la justice en République populaire du Congo.

185 - Cour suprême, compétences en 1983. La Constitution de la République du Congo du 2 mars 1961 attribuait, à la Cour suprême, des compétences limitées qu'elle devait exercer au travers de ses quatre chambres instituées par la constitution dénommées chambre judiciaire, chambre administrative et chambre des comptes.

Cependant, pour pallier le défaut d'installation effective de la Cour suprême, il eut recours aux dispositions de l'article 4 de la loi n° 6-61 du 11 janvier 1961 fixant l'organisation judiciaire ainsi qu'à celles de l'article 69 de la Constitution de la République du Congo du 2 mars 1961 autorisant l'exercice des compétences reconnues à la Cour suprême, respectivement, à la formation spéciale de la cour de cassation de Paris et à la commission extraordinaire composée de magistrats congolais en attendant le fonctionnement effectif de la haute juridiction nationale.

Les compétences de la Cour suprême en 1963 avaient connu une extension en ce que, outre les deux chambres principales (la chambre judiciaire et la chambre administrative), déjà existantes, furent instituées les chambres réunies et l'assemblée générale consultative en tant que formations de la Cour suprême (art. 22, L. n° 04-62 du 20 janvier 1962 portant création de la Cour suprême).

C'est dans sa formation de chambres réunies qu'il était reconnu à la Cour suprême de statuer en matière constitutionnelle pour se prononcer sur la constitutionnalité des lois (art. 1er et 31 combinés, L. n° 04-62 du 20 janvier 1962 précitée).

186 - Cour suprême, composition en 1983. Auparavant, l'article 8 de la loi n° 4-62 du 20 janvier 1962 portant création de la Cour suprême (J O R C, 15 février 1962, p. 149) indiquait la composition de cette juridiction qui comprenait :

Au siège : un président ; quatre juges.

Au parquet : un procureur général.

La refonte de l'organisation judiciaire en 1983 avait, fondamentalement, métamorphosé la composition de la Cour suprême, notamment, par l'introduction des juges non-professionnels dans cette structure, hautement, technique et la création du poste de vice-président, jusque-là, inexistant.

La Cour suprême comprenait, en conséquence : un président ; un vice-président ; vingt juges professionnels (nouvelle appellation des magistrats pour les différencier des juges non-professionnels nouvellement intégrés dans la composition de la Cour suprême du fait de la démocratisation de la justice par l'insertion des citoyens à l'œuvre de justice dans toutes les juridictions nationales ; vingt-sept juges non-professionnels ; le procureur général près la Cour suprême ; les avocats généraux ; les substituts généraux (art. 37, L. n° 53-83 du 21 avril 1983 portant réorganisation de la justice en République populaire du Congo).

187 - Cour suprême, formations en 1983. Alors que l'article 58 de la Constitution du 2 mars 1961 prévoyait la composition de la Cour suprême en quatre chambres (la chambre constitutionnelle, la chambre judiciaire, la chambre administrative et la chambre des comptes), l'article 23, alinéa premier, de la loi n° 4-62 du 20 janvier 1962 portant création de la Cour suprême (J O R C, 15 février 1962, p. 149) instituait deux chambres principales (la chambre administrative et la chambre judiciaire) ainsi que les chambres réunies et l'assemblée générale consultative (art. 22 de la même loi).

La chambre constitutionnelle et la chambre des comptes prévues à l'article 58 de la Constitution de la République du Congo du 2 mars 1961 n'ayant pas été créées par la loi n° 4-62 du 20 janvier 1962 susvisée, le législateur avait réparé cette omission lors de la refonte de l'organisation judiciaire.

En effet, la loi n° 53-83 du 21 avril 1983 portant réorganisation de la justice en République populaire du Congo édictait, en instituant la chambre constitutionnelle, que celle-ci, adoptant la composition des chambres réunies, était compétente pour rendre « des arrêts ou des avis sur la constitutionnalité des lois et des actes du législateur, des engagements internationaux et des actes réglementaires généraux ». Elle rendait, également, des « avis de non-ratification lorsqu'un traité, qui viole une norme constitutionnelle, n'est pas encore en vigueur » (art. 30 et 53 L. n° 53-83 du 21 avril 1983 précitée).

Étant donné que ladite loi consacrait son chapitre 2 du titre 2 réservé à l'organisation et à la compétence des juridictions à la Cour des comptes, la création d'une chambre des comptes était, donc, devenue superfétatoire. En effet, de nombreuses dispositions de la loi n° 53-83 du 21 avril 1983 susvisée encadraient les questions inhérentes à la compétence de la Cour des comptes (art. 83 à 92), à son organisation (art. 93 à 107), à ses attributions de contrôle (art. 108 à 113), à la connaissance, par elle, des infractions (art.114 à 123).

Étaient énumérées, à l'article 46 de la loi n° 53-83 du 21 avril 1983 portant réorganisation de la justice en République populaire du Congo, les formations suivantes composant la Cour suprême : la chambre civile ; la chambre administrative et financière ; la chambre pénale ; les chambres réunies ; la chambre constitutionnelle ; l'assemblée générale consultative.

188 - Cour suprême, autorité de nomination des magistrats en 1983. Les magistrats promus à la Cour suprême, qui appartenaient au siège ou relevaient du ministère public, étaient nommés par décret pris en conseil des ministres, sur proposition du garde des Sceaux, ministre de la Justice.

Toutefois, il était précisé à l'article 40 de la loi n° 53-83 du 21 avril 1983 portant réorganisation de la justice, s'agissant de la nomination du président de la Cour suprême, qu'il pouvait être une « personnalité politique du P.C.T ».

189 - Président de la Cour suprême, vocable adopté en 1983. Au moment des réformes liées à la démocratisation de la justice en 1983, il n'y avait aucune référence relative à l'utilisation du vocable « premier président » de la Cour suprême.

En effet, l'article 37 alinéa premier de la loi n° 53-83 du 21 avril 1983 portant réorganisation de la justice en République populaire du

Congo, s'agissant des membres de la Cour suprême, disposait que « La Cour suprême est composée d'un président, d'un vice-président, de 20 juges professionnels et 27 juges non-professionnels ».

D'autres dispositions de la loi n° 53-83 du 21 avril 1983 précitée mentionnaient la dénomination, non de « premier président » de la Cour suprême mais de « président » de la Cour suprême :

- Article 40, alinéa 3 : « Le président de la Cour suprême, qui est magistrat et qui peut être une personnalité politique du P.C.T, est nommé par décret pris en conseil des ministres sur proposition du garde des Sceaux, ministre de la Justice » ;
- Article 43, alinéa 1 : « Le président est chargé de l'administration et de la discipline de la cour suprême. Il est assisté du bureau de la Cour suprême formé du vice-président, des présidents de chambres, du procureur général et des avocats généraux » ;
- Art. 43, alinéa 2 : « Le président répartit, entre les diverses formations de la Cour suprême, les membres de la Cour qui ne sont pas affectés par l'acte de nomination » ;
- Article 47, alinéa premier : « Le président de la Cour suprême préside les chambres réunies, la chambre constitutionnelle et l'assemblée consultative ainsi que toute formation de la Cour suprême lorsqu'il le juge convenable » ;
- Art. 52 alinéa premier : « Les chambres réunies comprennent, sous la présidence du président de la Cour suprême, ou à défaut, de son suppléant les membres de la chambre civile ou de l'une des sections de cette chambre, ceux de la chambre administrative et ceux de la chambre pénale » ;
- Art. 57 : « L'assemblée générale consultative comprend : le président de la Cour suprême, le vice-président de la Cour suprême, le procureur général près la Cour suprême, les présidents de chambres, les avocats généraux, les magistrats et les juges non-professionnels à la Cour suprême, les substituts généraux » ;
- Article 67 : « Le bureau de la Cour comprend : le président de la Cour suprême, le procureur général près la Cour suprême, les présidents de chambres, le vice-président de la Cour suprême et l'avocat général » ;
- Article 67, alinéa 2 : « Le bureau de la Cour suprême est présidé par le président de la Cour suprême et, en cas d'absence ou d'empêchement, par le procureur général près la Cour suprême ».

Ainsi, sur le fondement de l'article 37 alinéa premier de la loi n° 53-83 du 21 avril 1983 portant réorganisation de la justice en

République populaire du Congo, monsieur Assemekang Charles fut nommé président de la Cour suprême. Il devenait, ainsi, le deuxième président de la Cour suprême dans l'ordre de nomination depuis sa création en 1962 par la loi n° 4-62 du 20 janvier 1962.

B - La Cour des comptes en 1983

1 – Les compétences de la Cour des comptes en 1983

190 - Cour des comptes, compétences en 1983. En ce qu'elle était reconnue compétente en matière de gestion financière et comptable des deniers de l'État, des collectivités locales, des établissements publics, des entreprises d'État, la Cour des comptes disposait de trois types d'attributions prévues à l'article 84 de la loi n° 53-83 du 21 avril 1983 portant réorganisation de la justice en République populaire du Congo.

La Cour des comptes pouvait, également, donner des avis (art. 86 de la même loi).

2 - Les attributions juridictionnelles en 1983

191 – Cour des comptes, attributions juridictionnelles. Dans l'exercice de ses attributions juridictionnelles, il était confié à la Cour des comptes le jugement des comptes :

- Des ordonnateurs et des comptables patents, c'est-à-dire des comptables publics ;

- Des personnes déclarées comptables de fait, autrement dit des individus qui ont effectué la gestion de fait en ce qu'ils ne sont pas des comptables publics mais elles se sont, quand-même, permises d'accomplir, par immixtion, des actes de maniement et de détention des deniers publics, volontairement ou non, de manière frauduleuse ou non. Y procédant, les comptables de fait sont, ainsi, placés en situation irrégulière.

3 - Les attributions de discipline budgétaire en 1983

192 - Cour des comptes, attributions de discipline budgétaire. Les personnes qui enfreignent la législation financière, les règles établies en matière de passation des marchés, sont justiciables de la Cour des comptes qui sanctionne les fautes commises dans ces différents domaines.

4 – Les attributions de contrôle en 1983

193 - Cour des comptes, attributions de contrôle. La compétence de la Cour des comptes en matière de contrôle est exercée dans des secteurs, limitativement, déterminés qui sont : les organismes d'économie mixte, les organismes de prévoyance et de sécurité sociale, les organismes subventionnés.

5 - Les attributions consultatives en 1983

194 - Cour des comptes, attributions consultatives. Outre les attributions juridictionnelles au travers desquelles la Cour des comptes juge les comptes des ordonnateurs, des comptables patents et des comptables de fait, cette juridiction dispose, également, d'attributions consultatives. Elle exerce sa compétence en la matière en se réunissant en assemblée générale afin d'émettre des avis.

La Cour des comptes ne peut être saisie que par les autorités ci-dessous, énumérées à l'article 92 de la loi n° 53-83 du 21 avril 1983 portant réorganisation de la justice en République populaire du Congo : le président de la République ; le président de l'Assemblée nationale populaire ; le Premier ministre, Chef du gouvernement ; le ministre des finances ; le ministre de la Justice ; les ministres pour les faits relevés à la charge des fonctionnaires et agents placés sous leur autorité.

6 – Les formations de la Cour des comptes en 1983

195 - Cour des comptes, formations juridictionnelles. En fonction des attributions qui lui sont dévolues, l'article 103 de la loi n° 53-83 du 21 avril 1983 portant réorganisation de la justice en République populaire du Congo répartit lesdites attributions dans des formations juridictionnelles, ci-après, pour juger en matière de gestion financière et comptable des deniers de l'État, des collectivités locales, des établissements publics des entreprises d'État, des entreprises d'économie mixte et d'autres organismes : la chambre du budget de l'État; la chambre du budget des établissements publics à caractère administratif, industriel, commercial ou agro-pastoral ; la chambre du budget des collectivités locales ; la chambre des comptes des entreprises d'État ou d'économie mixte et autres organismes.

Comme pour les décisions des tribunaux populaires de commune et de région, les arrêts de la Cour des comptes peuvent être attaqués par le pourvoi en cassation devant la Cour suprême. Ils sont aussi, susceptibles de pourvoi en révision devant la même Cour des comptes.

7 – La composition de la Cour des comptes en 1983

196 - Cour des comptes, composition en 1983. Pour se conformer au principe général de démocratisation de la justice, la Cour des comptes comportait, au siège, outre le président et le vice-président :

- Dix juges professionnels qui comprenaient les magistrats et les fonctionnaires, nommés par décret pris en conseil des ministres sur proposition conjointe du garde des Sceaux, ministre de la Justice et du ministre des finances :
  - parmi les magistrats en se conformant aux dispositions prévues par le statut de la magistrature en matière de nomination des magistrats ;
  - parmi les fonctionnaires titulaires d'une licence ou d'une maîtrise de l'enseignement supérieur ou d'un diplôme équivalent connus pour leur compétence en matière financière et comptable et totalisant au moins six années de services publics ;
  - parmi les fonctionnaires non titulaires d'une licence de l'enseignement supérieur comptant au moins quinze années de services publics et connus pour leur compétence en matière financière et comptable ;
- vingt juges non-professionnels, en tant que citoyens invités à participer à l'œuvre de justice, choisis parmi les personnalités compétentes dans les domaines financiers et comptables, proposés par le bureau politique du Parti congolais du Travail et élus par l'Assemblée nationale populaire pour une durée de trois ans.

Le service du parquet comportait : le procureur général près la Cour des comptes ; deux avocats généraux ; des substituts généraux.

8 – L'installation de la Cour des comptes en 1983

197 - Cour des comptes, défaut d'installation. Nonobstant les prévisions du législateur ayant trait à l'institution, à l'organisation et au fonctionnement de la Cour des comptes, celle-ci n'a pas fonctionné dès sa création.

En effet, des difficultés de nomination des juges professionnels et d'élection des juges non-professionnels avaient compromis l'installation de la Cour des comptes :

- D'une part, le garde des Sceaux, ministre de la Justice et le ministre des finances n'avaient réussi à procéder, de commun accord, au choix des fonctionnaires devant composer la Cour des comptes afin de proposer leur nomination par décret en conseil des ministres pour répondre aux exigences de l'article 93 de la loi n° 53-83 du 21 avril 1983 portant réorganisation de la justice en République populaire du Congo ;

- D'autre part, l'assemblée nationale n'avait pu élire les juges non-professionnels en raison de ce qu'elle ne reçut pas les propositions y relatives du bureau politique du Parti congolais du Travail car, selon l'article 4 de la loi n° 53-83 du 21 avril 1983 portant réorganisation de la justice en République du Congo, les candidatures des juges non-professionnels pour l'élection à la Cour des comptes devaient être proposées par cet organe.

Même après l'abrogation de la loi n° 53-83 du 21 avril 1983 portant réorganisation de la justice en République populaire du Congo, en 1992, la nomination des magistrats à la Cour des comptes n'était intervenue qu'en 2001.

Nonobstant ladite nomination, l'installation officielle de cette juridiction n'eut lieu que le 07 mars 2005 !

Ainsi, créée en 1983, la Cour des comptes n'avait, donc, pu être mise en place qu'en 2005, soit vingt-et-un ans après son institution !

9 - Les sanctions prévues en 1983

198 - Cour des comptes, sanctions. Les comptes des ordonnateurs et des comptables doivent être présentés à la Cour des comptes comme le prescrit l'article 89 de la loi n° 53-83 du 21 avril 1983 portant réorganisation de la justice en République populaire du Congo, dans les délais indiqués.

En cas de non observation de ces délais, la Cour des comptes, chargée de veiller à leur observation, est en droit de condamner les comptables en retard à une amende de dix mille francs au maximum par mois de retard (art. 114, L. n° 53-83 du 21 avril 1983 portant réorganisation de la justice en République populaire du Congo).

Des injonctions prononcées sur les comptes d'un comptable appellent une réponse dans les délais prescrits sous peine d'amende de cinq mille francs au maximum par injonction et par mois de retard sauf excuse fournie jugée pertinente (art. 115, L. n° 53-83 du 21 avril 1983 portant réorganisation de la justice en République populaire du Congo).

C - Les tribunaux populaires de région ou de commune

Comme cela a déjà été indiqué, en application du principe général dégagé à l'article premier de la loi n° 53-83 du 21 avril 1983 portant réorganisation de la justice en République populaire du Congo, l'organisation territoriale de la justice épouse l'organisation territoriale administrative.

Il fut, alors, créé au sein des régions et communes autonomes par décret pris en conseil des ministres des juridictions correspondantes dénommées, respectivement, tribunaux populaires de région et tribunal populaire de commune de Brazzaville qui étaient, anciennement, connus sous l'appellation de cours d'appel.

Siégeant au chef-lieu de la région ou de la commune, ces juridictions avaient leur ressort constitué par le territoire de la région ou de la commune.

Toutefois, il pouvait être fait extension de la compétence territoriale de ces tribunaux par arrêté du garde des sceaux, ministre de justice en cas de nécessité afin de leur permettre de statuer au-delà de leur compétence territoriale originelle déterminée par les textes qui les avaient créés.

1 – La création des TPRC en 1983

199 - Tribunaux populaires de commune ou de région, création en 1983. Trois juridictions de second degré de cette nature furent créées (un tribunal populaire de commune et deux tribunaux populaires de région) : - le tribunal populaire de commune de Brazzaville (décr. n° 83-575 du 6 juillet 1983) dont le ressort était étendu à la région du Pool (arr. n° 6676-MJ-CAB du 20 août 1983 portant extension du ressort du tribunal populaire de commune de Brazzaville) puis aux régions de la Bouenza et des Plateaux (arr. n° 6760-MJ-CAB du 20 août 1983 portant extension du ressort du tribunal populaire de commune de Brazzaville) ; - le tribunal populaire de région du Kouilou (décr.n° 83-573 du 6 juillet 1983) dont le ressort était étendu à la région du Niari (arr. n° 6678-MJ-CAB du 20 août 1983 portant extension du ressort du tribunal populaire de région du Kouilou) ; - le tribunal populaire de région de la Cuvette (décr.n° 83-574 du 6 juillet 1983) dont le ressort était étendu aux régions de la Sangha et de la Likouala (arr. n° 6674-MJ-CAB du 20 août 1983 portant extension du ressort du tribunal populaire de région de la Cuvette).

2 – Les compétences des TPRC en 1983

200 -Tribunaux populaires de commune ou de région, compétences en 1983. En tant que juridictions de second degré, les tribunaux populaires de commune ou de région jugeaient, en appel, des jugements rendus, en premier ressort, par toutes les juridictions inférieures de leur ressort territorial.

En premier et dernier ressort, les tribunaux populaires de commune ou de région connaissaient : - des litiges relatifs aux élections autres que législatives et présidentielles qui relevaient de la Cour suprême laquelle, par sa chambre constitutionnelle, statuait sur les litiges relatifs à l'élection des députés et à la régularité des opérations de référendum (art. 34, L. n° 53-83 du 21 avril 1983 susvisée) ; - des litiges relatifs à l'assiette, au taux de recouvrement des contributions directes, des taxes assimilées et des impositions de toutes natures perçues en matière de contributions directes (art. 127, L. n° 53-83 du 21 avril 1983 précitée).

Les arrêts rendus par les formations juridictionnelles des tribunaux populaires de commune ou de région étaient susceptibles de pourvoi en cassation devant la Cour suprême.

3 – L'organisation des TPRC en 1983

201 - Tribunaux populaires de commune ou de région, formations juridictionnelles en 1983. Les tribunaux populaires de commune ou de région comprenaient cinq chambres : la chambre civile qui jugeait des appels en matière civile, commerciale et sociale ; la chambre correctionnelle qui connaissait des appels en matière correctionnelle et contraventionnelle ; la chambre administrative jugeant des appels dans le domaine administratif ; la chambre d'accusation en tant que juridiction d'instruction de second degré ; la chambre criminelle qui se substituait à la Cour criminelle pour juger des crimes commis dans le ressort du tribunal populaire de commune ou de région.

4 – La composition des TPRC en 1983

202 - Tribunaux populaires de commune ou de région, composition en 1983. La composition des chambres civiles, de la chambre correctionnelle et de la chambre administrative comprenait : -

un président, magistrat ; - deux magistrats ; - deux juges non-professionnels.

La chambre criminelle se composait de deux magistrats dont un qui assumait les fonctions de président et de trois juges non-professionnels qui se substituaient aux anciens jurés (art. 134, L. n° 53-83 du 21 avril 1983 portant réorganisation de la justice en République populaire du Congo).

En raison de sa technicité en tant que juridiction de second degré jugeant les actes des juges d'instruction, la chambre d'accusation comprenait, uniquement, trois magistrats.

La présence des citoyens, les juges non-professionnels, n'y avait pas été jugée nécessaire car il s'agissait, essentiellement, de faire application des règles édictées par le code de procédure pénale dont ils ne pouvaient avoir connaissance nonobstant la formation qui leur était dispensée lors des séminaires d'imprégnation portant sur les questions juridiques.

La présidence de la chambre civile, de même que celle de la chambre d'accusation, était assurée par le président du tribunal populaire de commune ou de région.

Le parquet du tribunal populaire de commune ou de région était dirigé par le procureur général près cette juridiction qui occupait le siège du ministère public devant toutes les formations juridictionnelles de la juridiction susdite.

Chargé de veiller à l'application de la loi pénale dans toute l'étendue de son ressort, le procureur général près le tribunal populaire de commune ou de région assurait, également, l'exécution des décisions judiciaires devenues définitives, à la demande des parties qui avaient gagné des procès et accompli, au greffe de la juridiction compétente, les formalités exigées par la loi pour permettre l'exécution desdites décisions.

D - Les TPDA en 1983

203 - Tribunaux populaires de district ou d'arrondissement (TPDA), création en 1983. Comme pour les tribunaux populaires de commune ou de région (TPCR), ainsi qu'il venait d'être développé (cf. supra, C - Les tribunaux populaires de commune ou de région, (TPCR) p. 148), la création des tribunaux populaires de district ou d'arrondissement (TPDA) ne pouvait avoir lieu que dans les circonscriptions administratives désignées sous la dénomination de

« district », (situées hors des agglomérations urbaines) ou d'« arrondissement » (parce que les sièges desdites circonscriptions administratives se trouvent dans des centres urbains, tels Brazzaville et Pointe-Noire).

1 - Les tribunaux populaires d'arrondissement

204 - Tribunaux populaires d'arrondissement, création en 1983. En fonction de l'organisation territoriale administrative, il était créé, au sein des arrondissements des communes urbaines, trois tribunaux populaires d'arrondissement (TPA) : le TPA de Poto-Poto, Brazzaville ; le TPA de Bacongo, Brazzaville ; le TPA de Mvoumvou (Pointe-Noire).

a) Le TPA de Poto-Poto, Brazzaville

205 - Tribunaux populaires d'arrondissement, tribunal populaire d'arrondissement de Poto-Poto. Il fut créé par décret n° 83-372 du 31 mai 1983. Son ressort était, successivement, étendu : - aux arrondissements de Moungali, Ouenzé et au centre-ville suivant arrêté n° 6672-MJ-CAB du 19 août 1983 portant extension du ressort du tribunal populaire d'arrondissement de Poto-Poto, Brazzaville ; - à l'arrondissement 6 Talangaï par arrêté n° 6761-MJ-CAB du 24 août 1983 portant extension du ressort du tribunal populaire d'arrondissement de Poto-Poto, Brazzaville.

b) Le TPA de Bacongo, Brazzaville

206 - Tribunaux populaires d'arrondissement, tribunal populaire d'arrondissement de Bacongo, Brazzaville en 1983. Le ressort du tribunal populaire d'arrondissement de Bacongo, créé par décret n° 83-373 du 31 mai 1983, s'étendait aux arrondissements de Makélékélé et au district de Gamaba suivant arrêté n° 6691-MJ-CAB du 19 août 1983 portant extension du ressort du tribunal populaire d'arrondissement de Bacongo, Brazzaville.

c) Le TPA de Mvoumvou, Pointe-Noire

207 - Tribunaux populaires d'arrondissement, tribunal populaire d'arrondissement de Mvoumvou, Pointe-Noire. Le décret n° 83-378 du 31 mai 1983 ayant limité son ressort à l'arrondissement de Mvoumvou, il avait fallu l'étendre aux arrondissements 1 Patrice Lumumba, 3 Tié-Tié et 4 Loandjili par arrêté n° 6683-MJ-CAB du 20 août 1983 portant extension du ressort du tribunal populaire d'arrondissement de Mvoumvou.

2 - Les tribunaux populaires de district (TPD) en 1983

a) Les compétences des TPD en 1983

208 - Tribunaux populaires de district ou d'arrondissement, compétences en 1983. Selon la loi, les tribunaux populaires de district ou d'arrondissement étaient : - juges de droit commun en première instance et en toute matière dans leur ressort constitué du territoire du district ou de l'arrondissement (art. 143, al. premier, L. n° 53-83 du 21 avril 1983 portant réorganisation de la justice en République populaire du Congo) ; - juges des conflits individuels du travail dans les localités où ces juridictions furent installées, en l'absence de tribunal du travail (art. 143, al. 2, L. n° 53-83 du 21 avril 1983 précitée) ; - juges de droit commun en matière administrative en premier ressort et au plein contentieux, compétent pour interpréter les décisions des autorités administratives et apprécier leur régularité juridique sans pouvoir les annuler pour ne pas empiéter sur les attributions de la Cour suprême (art. 144, L. n° 53-83 du 21 avril 1983 susvisée) ; - juges de toutes les demandes introduites en matière civile et commerciale (art. 144, L. n° 53-83 du 21 avril 1983 précitée) ; - juges des délits et des contraventions qui leur sont connexes (art. 146, L. n° 53-83 du 21 avril 1983 susmentionnée) ; - juges de premier degré en matière d'instruction pénale, par ses juges d'instruction (art. 144, L. n° 53-83 du 21 avril 1983 portant réorganisation de la justice en République populaire du Congo)

b) La composition des TPD en 1983

209 - Tribunaux populaires de district ou d'arrondissement, composition en 1983. Le tribunal populaire de district ou d'arrondissement comprenait : les juges d'instruction ; les juges des enfants ; vingt magistrats du siège parmi lesquels trois étaient nommés ainsi qu'il suit : un président du tribunal populaire de district ou d'arrondissement qui présidait la chambre civile, nommé par décret du

Premier ministre ; un vice-président du tribunal populaire de district ou d'arrondissement qui est président de la chambre pénale, nommé par arrêté du garde des Sceaux, ministre de la Justice ; un président de la chambre administrative, nommé par arrêté du garde des Sceaux, ministre de la Justice ; vingt-sept juges non-professionnels ; les magistrats du ministère public nommés par décret du Premier ministre (art. 148, L. n° 53-83 du 21 avril 1983 portant réorganisation de la justice en République populaire du Congo).

c) L'administration des TPD en 1983

210 - Tribunaux populaires de district ou d'arrondissement, assemblée générale en 1983. L'administration du tribunal populaire de district ou d'arrondissement était assurée par l'assemblée générale qui se composait : - du président du tribunal populaire de district ou d'arrondissement ; - du vice-président de cette juridiction ; - du procureur de la République près ledit tribunal ; - des substituts du procureur de la République ; - de tous les autres magistrats du siège du tribunal populaire de district ou d'arrondissement ; - des juges non-professionnels.

L'assemblée générale du tribunal populaire de district ou d'arrondissement avait compétence pour délibérer sur les questions intéressant la vie de la Cour ou celles d'ordre général et édicter les règles générales concernant le fonctionnement pratique des formations et des services du tribunal populaire de district ou d'arrondissement, notamment les règles inhérentes à : - la périodicité des audiences ; - la répartition des dossiers entre les diverses formations de la juridiction et les juges qui les constituent ; - la répartition des greffiers entre les chambres et les cabinets d'instruction ; - l'entretien de la bibliothèque du tribunal populaire de district ou d'arrondissement ; - la surveillance de la bonne tenue du greffe ; - la rédaction, la signature et la conservation des minutes (art. 150, L. n° 53-83 du 21 avril 1983 portant réorganisation de la justice en République populaire du Congo).

d) Les formations des TPDA en 1983

211 - Tribunaux populaires de district ou d'arrondissement, formations juridictionnelles en 1983. Trois chambres juridictionnelles et deux cabinets constituaient les formations du tribunal populaire de district ou d'arrondissement.

Au titre des chambres, il existait : une chambre civile, pour connaître des litiges en matière civile et commerciale ; deux chambres correctionnelles : une chambre correctionnelle pour juger les délits et les contraventions qui leur sont connexes ; une chambre correctionnelle pour mineurs ; une chambre administrative ; des cabinets : un ou plusieurs cabinets d'instruction ; un ou plusieurs cabinets de juge des enfants (art. 155, L. n° 53-83 du 21 avril 1983 susvisée).

e) Les difficultés d'installation des TPDA

212 - Tribunaux populaires de district ou d'arrondissement, difficultés d'installation en 1983. Pour des raisons diverses, principalement, celles inhérentes à leur financement et au personnel chargé de les faire fonctionner, les tribunaux populaires de district ou d'arrondissement n'avaient pu être créés dans tous les districts ou arrondissements comme le prévoyait le législateur qui édictait, à l'article premier de la loi n° 53-83 du 21 avril 1983 portant réorganisation de la justice en République populaire du Congo, le principe de la détermination de l'organisation territoriale de la justice en fonction de l'organisation territoriale administrative.

Aussi n'avaient-ils été créés, en 1983, dans le cadre de la mise en œuvre de la loi portant réorganisation de la justice, que les tribunaux populaires de district ou d'arrondissement dont les dénominations sont indiquées ci-après, dans les circonscriptions administratives correspondantes.

Nonobstant l'existence d'un nombre important de districts dans les régions, le principe de création des tribunaux populaires de district dans chacune de ses circonscriptions administratives n'a pu être respecté en raison des difficultés inhérentes à leur installation.

Ainsi, ne furent créés que huit tribunaux populaires de district, soit en moyenne une juridiction de cette nature par région.

1 - Le tribunal populaire de district de Louvakou

213 - Tribunaux populaires de district, tribunal populaire de district de Louvakou en 1983. En raison des difficultés structurelles et en ressources humaines, il avait été créé un seul tribunal populaire de district dans la région du Niari. Son institution avait été rendue possible suivant décret n° 83-368 du 31 mai 1983 qui fixait son siège à Louvakou, chef-lieu dudit district.

Son ressort comprenant, auparavant, le territoire du district de Louvakou, était étendu, suivant arrêté n° 6680-MJ-CAB du 20 août 1983 portant extension du ressort du tribunal populaire de district de Louvakou :

- A la commune de Loubomo ;
- Aux districts de Kibangou, Kimongo, Mossendjo

Afin de couvrir toute la région du Niari, la compétence du tribunal populaire de district de Louvakou fut, ensuite, étendue aux districts de Divenié et Mayoko, aux termes de l'arrêté n° 6758-MJ-CAB du 23 août 1983 portant extension du ressort du tribunal populaire de district de Louvakou.

2 - Le tribunal populaire de district de Sibiti

214 - Tribunaux populaires de district, tribunal populaire de district de Sibiti en 1983. A l'instar de la région du Niari, la région de la Lékoumou ne disposait que de l'unique tribunal populaire de district de Sibiti, créé par décret n° 83-374 du 31 mai 1983, situé au chef-lieu de cette circonscription administrative.

Les autres districts de la région du Niari n'étant pas couverts par sa compétence territoriale, le ressort du tribunal populaire de district de Sibiti fut étendu, par arrêté n° 6681-MJ-CAB du 20 août 1983 portant extension du ressort du tribunal populaire de district de Sibiti, aux districts de :

- Komono ;
- Zanaga.

Suivant un autre acte réglementaire, le ressort dudit tribunal était étendu au district de Bambama (arr. n° 6762-MJ-CAB du 24 août 1983 portant extension du ressort du tribunal populaire de district de Sibiti).

3 - Le tribunal populaire de district de Madingou

215 - Tribunaux populaires de district, tribunal populaire de district de Madingou en 1983. Créé par décret n° 83-375 du 31 mai 1983 dans la région de la Bouenza, son siège était fixé au chef-lieu de ladite région.

Le ressort de ce tribunal fixé, initialement, à Madingou s'étendait, dans le souci de permettre la couverture de toute la région de la

Bouenza, suivant arrêté n° 6682-MJ-CAB du 20 août 1983 portant extension du ressort du tribunal populaire de district de Madingou, :

- A la commune de N'kayi ;
- Aux districts de N'kayi, Mouyondzi, M'fouati et Boko-Songho.

4 – Le tribunal populaire de district d'Owando

216 - Tribunaux populaires de district, tribunal populaire de district d'Owando en 1983. Ayant pour siège Owando, chef-lieu du district de même dénomination, le tribunal populaire de district d'Owando a été créé par décret n° 83-376 du 31 mai 1983.

Le ressort initial de cette juridiction ne suffisait pas pour qu'elle juge les affaires de tout le territoire du district d'Owando.

C'est ainsi que le ressort du tribunal populaire de district d'Owando fut étendu :

- Aux districts de Mbomo, Kellé, Okoyo et Loukolela aux termes de l'arrêté n° 6759-MJ-CAB du 23 août 1983 portant extension du ressort du tribunal populaire de district d'Owando ;
- Aux districts de Makoua, Ewo, Boudji, Oyo, Mossaka suivant arrêté n° 6677- MJ-CAB du 20 août 1983 portant extension du ressort du tribunal populaire de district d'Owando.

5 – Le tribunal populaire de district d'Impfondo

217 - Tribunaux populaires de district, tribunal populaire de district d'Impfondo en 1983. Le décret n° 83-377 du 31 mai 1983 instituait le tribunal populaire de district d'Impfondo.

Pour lui permettre d'exercer sa compétence matérielle sur les districts de la région de la Likouala, il avait fallu élargir sa compétence territoriale aux districts de :

- Dongou ;
- Epena.

Ce fut l'objet de l'arrêté n° 6675-MJ-CAB du 20 août 1983 portant extension du ressort du tribunal populaire de district d'Impfondo.

6 - Le tribunal populaire de district d'Ouesso

218 - Tribunaux populaires de district, tribunal populaire de district d'Ouesso en 1983. Créé par décret n° 83-37ùp9 du 31 mai 1983 dans la région de la Sangha, ce tribunal siégeait à Ouesso.

Le ressort dudit tribunal était étendu :

- A la commune d'Ouesso et au district de Sembé par arrêté n° 6671-MJ-CAB du 19 août 1983 portant extension du ressort du tribunal populaire de district d'Ouesso ;
- Au district de Souanké, suivant arrêté n° 6763-MJ-CAB du 24 août 1983 portant extension du ressort du tribunal populaire de district d'Ouesso.

7 - Le tribunal populaire de district de Djambala

219 - Tribunaux populaires de district, tribunal populaire de district de Djambala en 1983. Le tribunal populaire de district de Djambala fut institué par décret n° 83-380 du 31 mai 1983. Son ressort était étendu aux districts de Lekana, Abala et Gamboma suivant arrêté n° 6679-MJ-CAB du 20 août 1983 portant extension du ressort du tribunal populaire de district de Djambala.

8 - Le tribunal populaire de district de Kinkala

220 - Tribunaux populaires de district, tribunal populaire de district de Kinkala en 1983. La création du tribunal populaire de district de Kinkala est intervenue par décret déterminant son ressort.

E - Les tribunaux de quartiers et de villages-centres

221. Tribunaux populaires de quartier ou de villages-centres, dénominations en 1983. Les quartiers ou les villages-centres, en tant que circonscriptions administratives de base, disposaient des juridictions ayant épousé les dénominations desdits quartiers ou villages-centres. Ainsi, furent créés quatre tribunaux populaires de quartier et soixante-six tribunaux populaires de villages-centres.

1 - Les tribunaux populaires de quartier

En 1983, étaient créés les tribunaux populaires de quartier à Brazzaville et à Pointe-Noire :

- Le tribunal populaire de quartier de Poto-Poto (Brazzaville) ;
- Le tribunal populaire de quartier de Makélékélé (Brazzaville) ;
- Le tribunal populaire de quartier de Mvoumvou (Pointe-Noire ;
- Le tribunal populaire de quartier de Tchinouka (Pointe-Noire).

2 - Les tribunaux populaires de villages-centres

Les tribunaux populaires de villages-centres (TPVC) furent créés, au sein des régions, par arrêté n° 9105 du 18 novembre 1983 (JORPC n° 22, du 16 au 30 novembre 1983, p. 79).

Le nombre de tribunaux populaires de villages-centre variait suivant que la région comportait moins ou plus de districts puisque, par principe, certains districts étaient assimilés aux villages-centres en raison de la faiblesse de leur niveau de développement économique.

Les limites de la localité d'implantation de ces juridictions constituaient le ressort de chacune d'elles.

Ainsi, l'on dénombrait suivant les régions les tribunaux populaires de villages-centres ci-dessous, à raison de : - cinq au Kouilou ; - douze au Niari ; - trois à la Lékoumou ; - huit à la Bouenza ; - huit au Pool ; - sept aux Plateaux ; - quatorze à la Cuvette ; - quatre à la Sangha ; - cinq à la Likouala.

a) Les TPVC de la région du Kouilou : Hinda ; Madingou-kayes ; Mvouti ; Kakamoeka ;Nzambi.

b) Les TPVC de la région du Niari : Louvakou ; Kibangou ; Mossendjo ; Divenié ; Mayoko ; Kimongo ; Makabana ; Binda ; Moungoundou ; Nyanga ; Mbinda ; Loundelakayes.

c) Les TPVC de la région de la Lékoumou : Komono ; Zanaga ; Bambama.

d) Les TPVC de la région de la Bouenza : Mouyondzi ; Boko-Songho ; M'fouati ; Nkayi ; Loudima ; Tsiaki ; Mabombo ; Kingoué.

e) Les TPVC de la région du Pool : Kinkala ; Boko ; Mindouli ; Kindamba ; Mayama ; Ngabé ; Loumo ; Vinza.

f) Les TPVC de la région des Plateaux : Lekana ; Gamboma ; Abala ; Ngo ; Mpouya ; Makotipoko ; Ollombo.

g) Les TPVC de la région de la Cuvette : Makoua ; Kellé ; Mbomo ; Boundji ; Ewo ; Okoyo ; Mossaka ; Loukolela ; Oyo ; Ntokou ; Etoumbi ; Ngoko ; Mbama ; Tchikapika.

h) Les TPVC de la région de la Sangha : Sembe ; Souanké ; Pikounda ; Gbala.

i) Les TPVC de la région de la Likouala : Épéna ; Dongou ; Liranga ; Bétou : Ényéllé.

Se substituant aux tribunaux de droit local, les tribunaux populaires de villages-centres étaient, en conséquence supprimés. Aussi leur personnel était-il, d'office, mis à la disposition des nouveaux tribunaux populaires de villages-centres créés.

Si certains tribunaux populaires de villages-centres ont fonctionné, d'autres, par contre, n'ont pas été installés pour des raisons logistiques. En effet, la présidence des tribunaux populaires de villages-centres était confiée aux magistrats.

L'insuffisance du personnel magistrat ne permettait, donc, pas de faire fonctionner les juridictions susvisées.

F - Les tribunaux du travail en 1983

222 – Tribunaux du travail, création en 1983. Le niveau d'activité économique menée dans chaque district ou arrondissement justifiait la création du tribunal du travail par décret du Premier ministre, après avis conforme de la Cour suprême selon l'article 169 de la loi n° 53-83 du 21 avril 1983 susdite.

Ainsi, furent créés sur toute l'étendue de la République du Congo, seulement quatre tribunaux du travail : - tribunal du travail d'Owando (Décr. n° 83-369 du 31 mai 1983) ; - tribunal du travail de l'arrondissement 2 Bacongo, Brazzaville (Décr. n° 83-370 du 31 mai 1983) ; - tribunal du travail de Mvoumvou, Pointe-Noire (Décr. n° 83-371 du 31 mai 1983) ; - tribunal du travail de l'arrondissement 3 Poto-Poto, Brazzaville (Décr. n° 83-381 du 31 mai 1983).

223 – Tribunaux du travail, compétence en 1983. Juge de droit commun en matière sociale, le tribunal du travail a, donc, vocation à connaître, en raison de cette compétence de principe, des litiges qui ne sont pas, dans ce domaine, attribués par loi à une autre juridiction.

Ainsi, est-il compétent pour statuer sur : - les différends individuels ou collectifs survenus à l'occasion du contrat de travail ou du contrat d'apprentissage entre le travailleur et son employeur, l'apprenti et son maître, l'État et les collectivités publiques, les établissements publics et leurs stagiaires, fonctionnaires et contractuels (art. 170, al. premier, L. n° 53-83 du 21 avril 1983 portant réorganisation de la justice en République populaire du Congo ; - les différends individuels relatifs aux conventions collectives ou aux arrêtés en tenant lieu (art. 170, al. 2, L. n° 53-83 du 21 avril 1983 susvisée) ; - le contentieux du régime de la prévoyance sociale ou de la sécurité sociale (art. 170, al. 3, L. n° 53-83 du 21 avril 1983 précitée).

224 – Tribunaux du travail, composition en 1983. Outre le magistrat nommé président du tribunal du travail, le siège de cette juridiction comprenait quatre juges non-professionnels (art. 171, L. n° 53-83 du 21 avril 1983 .portant réorganisation de la justice en République populaire du Congo).

Le ministère public était représenté au tribunal du travail par le procureur de la République près le tribunal populaire de district ou d'arrondissement dans le ressort duquel il se trouvait.

Un greffier en chef dirigeait le greffe du tribunal du travail.

G - Les juridictions pour enfants en 1983

225 - Juridictions pour enfants, compétence en 1983. Selon les prévisions de l'article 175 de la loi n° 53-83 du 21 avril 1983 portant réorganisation de la justice en République populaire du Congo, les juridictions pour enfants connaissaient : - des crimes ou délits imputés par les mineurs de dix-huit ans ; - des infractions dans lesquelles sont impliqués des mineurs de dix-huit ans et des majeurs ; - des cas où la santé, la moralité ou l'éducation des mineurs sont en danger (art. 175, L. n° 53-83 du 21 avril 1983 susvisée).

226 - Juridictions pour enfants, types en 1983. On relevait, au total, trois types de juridictions pour enfants : - le juge des enfants ; - la chambre correctionnelle pour mineurs du tribunal populaire du district ou d'arrondissement ; - la section pour mineurs de la chambre criminelle pour mineurs du tribunal populaire de commune ou de région.

Se fondant sur la réalité de leur installation, la doctrine affirmait que depuis leur institution par la loi n° 53-83 du 21 avril 1983 portant réorganisation de la justice en République populaire du Congo, jusqu'en 1988, les tribunaux populaires n'avaient, effectivement, fonctionné que dans certaines localités (cf. Auguste Iloki, « la justice congolaise à l'âge de la majorité, quel progrès ? », 28 juin 1988, inédit ».

S'il est vrai que la multiplication des juridictions au niveau tant vertical qu'horizontal dans diverses localités du territoire congolais était, en soi, une activité salutaire, il convenait, cependant, d'observer que leur installation se révélait couteuse.

227 –Tableau synoptique relatif au nombre total de juridictions créées en 1983 suivant leurs dénominations. Sur les vingt-quatre juridictions créées :

- Deux disposaient d'une compétence s'étendant à l'ensemble du territoire national congolais, en l'occurrence la Cour suprême et la Cour des comptes ;

- Le tribunal populaire de commune de Brazzaville, dont le ressort était étendu à la région du Pool, puis aux régions de la Bouenza et des Plateaux ;

- Des tribunaux populaires de région (deux) ;

- Les tribunaux populaires d'arrondissement (trois) et les tribunaux populaires de district (huit), avaient les compétences territoriales correspondant aux étendues de leurs circonscriptions respectives ; - deux tribunaux du travail, deux tribunaux de commerce, deux tribunaux pour enfants et deux chambres correctionnelles pour mineurs dont les compétences territoriales respectives étaient, diversement, déterminées par les arrêtés qui les créaient.

Ainsi se présente le tableau synoptique y afférent :

Dénominations des juridictions	**Nombre total de juridictions**
Cour suprême	1
Cour des comptes	1
Tribunal populaire de commune	1
Tribunaux populaires de région	2
Tribunaux populaires de district	8
Tribunaux populaires d'arrondissement	3
Tribunaux du travail	2
Tribunaux de commerce	2
Tribunaux pour enfants	2
Chambres correctionnelles pour mineurs	2

Section 4 – Les conditions sociales des magistrats en 1983

228 - Rémunération des magistrats, avantages relatifs à leur déplacement en 1983. Les avantages accordés aux magistrats relatifs à leur déplacement étaient déterminés par le décret n° 80-512 du 21 novembre 1980 fixant le régime des indemnités de déplacement des agents de l'État dont l'article 7, s'agissant des missions à l'étranger, répartissait les agents de l'État en catégories 1, 2 et 3 ainsi qu'il suit :

- **Catégorie I** : les membres du bureau politiques, les membres du Gouvernement, le président de l'Assemblée nationale populaire, les membres du bureau de l'Assemblée nationale populaire, le président de la Commission centrale de contrôle et de vérification du Parti congolais du travail, le secrétaire général du comité central, les premiers responsables des organisations de masse, les commissaires politiques des régions.
- **Catégorie II** : les membres du Comité central, les membres des bureaux des organisations de masse, les ambassadeurs plénipotentiaires, le président de la cour suprême, le chef d'état-major général de l'armée populaire nationale, le secrétaire général à la présidence de la République, le secrétaire général du conseil des ministres et du Gouvernement, les conseillers à la présidence de la république et au cabinet du Premier ministre, les directeurs des cabinets (ministères et départements du parti), les chefs de divisions des organisations du parti, les secrétaires généraux et directeurs généraux des ministères, le procureur général près la Cour suprême, l'inspecteur général d'État, le trésorier payeur général, les députés en mission parlementaire.
- **Catégorie III** : agent de la fonction publique, toute personne investie d'une mission étatique.

C'est ainsi que sur la base de cette catégorisation d'agents de l'État, le président de la Cour suprême et le procureur général près la Cour suprême étaient classés dans la catégorie II comme cela est indiqué ci-dessus.

Les magistrats, acteurs de la justice chargés de faire fonctionner diverses autres juridictions d'appel et de première instance, qualifiés magistrats du service public judiciaire pour manifester leur statut d'agents de l'Etat soumis au statut des fonctionnaires, reléguant ainsi au second plan leur appartenance au statut de la magistrature, figuraient dans la catégorie III susmentionnée.

229 - Rémunération des magistrats, taux journaliers d'indemnités pour frais de mission à l'extérieur en 1980. Les taux journaliers d'indemnités pour frais de mission à l'extérieur du territoire de la République du Congo étaient déterminés comme ci-après :

- Catégorie I : cinquante mille (50 000) francs CFA ;
- Catégorie II : quarante-cinq (45 000) francs CFA ;
- Catégorie III : trente (30 000) francs CFA.

Le président de la Cour suprême et le procureur général près la Cour suprême étant placés à la Catégorie II, leur taux journalier d'indemnités pour frais de mission était fixé à quarante-cinq (45 000) francs CFA.

Les autres magistrats, classés à la catégorie III en tant qu'agents de la fonction publique, percevaient les frais de mission d'un montant de trente (30 000) francs CFA au titre des frais de mission à l'extérieur.

230 - Rémunération des magistrats, taux journaliers d'indemnités pour frais de mission à l'intérieur en 1980. En ce qui concernait les missions à l'intérieur du territoire national, les bénéficiaires de l'indemnité journalière de mission furent classés, également, en trois catégories à l'article 20 du décret n° 80-512 du 21 novembre 1980 fixant le régime des indemnités de déplacement des agents de l'État ainsi qu'il suit :

- Catégorie I : les responsables politiques, les membres du comité central et les agents de l'État : 15 000 francs CFA ;
- Catégorie II : les ambassadeurs plénipotentiaires, le président de la cour suprême, le chef d'état-major général de l'armée populaire nationale, les conseillers à la présidence de la République et au cabinet du Premier ministre, les directeurs de cabinet des ministres, les chefs de divisions des organisations du parti, les secrétaires généraux et directeurs généraux des ministères, le procureur général près la Cour suprême : 10 000 francs CFA ;
- Catégorie III : agents de l'État dont les magistrats :
    - Brazzaville, Pointe-Noire et Loubomo : Neuf mille (9 000) francs CFA ;
    - Autres localités : cinq mille (5 000) francs CFA.

Sous l'empire de la Constitution du 8 juillet 1979, les taux d'indemnités dont bénéficiaient les magistrats résultaient du décret n° 82-595 du 18 juin 1982 fixant les indemnités allouées aux titulaires de certains postes administratifs, dans les proportions indiquées dans les tableaux synoptiques, ci-après :

231 - Tableau synoptique relatif aux indemnités allouées aux magistrats de la cour suprême en 1982.

Fonctions exercées	Montants des indemnités allouées
Président de la Cour suprême	50 000 francs CFA
Procureur général près la Cour suprême	40 000 francs CFA
Avocat général près la Cour suprême	30 000 francs CFA
Autres magistrats du siège et du parquet de la Coir suprême	30 000 francs CFA
Conseiller en mission extraordinaire près la Cour suprême	30 000 francs CFA

(art. 1er- 4, décr. n° 82-595 du 18 juin 1982 fixant les indemnités allouées aux titulaires de certains postes administratifs).

232 - Tableau synoptique relatif aux indemnités allouées aux magistrats de la cour d'appel en 1982.

Fonctions exercées	Montants des indemnités allouées
Président de la cour d'appel	30 000 francs CFA
Procureur général près la cour d'appel	30 000 francs CFA
Avocat général, substituts près la cour d'appel	30 000 francs CFA
Conseillers à la cour d'appel	30 000 francs CFA

(art. 1er- 4, décr. n° 82-595 du 18 juin 1982 fixant les indemnités allouées aux titulaires de certains postes administratifs).

233 - Tableau synoptique relatif aux indemnités allouées aux magistrats des autres juridictions en 1982.

Fonctions exercées	Montants des indemnités allouées
Président du tribunal de grande instance	25 000 francs CFA
Procureur de la République près le tribunal de grande instance	25 000 francs CFA
Président du tribunal du travail	25 000 francs CFA
Président du tribunal pour enfants	25 000 francs CFA
Doyen des juges d'instruction	25 000 francs CFA

(art. 1er- 4, décr. n° 82-595 du 18 juin 1982 fixant les indemnités allouées aux titulaires de certains postes administratifs).

Le décret susvisé fixait à soixante mille France le montant le plus élevé d'indemnités de fonctions allouées aux titulaires de certains postes administratifs (Conseillers à la présidence de la République, directeurs de cabinet des membres du bureau politique et du Premier ministre).

234 - Conditions de vie des magistrats, avantages matériels en 1982. L'amélioration des conditions de vie des magistrats est sans cesse recherchée et réalisée par le Gouvernement qui applique, à leur égard, une politique d'intéressement dont ils reconnaissent la grande portée sociale. En effet, certains avantages matériels, notamment la gratuité des fournitures d'eau, d'électricité et de téléphone étaient accordés au président de la Cour suprême, au procureur général près cette juridiction, au président de la Cour d'appel et au procureur général près la Cour d'appel (décret n° 80/445 du 31 octobre 1980). Cette gratuité fut étendue, par décret n° 82/175 du 17 février 1982, à tous les magistrats du siège et du parquet de la Cour suprême mais restreinte, par décret n° 99/278 du 31 décembre 1999, uniquement aux membres du bureau de la Cour suprême.

CHAPITRE II

LES CENTRES POPULAIRES D'INFORMATION JURIDIQUE

235 - **Réformes judiciaires, Centre populaire d'information juridique (CPIJ) en 1983**. Dans le souci de vulgariser les réformes entreprises en 1983 et d'informer plus largement les justiciables, le législateur avait prévu l'implantation, dans chaque palais de justice, sur tout le territoire de la République du Congo, d'un Centre populaire d'information juridique, tel que le disposait l'article 179, alinéa premier, de la loi n° 53-83 du 21 avril 1983 portant réorganisation de la justice en République populaire du Congo (section 1). Cette loi précisait les missions du Centre populaire d'information juridique (section 2), son fonctionnement (section 3), l'autorité qui en assurait le contrôle (section 4), la portée des informations qui y étaient fournies (section 5), la qualité de son personnel (section 6), son caractère permanent (section 7) et la nature de ses prestations (section 8).

Section 1 – L'implantation des CPIJ en 1983

236 - Centres populaires d'information juridique, ouverture en 1984. L'ouverture des Centres populaires d'information juridique était étendue à toutes les juridictions de la République (Cour suprême, Cour des comptes, tribunal populaire de commune de Brazzaville, tribunal populaire de région, tribunal populaire de district, tribunal populaire d'arrondissement, tribunal populaire de quartier, tribunal populaire de village-centre, à raison d'un centre implanté au siège de chacune de ces juridictions (art. 2, al. premier, arr. n° 7682 du 19 septembre 1984 ci-dessus visé).

237 – Centres populaires d'information juridique, difficultés d'installation en 1983. L'effectivité d'implantation des Centres populaires d'information juridique s'était heurtée aux difficultés structurelles liées à l'insuffisance des infrastructures abritant les juridictions. Aussi, le garde des Sceaux, ministre de la Justice s'adressant au président de la Cour suprême, au président des tribunaux populaires de commune et de région, aux présidents des tribunaux populaires de district de Louvakou, de Madingou, de Sibiti, de Djambala, d'Ouesso et d'Impfondo, les instruisait ainsi qu'il suit :

« En vous organisant de telle sorte que vous utilisiez uniquement les structures immobilières existant dans les palais de Justice de Brazzaville, Pointe-Noire, Loubomo, Owando, Sibiti, Madingou, Djambala, Ouesso et Impfondo, je vous demande d'ouvrir et de faire animer un Centre populaire d'information juridique dans votre ressort » (cf. Let. circ. n° 050 du 4 juin 1985 du garde des Sceaux, ministre de la Justice).

Alors que l'arrêté n° 7682 du 19 septembre 1984 déterminant le fonctionnement des Centres populaires d'information juridique avait prévu un éventail plus large de ces structures en exigeant leur ouverture dans plusieurs juridictions, tel que le spécifiait son article 2, alinéa premier, la lettre circulaire du garde des Sceaux, ministre de la Justice limitait leur ouverture, uniquement, dans les juridictions précitées en raison des difficultés relatives à leur installation.

C'est, d'ailleurs, ce qui justifiait qu'au palais de justice de Brazzaville, un seul et unique Centre populaire d'information juridique y était ouvert pour la Cour suprême, le tribunal populaire de commune de Brazzaville, les tribunaux populaires d'arrondissement de Poto-Poto et de Bacongo.

Section 2 – Les missions des CPIJ en 1983

238 - Centres populaires d'information juridique, missions en 1983. La mission conférée par la loi n° 53-83 du 21 avril 1983 portant réorganisation de la justice en République populaire du Congo aux Centres populaires d'information juridique consistait à informer et à conseiller, gratuitement, les justiciables (art. 179, al. 2 de ladite loi).

L'arrêté n° 7682 du 19 septembre 1984 déterminant le fonctionnement des Centres populaires d'information juridique précisait leur mission principale, celle de « faciliter l'accès des justiciables aux informations, renseignements ou conseils divers intéressant les actions judiciaires ou extrajudiciaires qu'ils ont engagées ou fait engager, ou qu'ils se proposent d'introduire » (art. 3, al. premier, dudit arrêté).

Les Centres populaires d'information juridique étaient, également, habilités à fournir « accessoirement à toute personne qui le désire des informations ou renseignements de nature juridique ou judiciaire non directement en rapport avec un procès » (art. 3, al. 2, de l'arrêté précité).

L'arrêté n° 7682 du 19 septembre 1984 déterminant le fonctionnement des Centres populaires d'information juridique lui reconnaissait la nature de service public, mis à la disposition du public justiciable pour son usage (art. 2, al. 2, dudit arrêté).

Les missions des Centres populaires d'information juridique répondaient, parfaitement, au souci de la doctrine qui constatait l'absence de culture générale des justiciables susceptible de les décourager et, par conséquent, de les amener au renoncement à la saisine des juridictions pour faire valoir leurs droits (cf. Placide Moudoudou, « Droit administratif congolais », Éditions L'Harmattan, 2003, p. 100).

Section 3 – Le fonctionnement des CPIJ en 1983

239 - Centres populaires d'information juridique, fonctionnement en 1983. La loi prescrivait que le personnel judiciaire constitué, essentiellement, de magistrats et d'avocats assuraient la permanence du Centre populaire d'information juridique (art. 180, al. premier, L. n° 53 -83 du 21 avril 1983 susmentionnée).

Le fonctionnement des Centres populaires d'information juridique relevant de l'arrêté du garde des Sceaux, ministre de la Justice (art. 180, al. 2, L. n° 53 -83 du 21 avril 1983 susvisée) il en avait été procédé suivant arrêté n° 7682 du 19 septembre 1984 déterminant le fonctionnement des Centres populaires d'information juridique.

Section 4 – L'autorité de contrôle des CPIJ en 1984

240 - Centres populaires d'information juridique, contrôle en 1984. Les Centres populaires d'information juridique étaient placés, en ce qui concernait les juridictions ayant leur siège à Brazzaville, sous l'autorité et le contrôle du président de la Cour suprême.

Les présidents des tribunaux populaires de région de Pointe-Noire et d'Owando, de même que les présidents des tribunaux populaires de district de Loubomo, de Sibiti, de Madingou, de Djambala, d'Ouesso et d'Impfondo avaient l'autorité et le contrôle des Centres populaires d'information juridique des juridictions de ces localités.

Ces chefs de juridiction devaient établir, trimestriellement, les rôles indiquant le nombre et la qualité des personnes chargées d'assurer la permanence des Centres populaires d'information juridique de leurs juridictions. Il était exigé des aménagements en faveur des avocats figurant dans les rôles de permanence de manière que les dossiers pour lesquels ils étaient constitués ne fussent pas enrôlés aux audiences les jours de leur indisponibilité dans l'hypothèse de leur programmation pour assurer l'animation des Centres populaires d'information juridique.

Section 5 – La portée des informations des CPIJ en 1983

241 - Centre populaire d'information juridique, conduite des animateurs. Les informations à fournir aux justiciables, qui les sollicitaient, ne devaient avoir qu'une portée générale.

Autrement dit, elles ne pouvaient, lors de la permanence : - porter sur des consultations juridiques ; - préjuger du sens d'une décision judiciaire à l'occasion d'un procès en cours ou à venir ; - favoriser le racolage des clients par des avocats ; - concerner la négociation d'une issue favorable d'un procès pendant ou à intenter.

Au contraire, le permanent au Centres populaire d'information juridique devait développer ses capacités d'écoute de ses visiteurs, s'efforcer de mieux orienter les justiciables au regard des besoins exprimés concernant, notamment, le fonctionnement des juridictions, les règles de procédures qui gouvernent le procès dans toutes les matières dans l'intérêt de lui apporter l'aide nécessaire pour faciliter son accès à la justice.

Le Centre populaire d'information juridique était un cadre appréciable dont l'objectif répondait, parfaitement, aux attentes des justiciables qui n'avaient pas, toujours, accès facile à l'information juridique ou judiciaire.

La doctrine constate, d'ailleurs, à cet égard, que « Dans bon nombre d'États africains, les populations ont, difficilement, accès à l'information juridique. Et l'accès au service des professionnels de justice est toujours hors de portée compte tenu du pouvoir d'achat des populations. En somme, ces considérations impliquent que soient mis en place des structures et des mécanismes destinés à en assurer l'accès. Dès lors, l'accès à l'information juridique est perçu comme une soif de justice, une aspiration profonde des citoyens, mieux encore, une valeur qui appelle une attention particulière et mérite d'être promue par tous et pour tous » (Valencia Iloki Engamba, « une industrie pour la justice congolaise », Éditions Mabiki, Kinshasa-Bruxelles-Wabre, 2021, p. 92).

C'était, évidemment, pour atteindre cet objectif souhaité par la doctrine qu'avait été créés, comme cela venait d'être développé, les centres populaires d'information juridique qui n'avaient pu, hélas, prospérer à cause du manque de bonne perception de l'intérêt qu'ils représentaient pour la distribution de la justice.

Le législateur devrait penser à renouveler l'implantation des centres populaires d'information juridique, dans chaque palais de justice sur tout le territoire de la République, pour accompagner les justiciables sur le chemin de la maîtrise de leurs droits.

Section 6 – Le personnel des CPIJ en 1983

242 - Centre populaire d'information juridique, personnel en 1983. Alors que la loi limitait aux magistrats et avocats la qualité des personnels devant assurer la permanence aux Centres populaires d'information juridique (art. 180, al. premier, L. n° 53 -83 du 21 avril 1983 susvisée), l'arrêté n° 7682 du 19 septembre 1984 déterminant le fonctionnement des Centres populaires d'information juridique intégrait d'autres catégories de personnel judiciaire, tels les auditeurs de justice, les avocats stagiaires, les greffiers en chef (art. 4 et 6 de cet arrêté) afin de favoriser la réalisation les missions desdits centres.

Section 7 – La permanence dans les CPIJ en 1983

243 - Centre populaire d'information juridique, permanence. Le Centre populaire d'information juridique était animé par une équipe d'agents qui assuraient la permanence dans le local qui lui était réservé, au moyen des tours de rôle puisqu'il ne disposait pas d'un personnel permanent qui lui était, spécialement, affecté (art. 7 al. premier, arr. n° 7682 du 19 septembre 1984 déterminant le fonctionnement des Centres populaires d'information juridique).

L'organisation des tours de permanence incombait : - aux présidents des juridictions de jugement en ce qui concernait les magistrats, les auditeurs de justice et les greffiers en chef ; - aux bâtonniers s'agissant des avocats et des avocats stagiaires (art. 7 al. 2, arr. n° 7682 du 19 septembre 1984 déterminant le fonctionnement des Centres populaires d'information juridique).

244 - Centre populaire d'information juridique, tableau synoptique du tour de permanence en 1985. A titre illustratif, le tableau, ci-dessous, représentait le tour de permanence au Centre populaire d'information juridique de Brazzaville. Il fut établi par le président de la Cour suprême, Charles Assemekang, à Brazzaville, le 6 juillet 1985 et disposait ce qui suit :

« En application de l'arrêté n° 7682 du 19 septembre 1984 et de la lettre circulaire n° 50 du 4 juin 1985 du Camarade Garde des Sceaux, ministre de la Justice, la permanence au Centre populaire d'information juridique de Brazzaville sera assurée par les magistrats, les avocats et les greffiers en chef, suivant le calendrier ci-après :

N°	Noms et prénoms	Date de la permanence	Observations
1	Mampouya Gilbert	Mercredi 10 juillet 1985	
2	Locko Isaac	Jeudi 11 juillet 1985	
3	Zoubabela Louis	Vendredi 12 juillet 1985	
4	Mayinguidi Etienne	Samedi 13 juillet 1985	
5	Antchouin-Mongo Jean	Lundi 15 juillet 1985	
6	Bigemi François	Mardi 16 juillet 1985	
7	Ganga Aubert	Mercredi 17 juillet 1985	
8	Mabouana Gaston	Jeudi 18 juillet 1985	
9	Gola Joseph	Vendredi 19 juillet 1985	
10	Maître Brudey Joseph	Samedi 20 juillet 1985	

11	Miyoulou Raphaël	Lundi 22 juillet 1985	
12	Peya Lonongo	Mardi 23 juillet 1985	
13	Dalmeida Flora	Mercredi 24 juillet 1985	
14	Sombo Léon	Jeudi 25 juillet 1985	
15	Kitoko-Ngoma	Vendredi 26 juillet 1985	
16	Maître Devillers	Samedi 27 juillet 1985	
17	Ouetiningue	Lundi 29 juillet 1985	
18	Mayanda Christine	Mardi 30 juillet 1985	
19	Ondzie Victor	Mercredi 31 juillet 1985	
20	Gnali-Gomez Marcel	Jeudi 1er août 1985	
21	Barodinga Mathieu	Vendredi 2 août 1985	
22	Mouteke Robert	Samedi 3 août 1985	
23	Louya-Bikoumou	Lundi 5 août 1985	
24	Mabounda-Mangandza	Mardi 6 août 1985	
25	Nanga-Nanga Grégoire	Mercredi 7 août 1985	
26	Maître Bob Alexis	Jeudi 8 août 1985	

27	Otolo Jonas	Vendredi 9 août 1985	
28	Ouissika	Samedi 10 août 1985	
29	Lipou-Massala	Lundi 12 août 1985	
30	Gabouma-Moukengue Jean	Mardi 13 août 1985	
31	Touby-Eko Edouard	Mercredi 14 août 1985	
32	Awa Tsila Aimée	Vendredi 16 août 1985	
33	Zolo Joseph	Samedi 17 août 1985	
34	Mabele-Gaboumba	Lundi 19 août 1985	
35	Goulou Narcisse	Mardi 20 août 1985	
36	Mouyabi Paul-Blaise	Mercredi 21 août 1985	
37	Maître Ekaba-Okoko	Jeudi 22 août 1985	
38	Alingui-Ngassaki	Vendredi 23 août 1985	
39	Babela Christophe	Samedi 24 août 1985	
40	Yoba Pauline	Lundi 26 août 1985	
41	Maître Okoko Jacques	Mardi 27 août 1985	
42	Kibongui Martine	Mercredi 28 août 1985	

43	Missamou Joseph	Jeudi 29 août 1985	
44	Maître Atipo Daniel	Vendredi 30 août 1985	
45	Maître Malonga	Samedi 31 août 1985	
46	Maître Mbemba Martin	Lundi 2 septembre 1985	
47	Bati Benoît	Mardi 3 septembre 1985	
48	Maître Ondziel Julienne	Mercredi 4 septembre 1985	
49	Mackosso-Douta	Jeudi 5 septembre 1985	
50	Maître Pena-Pitra	Vendredi 6 septembre 1985	
51	Iwandza Jean-Pierre	Samedi 7 septembre 1985	

Section 8 – Les prestations des CPIJ

245 - Centre populaire d'information juridique, prestations fournies en 1984. Des registres côtés et paraphés devant être tenus dans les Centres populaires d'information juridique afin d'assurer le contrôle des personnels programmés pour y assurer leur activité, les prestations fournies par les magistrats et les greffiers en chef étaient prises en compte dans le cadre de l'évaluation de leurs tâches mensuelles (art. 11, arr. n° 7682 du 19 septembre 1984 susmentionné).

Des sanctions disciplinaires étaient prévues à l'encontre des personnels programmés pour assurer la permanence aux centres populaires d'information juridique s'ils n'y prêtaient pas leur service (art. 12, arr. n° 7682 du 19 septembre 1984 susmentionné). Le cadre desdites sanctions était déterminé par la loi n° 01-82 du 7 janvier 1982 sur les règles disciplinaires applicables aux agents de l'État. Les magistrats, et les greffiers en chef, censés aider les citoyens en leur fournissant des informations juridiques à leur demande, pouvaient, donc, faire l'objet d'une procédure disciplinaire à l'initiative du garde des Sceaux, ministre de la Justice comme s'agissant des fautes commises à l'occasion de l'exercice de leurs activités judiciaires quotidiennes.

Les activités réalisées par ces trois catégories de personnel judiciaire étaient susceptibles d'intégrer toutes les autres activités qu'ils avaient accomplies et qui donnaient lieu à leur évaluation annuelle par le garde des Sceaux, ministre de la Justice.

La doctrine exprime son souhait de voir les pouvoirs publics procéder à la « redynamisation de certains centres populaires d'information juridique dans tous les palais de justice ». Selon elle, la « création des centres d'information juridique dans les sièges d'arrondissement permettra le développement local d'information et de conseils juridiques ». Elle regrette leur « disparition inopinée » (Julien César M'bode, « L'assistance judiciaire en matière civile à Brazzaville : problèmes et perspectives », mémoire pour l'obtention du diplôme du cycle supérieur de l'ENAM, filière magistrature, 2012, p. 91)..

CHAPITRE III

L'ÉGAL ACCES A LA JUSTICE EN 1983

L'accès à la justice est un principe, largement, affirmé dans différents textes (section 1). Cependant l'exercice du droit de saisir les juridictions n'étant pas aisé en raison des frais qu'il convient d'exposer, nonobstant la gratuité de la justice, il a été prévu de faciliter l'accès à la justice par l'institution de l'assistance judiciaire (section 2).

Section 1 – Le fondement de l'accès à la justice

L'accès à la justice découle des instruments du droit international (parag. 1), du droit régional (parag. 2) et de la loi nationale congolaise (parag. 3).

Parag. 1 – Le fondement en droit international

246 - Accès à la justice, fondement en droit international. L'accès à la justice est saisi par le droit international en ce que l'article 10 de la Déclaration Universelle des Droits de l'Homme énonce que « Toute personne a droit, en pleine égalité, à ce que sa cause soit entendue équitablement et publiquement par un tribunal indépendant et impartial, qui décidera, soit de ses droits et obligations, soit du bien fondé de toute accusation en matière pénale dirigée contre elle ». La doctrine interprète cette disposition en considérant qu'elle « garantit, implicitement, l'égalité d'accès aux tribunaux à tous ceux dont les intérêts se trouvent lésés pour en assurer leur sauvegarde » (Auguste Iloki, « Le droit à l'égal accès à la justice au Congo, p. 1, décembre 1988, inédit).

Parag. 2 – Le fondement au niveau régional

247 - Accès à la justice, fondement au niveau régional. La Charte africaine des Droits de l'Homme et des Peuples reconnaît à toute personne le droit de saisir les juridictions nationales compétentes de tout acte violant les droits fondamentaux qui lui sont reconnus et garantis par les conventions, les lois, règlements et coutumes en vigueur (art. 7-1-a, de la charte adoptée en juin 1981 à Naïrobi, Kenya).

Parag. 3 – Le fondement au niveau national

248 - Accès à la justice, fondement au niveau national. Les Constitutions de la République du Congo du 2 mars I961 et du 8 décembre 1963, influencées par le droit international, garantissaient l'égalité de tous les citoyens devant la loi (art. 1er alinéa 2).

Le droit de tout citoyen congolais de saisir les tribunaux était, nettement, affirmé par le constituant à l'avènement de la République populaire du Congo (art. 27 et 28 des Constitutions de la République populaire du Congo du 30 décembre 1969, 24 juin 1973 et 8 juillet 1979).

Même si l'égalité d'accès aux juridictions n'était pas, expressément, garantie dans les Constitutions, on pouvait affirmer que le constituant avait entendu conférer à la loi le pouvoir de déterminer les conditions d'exercice des droits subjectifs dès lors qu'il était disposé à l'article 47 alinéa 1er de la Constitution du 8 juillet 1979 que « Sont du domaine de la loi les règles concernant les droits civiques et les garanties fondamentales accordées aux citoyens pour l'exercice des libertés publiques ».

C'est ainsi qu'il n'est pas exagéré de penser que le législateur congolais ne s'était, nullement, départi de l'esprit du constituant lors de l'élaboration de la loi n° 53-83 du 21 avril 1983 portant réorganisation de la justice en République du Congo en prévoyant l'égalité de tous les citoyens congolais devant la loi et les juridictions et, conséquemment, la gratuité de l'accès à la justice devant toutes les instances (art. 2 de cette loi).

Section 2 – L'assistance judiciaire

249 – Assistance judiciaire, égal accès à la justice. L'égal accès à la justice est un principe qui doit être respecté car il est, fortement, compatible avec la recherche du rapprochement de la justice du justiciable. Comme l'affirme la doctrine « L'égalité devant la loi et les juridictions implique que soit facilité l'accès à la justice de tous les justiciables » (Auguste Iloki « Le droit à l'égal accès à la justice au Congo, décembre 1988, p. 1, inédit).

L'exigence d'une provision étant de nature à compromettre l'accès à la justice aux personnes démunies alors qu'elles doivent défendre leurs droits devant les juridictions (parag. 1), la réorganisation de l'assistance judiciaire se justifiait, largement, en 1984 (parag. 2).

C'est, d'ailleurs, ainsi que l'entend, également, le président de la République, Chef de l'État lorsqu'il affirme, le 17 décembre 2019, que « La paix repose aussi sur l'État de droit qui consacre la séparation des pouvoirs et le respect des droits de l'homme » et que « l'armature juridique dans notre pays donne la possibilité à tous nos compatriotes victimes de violations de liberté individuelle et collective ou de droits humains, de faire recours à la loi pour défendre et faire prévaloir leurs droits » (Message du président de la République, Chef de l'État sur l'état de la nation en 2019, devant le parlement réuni en congrès, pp. 26, 27, inédit).

Or c'est, justement, au cours de cette année 2019 que l'on vit apparaître des velléités de mise en cause des efforts de facilitation de l'accès à la justice du justiciable par l'augmentation du montant de la provision (parag. 3).

Pour bénéficier de l'assistance judiciaire, le requérant doit formuler une demande comportant un fondement (parag. 4). La loi précise, d'ailleurs, les catégories de personnes susceptibles de bénéficier de cette mesure (parag. 5) qu'accorde, éventuellement, les bureaux d'assistance judiciaire (parag. 6) qui examinent les demandes qui leur sont adressées et décident, conséquemment, (parag. 7) du montant de l'indemnité forfaitaire à allouer aux auxiliaires de justice qui la perçoivent suivant le barème établi (parag. 8).

Il y a, hélas, lieu de constater que la loi organisant l'assistance judiciaire s'est révélée inefficace (parag 9).

Parag. 1 - La consignation d'une provision

250 – Action en justice, consignation d'une provision. La saisine des juridictions impliquait la consignation, par tout demandeur exerçant une action en justice, d'une provision couvrant les frais de procédure et, le cas échéant, ceux de la décision à intervenir (art. 8 CPCCAF).

Ainsi, selon l'article premier alinéa premier du décret n° 83-1191 du 29 décembre 1983 portant application des articles 8, 31 et 251 du code de procédure civile, commerciale, administrative et financière sur la consignation d'une provision couvrant les frais de procédure, « Le dépôt de toute requête introductive d'instance ou de toute requête formulée à l'occasion de l'exercice d'une voie de recours en matière civile, commerciale, administrative, doit être accompagnée de la consignation au greffe de la juridiction saisie d'une provision destinée à couvrir les frais normaux de procédure engagée et, le cas échéant, ceux de la notification de la décision à intervenir ».

Cependant il était permis au président de la juridiction saisie de déterminer, par ordonnance, le montant précis de la consignation lorsque, pour certaines affaires, la consignation de dix mille (10 000) francs apparaissait comme insuffisante.

Et, même en cours de procédure, il était loisible au président de la juridiction saisie de compléter ou renouveler, par ordonnance, la provision s'il estimait qu'elle était devenue insuffisante au regard des frais, déjà, exposés. Il revenait, par conséquent, au demandeur de verser ladite provision complémentaire afin que la procédure se poursuive.

En cas de défaillance du requérant, il était prévu la suspension de la procédure. Si tous les frais et droits étaient acquittés à la fin de la procédure, le greffier devait se charger de restituer le reliquat de la provision à la partie qui l'avait versée.

Toutefois la pratique ne révélait pas le remboursement du surplus de la provision, à la diligence de cet auxiliaire de justice, au profit de la partie versante.

Parag. 2 - La réorganisation d'assistance judiciaire

251 - Assistance judiciaire, réorganisation en 1984. Dans la mesure où l'égalité devant les juridictions ne pouvait se concevoir qu'en surmontant les obstacles entravant les saisines des juridictions, le législateur congolais avait, opportunément, procédé à la modification de l'arrêté n° 702 du 15 avril 1949 sur l'assistance judiciaire en matière civile et répressive devant les tribunaux de l'Afrique équatoriale française (AEF).

Y procédant, il réorganisait l'assistance judiciaire en la transformant en une institution qui permettait aux personnes, qui n'avaient pas les ressources nécessaires, de faire valoir leurs droits en justice sans être tenues d'avancer les frais et avec le concours gratuit des officiers ministériels et des avocats (art. 1er, L. n° 001-84 du 20 janvier 1984 portant réorganisation de l'assistance judiciaire). Le législateur manifestait, ainsi, sa volonté de faciliter l'accès du justiciable à la justice.

A – Le domaine d'application d'assistance judiciaire

252 - Assistance judiciaire, domaine d'application. C'est la loi portant réorganisation de l'assistance judiciaire qui assure la garantie du droit à l'égal accès de tous les citoyens à la justice. Elle dispose d'un vaste domaine qui « comprend, en effet, non seulement tous les litiges portés devant les tribunaux populaires, la Cour suprême et les tribunaux d'exception mais s'étend, également, de plein droit aux actes et procédures d'exécution (Auguste Iloki, « Le droit à l'égal accès à la justice au Congo », décembre 1988, p. 3, inédit).

B – L'assistance judiciaire d'office

253 - Assistance judiciaire, d'office. Le législateur a, en effet, à l'occasion de l'accomplissement de certains actes de procédure, facilité l'accès inconditionnel du justiciable à la justice en lui reconnaissant le bénéfice de l'assistance judiciaire d'office, tels en matière sociale et dans le domaine répressif s'agissant les délits commis par les mineurs et les crimes dont sont présumés auteurs des majeurs.

Toutefois, la loi a prévu des limites à l'égalité d'accès à la justice car, hormis les cas où l'assistance juridique est accordée d'office, l'assistance judiciaire demandée par un justiciable en matière civile, commerciale et administrative ainsi qu'en matière correctionnelle ne peut lui être accordée que sous réserve de l'appréciation des conditions prescrites pour en bénéficier, lesquelles sont liées autant à son statut qu'à ses ressources et à la nature de l'action exercée par lui.

C – Les conditions d'obtention d'assistance judiciaire

254 - Assistance judiciaire, conditions de ressources. La loi considère que les ressources d'une personne sont insuffisantes lorsqu'elles sont, mensuellement, inférieures ou égales au salaire minimum interprofessionnel garanti (SMIG) pour l'assistance judiciaire totale ou à cinquante mille (50 000) francs pour l'assistance judiciaire partielle (art. 5, al. 1er, L. n° 001-84 du 20 janvier 1984, portant réorganisation de l'assistance judiciaire).

Cependant, même si les revenus d'une personne sont supérieurs à cinquante mille (50 000) francs, elle peut bénéficier d'assistance judiciaire s'ils sont inférieurs à 80 000 francs et a, à sa charge, plus de trois personnes (art. 5, al. 2, L. n° 001-84 du 20 janvier 1984 précitée).

Hormis les prestations familiales, les ressources du demandeur d'assistance judiciaire se composent de celles dont il a, directement ou indirectement, la jouissance ou la disposition, éventuellement de celles de son conjoint et des personnes vivant, habituellement, à son foyer.

Parag. 3 – L'augmentation de la provision

255 – Égal accès à la justice, augmentation du montant de la provision en 2019. Afin de faire face à la crise financière et, donc, de fournir à l'État des ressources nécessaires pour assurer son fonctionnement, il avait été décidé, par la loi n° 40-2018 du 28 décembre 2018 portant loi de finances pour l'année 2019, de procéder à la modification du montant de la provision (cf. supra, chap. 3, « L'égal accès à la justice en 1983 », section 2, « L'assistance judiciaire », §. 1 « La consignation d'une provision en 1983 », p. 205), dans le sens de sa hausse et ce, suivant le niveau de la juridiction à laquelle il est appliqué.

Ainsi, furent réaménagés, comme ci-après, à l'article trente-huitième de ladite loi, les droits de délivrance des actes en matière civile et commerciale, des copies, expéditions et extraits des arrêts et jugements en matière criminelle et de simple police dans les cours et tribunaux à compter de l'année 2019 :

- Requête introductive d'instance : - au tribunal d'instance : 15 000 francs ; - au tribunal de grande instance : 25 000 francs ; - au tribunal administratif : 25 000 francs ; - au tribunal du commerce : 40 000 francs ; - requête d'appel à la cour d'appel : 30 000 francs ; - Requête de pourvoi à la Cour suprême : 50 000 francs ; - Plainte avec constitution de partie civile : 25 000 francs ; - Ordonnance d'immatriculation foncière : 75 000 francs ; - Procès-verbal de conciliation : 30 000 francs ; - Procès-verbal de non conciliation : - 15 000 francs ;

La doctrine réagit à cette augmentation des montants de consignation des provisions qu'elle considère comme constituant des obstacles entravant l'accès à la justice. Selon elle, « ces coûts des procédures juridiques et judiciaires sont un autre facteur qui empêche l'accès à la justice » (Valencia Iloki Engamba, « une industrie pour la justice congolaise », Éditions Mabiki, Kinhasa-Bruxelles-Wabre, 2021, p. 55).

Dans le même sens il a été considéré, en doctrine, que l'égalité d'accès à la justice « se traduit par la nécessité que les citoyens aient une connaissance claire de leurs droits, une faculté d'accéder à un juge proche, indépendant et impartial qui tranche leurs différends rapidement, de manière équitable, pour un coût minime » (cf. Élisabeth Guigou, Gilbert Anton, Jean-Denis Bredin, Jean-François Burgelin, Jean-Marie Coulon, Marie-Anne Frison-Roche, Jean Jicquel, Hubert, Haenel, Giovanni Longo, Dieudonné Mandelkern, Jean-Pierre Mattei, Jean-Marie Messier, Henri Nallet, Nicholas Phillips, Jean-Marc Sauvé, Pierre Truche, Didier Truchet « Le service public de la justice », Éditions Odile Jacob, 1998, pp. 12-13).

Les partisans de cette doctrine s'interrogent, ainsi, sur les difficultés d'accès des plaideurs à la justice en considération du principe d'égalité devant cette institution : « L'organisation de la Justice, la procédure, les pratiques professionnelles des magistrats, le coût de l'intervention des auxiliaires de justice assurent-ils toujours l'égalité des justiciables ? Il suffit de poser la question et d'avoir à l'esprit le résultat constant des sondages pour se passer de plus longs développements » (cf. Élisabeth Guigou, Gilbert Anton..., op. cit, p. 13).

Parag. 4 - La demande d'assistance judiciaire

La loi exige que la demande d'assistance judiciaire soit fondée (A). Le dossier y afférent doit, donc, comporter certains éléments (B) afin que la demande d'assistance juridique ne soit pas déclarée irrecevable (C).

A – Le fondement de la demande d'assistance judiciaire

256 - Assistance judiciaire, fondement de la demande. Selon l'article 12, alinéa 2, de la loi n° 001-84 du 20 janvier 1984 précitée, l'action ou la demande en justice du demandeur à l'assistance judiciaire ne doit pas être dénuée de tout fondement devant les juridictions de première instance et d'appel. Et, en cas de pourvoi en cassation, c'est l'absence de tout moyen sérieux servant de base au pourvoi qui justifie le refus d'assistance judiciaire.

Cette position du législateur est de nature à autoriser les bureaux d'assistance judiciaire, institutions non juridictionnelles, à décider sur des questions ne relevant pas de leur compétence. En effet, lesdits bureaux d'assistance judiciaire ne sauraient se voir conférer le pouvoir de préjuger de la recevabilité d'une action ou du bien-fondé d'une affaire que le justiciable entend soumettre au juge.

Le domaine d'appréciation de ces institutions devrait se limiter, essentiellement, à l'examen des éléments constitutifs de l'indigence du demandeur d'assistance judiciaire.

En outrepassant leur champ d'action, le législateur était conduit à bloquer, inutilement, l'accès des justiciables à la justice, compromettant, ainsi, la réalisation des objectifs de la démocratisation de la justice.

Il se trouve que l'application du principe de la gratuité de la justice est, largement, fonction de l'appréciation que font les bureaux d'assistance judiciaire des demandes d'assistance judiciaire qui leur sont soumises.

B - La composition du dossier d'assistance judiciaire

257 - Assistance judiciaire, dossier du demandeur. Le demandeur d'assistance judiciaire adresse, pour solliciter cette prérogative, un dossier au procureur de la République ou au procureur général de la juridiction dans le ressort de laquelle il est domicilié (art. 8, décr. n° 85-1067 du 10 septembre 1985 portant application de l'article 26 de la loi n° 001-84 du 20 janvier 1984 portant réorganisation de l'assistance judiciaire).

L'article 7 de cette loi renvoyant la détermination de la composition dudit dossier à l'arrêté du garde des Sceaux, ministre de la Justice, il en a été procédé suivant arrêté n°4330 du 9 mai 1985 déterminant la composition du dossier d'assistance judiciaire.

La demande y relative, écrite sur papier libre, est adressée au procureur de la République ou au procureur général près la juridiction dans le ressort de laquelle habite le demandeur :

La demande d'assistance judiciaire devait comporter : les nom et prénoms, nationalité et demeure du requérant ; la date et le lieu de naissance ; la nature du litige, l'exposé sommaire des faits et des motifs invoqués par le requérant et, le cas échéant, la juridiction saisie ; le nom et l'adresse de l'avocat et des officiers publics et ministériels, le cas échéant, qui lui prêtent leur concours ou ont accepté de le lui prêter au titre de l'assistance judiciaire. Le demandeur devait veiller à ce que tous ces éléments soient indiqués dans sa demande.

A ladite demande, le requérant devait joindre une déclaration de ressources, une copie de la décision contestée ou de l'acte à faire exécuter, éventuellement, ainsi que toutes les pièces de nature à justifier ses dires et prétentions.

Le dossier de demande d'assistance judiciaire est transmis par le procureur de la République, ou le procureur général, au bureau d'assistance judiciaire compétent.

C – L'irrecevabilité du dossier d'assistance judiciaire

258 – Assistance judiciaire, irrecevabilité de la demande. L'article 12, alinéa 2, de la loi n° 001-84 du 20 janvier 1984 portant réorganisation de l'assistance judiciaire vise, également, le caractère manifestement irrecevable de la demande en justice constitutif du refus d'assistance judiciaire.

Il apparaît, ici, la confusion entretenue par le législateur entre l'action en justice et la demande en justice dans le contexte des procédures civile, commerciale, administrative et financière (art. 1 et 2, L. n° 51-83 du 21 avril 1983 portant code de procédure civile, commerciale, administrative et financière).

Si, en tout état de cause, en effet, du point de vue de leur définition, l'action et la demande en justice se distinguent, nettement, il n'en est pas de même au regard de leurs effets car l'irrecevabilité de la demande emporte celle de l'action en justice et vice-versa.

Cependant la décision d'irrecevabilité de l'action en justice ou de la demande devrait relever de l'appréciation souveraine du juge de sorte que reconnaître au bureau d'assistance judiciaire le pouvoir de refuser l'assistance judiciaire, en arguant de ce que la demande introductive d'instance est, manifestement, irrecevable apparaît, ainsi, comme un obstacle légal à l'accès à la justice.

Seules les ressources du justiciable, demandeur à l'assistance judiciaire devraient constituer l'élément sur lequel se baserait le bureau d'assistance judiciaire pour apprécier s'il doit accorder ou refuser l'assistance judiciaire sollicitée.

Parag. 5 - Les bénéficiaires d'assistance judiciaire

259 - Assistance judiciaire, bénéficiaires. Au regard du statut personnel, la loi a exclu du bénéfice d'assistance judiciaire les personnes morales de droit public. Elle fournit la liste des personnes qui peuvent se voir octroyer cette prérogative : les personnes physiques et morales à but non lucratif de nationalité congolaise ; les personnes physiques de nationalité étrangère résidant au Congo et bénéficiant d'une convention internationale de réciprocité ; les réfugiés politiques ; les apatrides.

Tout demandeur d'assistance judiciaire qui ne justifierait pas de ces qualités verrait sa requête déclarée irrecevable. En conséquence son action en justice, à moins qu'il ne dispose de ressources propres pour payer les frais et dépens nécessités par l'instance, ne pourra être engagée.

Cela fait bien apparaître l'inégalité d'accès à la justice, du fait du statut du justiciable constitutif de l'incompatibilité avec la démocratisation de la justice que prône le rapprochement de la justice du justiciable que le législateur a entendu faciliter par l'adoption de la loi portant réorganisation de l'assistance judiciaire afin de surmonter l'écueil de l'inégalité des citoyens devant les juridictions par des décisions favorables issues des bureaux d'assistance judiciaire.

Parag. 6 - Les bureaux d'assistance judiciaire

260 - Assistance judiciaire, nomination des membres du bureau. La nomination des membres du bureau d'assistance judiciaire est faite par arrêté du garde des Sceaux, ministre de la Justice sur proposition du président de la juridiction intéressée (art. 1er du décret n° 85-1067 du 10 septembre 1985 portant application de l'article 26 de la loi n° 001-84 du 20 janvier 1984, portant réorganisation de l'assistance judiciaire).

Afin de faire fonctionner les bureaux d'assistance judiciaire, et, donc, d'assurer l'application de la loi n° 001-84 du 20 janvier 1984 portant réorganisation de l'assistance judiciaire, le garde des Sceaux, ministre de la Justice avait adressé au président de la Cour suprême, aux présidents des tribunaux populaires de commune et de région, aux présidents des tribunaux populaires de district et d'arrondissement ainsi qu'aux présidents des tribunaux populaires de village-centre et de quartier, la circulaire n° 004 du 20 janvier 1986 par laquelle il leur demandait de lui faire parvenir l'identité et la qualité des membres des bureaux d'assistance judiciaire de leurs juridictions respectives.

En l'occurrence, il leur rappelait que lesdits bureaux devaient être, ainsi, composés :

- un juge du siège, assumant les fonctions de président si le président de la juridiction concernée estime qu'il ne peut présider ledit bureau ; un fonctionnaire en service au greffe de la juridiction ; un agent d'exécution exerçant dans le ressort de la juridiction, s'il en existe ; un avocat ; un membre du service social judiciaire ; le receveur de l'enregistrement ou le fonctionnaire en remplissant les fonctions ; un représentant des organisations de masses (représentant de la Confédération syndicale congolaise (C.S.C) ou représentante de l'Union révolutionnaire des femmes du Congo (U.R.F.C).

Parag. 7 - Les décisions d'assistance judiciaire

261 - Assistance judiciaire, décision d'admission. En cas de décision d'admission à l'assistance judiciaire, elle doit contenir l'identité et la qualité de l'auxiliaire de justice désigné pour prêter son concours au bénéficiaire d'assistance judiciaire (art. 13, décret n° 85-1067 du 10 septembre 1985 portant application de l'article 26 de la loi n° 001-84 du 20 janvier 1984, portant réorganisation de l'assistance judiciaire).

A – L'assistance judiciaire totale

262 - Assistance judiciaire, totale. Si l'assistance judiciaire totale est attribuée par le bureau compétent de la juridiction concernée, le bénéficiaire de cette mesure jouit de la gratuité de l'ensemble des frais générés par la procédure judiciaire engagée. Il est, par conséquent, délivré à l'assisté judiciaire, et ce, gratuitement, les actes et expéditions nécessaires à la procédure ou à la mesure d'exécution sur présentation, par le bénéficiaire, de la décision d'assistance judiciaire délivrée par le bureau compétent qui a été, régulièrement, saisi.

B – L'assistance judiciaire partielle

263 - Assistance judiciaire, partielle. En cas d'assistance judiciaire accordée, partiellement, par le bureau compétent, le bénéficiaire jouit de la gratuité pour toute la procédure moyennant le paiement d'une contribution forfaitaire (art. 5, alinéa 4, loi n° 001-84 du 20 janvier 1984 susmentionnée).

C – Portée de l'assistance judiciaire

264 - Assistance judiciaire, privilège des bénéficiaires. Les bénéficiaires de l'assistance judiciaire sont exemptés du versement de la provision fixée, forfaitairement, à 10 000 francs (art. 2 du décret n° 83-1191 du 29 décembre 1983 précité) comme le prévoit l'alinéa 2 du même article.

Ce privilège est d'une grande importance d'autant plus que le justiciable, qui ne dispose pas de moyens financiers suffisants pour satisfaire à l'exigence relative à la consignation des sommes à titre de provision, ne peut recevoir aucune suite à la requête puisqu'il est considéré comme n'ayant pas, valablement, saisi le juge. Cela ne semble, évidemment, pas de nature à manifester l'égalité de tous les citoyens devant les juridictions.

D –Le caractère provisoire d'assistance judiciaire

265 - Assistance judiciaire, admission provisoire. Selon l'article 13 de la loi n° 001-84 du 20 janvier 1984 portant réorganisation de l'assistance judiciaire, l'admission provisoire à l'assistance judiciaire peut être prononcée dans les cas ci-après, soit par le président du bureau compétent, soit par le président de la juridiction compétente : s'il y a urgence ; lorsque l'action en justice engagée par le demandeur d'assistance judiciaire vise le paiement d'une pension ou est exercée dans le cadre d'une procédure de divorce ou de séparation de corps, ou encore, pour la mise en œuvre de l'obligation alimentaire ; si l'action en justice engagée tend à la réparation d'un dommage causé par un accident du travail ; lorsque le bureau d'assistance judiciaire ne peut se constituer pour quelque cause que ce soit.

Toutefois, l'assistance judiciaire pouvait être, provisoirement, accordée, d'office, par les bureaux d'assistance judiciaire compétents, préalablement, saisis par les demandeurs de cette mesure (art. 13, loi n° 001-84 du 20 janvier 1984 portant réorganisation de l'assistance judiciaire).

A cet égard, la doctrine suggérait qu'« afin de réaliser l'égalité d'accès à la justice de tous les justiciables, les bureaux d'assistance judiciaire devraient être amenés à examiner, non sans élan de mansuétude, les différentes demandes formulées pour solliciter cette prérogative et même dans l'hypothèse où les conditions ne seraient pas réunies pour leur constitution dans certaines juridictions saisies, pour quelque cause que ce soit, il serait de bon aloi que les présidents de ces instances ou, à défaut, les présidents des bureaux d'assistance judiciaire prononcent, ainsi que le leur reconnait la loi, l'admission provisoire à l'assistance judiciaire afin de favoriser l'engagement des instances et permettre, de cette façon, l'accès à la justice » (Auguste Iloki, « Le droit à l'égal accès à la justice au Congo », 9 décembre 1988, inédit).

Parag. 8 - Le barème d'indemnité forfaitaire

266 - Assistance judiciaire, barème d'indemnité forfaitaire. En application des articles premier et 19 de la loi n° 001-84 du 20 janvier 1984 susdite, le décret n° 85-1070 du 10 septembre 1985 fixait le barème de l'indemnité forfaitaire due aux auxiliaires de justice. Ce texte prévoyait, la perception par les auxiliaires de justice, à la charge de l'État, d'une indemnité forfaitaire à titre de remboursement légal de leurs frais et dépens.

Il était, cependant, reconnu au bureau d'assistance judiciaire compétent la possibilité d'allouer à l'auxiliaire de justice une indemnité inférieure aux maximas déterminés par le décret n° 85-1070 du 10 septembre 1985 susvisé.

Les causes d'échec d'application dudit décret se trouvent, selon la doctrine, dans la détermination du taux minime, insignifiant, d'indemnité forfaitaire. Selon Julien César M'bode, en effet « les montants prévus… ont tendance à dissuader les auxiliaires de justice à prêter leur concours aux assistés ». Il préconise la révision du barème « à la hausse dans la stricte nécessité d'adapter le droit à la conjoncture socio-économique actuelle » (Julien César M'bode, « L'assistance judiciaire en matière civile à Brazzaville : problèmes et perspectives », mémoire pour l'obtention du diplôme du cycle supérieur de l'ENAM, filière magistrature, 2012).

267 - Assistance judiciaire, tableau synoptique des indemnités forfaitaires. Le barème d'indemnité forfaitaire due aux auxiliaires de justice était fixé en fonction de la nature de la juridiction pour laquelle la loi prévoyait l'octroi de l'assistance aux demandeurs de cette mesure :

- Cour suprême (toutes chambres) ;
- Tribunal populaire de commune ou de région (toutes chambres) ;
- Tribunal populaire d'arrondissement ou de district (toutes chambres) ;
- Tribunal populaire de quartier ou de village-centre ; Tribunal du travail ;
- Cour des comptes ;
- Tribunaux d'exception.

Le tableau synoptique ci-dessous illustre le barème d'indemnité forfaitaire due aux auxiliaires de justice.

Tableau synoptique relatif au barème d'indemnité prévue pour être versée aux auxiliaires de justice

Juridictions pour lesquelles l'assistance judiciaire a été accordée	Acte de procédure ou d'exécution	Indemnités dues aux Avocats (F. CFA)	Indemnités dues aux officiers ministériels (F. CFA)
Cour suprême (toutes chambres)	En toutes matières	15 000	8 000
Tribunal populaire de commune ou de région (toutes chambres)	En toutes matières	10 000	5 000
Tribunal populaire d'arrondissement ou de district (toutes chambres)	En toutes matières	10 000	5 000
Tribunal populaire de quartier ou de village-centre	En toutes matières	5 000	2 000
Tribunal du travail	En matière sociale	5 000	Gratuit
Cour des comptes	En matière financière et comptable	10 000	5 000
Tribunaux d'exception	En toutes matières	15 000	8 000

(décr. n° 85-1070 du 10 septembre 1985 fixant le barème de l'indemnité forfaitaire due aux auxiliaires de justice, en application des articles. 1er et 19 de la loi n° 001-84 du 20 janvier 1984 susdite).

Parag. 9 – L'ineffectivité de la loi

268 - Assistance judiciaire, inefficacité. Il est regrettable de constater qu'en dépit des efforts entrepris pour mettre en œuvre la loi n° 001-84 du 20 janvier 1984 portant réorganisation de l'assistance judiciaire celle-ci est tombée en désuétude, compromettant ainsi la démocratisation de la justice dès lors que l'accès des justiciables aux juridictions n'est point facilité pour les plus démunis.

C'est, en réalité, l'échec partiel de la politique du gouvernement sous l'inspiration du Parti congolais du Travail qui avait voté la résolution sur la démocratisation de la justice lors de son quatrième congrès tenu en 1979.

269 - Assistance judiciaire, effectivité de la loi y relative. L'accès à la justice doit être recherché au travers des conditions d'application de la loi sur l'assistance judiciaire. Cependant, l'effectivité de ladite loi n'est pas encore assurée comme le relève, d'ailleurs, pertinemment, en doctrine, Valencia Iloki Engamba qui affirme : « La justice existe pour les personnes en condition sociale différente, donc les droits des riches et des pauvres sont garantis. Mais dans la pratique, l'accès au droit, à la justice, pour les plus démunis est une mytho réalité en République du Congo » (Valencia Iloki Engamba, « une industrie pour la justice congolaise », essai, Éditions Mabiki, Kinshasa-Bruxelles-Wabre, 2021, p. 74).

L'auteure exprime, non sans regret, son amertume quant à la non-application de la loi n° 001-84 du 20 janvier 1984 portant réorganisation de l'assistance judiciaire dont l'objet était de faciliter l'accès des citoyens congolais à la justice. Elle se lamente ainsi qu'il suit : « En effet, depuis la réorganisation de l'assistance judiciaire en 1984, seule réponse au déséquilibre des balances liées à l'accès à la justice, l'on relève une non-effectivité spectaculaire liée à l'applicabilité des dispositions qui en découlent ».

Puis, mettant en exergue les faiblesses de l'État dans l'application de la loi précitée qui réorganise l'assistance judiciaire, Valencia Iloki Engamba propose une piste de solution qui permettrait de rendre effective l'égalité d'accès à la justice en République du Congo, en ces termes : « Je suggère alors que la société civile congolaise accompagne l'État dans la mise en œuvre de cette loi » avant d'émettre le regret suivant : « Je pense que nous sommes trop nombreux à dénoncer le dysfonctionnement de l'institution judiciaire. Et peu à y apporter des pistes de solution » (Valencia Iloki Engamba, « une industrie pour la justice congolaise », op. cit, pp. 74 et 75).

Relayant l'opinion des citoyens sur l'état de la justice, Gilbert Mouyabi, procureur général près la cour suprême dénonce « un ensemble de comportements qui font dire aux citoyens que la justice n'existe pas, ou qu'elle est rendue au profit des riches » (cf. Adresses du Premier président de la Cour suprême et du Procureur général à l'occasion de la rencontre des magistrats, avocats, greffiers et huissiers de justice, séance du 21 janvier 2022 à Brazzaville, Cour suprême, p. 20, inédit) même si Valencia Iloki Engamba affirme, ci-dessus, « la garantie, en justice, des droits des riches et de pauvres » (Valencia Iloki Engamba, « une industrie pour la justice congolaise », op. cit., p. 74).

270 - Assistance judiciaire, causes d'inapplication de la loi. La loi prévoyait que le bénéficiaire de l'assistance judiciaire, désigné « l'assisté », était dispensé du paiement des sommes dues au trésor, aux avocats, aux autres auxiliaires de justice et aux témoins.

Cependant, le décret n° 85-1070 du 10 septembre 1985 fixant le barème de l'indemnité forfaitaire due aux auxiliaires de justice ne paraissait pas avoir recueilli la totale approbation des officiers ministériels et des avocats en raison de la modicité des indemnités forfaitaires maximales qu'il prévoyait pour rétribuer leur travail.

De plus, il était prévu que l'indemnité due par l'État aux auxiliaires de justice devait être payée par le chef de la section de recouvrement des droits, amendes et autres redevances alors que le fonctionnement dudit service était problématique.

Pour la doctrine, émue par la non-application de la loi n° 001-84 du 20 janvier 1984 susdite, « L'effectivité indubitable de l'assistance judiciaire doit passer par la redynamisation et la création des centres d'information juridique, la revalorisation du barème d'indemnité forfaitaire due aux auxiliaires de justice ainsi que le changement de dénomination de l'institution et la nécessité de privilégier les modes alternatifs des conflits » (Julien César M'bode, « L'assistance judiciaire en matière civile à Brazzaville : problèmes et perspectives », mémoire pour l'obtention du diplôme du cycle supérieur de l'ENAM, filière magistrature, 2012, p. 90).

CHAPITRE IV

LES JUGES NON-PROFESSIONNELS EN 1983

La réforme de la justice avait, entre autres vocations, celle relative à l'insertion, dans l'appareil judiciaire, des juges non-professionnels, éléments issus de la population n'ayant pas été formés pour exercer les fonctions judiciaires.

Ils étaient censés être capables d'apporter aux magistrats, en complément, la sagesse et la bonne connaissance du milieu social nécessaires à l'accomplissement de la mission de justice qui leur était conférée. C'était, donc, l'exigence de l'institution des tribunaux populaires au sein desquels devaient siéger des citoyens congolais non, spécialement, formés pour exercer la fonction judiciaire consistant à rendre la justice à l'instar des magistrats avec lesquels ils composeraient des juridictions à tous les niveaux de leur création selon les congressistes du Parti congolais du Travail (section 1). Ces citoyens, désignés juges non-professionnels, ne pouvaient acquérir cette qualité que sous réserve de leur élection par des organes appropriés (section 2). Ils subissaient, en raison de leur état de profane dans les fonctions judiciaires, des formations par le moyen des séminaires (section 3) et percevaient des indemnités rémunératrices de leur participation aux audiences des juridictions auxquelles ils participaient (section 4).

Section 1 – Origine de l'appellation de JNP

271 - Juges non-professionnels, sources. Les juges non-professionnels étaient une aspiration du Parti congolais du Travail, structure politique unique dirigeant l'État. En effet, le programme dudit parti adopté au cours de son deuxième congrès extraordinaire en 1972 mentionnait que le peuple congolais devrait établir des tribunaux populaires où siègeraient des juges élus.

Cette idée était reprise dans la recommandation sur la justice adoptée au troisième congrès extraordinaire qui exigeait l'institution desdits tribunaux populaires où les juges non-professionnels seront élus (cf. 3e congrès extraordinaire du Parti congolais du Travail, du 26 au 31 mars

1979, tome 1, les éditions du comité central du Parti congolais du Travail, imprimerie nationale du Congo, 1980, p. 269).

Finalement la Constitution du 8 juillet 1979 consacrait ce vœu qui fut exaucé au travers de la loi n° 53-83 du 21 avril 1983 portant réorganisation de la justice en République populaire du Congo. Elle prévoyait, à l'article 3, le droit de tout citoyen congolais de participer dans les conditions fixées par ladite loi à l'œuvre de justice (sur l'économie de la loi n° 53-83 du 21 avril 1983 précitée, lire Auguste Iloki, « Les tribunaux populaires en République du Congo », Penant n° 786-787, janvier à juin 1985, p. 107).

Section 2 – L'acquisition de la qualité de JNP

272 - Juges non-professionnels, acquisition de la qualité. L'acquisition de la qualité de juge non professionnel était soumise à la réunion, par tout citoyen congolais, des conditions d'éligibilité requises par la loi.

Ainsi, selon le niveau de juridiction où sa présence était exigée pour assurer la composition légale de la juridiction, le juge non professionnel devait être élu par des institutions spécifiques telles :

L'Assemblée nationale populaire, sur proposition du bureau politique du Parti congolais du Travail, s'agissant des juges non-professionnels à la Cour suprême ou à la Cour des comptes ;

Les conseils populaires de commune, de district ou de région pour pourvoir, en juges non-professionnels, les tribunaux populaires de région ou de commune, de district ou d'arrondissement, de village-centre ou de quartier et ce, sur proposition des comités du parti des localités concernées ;

Le secrétariat permanent du comité central de l'Union de la jeunesse socialiste congolaise et le bureau permanent de l'Union révolutionnaire des femmes du Congo pour la chambre criminelle pour mineurs du tribunal populaire de région ou de commune et pour la chambre correctionnelle des mineurs du tribunal populaire de district ou d'arrondissement ;

Le collectif des travailleurs réunis en assemblée générale pour les juges non-professionnels travailleurs appelés à siéger au tribunal du travail, sur proposition du bureau de la Confédération syndicale congolaise ou par le patronat en ce qui concerne les juges professionnels employeurs (art. 4, loi n° 53-83 du 21 avril 1983 portant réorganisation de la justice en République populaire du Congo).

A titre illustratif, l'article premier de l'arrêté n° 0023 du 14 janvier 1987 portant nomination des juges non-professionnels du tribunal du travail de Poto-Poto indiquait, lorsqu'il s'était agi de pourvoir cette juridiction en acteurs chargés de son fonctionnement, ce qui suit : « Sont nommés juges non-professionnels au tribunal du travail de Poto-Poto (arrondissement 3 Poto-Poto), pour une durée de trois (3) ans à compter du 21 septembre 1986, les personnes dont les noms suivent :

« **1 - Juges non-professionnels employeurs**

« **A – Reconduits** : Lerges François ; Dornier Gérard ; Sengomona Justin ; Songuemas Nicolas ; Boulhoud André Michel ; Yoba François ; Huguet Jacques ; Closson Bernard.

« **B – Nouveaux** : Desmedt Pierre ; Mbissa Claude Richard ; Walla Claude ; Mauro Gino.

« **2 - Juges non-professionnels employés**

« **A – Reconduits** : Apfoussou Romuald ; Agnouka Séraphin ; Obongono ; Missie-Mala.

« **B – Nouveaux :** Adzou Amiere Antoine ; Mbounza Abraham ; Okandze Emmanuel ; Mikabouka Gilbert ; Samba Lucien ».

Il était spécifié, clairement, à l'article 2 de l'arrêté n° 0023 du 14 janvier 1987 portant nomination des juges non-professionnels du tribunal du travail de Poto-Poto, que n'étaient soumis à l'obligation de prêter serment avant leur entrée en fonction que les nouveaux juges non-professionnels, en application des articles 3 et 6 de la loi n° 53-83 du 21 avril 1983 portant réorganisation de la justice en République populaire du Congo.

273 - Juges non-professionnels, prestation de serment. Les juges non-professionnels étaient soumis au serment professionnel ainsi formulé :

« Je jure de bien fidèlement remplir mes fonctions, de garder le secret des délibérations et des votes même après la cessation de mes fonctions, et de me conduire en tout avec dignité et loyauté conformément à la loi » (art. 6, L. n° 53-83 du 21 avril 1983 portant réorganisation de la justice en République populaire du Congo).

Des prestations de serment furent organisées, pour la première fois, à Brazzaville le 24 septembre 1983, puis à Pointe-Noire, Loubomo, Sibiti et dans bien d'autres localités du territoire de la République du Congo où étaient implantés les tribunaux populaires de commune ou de région, les tribunaux populaires de district ou d'arrondissement, les tribunaux populaires de village-centre ou de quartier.

Les tribunaux populaires de commune ou de région étaient compétents pour recevoir le serment des juges non-professionnels siégeant au sein de ces juridictions et dans les tribunaux relevant de leur ressort.

Les juges non-professionnels de la Cour suprême prêtaient serment devant cette haute juridiction aux termes de l'article 6 alinéa 3 de la loi n° 53-83 du 21 avril 1983 portant réorganisation de la justice en République populaire du Congo (sur l'économie de la loi n° 53-83 du 21 avril 1983 portant réorganisation de la justice en République populaire du Congo, (cf. Auguste Iloki, « Les tribunaux populaires en République populaire du Congo », Penant n° 786-787, janvier à juin 1985, p. 107).

Section 3 – La formation des JNP

274 - Juges non-professionnels, séminaires de formation. Des séminaires de formation étaient organisés, à l'égard des juges non-professionnels, pour leur donner des enseignements afin de compléter leurs connaissances dans les domaines juridique et judiciaire.

Le programme des enseignements renseignait sur les thèmes qui portaient, suivant le niveau de juridiction dans lequel ils étaient nommés, sur l'organisation des tribunaux populaires, les infractions relevant de la compétence de ces tribunaux, les grandes orientations du code de la famille, les officiers de police judiciaire, le ministère public…

Le séminaire, organisé pendant une durée d'un mois, excluait certaines disciplines en raison de leur généralité tels le droit pénal, le droit civil, le droit commercial. Il mettait, plutôt, un accent particulier sur les questions intéressant la pratique judiciaire.

Il était préconisé des formations aux sièges des juridictions existantes, au cours du mois d'août 1983. Ainsi, des magistrats formateurs y effectuaient des missions.

Une commission ad hoc chargée de suivre la formation des juges non-professionnels était instituée, laquelle se composait ainsi qu'il suit : président : le secrétaire général à la justice ; vice-président : le directeur des études, de la planification et de la statistique ; membres : le directeur des affaires administratives et financières ; le directeur des affaires criminelles et des grâces ; le directeur des affaires civiles, administratives, financières et du sceau ; le chef de service de la statistique, de la planification et des études prospectives.

275 – Juges non-professionnels, tableau synoptique représentant l'emploi du temps du séminaire de formation. L'emploi du temps qui consacrait, à titre d'exemple, la formation des juges non-professionnels des tribunaux populaires de village- centre et de quartier était, ainsi, élaboré :

Horaires	Jeudi 14 mars 1985	Vendredi 15 mars 1985
8h 30-10 h	Code d'organisation judiciaire	Code de la famille
10 h-11 h 30	Droit pénal spécial	Police judiciaire et ministère public
16 h-17 h	Police judiciaire et ministère public	Droit pénal spécial

Horaires	Lundi 18 mars 1985	Mardi 19 mars 1985
8h 30-10 h	Police judiciaire et ministère public	Droit pénal spécial
10 h-11 h 30	Code d'organisation judiciaire	Code de la famille
16h-17 h	Droit pénal spécial	Police judiciaire et ministère public

Horaires	Mercredi 20 mars 1985	Jeudi 21 mars 1985
8h 30-10 h	Code d'organisation judiciaire	Code d'organisation judiciaire
10 h-11 h 30	Police judiciaire et ministère public	Code de la famille
16 h-17 h	Droit pénal spécial	Police judiciaire et ministère public
Horaires	Vendredi 22 mars 1985	Samedi 23 mars 1985
8 h 30-10 h	Code d'organisation judiciaire	
10-11 h 30	Code de la famille	Clôture
16 h-17 h	Code de la famille	

Source : ministère de la Justice, 1985.

Section 4 – La rémunération des JNP

276 - Juges non-professionnels, Indemnités allouées. Il était alloué, aux juges non-professionnels, des indemnités dont le montant correspondait au niveau de la juridiction dans laquelle ils exerçaient leurs fonctions lorsqu'ils composaient la juridiction d'affectation.

Suivant le niveau des juridictions, ce taux d'indemnités, par audience, fut fixé ainsi qu'il suit : Cour suprême : 6 000 francs ; Cour des comptes : 4 000 francs ; tribunal populaire de région ou de commune (audiences ordinaires : 4 000 francs ; sessions criminelles : 4 000 francs) ; tribunal populaire de district ou d'arrondissement 2 500 francs ; tribunal du travail : 2 500 francs ; chambre correctionnelle pour mineurs 2 500 francs ; tribunal populaire de quartier ou de village-centre : 2 000 francs ;

277 - Juges non-professionnels, tableau synoptique des montants d'indemnités. En tenant compte des éléments relatifs à la dénomination de la juridiction, des taux d'indemnités par audience, du nombre d'audiences mensuelles et du nombre de juges non-professionnels admis à siéger, des tableaux synoptiques y afférents sont établis comme ci-après :

Tableau synoptique relatif aux montants des indemnités allouées aux juges non-professionnels dans les juridictions

Dénomination de juridictions	Montant par audience (Francs CFA)
Cour suprême	6 000
Cour des comptes	4 000
Tribunal populaire de région ou de commune 1°) Audiences ordinaires 2°) Audiences criminelles	 4 000 4000
Tribunal populaire de district ou d'arrondissement	2500
Tribunal du travail	2500
Chambre correctionnelle pour mineurs	2500
Tribunal populaire de quartier ou de village-centre	2000

278 - Juges non-professionnels, tableau synoptique du montant annuel des indemnités par juridiction. Il était alloué, aux juges non-professionnels, dans le respect du principe de l'annualité du budget, des montants globaux d'indemnités suivant les juridictions.

La somme totale annuelle représentant les indemnités dues aux juges non-professionnels était, dans sa répartition, variable suivant les juridictions. En effet, les tribunaux populaires de district ou d'arrondissement, en raison de leur nombre élevé, dans la mesure où ces juridictions, relativement nombreuses, étaient implantées, sur toute l'étendue du territoire de la République du Congo, dans les circonscriptions portant leurs noms et comptaient, conséquemment, plusieurs juges non-professionnels, emportaient la plus grande part, soit quatorze millions quatre cent mille (14 400 000) francs. Par contre, étant une juridiction unique, la Cour suprême disposait d'un million cent cinquante-deux mille (1 152 000) francs.

Le tableau synoptique ci-dessous permet de représenter les montants des indemnités des juges non-professionnels par juridiction.

Tableau synoptique relatif au montant annuel des indemnités des juges non-professionnels par juridiction

Dénomination des juridictions	Montant annuel des indemnités
Cour suprême	1 152 000
Cour des comptes	576 000
Tribunal populaire de région ou de commune 1) Audiences ordinaires 2) Sessions criminelles	 1 728 000 12 960 000
Tribunal populaire de district ou d'arrondissement	14 400 000
Tribunal du travail	960 000
Chambre correctionnelle pour mineurs	900 000
Tribunal populaire de quartier ou de village-centre	7 448 000
Total	40 164 000

279 - Juges non-professionnels, tableau synoptique du nombre d'audiences. Dans toutes les juridictions, les juges non-professionnels accomplissaient un certain nombre d'audiences suivant le tableau synoptique ci-après :

Tableau synoptique relatif au nombre d'audiences accordées aux juges non-professionnels suivant le niveau de juridictions

Dénomination des juridictions	Nombre d'audiences par mois à chaque juge non professionnel
Cour suprême	8
Cour des comptes	6
Tribunal populaire de région ou de commune 1) Audiences ordinaires 2) Sessions criminelles	 6 30
Tribunal populaire de district ou d'arrondissement	16
Tribunal du travail	2
Chambre correctionnelle pour mineurs	1
Tribunal populaire de quartier ou de village-centre	2

280 – Juges non-professionnels, tableau synoptique du nombre par audience. Les juges non-professionnels étaient répartis par audience, dans les juridictions où ils siégeaient.

Leur nombre était plus important au tribunal du travail dont la composition comprenait, outre le magistrat nommé président de cette juridiction compétente pour connaître, notamment, des différends individuels ou collectifs susceptibles de s'élever entre le travailleur et son employeur, l'apprenti et son maître, à l'occasion du contrat de travail ou d'apprentissage, quatre juges non-professionnels dont deux employeurs et deux travailleurs (art. 171, L. n° 53-83 du 21 avril 1983 portant réorganisation de la justice en République populaire du Congo).

Le tableau synoptique ci-dessous illustre le nombre de juges non-professionnels, par audience, dans la composition de chacune des juridictions de la République populaire du Congo, de la Cour suprême, plus haute juridiction nationale, au tribunal populaire de quartier ou de village-centre, juridiction de base.

Tableau synoptique relatif au nombre de juges non-professionnels par audience suivant le niveau de juridictions

Dénomination des juridictions	Nombre de juges non-professionnels
Cour suprême	2
Cour des comptes	2
Tribunal populaire de région ou de commune 1) Audiences ordinaires 2) Sessions criminelles	 2 3
Tribunal populaire de district ou d'arrondissement	3
Tribunal du travail	4
Chambre correctionnelle pour mineurs	3
Tribunal populaire de quartier ou de village-centre	2

TROISIÈME PARTIE

L'ORGANISATION JUDICIAIRE EN 1992 ET 1994

L'Acte fondamental portant organisation des pouvoirs publics pendant la période de transition du 4 juin 1991 avait substitué, aux « juridictions nationales populaires », dans la Constitution du 8 juillet 1979, le « pouvoir judiciaire » institué à son titre 8. Selon l'article 75 dudit Acte fondamental, en effet, « Le pouvoir judiciaire est confié aux juridictions nationales… Il est exercé par la Cour suprême et les autres juridictions créées par la loi ».

La Constitution du 15 mars 1992 qui consacrait, également, le pouvoir judiciaire avait repris les dispositions précitées de l'article 75 évoquée ci-dessus : « Le Pouvoir Judiciaire est exercé par la Cour suprême et les autres juridictions nationales créées par la loi » (art. 129, Const. 15 mars 1992).

En considération de ce que ledit pouvoir judiciaire était confié aux juridictions nationales (art. 75, Act. fond. 4 juin 1991) et la nature, la compétence, l'organisation et le fonctionnement de celles-ci relevant de la loi (art. 76, même Act. fond), l'élaboration de la loi d'organisation du pouvoir judiciaire, en 1992, constituait, opportunément, l'occasion propice dont devait se saisir le législateur pour dégager les principes généraux gouvernant la justice, lesquels correspondraient à son institution en « pouvoir judiciaire ». Cette consécration de la justice laissait, en effet, présager l'éclosion de sa nouvelle conceptualisation.

Aussi, pour exercer cette compétence que lui reconnaissait le Constituant, le législateur adoptait-il la loi n° 022-92 du 20 août 1992 portant organisation du pouvoir judiciaire en République du Congo.

Or son immobilisme était, nettement, perceptible à l'aune de la quasi reproduction fidèle des dispositions de la loi n° 53-83 du 21 avril 1983 portant réorganisation de la justice en République populaire du Congo. Cette loi pourtant décriée constituait, pour le législateur de 1992 qui prétendait réformer l'organisation judiciaire de 1983, un modèle dont il ne pouvait se départir.

En effet, les innovations éparses qu'elle recelait n'étaient, pour leur grande majorité, que liées au changement de dénominations des juridictions. Celles-ci retrouvaient leurs anciennes appellations (cours d'appel, tribunaux de grande instance, tribunaux d'instance).

Il importe de signaler, à cet égard, que même le plan suivant lequel les articles étaient disposés fut, rigoureusement, respecté par le législateur de 1992. Ainsi les chapitres, sections et paragraphes des lois n° 53-83 du 21 avril 1983 portant réorganisation de la justice en République populaire du Congo et n° 022-92 du 20 août 1992 portant organisation du pouvoir judiciaire en République du Congo comportaient-ils, non seulement les mêmes numérotations mais, également, des intitulés d'une identité, étonnamment, remarquable !

Dès le titre premier de cette loi, en effet, l'on pouvait préjuger du plagiat de son prédécesseur en la matière, en l'occurrence la loi n° 53-83 du 21 avril 1983 portant réorganisation de la justice en République populaire du Congo, laquelle constituait le fondement légal des juridictions populaires. L'article premier de ces deux lois était, en effet, libellé, identiquement, ainsi qu'il suit : « L'organisation territoriale de la justice est déterminée en fonction de l'organisation territoriale administrative ».

Il apparaissait, donc, clairement, que le législateur de 1992 ne s'était pas départi de la politique conçue et appliquée par celui de 1983, celle basée sur l'institution des juridictions suivant les niveaux des circonscriptions administratives.

Ainsi fut, par conséquent, maintenue la carte judiciaire établie selon l'organisation judiciaire mise en œuvre dans le cadre de la démocratisation de la justice prônant le rapprochement de la justice du justiciable par la création des tribunaux populaires dans les communes ou les régions, les arrondissements et les districts, les quartiers et les villages-centres. Évidemment le territoire national était, dans ce contexte, couvert par la Cour suprême qui gardait sa position de juridiction nationale, la plus haute, ayant pour siège Brazzaville, la capitale de la République du Congo.

Les autres juridictions (Les tribunaux populaires de commune ou de région, les tribunaux populaires de district ou d'arrondissement, les tribunaux populaires de village-centre ou de quartier) conservaient, pour l'essentiel, leurs compétences, attributions, organisation mais perdaient, seulement, leurs anciennes dénominations pour retrouver celles qui leur avaient été, auparavant, attribuées avant l'organisation judiciaire issue de la loi n° 53-83 du 21 avril 1983 portant réorganisation de la justice en République populaire du Congo, excepté la Cour suprême, la Cour des comptes et les tribunaux du travail.

Même si quelques réformes mineures pouvaient être, rarement, perçues, elles ne reflétaient pas la conception sur la justice adoptée au cours de la Conférence nationale, laquelle transparaissait, comme cela venait d'être, précédemment, développé, au titre 8 de l'Acte fondamental portant organisation des pouvoirs publics durant la période de transition du 4 juin 1991 et dans la Constitution du 15 mars 1992 dont le titre 9 était formulé « Du pouvoir judiciaire ».

Auparavant, en effet, la Constitution du 8 juillet 1979 comportait le titre 6 « Des juridictions nationales populaires » pour manifester l'avènement de la justice rendue avec la participation des citoyens, en tant qu'élément du peuple, sous la dénomination de juges non-professionnels.

En décidant de mettre en cause la justice rendue par les tribunaux populaires, il était évident que cette attitude des conférenciers présumait une nouvelle conception de la justice d'autant plus que l'Acte fondamental du 4 juin 1991 précité, qui tenait lieu de Constitution pendant la période de transition fixée à un an, instituait, comme cela venait d'être écrit, son titre 8 : « Du pouvoir judiciaire ».

Aussi, conviendra-t-il d'examiner les nouvelles juridictions issues de l'organisation judiciaire de la loi n° 022-92 du 20 août 1992 portant organisation du pouvoir judiciaire en République du Congo (titre1).

Par ailleurs, la loi n° 025-92 du 20 août 1992 portant organisation et fonctionnement de la Cour suprême ayant connu quelques modifications, en 1994, il importe de présenter les aspects saillants que revêtait cette réforme (titre 2).

TITRE I

LA RÉFORME DE LA JUSTICE EN 1992

Après avoir précisé la place de la justice au sein des institutions de l'État, la Conférence nationale souveraine avait, d'abord, porté son attention sur le changement des appellations des juridictions. Ce fut l'objet de l'Acte n° 076 du 21 juin 1991 de la Conférence nationale souveraine auquel il était conféré la même portée juridique que celle de la loi (chapitre 1). Plusieurs réformes des textes furent entreprises pour asseoir le nouveau pouvoir judiciaire (chapitre 2).

CHAPITRE I

LA DÉNOMINATION DES JURIDICTIONS EN 1992

281 - **Organisation judiciaire, nouvelles dénominations des juridictions en 1992**. Aux anciennes dénominations des juridictions, à l'exception de la Cour suprême, du tribunal du travail et de la Cour des comptes, étaient substituées les appellations ci-après : cour d'appel, en ce qui concerne le tribunal populaire de commune ou le tribunal populaire de région ; tribunal de grande instance, pour le tribunal populaire de district ou le tribunal populaire d'arrondissement ; tribunal d'instance, s'agissant du tribunal populaire de quartier ou du tribunal populaire de village-centre.

Ainsi, l'organisation judiciaire nouvelle, objet de la loi n° 022-92 du 20 août 1992 portant organisation du pouvoir judiciaire en République du Congo, qui ne comportait plus les juridictions qualifiées « populaires », était constituée, en 1992, de : - la Cour suprême (section 1) ; - la Cour des comptes (section 2) ; - la cour d'appel (section 3) ; - les tribunaux de grande instance (section 4) ; les tribunaux administratifs (section 5); - les tribunaux de commerce (section 6) ; - les tribunaux d'instance (section 7) ; - les tribunaux de travail (section 8) ; - les tribunaux militaires (section 9).

Outre l'établissement de nouvelles juridictions dont la plupart étaient autrement dénommées, le législateur décidait d'allouer aux magistrats un traitement conséquent (section 10).

On observait, aussi, l'institution de nouveaux types de juridictions à l'article premier de la loi n° 025-92 du 20 août 1992 susvisée, ainsi, dénommées : les tribunaux administratifs ; les tribunaux de commerce.

Par ailleurs, puisque l'ordre de juridiction unique ne les comprenant plus, furent supprimés les tribunaux d'exception.

Section 1 - La Cour suprême en 1992

Le législateur de 1992 avait repris, à l'article premier de la loi n° 025-92 du 20 août 1992 précitée, les dispositions de l'article 29 de la loi n° 53-83 du 21 avril 1983 relatives à la place de la Cour suprême qualifiée « plus haute juridiction nationale », ayant son siège à Brazzaville, dont le ressort comprend l'ensemble du territoire national et disposant du pouvoir de contrôle juridictionnel sur toutes les autres juridictions.

Cette loi organisait la Cour suprême (parag. 1), indiquait ses formations juridictionnelles (parag. 2), précisait les conditions d'éligibilité des magistrats de ladite juridiction (parag. 3), déterminait sa composition (parag. 4) et conférait au président de la Cour suprême le titre de « premier président » (parag. 5).

Parag. 1 – L'organisation de la Cour suprême en 1992

282 – Cour suprême, organisation et fonctionnement en 1992. Le législateur avait renvoyé, à la compétence de la loi, la fixation de l'organisation et du fonctionnement de la Cour suprême (art. 6, L. n° 19-99 du 15 août 1999 modifiant et complétant certaines dispositions de la loi n° 022-92 du 20 août 1992 portant organisation du pouvoir judiciaire). Ce fut l'objet de la loi n° 025-92 du 20 août 1992 portant organisation et fonctionnement de la Cour suprême, ce, en remplacement de la loi n° 4-62 du 20 janvier 1962 portant création de la Cour suprême.

On observe, alors, que la nouvelle loi n° 022-92 du 20 août 1992 portant organisation du pouvoir judiciaire reprend, dans leur formulation, exactement, textuelle, les dispositions du titre 2 de la loi n° 53-83 du 21 avril 1983 portant réorganisation de la justice en République populaire du Congo et, spécialement, celles du chapitre premier consacré à la Cour suprême (art. 29 à 67 de ladite loi) correspondant aux articles 1er à 37 de la loi n° 022-92 du 20 août 1992 susvisée).

Il sied de signaler que les dispositions de la loi n° 53-83 du 21 avril 1983 portant réorganisation de la justice en République populaire du Congo, précisément, celles relatives à la section 3 sur la procédure devant la chambre constitutionnelle de la Cour suprême (art. 68 à 82 de ladite loi) n'ont pas été recopiées par le législateur en raison de la création du Conseil constitutionnel par la Constitution du 15 mars 1992 (art. 138 à 151).

C'est, d'ailleurs, cela qui justifie que la chambre constitutionnelle, qui constituait une des formations de la Cour suprême dans la loi n° 53-83 du 21 avril 1983 portant réorganisation de la justice en République populaire du Congo, ne fut pas instituée dans la loi n° 025-92 du 20 août 1992 portant organisation et fonctionnement de la Cour suprême.

Parag. 2 – Les formations juridictionnelles 1992

283 - Cour suprême, formations juridictionnelles en 1992. Outre les formations existantes en 1983 (chambre civile, chambre pénale, chambres réunies, assemblée générale consultative, trois nouvelles chambres furent instituées :

- La chambre sociale qui connaissait, exclusivement, des affaires sociales (art. 29, L. n° 025-92 du 20 août 1992 précitée) alors qu'auparavant cette compétence relevait de la chambre civile qui statuait en matière civile, commerciale et sociale (art. 54, L. n° 53-83 du 21 avril 1983 susvisée) ;
- La chambre mixte, compétente pour connaître des pourvois exercés dans des cas ayant donné lieu à des divergences d'interprétation de la loi par deux ou trois chambres (art. 25, L. n° 025-92 du 20 août 1992 susmentionnée) ;
- La chambre commerciale, habilitée à connaître des pourvois en matière commerciale (art. 20, 4ème tiret, L. n° 025-92 du 20 août 1992 citée plus haut).

Cependant, disparaissait la chambre constitutionnelle dont les compétences étaient transférées au Conseil constitutionnel créé par la Constitution du 15 mars 1992 (art. 138 à 151).

Parag. 3 – L'élection des magistrats en 1992

284 - Cour suprême, élection des magistrats en 1992. La Constitution du 15 mars 1992 (JORC, édition spéciale, juin 1992, promulguée par décret n° 92-302 du 28 mai 1992) édictait la composition de la Cour suprême.

Cette plus haute juridiction nationale comprenait des magistrats élus par le parlement réunis en congrès dans les conditions fixées par la loi (art. 129, al. 3 de la Constitution du 15 mars 1992).

C'est en application de cette disposition que la loi n° 025-92 du 20 août 1992 portant organisation et fonctionnement de la Cour suprême précisait les conditions d'éligibilité des magistrats de cette juridiction :

- Être élevé au dernier échelon du premier grade ;
- Cumuler quinze années d'ancienneté dont dix ans dans les juridictions ou les services du ministère de la Justice (art. 9, al. premier,

L. n° 025-92 du 20 août 1992 portant organisation et fonctionnement de la Cour suprême).

Parag. 4 – La composition de la Cour suprême en 1992

285 - Cour suprême, composition en 1992. La Cour suprême fonctionnait sous l'autorité du « président » de cette juridiction, selon l'article 37 de la loi n° 53-83 du 21 avril 1983 portant réorganisation de la justice en République populaire du Congo qui disposait, pour déterminer la composition de cette plus haute juridiction nationale, que « La Cour suprême est composée d'un Président, d'un Vice-président… ». La loi n° 025-92 du 20 août 1992 précitée, qui l'abrogeait, instituait pour la première fois à l'article 8 du chapitre premier réservé aux membres de la Cour suprême, le titre de « Premier président » pour désigner le président de la Cour suprême.

Parag. 5 – Le vocable « Premier président » en 1992

286 – Cour suprême, naissance du vocable « Premier Président » en 1992. Le basculement du législateur était, en effet, étonnamment, perceptible à l'article 8 de la loi n° 025-92 du 20 août 1992 portant organisation et fonctionnement de la Cour suprême qui disposait que « La Cour suprême est composée d'un Premier Président, d'un Vice-président, de 5 Présidents de chambres et 11 juges. Le Ministère Public est constitué par le Procureur Général près la Cour Suprême. Il est assisté d'un Premier Avocat Général et cinq Avocats Généraux ».

Cette approche conduisait à considérer que le législateur s'était mépris en désignant les présidents de la Cour suprême depuis la loi n° 25-92 du 20 août 1992 portant organisation et fonctionnement de la Cour suprême sous l'appellation « Premier Président » sans rechercher l'origine véritable de ce vocable et sans aucune justification.

Le législateur s'était, peut-être, simplement, référé par mimétisme aux législations étrangères dont les sources du choix de ce vocable pouvaient être adaptées à leur ordonnancement juridique.

Le législateur congolais avait-t-il commis une erreur d'interprétation en se référant à l'article 9, alinéa 2, de la loi n° 4-62 du 20 janvier 1962 portant création de la Cour suprême ? Les développements qui suivent sont susceptibles d'apporter des éclairages à cet égard.

En effet, l'article 8 de la loi n° 25-92 du 20 août 1992 susmentionnée relatif à la composition de la Cour suprême était suivi d'autres dispositions, de la même loi, qui confirmaient le changement de dénomination des fonctions de « président de la Cour suprême » en « Premier Président de la Cour suprême » ainsi que le révèlent les dispositions légales y afférentes ci- après :

- La demande en récusation d'un magistrat de la Cour suprême doit être motivée et adressée au « Premier Président » de la Cour suprême… (art. 14 L. n° 025-92 du 20 août 1992 susvisée) ;

- Le « Premier Président » de la Cour suprême préside la chambre mixte, les chambres réunies et l'assemblée générale consultative ainsi que toute formation de la Cour suprême lorsqu'il le juge convenable (art. 21 al. premier, L. n° 025-92 du 20 août 1992 précitée) ;

- Dans le cas où une formation de jugement ne peut être, valablement, constituée des juges intérimaires peuvent être provisoirement, appelés à y siéger. Ils sont désignés parmi les magistrats du siège des cours d'appel par ordonnance du « premier président de la Cour suprême » et, en cas d'absence, d'empêchement ou de carence, par ordonnance du « Premier Président » de la Cour suprême (art. 23 al. 2, L. n° 025-92 du 20 août 1992 susmentionnée) ;

- Les chambres réunies comprennent, sous la présidence du « Premier Président » de la Cour suprême ou, à défaut, de son suppléant les membres de la chambre civile, ceux de la chambre administrative et financière, ceux de la chambre pénale, ceux de la chambre commerciale et ceux de la chambre sociale (art. 24 al. premier, L. n° 025-92 du 20 août 1992 susvisée) ;

- Elle (la chambre mixte) est saisie, par ordonnance, par le « Premier Président » de la Cour suprême, soit sur son initiative propre soit sur celles des présidents des chambres intéressés (art. 25 al. 2 L. n° 025-92 du 20 août 1992 citée ci-haut) ;

- L'assemblée générale consultative comprend : le « Premier Président » de la Cour suprême, le vice-président, les présidents de chambres, le procureur général près la Cour suprême, les avocats généraux, les juges (art. 31 L. n° 025-92 du 20 août 1992 susmentionnée).

287 - Cour suprême, confusion de vocable « Premier Président » en 1992. Une confusion apparaît, toutefois, dans certaines dispositions de la loi n° 25-92 du 20 août 1992 portant organisation et fonctionnement de la Cour suprême au sujet de l'indication des membres du bureau de la Cour suprême et de l'appréciation faite des relevés mensuels des affaires où la loi désigne, non plus le « Premier

Président » de la Cour suprême comme dans les dispositions qui précèdent mais le « Président » de la Cour suprême comme dans la loi n° 4-62 portant création de la Cour suprême et la loi n° 53-83 du 21 avril 1983 portant réorganisation de la justice en République populaire du Congo :

- Le bureau de la Cour suprême est formé du « Président », du procureur général, du vice-président, du premier avocat général, des présidents de chambres et cinq avocats généraux (art. 18, al. 3 L. n° 025-92 du 20 août 1992 susvisée) ;

- Lorsqu'ils reçoivent des présidents des tribunaux et des cours d'appel le relevé mensuel des affaires enrôlées aux différentes audiences ainsi que des décisions prises, le « Président » de la Cour suprême et le procureur général près la Cour suprême font aux différentes juridictions les remarques qu'ils jugent opportunes (art. 36, L. n° 025-92 du 20 août 1992 précitée).

Il y a lieu, simplement, d'accepter le recours du législateur de 1992 au mimétisme pour consacrer l'usage, dans les juridictions étrangères, de la dénomination « premier président » aux magistrats qui président la Cour d'appel, la Cour de cassation ou la Cour suprême.

Section 2 – La Cour des comptes en 1992

288 – Cour des comptes, maintien des dispositions anciennes de la loi n° 53-83 du 21 avril 1983. Les règles prévues pour encadrer la Cour des comptes en 1992 au regard de sa compétence, de son organisation, de ses attributions, des infractions dont elle avait connaissance ainsi que des sanctions qu'elle pouvait prononcer en cas de violation des règles de gestion par les comptables patents ou les gestionnaires de fait (art. 7 à 45, L. n° 022-92 du 20 août 1992 portant réorganisation du pouvoir judiciaire en République du Congo, titre 2, organisation et compétence des juridictions, chap. 2, la Cour des comptes) demeuraient, quasiment, les mêmes que celles édictées par le législateur dans la loi n° 53-83 du 21 avril 1983 portant réorganisation de la justice en République populaire du Congo).

Quelques innovations mineures résultant de l'application de l'Acte n° 076 du 21 juin 1991 de la Conférence nationale souveraine relatif aux changements d'appellations des juridictions s'imposaient, toutefois, afin d'assurer l'harmonisation des dispositions des articles qui régissaient, spécialement, la Cour des comptes avec celles qui gouvernaient l'ensemble de la loi n° 022-92 du 20 août 1992 portant organisation du pouvoir judiciaire en République du Congo.

289 – Cour des comptes, compétence en 1992. On pouvait observer qu'à la section 1 consacrée à la compétence de la Cour des comptes, l'article 14 de la loi n° 022-92 du 20 août 1992 susvisée, reprenant les dispositions de l'article 91 de la loi n° 53-83 du 21 avril 1983 précitée sur les pouvoirs d'investigation des juges de la Cour des comptes, substituait au terme « juges », celui de « Conseillers » préféré par le législateur qui avait décidé de réorganiser le pouvoir judiciaire en République du Congo. Autrement dit, la réforme, à cet égard, portait sur la modification formelle de l'appellation de la qualité d'une catégorie des membres de la Cour des comptes.

290 – Cour des comptes, organisation en 1992. La Cour des comptes était composée, en 1992 :

- D'un président ;
- D'un vice-président ;
- De quatre présidents de chambres ;
- De conseillers (art. 16, L. n° 022-92 du 20 août 1992 portant organisation du pouvoir judiciaire en République du Congo.

Cette dernière catégorie de membres de la Cour des comptes comprenait des magistrats et des fonctionnaires.

Les conseillers magistrats, autant que les magistrats membres du ministère public (procureur général, avocat général et substituts généraux), étaient nommés par décret du président de la République sur proposition du Conseil supérieur de la magistrature (art. 16, al. 2, et 17, al. 2, L n° 022-92 du 20 août 1992 susmentionnée).

Cela ne constituait, nullement, une innovation dans la loi n° 022-92 du 20 août 1992 portant organisation du pouvoir judiciaire en République du Congo dès lors qu'au sens de l'article 93, alinéa 2, 1° de la loi n° 53-83 du 21 avril 1983 portant réorganisation de la justice en République populaire du Congo, les magistrats à la Cour des comptes étaient nommés « … conformément au statut de la magistrature ».

Aux termes de l'article 24 du statut de la magistrature, en effet, « Les nominations aux divers postes de la magistrature sont faites par décret du président de la République sur proposition du Conseil supérieur de la magistrature en ce qui concerne les magistrats du siège ».

Les articles 16, alinéa. 2, et 17, alinéa 2, de la loi n° 022-92 du 20 août 1992 portant organisation du pouvoir judiciaire en République du

Congo constituaient, évidemment, la manifestation de ce que le législateur de 1992, sous prétexte de modifier, fondamentalement, l'ancienne organisation judiciaire issue de la politique conçue par le parti-État, le Parti congolais du Travail (PCT), reproduisait, au contraire, ostensiblement et largement, les dispositions de la loi n° 53-83 du 21 avril 1983 portant réorganisation de la justice en République populaire du Congo.

Il avait été, en effet, simplement, procédé à l'expurgation des dispositions de cette ancienne loi d'organisation judiciaire qui se rattachaient à la dénomination des tribunaux populaires pour leur substituer les anciennes appellations des juridictions comme l'avait recommandé la Conférence nationale souveraine suivant Acte n° 076 du 21 juin 1991 ayant valeur de loi, lequel était « exécutoire immédiatement et d'urgence » comme, ainsi, libellé dans tous les actes adoptés lors de ladite Conférence nationale souveraine.

Les conseillers fonctionnaires étaient, quant à eux, nommés comme dans la loi n° 53-83 du 21 avril 1983 précitée par décret pris en conseil de ministres sur proposition conjointe du garde des Sceaux, ministre de la Justice et du ministre des finances (art. 93, al. 2 L. n° 53-83 du 21 avril 1983 susvisée et 16, al. 2 L. n° 022-92 du 20 août 1992 citée ci-dessus).

Dans la composition de la Cour des comptes déclinée à l'article 93 de la loi n° 53-83 du 21 avril 1983 citée ci-haut, cette juridiction comprenait, outre le président et le vice-président, dix juges professionnels et vingt juges non-professionnels.

Il en résultait, par conséquent, que la qualité de « conseillers » désignait les magistrats en dehors du président et du vice-président. Les juges professionnels, cette autre catégorie de personnel regroupant les magistrats et les fonctionnaires, disparaissaient pour recevoir la qualification de conseillers, de même que n'avaient plus d'existence dans toutes les dispositions de la loi n° 022-92 du 20 août 1992 portant organisation du pouvoir judiciaire en République du Congo les juges non-professionnels qui participaient, en tant que citoyens, à l'exercice des fonctions judiciaires au sein des juridictions populaires supprimées.

Les quatre présidents de chambres institués par la loi n° 022-92 du 20 août 1992 portant organisation du pouvoir judiciaire en République du Congo correspondaient aux quatre chambres de la Cour des comptes prévues à l'article 25 de ladite loi. Cela ne fut pas une innovation dans cette nouvelle loi dès lors que l'article 103, alinéa 4 de la loi n° 53-83 du 21 avril 1983 portant réorganisation de la justice en République populaire du Congo disposait que « Chaque chambre est présidée par le président de chambre... ».

Section 3 – La Cour d'appel en 1992

Il a été indiqué, plus haut, que le législateur de 1992 n'avait pas développé beaucoup d'esprit de créativité pour rénover la législation ancienne issue de la loi n° 53-83 du 21 avril 1983 portant réorganisation de la justice en République populaire du Congo, de sorte que la loi n° 022-92 du 20 août 1992 portant organisation du pouvoir judiciaire en République du Congo n'était apparue que comme le plagiat de son prédécesseur hormis l'actualisation des appellations des nouvelles juridictions.

C'était cette logique qui se poursuivait dans les dispositions du chapitre 3 de la loi n° 022-92 du 20 août 1992 portant organisation du pouvoir judiciaire en République du Congo régissant les cours d'appel.

291 – Cour d'appel, compétences en 1992. Les compétences de la cour d'appel demeuraient les mêmes que celles qui lui avaient été reconnues par la loi n° 53-83 du 21 avril 1983 précitée aux articles 126 et 127 (cf. supra, titre 4, la refonte de la justice en 1983, chapitre 1, la mise en œuvre de la réforme en 1983, section 4, les nouvelles juridictions créées en 1983, §. 3, les tribunaux populaires de régions ou de commune en 1983, n° 47, tribunaux populaires de commune ou de régions, p. 176). Elles étaient, en effet, reproduites aux articles 48 et 49 de la loi n° 022-92 du 20 août 1992 citée plus haut.

292 - Cour d'appel, organisation en 1992. Se démarquant du législateur de 1983 qui édictait la nomination des magistrats au tribunal populaire de commune ou de région par décret pris en conseil des ministres sur proposition du garde des Sceaux, ministre de la Justice (art. 128, al. 2, L. n° 53-83 du 21 avril 1983 portant réorganisation de la justice en République populaire du Congo), la loi n° 022-92 du 20 août 1992 prévoyait la nomination des magistrats à la Cour d'appel s'ils avaient atteint le premier grade, par décret du président de la République sur proposition du Conseil supérieur de la magistrature (art. 50 de ladite loi). Les auteurs de cette réforme se référaient, ainsi, au statut de la magistrature en ce qui concernait les nominations des magistrats aux postes de la magistrature (art.24, L. n° 42-61 du 20 juin 1961 portant statut de la magistrature).

Les règles relatives à l'administration de la Cour d'appel, portant, notamment, sur les questions d'ordre général ou concernant la vie de la juridiction relevant de l'assemblée générale sont demeurées les mêmes que celles qui avaient été conçues pour assurer le fonctionnement des tribunaux populaires de région ou de commune par la loi n° 53-83 du 21 avril 1983 susdite. Il en a été, également, ainsi des dispositions liées à la composition du greffe et des missions des greffiers (art. 130, 131, 132 et 133, L. n° 53-83 du 21 avril 1983 susvisée ; art. 52, 53, 54 et 55 L. n° 022-92 du 20 août 1992 précitée).

293 - Cour d'appel, formations juridictionnelles en 1992. Alors que l'unicité des chambres caractérisait le tribunal populaire de région ou de commune dans la loi n° 53-83 du 21 avril 1983 portant réorganisation de la justice en République populaire du Congo, en ce sens que cette juridiction ne pouvait comporter qu'une chambre compétente dans son domaine, autrement dit, une chambre civile, une chambre correctionnelle, une chambre administrative (art. 134, 1°, 2°, 3, L. n° 53-83 du 21 avril 1983 susvisée) la pluralité de chambres marquait les formations juridictionnelles, ci-après, de la Cour d'appel sous l'empire de la loi n° 022-92 du 20 août 1992 précitée : les chambres civiles, les chambres commerciales, les chambres administratives, les chambres correctionnelles et les chambres sociales (art. 56, 1°, 2°,3°,4° 5°, L. n° 022-92 du 20 août 1992 susmentionnée).

La chambre civile, auparavant compétente pour connaître des appels en matière civile, commerciale et sociale dans l'ancienne législation (art. 134, 1°, L. n° 53-83 du 21 avril 1983 susvisée), se trouvait subdivisée en trois chambres : la chambre civile, la chambre commerciale et la chambre sociale (art. 56, 1°, 2°, 5°, précitée).

On observait qu'alors qu'en 1983 la chambre criminelle se substituait à la cour criminelle, le mouvement inverse se produisait en 1992 où la cour criminelle prenait la place de la chambre criminelle.

Section 4 – Les tribunaux de grande instance en 1992

294 – Tribunaux de grande instance, création et ressort en 1992. La loi prévoyait la création d'un tribunal de grande instance par district ou arrondissement dont le siège pouvait comprendre, suivant la nature de la juridiction créée, un ou plusieurs districts ou arrondissements (art. 61, L. n° 022-92 du 20 août 1992 portant organisation du pouvoir judiciaire en République du Congo).

295 -Tribunaux de grande instance, perte de compétence en matière administrative en 1992. Par l'effet de la création des tribunaux administratifs, les tribunaux de grande instance perdaient leur compétence en matière administrative.

C'est ainsi que n'étant plus juges de droit commun en matière administrative, ces juridictions qui disposaient de la compétence, au plein contentieux, au cours des instances dont elles étaient saisies, d'interpréter les décisions des autorités administratives et en apprécier la régularité juridique, ne pouvaient plus exercer ces attributions s'il existait dans leur ressort un tribunal administratif.

Dans ces conditions, la chambre civile saisie devait surseoir à statuer (art ; 62, al. 4 et 5, L. n° 022-92 du 20 août 1992 portant organisation du pouvoir judiciaire en République du Congo).

296 - Tribunaux de grande instance, extension de compétence en matière pénale en 1992. Plutôt que d'ordonner un sursis à statuer au cas où il se posait à lui une question d'ordre administratif comme dans l'ancienne législation, le tribunal de grande instance pouvait, en matière pénale, interpréter les décisions des autorités administratives et en apprécier la régularité juridique si une des parties au procès en faisait la demande, comme moyen de défense, nonobstant l'existence du tribunal administratif dans son ressort (art. 64, L. n° 022-92 du 20 août 1992 portant organisation du pouvoir judiciaire en République du Congo).

297 - Tribunaux de grande instance, augmentation du taux de compétence en matière civile en 1992. Alors qu'ils étaient, auparavant, compétents en matière civile et à charge d'appel de toutes les actions sans préoccupation du taux (art. 145, al. 2, L. n° 53-83 du 21 avril 1983 portant réorganisation de la justice en République populaire du Congo), les tribunaux de grande instance connaissaient, suite à la réforme intervenue au cours de l'année 1992, des actions civiles dont le montant en capital dépassait 1000 000 de francs et 100 000 francs en revenus (art. 62, al. 2, L. n° 022-92 du 20 août 1992 portant organisation du pouvoir judiciaire en République du Congo). La connaissance des actions jusqu'à la valeur de 1000 000 de francs en capital et 300 000 francs en revenus relevait, en conséquence, des tribunaux d'instance.

298 - Tribunaux de grande instance, compétence en matière de divorce en 1992. Selon l'article 181 de la loi n° 073/84 du 17 octobre

1984 portant code de la famille, « L'époux demandeur en divorce doit, en personne, présenter au président du tribunal populaire de village-centre ou de quartier du domicile du défendeur une requête écrite ou verbale… ».

L'extrait de jugement du tribunal populaire de quartier de Makélékélé ci-dessous illustre cette compétence :

« Les époux B… et L…se sont mariés le 14 juillet 1979 devant l'officier d'état civil de Madingou ; aucun enfant n'est issu de cette union ; ensuite d'une ordonnance de non-conciliation rendue le 23 mars 1988 qui a autorisé les époux à résider séparément, la dame L… a assigné son époux en divorce pour faute… » (tribunal populaire de quartier de Makélékélé, 22 juillet 1988, RC, n° 165, année 1988, Rép. n° 282, inédit, cité par Auguste Iloki, « Le droit du divorce au Congo », L'Harmattan, 2004, p. 96).

Sous l'empire de la loi n° 53-83 du 21 avril 1983 portant réorganisation de la justice en République populaire du Congo, le tribunal populaire de village-centre ou de quartier connaissait, aussi, des affaires de divorce sur le fondement de l'article 163 de ladite loi qui disposait que « Le tribunal populaire de village-centre ou de quartier connaît, en matière civile et commerciale, en conciliation de toutes les actions et au contentieux de toutes les actions personnelles, mobilières ou immobilières en premier ressort et à charge d'appel jusqu'à la valeur de 300 000 F en capital et 10 000 en revenu, rente ou prix de bail ».

Aussi, la doctrine rappelait-t-elle que « L'époux demandeur en divorce pouvait assigner l'autre, sous l'empire de la loi n° 53-83 du 21 avril 1983 portant réorganisation de la justice en République populaire du Congo, devant le tribunal populaire de quartier de son domicile, au moyen d'une requête ». (Auguste Iloki, « Le droit du divorce au Congo », L'Harmattan, 2004, chapitre 1, la procédure du divorce, section 1, l'introduction de la requête en divorce, §. 1, la forme de la requête en divorce, A - La demande écrite en divorce, n° 66, tribunal compétent, p. 96).

Avec la réforme de 1992, le tribunal populaire de district ou d'arrondissement partageait la compétence, en matière de divorce, avec le tribunal d'instance. Le demandeur avait, alors, la faculté de choisir entre l'un ou l'autre de ces tribunaux pour introduire sa requête aux fins de divorce (art. 63, L. n° 022-92 du 20 août 1992 portant organisation du pouvoir judiciaire en République du Congo).

C'était sur ce fondement que la doctrine affirmait que la demande en justice pouvait, aussi, être, légalement, déposée au greffe du tribunal de grande instance (Auguste Iloki, « Le droit du divorce au Congo », L'Harmattan, 2004, p. 97).

En effet, étant donné que l'article 200 du code de la famille permettait à l'époux demandeur de transformer sa demande de séparation de corps en demande de divorce et à l'époux défendeur de répondre à l'action en séparation de corps par une demande reconventionnelle en divorce, le tribunal de grande instance s'estimait compétent en la matière sur le fondement de l'article 63 de la loi n° 022-92 du 20 août 1992 portant organisation du pouvoir judiciaire en République du Congo comme le révèle l'espèce ci-après :

« ...Attendu que par requête datée à Dolisie du 17 mai 1993, madame M... a exposé à la chambre civile du tribunal de grande instance de Dolisie les faits suivants... ; attendu qu'il est permis à l'époux défendeur de répondre à l'action en conciliation (ou en divorce) par une demande reconventionnelle en séparation de corps... Par ces motifs, faute de n'avoir pu concilier NG... et M..., autorise les époux à résider séparément (TGI, Dolisie, 27 novembre 1993, RC, n° 60/93, Rép. n° 162/93, inédit, cité par Auguste Iloki, « Le droit du divorce au Congo », L'Harmattan, 2004, pp. 81 et 82).

Toutefois, le législateur mettait un terme à la compétence du tribunal d'instance en matière de divorce lorsqu'il abrogeait l'article 181 de la loi n° 073-84 du 17 octobre 1984 portant code de la famille (art. 161, L. n° 022-92 du 20 août 1992 susvisée).

299 - Tribunaux de grande instance, organisation en 1992. La nomination des magistrats des tribunaux de grande instance, qu'ils appartiennent au siège ou au parquet n'était plus faite, comme pour celle des magistrats des anciens tribunaux populaires de district ou d'arrondissement, par décret du Premier ministre en ce qui concernait le président du tribunal ou par arrêté du garde des Sceaux, ministre de la Justice s'agissant du président de la chambre pénale et du président de la chambre administrative (art. 148, al. 1 et 2, L. n° 53-83 du 21 avril 1983 susmentionnée).

Il revenait, en effet, selon la nouvelle loi de 1992, au président de la République d'y procéder sur proposition du Conseil supérieur de la magistrature (art. 65, L. n° 022-92 du 20 août 1992 susvisée).

L'administration des tribunaux de grande instance au moyen de l'organe dénommé « assemblée générale » de cette juridiction (art. 67 et 68, L. n° 022-92 du 20 août 1992 précitée) épousait, identiquement, celle des tribunaux populaires de district ou d'arrondissement (art. 150

et 151, L. n° 53-83 du 21 avril 1983 susvisée).

300 - Tribunaux de grande instance, formations juridictionnelles en 1992. La Chambre civile n'exerçait plus sa compétence antérieure en matière commerciale pour se cantonner à la connaissance des affaires de nature civile.

Au lieu d'une chambre correctionnelle, comme dans la législation de 1983, plusieurs autres chambres compétentes statuant sur les délits et les contraventions pouvaient composer le tribunal de grande instance.

301 – Le tribunal pour enfants, création en 1992. La création du tribunal pour enfants faisait disparaître la chambre correctionnelle pour mineurs du tribunal populaire du district ou d'arrondissement ainsi que le cabinet de juge des enfants.

Le tribunal pour enfants était compétent pour juger les crimes et délits commis par les mineurs de dix-huit ans, et connaissait, également, des cas où la santé, la moralité ou l'éducation des mineurs étaient en danger (art. 75, L. n° 022-92 du 20 août 1992 citée ci-dessus). Les règles relatives au fonctionnement, à la compétence et à la composition du tribunal pour enfants étaient renvoyées au code de procédure pénale (art. 76, L. n° 022-92 du 20 août 1992 susmentionnée).

Il en était de même de la chambre administrative du tribunal populaire du district ou d'arrondissement qui cédait, en 1992, sa place aux tribunaux administratifs (art. 80, L. n° 022-92 du 20 août 1992 précitée).

Les règles d'organisation des cabinets d'instruction demeuraient inchangées sauf en ce qui concernait la nomination des juges d'instruction qui relevait du garde des Sceaux, ministre de la Justice et qui incombait, dans la réforme de 1992, au président de la République, sur proposition du Conseil supérieur de la magistrature (art. 78, L. n° 022-92 du 20 août 1992 susmentionnée).

Section 5 – Les tribunaux administratifs en 1992

302 – Tribunaux administratifs, création avant l'indépendance de la République du Congo. La justice administrative au Congo résultait, avant l'indépendance de la République Congo, de la loi n° 31-59 du 30 juin 1959 relative au contentieux administratif (JORC, 15 juillet 1959, p. 456) comme indiqué précédemment (cf. supra, n° 19, ordre de juridictions, dualisme, p. 26).

La création du tribunal administratif à Brazzaville sonnait, par conséquent, le glas de l'unicité juridictionnelle qui cédait la place à deux ordres de juridictions : l'ordre judiciaire et l'ordre administratif.

Selon la doctrine, qui manifestait son scepticisme quant à l'intérêt d'instituer le tribunal administratif dans l'ordonnancement juridique congolais de cette époque, « En créant le tribunal administratif de Brazzaville en tant que juge en premier ressort et sous réserve d'appel devant le Conseil d'État, le législateur a simplement transposé au Congo les éléments normatifs et institutionnels de l'ordonnancement juridique métropolitain » (Auguste Iloki, « La justice administrative en République du Congo », journées du Barreau, Brazzaville, 18, 19 janvier 2000, p. 1, inédit).

303 - Tribunal administratif, suppression en 1962. Par suite de l'extension de compétences, le tribunal de grande instance devenait juge de droit commun en première instance en toutes matières, sous réserve des compétences d'exception reconnues à la Cour suprême, à la Cour d'appel, à la Cour criminelle, aux tribunaux du travail, aux tribunaux d'instance et aux organismes administratifs à caractère juridictionnel (art. premier, L. n° 6-62 du 20 janvier 1962 relative à la compétence de la Cour d'appel et des tribunaux de grande instance et à la procédure suivie devant ces juridictions en matière administrative).

Aussi, la doctrine en déduisait-elle la suppression du tribunal administratif créé en 1959 en ces termes : « Le tribunal administratif ne fut, effectivement, supprimé, que par la loi n° 6-62 du 20 janvier 1962 relative à la compétence de la Cour d'appel et des tribunaux de grande instance et à la procédure suivie devant ces juridictions en matière administrative » (cf. Auguste Iloki, « La place du droit et de la justice dans l'administration », journées de réflexion sur l'administration publique, mars 2000, p. 6, inédit). Selon la doctrine, l'allusion faite à « toutes matières » à l'article premier de la loi précitée englobant, inéluctablement, la matière administrative, il en résultait un transfert de compétences du tribunal administratif, justifiant sa suppression, au tribunal de grande instance (Auguste Iloki, « La justice administrative en République du Congo », journées du Barreau, Brazzaville, 18, 19 janvier 2000, p. 2, inédit).

Sous l'empire de la loi n° 53-83 du 21 avril 1983 portant réorganisation de la justice en République populaire du Congo, la chambre administrative du tribunal populaire de district ou d'arrondissement exerçait les compétences de juge de droit commun en matière administrative en premier ressort. Elle avait reçu l'habilitation, au plein contentieux, d'interpréter les décisions des autorités administratives au cours des instances dont elle était saisie aux fins d'apprécier leur régularité juridique si le demandeur, le défendeur ou un tiers au procès lui en formulaient la demande (art. 155, 4° et 144, L. n° 53-83 du 21 avril 1983 précitée).

304 - Tribunal administratif, création en 1992. La chambre administrative du tribunal populaire de district ou d'arrondissement exerçait, comme développé plus haut, les compétences dévolues au juge administratif. La réforme issue de la loi n° 022-92 du 20 août 1992 portant organisation du pouvoir judiciaire en République du Congo mentionnait, parmi les juridictions qui rendaient la justice en République du Congo, les tribunaux administratifs (art. premier, 7ème tiret de ladite loi).

Pour la doctrine, cette insertion constituait une innovation qui manifestait, sans nul doute, la disparition de la chambre administrative du tribunal populaire de district ou d'arrondissement (Auguste Iloki, « La justice administrative en République du Congo », journées du Barreau, Brazzaville, 18, 19 janvier 2000, p. 2, inédit).

La suppression de ladite chambre faisait, en conséquence, perdre à ladite juridiction sa compétence en matière administrative. Elle était, en effet, juge de droit commun en premier ressort, et au plein contentieux, habilitée à interpréter les décisions des autorités administratives et à apprécier leur régularité juridique (art 144, al. premier, L. n° 53-83 du 21 avril 1983 portant réorganisation de la justice en République populaire du Congo 1983).

La disparition des compétences de cette juridiction justifiait, alors, la création des tribunaux administratifs par la loi n° 022-92 du 20 août 1992 portant organisation du pouvoir judiciaire en République du Congo (art. 80 de ladite loi).

305 - Tribunal administratif, compétence en 1992. Le législateur n'avait apporté aucune innovation relative à la compétence du tribunal administratif. Les articles 82 et 83 de la loi n° 022-92 du 20 août 1992 précitée y consacrés étaient la reproduction fidèle des articles 143 et 144 de la loi n° 53-83 du 21 avril 1983 susvisée (cf. supra, titre 3, la refonte de la justice en 1983, chapitre 1, la mise en œuvre des réformes section 3, « Les nouvelles juridictions en 1983 », paragraphe 2, les juridictions issues de la réforme de 1983, D - les tribunaux populaires de district ou d'arrondissement, 2 - Les tribunaux populaires de district, a) les compétences des TPD en 1983, n° 208, p. 148).

306 - Tribunal administratif, organisation en 1992. C'était sur le modèle d'organisation du tribunal populaire de district ou d'arrondissement qu'était calquée l'organisation du tribunal administratif. Ainsi les articles 85 et 86 de la loi n° 022-92 du 20 août 1992 portant organisation du pouvoir judiciaire en République du Congo correspondaient aux articles 148 et 149 de la loi n° 53-83 du 21 avril 1983 portant réorganisation de la justice en République populaire du Congo.

307 - Tribunal administratif, administration en 1992. Comme pour son organisation, l'administration du tribunal administratif équivalait, en ses articles 87 à 90 de la loi n° 022-92 du 20 août 1992 portant organisation du pouvoir judiciaire en République du Congo, parfaitement, à celle du tribunal populaire de district ou d'arrondissement prévue aux articles 150 à 154 de la loi n° 53-83 du 21 avril 1983 portant réorganisation de la justice en République populaire du Congo.

Section 6 – Les tribunaux de commerce en 1992

La compétence de juger les affaires de nature commerciale était dévolue au tribunal populaire de district ou d'arrondissement dans l'ancienne loi d'organisation judiciaire (art. 145, al. premier, L. n° 53-83 du 21 avril 1983 portant réorganisation de la justice en République populaire du Congo). Cette juridiction l'exerçait par sa chambre civile (art. 155, 1° de la même loi).

La nouvelle loi d'organisation judiciaire innovait en ce qu'elle instituait une juridiction spéciale dénommée tribunal de commerce, déchargeant, ainsi, le tribunal de grande instance de cette attribution.

308 – Tribunal de commerce, création en 1992. À l'instar du tribunal populaire de district ou d'arrondissement qui était établi au chef-lieu de chaque district ou arrondissement (art. 140, al. premier, L. n° 53-83 du 21 avril 1983 sus citée), le tribunal de commerce était créé par district ou arrondissement (art. 91, al. premier, L. n° 022-92 du 20 août 1992 portant organisation du pouvoir judiciaire en République du Congo).

309 – Tribunal de commerce, compétence en 1992. Juge de droit commun en première instance en matière de commerce, le tribunal de commerce connaissait des contestations :

1°) Relatives aux engagements et transactions entre négociants, marchands et banquiers (art. 93, 1°, L. n° 022-92 du 20 août 1992 précitée) ;

2°) Entre associés pour raison d'une société de commerce (L. n° 022-92 du 20 août 1992 citée ci- haut) ;

3°) Liées aux actes de commerce (art. 93, L. n° 022-92 du 20 août 1992 susmentionnée). Il était permis aux parties de convenir, lors de la conclusion des contrats, de soumettre aux arbitres leurs contestations.

4°) Portant sur les faillites (art. 97, L. n° 022-92 du 20 août 1992 portant organisation du pouvoir judiciaire en République du Congo).

Le tribunal de commerce avait compétence pour interpréter les décisions des autorités administratives et apprécier leur régularité juridique dans le cas où une des parties les invoquait, au cours d'une instance, comme moyens de défense.

En l'absence de tribunal de commerce, la compétence de cette juridiction était exercée par le tribunal de grande instance statuant en matière civile, au travers de sa chambre civile.

310 – Tribunal de commerce, organisation en 1992. La composition du tribunal de commerce comporte :

- Un magistrat du siège et des magistrats du ministère public nommés par décret du président de la république sur proposition du Conseil supérieur de la magistrature ;
- Deux assesseurs ayant voix délibérative, choisis par des commerçants, auxquels sont adjoints des suppléants (art. 107, L. n° 022-92 du 20 août 1992 portant organisation du pouvoir judiciaire en République du Congo).

311 – Tribunal de commerce, administration en 1992. Les règles gouvernant l'administration du tribunal de commerce (art. 113 à 118, L. n° 022-92 du 20 août 1992 sus citée) sont calquées sur celles qui avaient été fixées par la loi ancienne d'organisation judiciaire concernant l'administration des tribunaux populaires de district ou d'arrondissement (art. 150 à 154, L. n° 53-83 du 21 avril 1983 citée ci-dessus).

Section 7 – Les tribunaux d'instance en 1992

312 - Tribunaux d'instance : création, compétence, organisation, administration en 1992. L'appellation « tribunal d'instance » résultait de l'exécution de l'Acte n° 076 du 21 juin 1991 de la Conférence nationale relatif au changement d'appellations des juridictions.

Les anciens tribunaux populaires de village-centre et de quartier furent, en effet, dénommés « tribunaux d'instance », en 1992.

Ainsi, les dispositions des articles 160 à 168 de la loi n° 53-83 du 21 avril 1983 portant réorganisation de la justice en République populaire du Congo relatives à la création, à la composition et à la compétence des tribunaux d'instance étaient, quasiment, reproduites, en tant qu'articles 119 à 128 dans la loi n° 022-92 du 20 août 1992 portant organisation du pouvoir judiciaire en République du Congo.

Section 8 – Les tribunaux du travail en 1992

313 - Tribunaux du travail, création en 1992. Les tribunaux du travail étaient, en 1961, institués dans « toutes les localités où la concentration économique, commerciale, industrielle ou ouvrière le justifie » (art. 20, al. 2, L. n° 6-61 du 11 janvier 1961 fixant l'organisation judiciaire).

Le législateur de 1983 avait décidé que les tribunaux du travail pouvaient « être créés dans chaque district ou arrondissement, lorsque l'activité économique le justifie » (art. 169, al. premier, L. n° 53-83 du 21 avril 1983 portant réorganisation de la justice en République populaire du Congo).

La formulation de cette disposition était reprise dans la loi n° 022-92 du 20 août 1992 portant organisation du pouvoir judiciaire en République du Congo (art. 129 de ladite loi).

314 - Tribunaux du travail, compétence en 1992. Si l'article 130 de la loi n° 022-92 du 20 août 1992 susvisée reprend les dispositions de l'article 170 de la loi n° 53-83 du 21 avril 1983 précitée, le législateur de 1992 avait exclu de la compétence des tribunaux du travail la connaissance des différends individuels ou collectifs survenus à l'occasion du contrat de travail ou contrat d'apprentissage entre l'État ou les collectivités publiques, les établissements publics et leurs stagiaires, fonctionnaires et contractuels telle que ladite compétence était prévue à l'article 170, alinéa premier de la loi n° 53-83 du 21 avril

1983 portant réorganisation de la justice en République populaire du Congo.

De même, les tribunaux du travail perdaient la compétence de statuer sur les différends individuels relatifs aux arrêtés tenant lieu de conventions collectives (art. 170, al. 2, L. n° 53-83 du 21 avril 1983 susvisée).

315 - Tribunaux du travail, composition en 1992. Le tribunal du travail comprenait un magistrat qui en assurait la présidence, nommé par décret du président de la République, sur proposition du Conseil supérieur de la magistrature, et quatre juges non-professionnels (art. 171, al. premier, L. n° 53-83 du 21 avril 1983 ci-dessus citée).

Avec la disparition des juges non-professionnels et, donc, l'avènement du pouvoir judiciaire, le tribunal du travail avait continué à être présidé par un magistrat qui était assisté de deux assesseurs (art. 131, L. n° 022-92 du 20 août 1992 susmentionnée).

Les fonctions du ministère public étaient exercées par le procureur de la République près le tribunal de grande instance du ressort du tribunal du travail (art. 133, L. n° 022-92 du 20 août 1992 précitée).

Le tribunal du travail comportait un greffe dirigé par un greffier en chef nommé par arrêté du garde des Sceaux, ministre de la Justice (art. 134, L. n° 022-92 du 20 août 1992 susvisée).

Section 9 – Les tribunaux militaires en 1992

316 – Tribunaux militaires, création en 1992. L'organisation judiciaire de 1983 avait prévu les tribunaux militaires dont l'organisation, le fonctionnement et la compétence étaient renvoyés à une loi spécifique (art. 176 et 177, L. n° 53-83 du 21 avril 1983 portant réorganisation de la justice en République populaire du Congo). C'est ce qui fut réalisé dans la loi organisant le pouvoir judiciaire tel que le montreront les développements, y afférents, qui suivront.

317 – Tribunaux militaires, compétence en 1992. Les tribunaux militaires connaissaient des délits définis dans le code de justice militaire, des délits aux lois et coutumes de guerre commises sur le territoire congolais, prévus aux articles 430 à 433 du code pénal relatifs aux infractions commises par les fournisseurs à l'armée ainsi que des délits de droit commun commis par les militaires dans l'exécution du service et ceux commis par toute personne majeure militaire à l'intérieur d'un établissement militaire (art. 140, L. n° 022-92 du 20 août 1992 portant organisation du pouvoir judiciaire en République du Congo).

318 – Tribunaux militaires, extension de compétence en 1992. L'article 139 de la loi n° 022-92 du 20 août 1992 portant organisation du pouvoir judiciaire en République du Congo limitait la compétence matérielle du tribunal militaire à la connaissance des délits et des contraventions qui leur étaient connexes ainsi que des infractions militaires punies de peines de police.

Par contre l'article 154 de la loi susmentionnée étendait, étonnamment, la compétence de la chambre correctionnelle pour mineurs du tribunal militaire à la connaissance des crimes imputés aux mineurs de dix-huit ans.

En renvoyant au code de procédure pénale les règles relatives au fonctionnement, à la compétence et à la composition de la chambre correctionnelle pour mineurs, alors que ledit code ignorait cette chambre, le législateur de 1992 invitait, ainsi, le juge à appliquer devant cette formation juridictionnelle les règles prévues pour gouverner le procès devant la cour criminelle.

La compétence des tribunaux militaires était, en outre, étendue en temps de guerre en ce qu'ils connaissaient, pendant cette période, de toutes les infractions de droit commun dont la compétence était dévolue à d'autres juridictions.

De même, en cas de proclamation d'état de siège ou d'état d'urgence, le jugement des infractions commises pendant la période concernée relevait de la compétence des tribunaux militaires (art. 142, L. n° 022-92 du 20 août 1992 portant organisation du pouvoir judiciaire en République du Congo).

319 – Tribunaux militaires, organisation en 1992. Alors qu'il était procédé à la nomination des magistrats dans les autres juridictions par décret du président de la République pris sur proposition du Conseil supérieur de la magistrature, il en est autrement concernant les tribunaux militaires.

Ceux-ci comprenaient, en effet, des magistrats nommés suivant le même acte réglementaire sur proposition du Conseil supérieur de la magistrature mais ledit décret de nomination des magistrats ne pouvait intervenir qu'après avis du ministre de la défense alors que, concernant les magistrats des autres juridictions, il n'y avait pas l'exigence d'avis du garde des sceaux, ministre de la Justice.

Autrement dit, la procédure de nomination des magistrats du tribunal militaire n'obéissait pas aux dispositions du statut de la magistrature en la matière. Cette particularité était de nature à mettre en cause leur indépendance.

320 – Tribunaux militaires, composition en 1992. Nonobstant sa nature de juridiction militaire, celui-ci comprenait :

- Un magistrat civil qui en assurait la présidence ;
- Deux magistrats militaires.

En cas d'empêchement du président du tribunal militaire, il était pourvu à son remplacement suivant ordonnance du président de la cour d'appel, soit par un magistrat du siège du tribunal de grande instance, soit par le magistrat militaire le plus ancien dans le grade (art. 145, L. al. 3, L. n° 022-92 du 20 août 1992 portant organisation du pouvoir judiciaire en République du Congo).

Le tribunal militaire disposait du service du parquet que dirigeait le procureur de la République assisté des substituts qui étaient, tous, des magistrats militaires.

Le service du greffe comprenait le greffier en chef militaire et les greffiers, également, militaires, nommés par arrêtés du ministre de la défense, placés sous l'autorité du président du tribunal et du procureur de la République qui exerçaient sur eux le pouvoir de notation et d'appréciation.

Les greffiers étaient affectés aux chambres et aux cabinets d'instruction par décision du procureur de la République qui gérait le personnel servant au tribunal militaire. (art. 150, L. n° 022-92 du 20 août 1992 portant organisation du pouvoir judiciaire en République du Congo).

321 – Tribunaux militaires, administration en 1992. L'assemblée générale du tribunal militaire constituait, à l'instar de celle d'autres juridictions, l'organe compétent pour délibérer sur les questions intéressant la vie dudit tribunal ou les questions d'ordre général, de même qu'elle édictait les règles générales relatives au fonctionnement de ladite juridiction, notamment :

- La programmation de la périodicité des audiences ;
- La répartition des dossiers entre les juges :
- L'affectation des greffiers dans les différentes chambres et les cabinets d'instruction (art. 147, L. n° 022-92 du 20 août 1992 portant

organisation du pouvoir judiciaire en République du Congo).

L'assemblée générale du tribunal militaire se composait du président du tribunal, du procureur de la République, des substituts et de tous les autres magistrats ainsi que du greffier en chef.

La présidence de l'assemblée générale du tribunal militaire était assurée par le président du tribunal et, en cas d'empêchement ou d'absence, par le procureur de la République (art. 148, L. n° 022-92 du 20 août 1992 portant organisation du pouvoir judiciaire en République du Congo).

322 – Tribunaux militaires, formations juridictionnelles en 1992. Outre les cabinets d'instruction, trois formations composaient le tribunal militaire :

- Une chambre correctionnelle, compétente pour juger les délits et les contraventions qui leur étaient connexes ;
- Une chambre de police qui statuait sur les contraventions ;
- Une chambre correctionnelle pour mineurs qui jugeait les infractions commises par les élèves des écoles de formation militaire (art. 152, L .n° 022-92 du 20 août 1992 portant organisation du pouvoir judiciaire en République du Congo).

323 – Tribunaux militaires, juge des enfants en 1992. Le tribunal militaire comportait :

- Les formations prévues à l'article 152 de la loi n° 022-92 du 20 août 1992 portant organisation du pouvoir judiciaire en République du Congo ;
- Le juge des enfants dont les conditions de nomination étaient les mêmes que celles des autres magistrats du tribunal militaire telles qu'édictées à l'article 145 de la loi n° 022-92 du 20 août 1992 portant organisation du pouvoir judiciaire en République du Congo (nomination par décret du président de la République sur proposition du Conseil supérieur de la magistrature, après avis du ministre de la défense).

Section 10 – La rémunération des magistrats en 1992

324 – Rémunération des magistrats, traitement le plus élevé alloué aux fonctionnaires en 1992. Selon la réforme opérée en 1992, les magistrats percevaient une rémunération qui comprenait le traitement et ses accessoires. Elle correspondait au traitement le plus élevé alloué aux fonctionnaires assimilés de l'État (art. 43, L. n° 022-92 du 20 août 1992 susmentionnée).

325 - Rémunération des magistrats, revendications en 1990. Suite aux négociations menées par le syndicat de la magistrature qui estimait précaire la situation sociale des magistrats et revendiquait son amélioration significative en rapport avec la délicatesse des fonctions assumées, il avait été transmis, par la sous-section syndicale du ministère de la Justice chargé des réformes administratives, le 17 novembre 1990, au garde des sceaux, ministre de la Justice chargé des réformes administratives, un cahier de trente-trois revendications visant l'amélioration de la situation sociale et des conditions de travail des agents de ce département ministériel.

326 - Protocole d'accord, revendications des magistrats et autres personnels judiciaires en 1991. L'examen de ces revendications eut lieu le 27 novembre 1990 lors d'une réunion regroupant les représentants de l'administration de la justice, de la Confédération syndicale congolaise et de la sous-section syndicale du ministère de la Justice sous la présidence du ministre de la Justice.

Sept points étaient soumis au débat, à savoir : le statut des magistrats ; le statut des greffiers ; l'ordonnance n° 10-69 du 19 octobre 1969 ; le comité mixte d'évaluation des tâches répressives ; la loi n° 53-83 du 21 avril 1983 portant réorganisation de la justice en République du Congo ; la loi n° 021-89 du 14 novembre 1989 portant refonte du statut général de la fonction publique ; le régime pénitentiaire.

327 - Protocole d'accord, projets de textes soumis au gouvernement en 1991. Des projets de texte, ci-dessous, furent élaborés et transmis au gouvernement :le projet de loi portant modification de la loi n° 42-61 du 20 juin 1961 portant statut de la magistrature ; le projet de loi portant fixation des tarifs des frais de justice, émoluments des magistrats, greffiers et agents d'exécution et personnels assimilés en matière criminelle, correctionnelle et de police ; le projet de décret modifiant les dispositions de l'article premier du décret n° 75-390 du 26 août 1975 abrogeant l'article 21 du décret n° 183-61 du 3 août 1961 portant application de la loi n° 42-61 du 20 juin 1961 portant statut de la magistrature ; le projet de décret fixant le taux de l'indemnité de costume des magistrats ; le projet de décret portant statut des cadres du personnel des greffes et parquets ; le projet de décret fixant le taux de l'indemnité de costume des greffiers ; le projet de décret déterminant les primes et indemnités allouées aux magistrats, aux personnels des greffes et parquets et aux autres personnels en service au ministère de la Justice.

328 - Protocole d'accord, Commission nationale de concertation en 1991. Il fut institué le cadre de mise en œuvre des réformes suggérées ci-dessus, dénommé « Commission nationale de concertation gouvernement-Confédération syndicale congolaise ».

Ladite Commission avait organisé ses travaux le 21 février 1991. Le ministre de la Justice chargé des réformes administratives, président de cette Commission, était représenté par son directeur de cabinet.

A l'ordre du jour de la réunion de cette Commission étaient inscrits les suivants points :

- Examen du projet de loi portant modification de la loi n° 42-61 du 20 juin 1961 portant statut de la magistrature ;
- Examen du projet de décret portant échelonnement indiciaire des magistrats ;
- Examen du projet de décret portant statuts des cadres du personnel des greffes et parquets de la République populaire du Congo ;
- Examen du projet de décret déterminant les primes et indemnités allouées aux magistrats, aux personnels des greffes et parquets et aux autres personnels en service au ministère de la Justice.

A la suite des débats, ces projets de texte furent transmis au gouvernement qui s'était engagé à les faire adopter en Conseil des ministres.

C'est, finalement, le 11 avril 1991 que des signatures étaient apposées sur ledit protocole d'accord par le ministre de la Justice, le secrétaire permanent de la Confédération syndicale congolaise (C. S. C) et le secrétaire général de la sous-section syndicale du ministère de la Justice (cf. PA, 11 avril 1991, inédit).

329 - Rémunération des magistrats, nouvelle grille en 1991. A la suite des revendications faites par les magistrats, sous l'égide de la sous-section syndicale située au niveau sectoriel du ministère de la Justice, le Gouvernement leur avait donné satisfaction en acceptant de revaloriser leurs salaires indiciaires. Les magistrats furent, ainsi, reversés dans la grille indiciaire définie par le décret n° 91-049 du 5 mars 1991 suivant le tableau synoptique y afférent ci-après :

Echelle	Classe	Ancien indice	Nouvel indice	Salaire de base
Hors classe	4e		3 100	496 000
	3e		2 950	472 000
	2e		2 800	448 000
	1e		2 650	424 000
3e	4e	1 990		400 000
	3e	1 850		376 000
	2e	1 650		352 000
	1e	1 520		328 000
2e	4e	1 420		304 000
	3e	1 190		280 000
	2e	1 090		256 000
	1e	830		232 000
Auditeurs de justice		790		136 000

(cf. décr. n° 91-509 du 27 mai 1991 portant reversement provisoire des magistrats).

329 bis. Rémunération des magistrats, revalorisation du salaire indiciaire de base des agents de l'Etat en 2006. Selon l'article premier, alinéa 2, de la loi n° 15-99 du 15 avril 1999 modifiant et complétant certaines dispositions de la loi n° 023-92 du 20 août 1992 portant statut de la magistrature, les règles prévues par la loi n° 021-89 du 14 novembre 1989 portant refonte du statut général de la fonction publique s'appliquaient, également, aux magistrats si elles ne présentaient aucune contrariété avec leur statut.

C'est ainsi que se concevait le bénéfice, aux magistrats, des dispositions du décret n° 2006-33 du 02 février 2006 portant revalorisation du salaire indiciaire de base des agents de l'Etat dès lors que ses dispositions ne contredisaient, nullement, celles du statut de la magistrature. Bien au contraire, les magistrats étant agents de l'Etat, voyaient leur salaire indiciaire de base revalorisé de quinze pour cent sur trois ans : - 5% en 2006 ; - 5% en 2007 ; 5% en 2008.

CHAPITRE II

LES LOIS NOUVELLES EN 1992

Devenue « Pouvoir judiciaire » dans la Constitution du 15 mars 1992, la justice faisait l'objet de réforme aux travers de plusieurs textes (section 1) qui modifiaient, notamment, les conditions d'accès à l'auditorat (section 2) et les règles de fonctionnement du Conseil supérieur de la magistrature (section 3).

Section 1 – Les lois constitutives des réformes en 1992

330 - Organisation judiciaire, lois nouvelles en 1992. Les textes adoptés, à l'issue de la Conférence nationale souveraine, dans le cadre des réformes judiciaires, constituaient l'ossature de la justice moderne, notamment, les lois : n° 022-92 du 20 août 1992 portant organisation du pouvoir judiciaire ; n° 025-92 du 20 août 1992 portant organisation et fonctionnement de la Cour suprême ; n° 023-92 du 20 août 1992 portant statut de la magistrature ; n° 026-92 du 20 août 1992 portant organisation de la profession d'avocat ; n° 027-92 du 20 août 1992 portant institution de la profession d'huissier de justice ; n° 024-92 du 20 août 1992 portant institution du Conseil supérieur de la magistrature.

Selon la doctrine, après avoir été considéré comme un service public jusqu'à l'adoption de la Constitution du 15 mars 1992, la justice congolaise fut érigée au rang de pouvoir judiciaire indépendant du pouvoir exécutif et du pouvoir législatif. Cependant, sans se leurrer, elle constatait que la garantie textuelle de l'indépendance des juges n'était pas, en elle-même suffisante.

Si cette affirmation plaçait, évidemment, la doctrine loin de l'illusion, il apparaissait, toutefois, des doutes sur l'objectivité au regard de l'analyse à laquelle elle procédait pour démontrer ce qu'elle présentait comme un manque d'indépendance des juges.

En effet, plutôt que de se référer aux situations qui prouvaient l'allégeance des magistrats et mettaient, par conséquent, en cause leur indépendance, la doctrine estime que « les textes seuls ne suffisent pas pour garantir l'indépendance des juges ; car le chef de l'État reste le maître d'œuvre de la construction de l'État : théoriquement il n'est pas au-dessus de la loi, mais il est dans une situation qui lui permet de faire légiférer, parfois de légiférer lui-même, et de décider très librement comment les lois seront appliquées et éventuellement inappliquées. Le respect de la Constitution dépend plus de son bon vouloir que de la crainte du juge. Attaquer l'État n'est-ce pas mettre en cause la responsabilité de celui qui le personnifie si intimement ? » (cf. Placide Moudoudou « Le droit administratif congolais », Éditions L'Harmattan, 2003, p. 83).

Ces griefs ne paraissent pas avoir été formulés pour démontrer que les magistrats sont à la dévotion du chef de l'État mais paraissent dénoncer, avec des empreintes d'exagération, l'abus d'autorité de celui-ci. Aucune plausibilité n'est, en effet, perceptible entre l'énumération de ce que l'auteur présente comme constituant des excès dans l'exercice du pouvoir et la recherche d'indépendance des juges.

Certes, la recherche de cette indépendance est bien une quête des magistrats. La doctrine, qui le relève, si bien, par ailleurs, reproduit les propos du procureur général près la Cour suprême décrivant, avec objectivité, la situation précaire réelle de la justice susceptible de rejaillir sur son autonomie fonctionnelle, ainsi qu'il suit :

« Le visage de notre justice ne cesse de se dégrader d'année en année, comme d'ailleurs son autorité et son prestige. Dépourvue de moyens matériels, la justice est empêchée de fonctionner convenablement, aucune maison d'arrêt n'est fonctionnelle aujourd'hui. Certains Palais de justice ont été incendiés (ou) saccagés. A Ouesso dans la région de la Sangha, le tribunal est installé dans un hôtel où une chambre sert de salle d'audience. Quand il faut ajouter à cela les conflits que leur imposent les préfets, les magistrats ne sont plus que de vrais parias dont les traitements ne leur permettent même pas de vivre avec un minimum de décence » (cf. LSA, 22 avril 1999, citée par Placide Moudoudou, « Le droit administratif congolais », Éditions L'Harmattan, 2003, p. 84).

L'auteur conclut, pertinemment, que dans ces conditions les magistrats « préfèrent-ils parfois sacrifier leur indépendance organique et fonctionnelle au profit de besognes inavouables » (Placide Moudoudou, « Le droit administratif congolais », Éditions L'Harmattan, 2003, p. 84).

331 – Statut de la magistrature, hiérarchie du corps de la magistrature en 1992. La réforme du statut de la magistrature, intervenue suivant la loi n° 023-92 du 20 août 1992 portant statut de la magistrature, prévoyait deux grades dans la hiérarchie du corps de la magistrature. La loi ancienne utilisait, plutôt, l'expression « hiérarchie du corps judiciaire » et prévoyait trois grades (art. 3, L. n° 42-61 du 20 juin 1961 portant statut de la magistrature, JORC, 1er juillet 1061, p. 403) comprenant huit échelons (art. 18, décr. n° 61-183, 3 août 1961 portant application de la loi . n° 42-61 du 20 juin 1961 portant statut de la magistrature, JORC, 1er septembre 1961, p. 595).

La nouvelle loi n° 023-92 du 20 août 1992 portant statut de la magistrature supprimait, ainsi, le troisième grade. Elle maintenait, toutefois, les échelons d'ancienneté à l'intérieur des groupes et la catégorie hors hiérarchie (art. 2 de ladite loi) et fut abrogée par la loi n° 15-99 du 15 avril 1999 susdite.

Section 2 – L'auditorat en 1992

Les conditions d'accès à l'auditorat ont varié suivant les textes portant création du statut de la magistrature ou modification de ceux-ci (parag. 1). Il en avait été de même en ce qui concernait la formation des auditeurs de justice (parag. 2).

Parag. 1 - Les candidats à l'auditorat en 1992

332 – Candidats à l'auditorat, conditions en 1992. Alors que selon l'article 18, 2° de la loi n° 42-61 du 20 juin 1961 portant statut de la magistrature (JORC, 1er juillet 1961, p. 403), les candidats à l'auditorat devaient être titulaires de la licence en droit, il leur était exigé à l'article 18 alinéa 2 de la loi n° 023-92 du 20 août 1992 portant statut de la magistrature de posséder le diplôme de fin de deuxième cycle des facultés de droit.

De même, l'article 17, nouveau, alinéa premier de la loi n° 15-99 du 15 avril 1999 modifiant et complétant certaines dispositions de la loi n° 023-92 du 20 août 1992 portant statut de la magistrature exigeait, du candidat à l'auditorat, d'être titulaire du diplôme de fin de deuxième cycle des universités de droit ou des facultés de droit.

La réforme introduisait l'obligation de diligenter une enquête de moralité effectuée par les services compétents portant sur le candidat à l'auditorat, à l'issue de laquelle il était autorisé à concourir (art. 17, nouveau, alinéa 3 de la loi n° 15-99 du 15 avril 1999 modifiant et complétant certaines dispositions de la loi n° 023 92 du 20 août 1992 portant statut de la magistrature).

Parag. 2 - La formation des auditeurs de justice en 1992

A – La durée de la formation des auditeurs de justice

333 - Auditeurs de justice, durée de la formation en 1992. La réforme intervenue par la loi n° 023-92 du 20 août 1992 portant statut de la magistrature avait astreint les auditeurs de justice à la formation théorique dans une école de formation et à une formation pratique suivie dans les juridictions (art. 22, al. 2, L. n° 023-92 du 20 août 1992 précitée).

B – La nomination des auditeurs de justice en 1992

334 – Auditeurs de justice, nomination après le stage de formation en 1992. Ceux des auditeurs de justice qui présentaient des aptitudes aux fonctions de magistrat, auparavant nommés au premier groupe du deuxième grade étaient, désormais, nommés au deuxième groupe du deuxième grade par décret du président de la République, sur proposition du Conseil supérieur de la magistrature (art. 23, al. 4, L. n° 023-92 du 20 août 1992 portant statut de la magistrature) alors qu'auparavant ils étaient proposés à la nomination par le garde des Sceaux, ministre de la Justice (art. 22, al. 3, L. n° 42-61 du 20 juin 1961 portant statut de la magistrature).

L'accès au deuxième grade leur procurait l'avantage de passer au premier grade après, seulement, dix ans d'ancienneté alors qu'il leur était exigé, auparavant, quinze années d'ancienneté.

335 -Auditeurs de justice, affectation d'office en 1992. A défaut d'exercer le choix suggéré, les auditeurs de justice concernés étaient affectés d'office. Le refus d'affectation à laquelle il a été, ainsi, procédé, était assimilé à la démission (art. 23 alinéa 5 de la loi n° 023-92 du 20 août 1992 portant statut de la magistrature).

336 - Auditeurs de justice, dispense de stage de certains admis en 1992. L'admission au concours n'obligeait pas, toujours, à l'accomplissement du stage car certaines catégories de personnel en étaient dispensées, tels les avocats et les greffiers titulaires d'une maîtrise en droit justifiant de dix ans de pratique de leur profession (art.

24 de la loi n° 023-92 du 20 août 1992 susdite).

337 – Corps de la magistrature, admission sur titre en 1992. L'admission sur titre, dans le corps de la magistrature, était prévue au profit des professeurs agrégés de droit, des maîtres de conférences et des maîtres-assistants totalisant, respectivement, cinq années, huit années et dix années de service dans le grade (art. 25 de la loi n° 023-92 du 20 août 1992 portant statut de la magistrature).

A cette liste, la loi nouvelle de 1999 ajoute les avocats titulaires d'une maîtrise en droit ancien régime ou d'une maîtrise en droit qui totalisent quinze années au moins d'activité professionnelle effective (art. 24 de la loi n° 15-99 du 15 avril 1999 susvisée).

Section 3 – Le Conseil supérieur de la magistrature en 1992

338 - Conseil supérieur de la magistrature, nouvelle création injustifiée en 1992. Le Conseil supérieur de la magistrature avait, déjà, été institué par la loi n° 5-62 du 20 janvier 1962. Selon l'article premier de ladite loi, en effet, « Il est institué au sein du Pouvoir Judiciaire, un organe collégial de décision dénommé Conseil supérieur de la magistrature ». Ainsi, le législateur aurait dû en tenir compte pour intituler, autrement, la loi de 1992 qui réformait cet organe existant auparavant.

Au lieu de l'intituler, faussement et maladroitement, « Loi n° 024-92 du 20 août 1992 portant institution du Conseil supérieur de la magistrature », le législateur lui donnerait le titre réaliste et pertinent ci-après : « Loi n° 024-92 du 20 août 1992 modifiant et complétant certaines dispositions de la loi n° 5-62 du 20 janvier 1962 sur l'organisation et le fonctionnement du Conseil supérieur de la magistrature ». Dans ce nouveau texte, le législateur avait organisé le pouvoir de nomination dudit organe (parag. 1), établit les règles relatives à l'exercice de son pouvoir disciplinaire (parag. 2) et à son fonctionnement (parag. 3).

Parag. 1 – Le pouvoir de nomination en 1992

339 - Conseil supérieur de la magistrature, pouvoir de nomination des magistrats en 1992. Deux types d'attributions étaient exercés par le Conseil supérieur de la magistrature en matière de nomination en 1992 suivant les catégories de magistrats concernés :

- Pour la nomination des magistrats de la Cour suprême, le Conseil supérieur de la magistrature établissait et présentait la liste des magistrats de premier grade ayant au moins quinze années d'ancienneté dont dix dans les juridictions ou au ministère de la Justice (art. 11, Loi n° 024-92 du 20 août 1992 susvisée) ;
- Au sujet des autres magistrats, le Conseil supérieur de la magistrature devait veiller à ce que leurs nominations obéissent à l'impartialité, à l'ancienneté dans la profession, à la probité morale et au cursus professionnel (art. 10, loi n° 024-92 du 20 août 1992 citée ci-haut).

Parag. 2 – Le pouvoir disciplinaire en 1992

340 - Conseil supérieur de la magistrature, pouvoir disciplinaire sur les magistrats en 1992. La réforme de 1992 renvoie au statut de la magistrature pour l'exercice des attributions du Conseil supérieur de la magistrature en matière de discipline sur les magistrats. Ainsi, devaient s'appliquer les dispositions prévues par le statut de la magistrature au titre 4 de la loi n° 023-92 du 20 août 1992 portant statut de la magistrature (art. 31 à 42 de cette loi).

La faute disciplinaire punie par la loi était entendue comme « Tout manquement par un magistrat aux devoirs de son état, à l'honneur, à la délicatesse ou à la dignité (art. 31, L. n° 023-92 du 20 août 1992 susmentionnée).

Les sanctions résultant de la commission de la faute ainsi définie résultaient de leur énumération à l'article 33 de la loi précitée, lesquelles se déclinaient comme ci-après : la réprimande avec inscription au dossier ; le déplacement d'office ; le retrait de certaines fonctions ; l'abaissement d'échelon ; la rétrogradation ; la mise à la retraite d'office ou l'admission à cesser des fonctions lorsque le magistrat n'a pas droit à une pension de retraite ; la révocation avec droits à pension.

Parag. 3 – Le fonctionnement du Conseil en 1992

341 - Conseil supérieur de la magistrature, fonctionnement en 1992. Le législateur avait prévu deux modalités pour la tenue des réunions du Conseil supérieur de la magistrature (art. 15, L. n° 024-92 du 20 août 1992 portant institution du Conseil supérieur de la magistrature :

- Des réunions de plein droit d'une durée de trois jours qui devaient avoir lieu en deux sessions : la première, à la deuxième quinzaine du mois de mai ; la deuxième, à la première quinzaine du mois de décembre.
- Des sessions extraordinaires, sur convocation du président de la République ou à la demande de deux tiers de ses membres.

Les réunions devant se tenir à huis-clos, les participants aux séances du Conseil supérieur de la magistrature étaient invités à observer le secret tant des débats que des délibérations.

Le secrétariat du Conseil supérieur de la magistrature est assuré par le ministère de la Justice et a pour attributions de gérer administrativement et financièrement cet organe, de préparer les sessions et les dossiers du Conseil et de rédiger les procès-verbaux et les actes du Conseil (art. 17 et 18, L. n° 024-92 du 20 août 1992 citée ci-dessus).

Il était prévu la faculté de délégation de la présidence du Conseil supérieur de la magistrature au Premier ministre, par le président de la République empêché, lorsque cet organe statuait sur la nomination des magistrats (art. 20, L. n° 024-92 du 20 août 1992 précitée).

De même, le président de la Cour suprême convoquait et présidait le Conseil supérieur de la magistrature lorsqu'il siégeait en matière disciplinaire (art. 21, L. n° 024-92 du 20 août 1992 susmentionnée).

Décidant à la majorité des membres présents, onze au moins, le Conseil supérieur de la magistrature délibérait, valablement, en conseil de discipline s'il réunissait, au minimum, trois de ses membres (art. 22, L. n° 024-92 du 20 août 1992 précitée).

342 – Avancement des magistrats, commission d'avancement en 1992. Suite à la nomination du président de la Cour suprême, en la personne de monsieur Pouabou Joseph, suivant décret n° 62-116 du 20 avril 1962 portant nomination du président de la Cour suprême, la présidence de la commission d'avancement n'était plus confiée au président de la Cour d'appel comme l'avait prévu la disposition transitoire de l'article 27 alinéa 2 de la loi n° 42-61 du 20 juin 1961 portant statut de la magistrature.

Selon l'article 29 de la loi n° 023-92 du 20 août 1992 portant statut de la magistrature, qui déterminait la composition de la commission d'avancement, celle-ci comprenait, désormais : le président de la Cour suprême qui en assurait la présidence ; le procureur général près la Cour suprême ; trois magistrats des cours et tribunaux dont deux du siège, désignés pour un an au début de chaque année judiciaire, non plus par la Cour d'appel comme auparavant mais par l'assemblée générale des cours d'appel dès lors que plusieurs autres cours d'appel étaient installées.

TITRE II

L'ORGANISATION JUDICIAIRE EN 1994

Les modifications subies par la loi n° 025-92 du 20 août 1992 portant organisation et fonctionnement de la Cour suprême concernaient, essentiellement, les dispositions relatives à sa compétence et à sa composition (chapitre 1). La loi n° 5-62 du 20 janvier 1962 sur l'organisation et le fonctionnement du Conseil supérieur de la magistrature subissait, également, quelques retouches (chapitre 2).

CHAPITRE I

LA COUR SUPRÊME EN 1994

Si certaines compétences de la Cour suprême, prévues en 1992, furent maintenues en 1994 (section 1), sa composition n'avait pas, également, beaucoup changé (section 2).

Section 1 – La compétence de la Cour suprême en 1994

343 - Cour suprême, compétences maintenues en 1994. La compétence territoriale de la Cour suprême, qui comprenait l'ensemble du territoire national, de même que ses attributions consistant à rendre des arrêts et à émettre des avis, à se prononcer sur les recours pour excès de pouvoir et sur les pourvois en cassation, les demandes en révision, les règlements de juge, les demandes de renvoi d'une juridiction à une autre, les demandes de prise à partie, les contrariétés de décisions juridictionnelles, les crimes et délits commis par les magistrats furent maintenues telles qu'elles étaient fixées dans la loi n° 025-92 du 20 août 1992 ci-dessus citée.

344 - Cour suprême, compétences supprimées en 1994. L'article 5 de la loi n° 025-92 du 20 août 1992 susmentionnée disposait que « la Cour suprême est en outre compétente pour connaître :

… « 2°) Des règlements de juge pour trancher les conflits de compétence surgis entre les juridictions correctionnelles ». Le mot « correctionnelles » en avait été expurgé, certainement, pour étendre la compétence de la Cour suprême en matière de règlement de juge entre toutes les juridictions plutôt que de la limiter aux juridictions qui jugent, uniquement, les délits ;

… « 7°) De l'instruction des procédures diligentées contre les magistrats justiciables de la Haute cour de justice. Étant donné que l'article 5-6° de la loi n° 025-92 du 20 août 1992 citée ci-dessus prévoyait la compétence de la Cour suprême en matière de crime et délit commis par les magistrats, l'article relatif à l'instruction des procédures diligentées contre les magistrats justiciables non pas de la Cour suprême conformément à l'article 5-6° mais de la Haute cour de justice ne s'harmonisait pas avec cette disposition en ce qu'elle la contredisait.

En effet, l'instruction des procédures ayant trait aux infractions commises par les magistrats, qualifiées crimes et délits, ne saurait relever de la compétence de la Haute cour de justice alors que leur jugement est confié à la Cour suprême qui devrait, par conséquent, et logiquement, procéder à l'instruction y afférente. Aussi, l'article 5-7° a-t-il été, à juste titre, expurgé de la nouvelle loi n° 30-94 du 18 octobre 1994 susmentionnée.

En outre, selon l'article 6 de la loi n° 025-92 du 20 août 1992 susvisée, « La Cour suprême peut être consultée sur les projets de règlements généraux par le gouvernement et sur toutes les questions pour lesquelles son intervention est prévue par les lois et règlements. Elle donne, également, un avis sur toutes les questions qui lui sont soumises par le Président de la République, les membres du gouvernement et ceux des bureaux des deux (2) chambres du Parlement ».

Estimant que la seconde phrase de cet article méritait d'être rédigée sous la forme d'un alinéa indépendant, le second de cette disposition, le législateur avait, en 1994, procédé à une restructuration dudit article 6 de la loi n° 025-92 du 20 août 1992 précitée en instaurant son alinéa 2 ainsi libellé : « Elle donne également des avis sur toutes les questions qui lui sont soumises par le Président de la République, les membres du gouvernement et ceux des bureaux des deux chambres du Parlement » (art. 6 nouveau, L. n° 30-94 du 18 octobre 1994 modifiant la loi n° 025-92 du 20 août 1992 portant organisation et fonctionnement de la Cour suprême).

Trois conditions furent exigées pour que la consultation de la Cour suprême puisse être rendue possible. Aussi, l'article 6 nouveau, alinéa 3, de la loi n° 30-94 du 18 octobre 1994 précitée disposait-il que « La Cour suprême peut ainsi être consultée sous réserve de trois conditions » :

- « Il faut que les dispositions légales et réglementaires régissant la matière n'y fassent pas obstacle ;

- « Il faut que l'autorité investie du pouvoir de décider ne se considère pas liée par l'avis ou la proposition formulée ;

- « À l'exception du Président de la République, du Premier ministre et des Présidents des deux chambres, il faut que l'autorité qui saisit la Cour suprême ait compétence sur la ou les questions sur lesquelles elle souhaite obtenir l'avis de la Cour suprême ».

Section 2 – La composition de la Cour suprême en 1994

345 - Cour suprême, composition en 1994. La composition de la Cour suprême en 1994 est demeurée, quasiment, la même qu'en 1992 : un premier président ; un vice-président ; cinq présidents de chambres.

On notait, toutefois, une légère diminution du nombre de juges au siège de la Cour suprême, onze en 1992 (art. 8, L. n° 025-92 du 20 août 1992 citée ci-haut), huit en 1994 (art. 8 nouveau, al. premier, L. n° 30-94 du 18 octobre 1999 susvisée).

La même tendance à la baisse des magistrats se manifestait au ministère public représenté par le procureur général près la Cour suprême qui était assisté d'un premier avocat général et de deux avocats généraux (art. 8 nouveau, al. 2, L. n° 30-94 du 18 octobre 1999 précitée) alors qu'ils étaient cinq auparavant (art. 8, L. n° 025-92 du 20 août 1992 susvisée).

346 - Premier président de la Cour suprême, maintien du vocable en 1994. La dénomination de « Premier Président » de la Cour suprême était maintenue dans la loi n° 30-94 du 18 octobre 1994 modifiant la loi n° 025-92 du 20 août 1992 portant organisation et fonctionnement de la Cour suprême dans les dispositions y afférentes ci-après :

- La Cour suprême est composée d'un « Premier Président », d'un vice-président, de cinq (5) présidents de chambres et de huit (8) juges, soit au total quinze (15) juges (art. 8 nouveau, al. premier, L. n° 30-94 du 18 octobre 1994 précitée) ;
- Le « Premier Président » de la Cour suprême et le procureur général près cette Cour disposent d'un cabinet dont la composition est fixée par décret pris en conseil des ministres (art. 8 nouveau al. 3 L. n° 30-94 du 18 octobre 1994 susvisée) ;
- Le « Premier Président » de la Cour suprême et le procureur général près la Cour suprême sont nommés parmi les magistrats élus (art. 11 nouveau L. n° 30-94 du 18 octobre 1994 susmentionnée).

347 - Cour suprême, cabinet et collaborateurs en 1994. Une innovation dans le fonctionnement de la Cour suprême apparaissait en 1994. En effet, le premier président de cette juridiction ainsi que le procureur général près la Cour suprême étaient dotés, chacun, d'un cabinet composé suivant décret pris en conseil des ministres (art. 8 nouveau, al. 3, L. n° 30-94 du 18 octobre 1999 ci-dessus citée).

De même, tous les autres magistrats du siège et du parquet de la Cour suprême bénéficiaient de l'assistance des collaborateurs dont le nombre devait être déterminé par décret pris en conseil des ministres (art. 8 nouveau, al. 4, L. n° 30-94 du 18 octobre 1999 susmentionnée).

Toutefois, le premier président de la Cour suprême et le procureur général près cette juridiction n'avaient pu bénéficier des cabinets de même que les autres magistrats de la Cour suprême n'avaient disposé de l'assistance des collaborateurs prévue par cette loi qui n'était pas appliquée en son article 8 en raison, certainement, de l'incidence financière sensée en découler.

348 - Cour suprême, élection des magistrats par le parlement en 1994. A l'instar des vingt-sept juges non-professionnels de la Cour suprême qui étaient élus par l'assemblée nationale populaire en 1983 (art. 39, L. n° 53-83 du 21 avril 1983 portant réorganisation de la justice en République du Congo) et des magistrats de la Cour suprême élus par le parlement réuni en congrès en 1992 (art. 9, al. premier, L n° 025-92 du 20 août 1992 portant organisation et fonctionnement de la Cour suprême), les quinze magistrats du siège ainsi que les quatre magistrats du ministère public devaient, également, en 1994, se faire élire par le parlement réuni en congrès (art. 9 nouveau, al. premier, L. n° 30-94 du 18 octobre 1994 modifiant la loi n° 025-92 du 20 août 1992 portant organisation et fonctionnement de la Cour suprême).

Pour être éligibles, les candidats devaient satisfaire à certaines conditions fixées audit article 9 nouveau de la loi n° 30-94 du 18 octobre 1994 précitée :

- Jouir d'une bonne moralité attestée par une enquête de moralité ;
- Être magistrat de premier grade ayant au moins dix années effectives d'ancienneté dont deux ans dans les juridictions. Il apparaissait, ainsi, un assouplissement notable car auparavant le magistrat de premier grade devait se trouver au denier échelon dudit grade (art. 9, premier tiret, L. n° 025-92 du 20 août 1992 portant organisation et fonctionnement de la Cour suprême). L'ancienneté était réduite de quinze années dont dix dans les juridictions à dix années dont deux ans dans les juridictions (art. 9, deuxième tiret, L. n° 025-92 du 20 août 1992 susmentionnée) ;
- Jouir d'une bonne moralité attestée par une enquête de moralité et totaliser au moins douze années effectives d'ancienneté dans leur administration d'origine ou ayant été nommés et exerçant à la Cour suprême depuis plus de cinq années sans interruption, pour

l'élection à la chambre administrative et financière de la Cour suprême. Cette ancienneté était de quinze ans dans la législation précédente dont sept années dans la magistrature (art. 9, L. n° 025-92 du 20 août 1992 susvisée).

349 - Cour suprême en 1994, établissement de la liste des magistrats soumis à l'élection. Le dressement de la liste des magistrats relevait, antérieurement, de la compétence du Conseil supérieur de la magistrature (art 10, al. premier L. n° 025-92 du 20 août 1992 portant organisation et fonctionnement de la Cour suprême).

La réforme intervenue en 1994 a apporté la précision sur l'autorité habilitée à établir ladite liste qui est le président de la République en sa qualité de président du Conseil supérieur de la magistrature (art. 10 nouv., al. premier, L. n° 30-94 du 18 octobre 1994 modifiant la loi n° 025-92 du 20 août 1992 portant organisation et fonctionnement de la Cour suprême).

350 - Cour suprême en 1994, modalités d'élection des magistrats. Même si l'article 9 nouveau de la loi n° 30-94 du 18 octobre 1994 modifiant la loi n° 025-92 du 20 août 1992 citée, ci-haut, prévoyait l'élection des magistrats de la Cour suprême par le parlement réuni en congrès, le législateur de 1994 n'indiquait plus, comme celui de 1992, les modalités suivant lesquelles devait se dérouler le scrutin.

Pourtant, l'article 10 alinéa 2 de la loi n° 025-92 du 20 août 1992 susmentionnée précisait que le premier président de la Cour suprême et le procureur général près cette juridiction étaient élus, à leurs fonctions respectives, à la majorité absolue.

Les autres magistrats étaient élus à la majorité simple puis nommés aux emplois de la Cour suprême par décret du président de la République sur proposition du Conseil supérieur de la magistrature.

L'article 10 alinéa 2 de la loi n° 025-92 du 20 août 1992 précitée indiquait que ces magistrats étaient au nombre de vingt-trois. En effet, en se référant à la composition de la Cour suprême fixée à l'article 8 de ladite loi, le total des magistrats atteignait vingt-cinq, y compris le premier président et le procureur général dont l'élection avait lieu à la majorité absolue.

Parmi les magistrats élus, quinze juges et quatre magistrats du ministère public composant la Cour suprême comme dans la loi précédente, étaient nommés par le premier président de la Cour suprême et le procureur général près cette juridiction (art. 11 nouv., L. n° 30-94 du 18 octobre 1994 modifiant la loi n° 025-92 du 20 août 1992 portant organisation et fonctionnement de la Cour suprême).

351 - Cour suprême, vacance de poste en 1994. Au cas où le Conseil supérieur de la magistrature constatait la vacance de poste à la Cour suprême, il devait en être pourvu par le parlement réuni en congrès dans les trois mois suivant la constatation de ladite vacance (art. 10 nouv. al. 2, L. 30-94 du 18 octobre 1994 modifiant la loi n° 025-92 du 20 août 1992 portant organisation et fonctionnement de la Cour suprême).

352 - Cour suprême, inamovibilité des membres en 1994. En raison de l'inamovibilité qui leur était reconnue, les membres de la Cour suprême demeuraient en fonction jusqu'à leur retraite ou à la suite de la cessation de leur activité, à leur demande, pour convenance personnelle ou raison de santé.

La loi ancienne précisait l'âge de la retraite à soixante-cinq ans (art. 10, al. 3, n° 025-92 du 20 août 1992 portant organisation et fonctionnement de la Cour suprême) mais la loi n° 30-94 du 18 octobre 1994 est muette à ce sujet. Cette omission laissait accréditer l'idée du maintien en fonction, à la Cour suprême, des magistrats au-delà du délai légal fixé pour leur départ à la retraite. La pratique ne semblait, en effet, pas le démentir.

Toutefois, les membres de la Cour suprême ne pouvaient bénéficier de cette inamovibilité en cas de condamnation pour délits et crimes commis par eux, d'indignité, de démence, de démission, de décès ou d'empêchement définitif (art. 10 nouv., al. 3, L. 30-94 du 18 octobre 1994 citée ci-dessus).

353 - Cour suprême, rappel d'obligations des membres en 1994. Les membres de la Cour suprême étaient soumis au respect de trois obligations afin de préserver leur indépendance. Ils devaient, en effet :

- S'abstenir d'adhérer à un parti politique ou à un syndicat de travailleur ou d'employeur ;
- S'empêcher de donner des avis ni en public ni en privé sur des questions d'ordre politique ;
- S'abstenir d'assister aux réunions politiques ou syndicales susceptibles de trahir leur impartialité ou porter atteinte à leur honneur et à leur considération (art. 9 nouveau, al. 3, 4, 5, L. n° 30-94 du 18 octobre 1994 susdite.

354 - Cour suprême, dénonciation par le président de la privation aux magistrats des avantages matériels en 1996. Le gouvernement a été, quasiment, houspillé au regard de la dénonciation de son attitude à l'égard du pouvoir judiciaire. Selon le président de la Cour suprême, en effet, « Contestant la loi, fut-elle suprême, et rejetant sa force, le gouvernement ou si l'on préfère, le pouvoir exécutif a choisi de recourir à la loi de la force en imposant des privations de tous ordres au pouvoir judiciaire.

« Il a attribué l'immeuble de l'U.A.P.T. au logement de la Cour suprême, mais l'a conservé par devers lui pour y abriter aujourd'hui un département ministériel. Il a attribué au Premier Président de la Cour suprême et au Procureur Général près ladite Cour des voitures ainsi que des hôtels de fonction qui sont de véritables mirages. Il déloge les Membres de la Cour suprême (cas du juge Mbika) pour loger les Membres du Gouvernement. Il refuse de fixer les indemnités des collaborateurs des Membres de la Cour suprême. Il refuse d'établir, du point de vue du salaire, une concordance entre les trois pouvoirs. Il refuse d'accorder aux Chefs du pouvoir judiciaire des fonds de souveraineté. Il leur refuse de participer à des Conférences internationales et même de prendre contact avec les Juridictions Nationales et de contrôler leurs activités. Pour diviser les Membres de la Cour suprême, vous venez vous-même, Excellence Monsieur le Président de la République, d'instruire Monsieur le Ministre de la justice de faire relever l'indemnité spéciale du seul vice-président de la Cour suprême.

« La liste des privations multiformes et autres blocages asphyxiantes qui ne peut être exhaustive est simplement indicative. Ajoutons néanmoins que le pouvoir exécutif a, semble-t-il retiré du Parlement les dossiers de candidature à l'élection des Membres du Conseil Supérieur de la magistrature qui est, aussi, le Conseil de discipline des magistrats. On semble redouter sa mise en place. En réalité, on refuse de se presser pour polluer davantage le climat au sein de la Magistrature congolaise » (cf. Gaston Mabouana, discours prononcé à l'occasion de la cérémonie des vœux pour l'année 1996 au Président de la République, président du Conseil supérieur de la magistrature, p. 3, inédit). Il estime que lorsque le président de la République aura mis en place le Conseil Supérieur de la magistrature, qui dispose d'un Conseil de discipline, le magistrat pris en faute sera plus sévèrement châtié qu'un assassin (cf. Gaston Mabouana, op. cit, p. 4, inédit).

CHAPITRE II

LE CONSEIL SUPÉRIEUR DE LA MAGISTRATURE EN 1994

La réforme relative au Conseil supérieur de la magistrature, en 1994, (section 1) avait une portée sur la durée du mandat des membres de cette institution (section 2) et sur son pouvoir de nomination des magistrats (section 3).

Section 1 – La réforme du Conseil en 1994

355 - Conseil supérieur de la magistrature, nouvelle création de l'institution en 1994. Le Conseil supérieur de la magistrature avait été institué par la loi n° 5-62 du 20 janvier 1962 sur l'organisation et le fonctionnement dudit organe. La modification de ce texte intervint par la loi n° 024-92 du 20 août 1992 portant institution du Conseil supérieur de la magistrature.

Il est évident que s'agissant de modifier et de compléter la loi n° 5-62 du 20 janvier 1962 sur l'organisation et le fonctionnement du Conseil supérieur de la magistrature qui est une loi antérieure, la loi nouvelle aurait dû être intitulée, pour tenir compte de son objet, « Loi n° 024-92 du 20 août 1992 modifiant et complétant certaines dispositions de la loi n° 5-62 du 20 janvier 1962 sur l'organisation et le fonctionnement du Conseil supérieur de la magistrature ».

En l'intitulant comme indiqué ci-dessus, le législateur semblait laisser croire à la création d'une nouvelle institution alors qu'il s'agissait d'opérer la réforme de cet organe (cf. art. premier, L. n° 5-62 du 20 janvier 1962 précitée : « Il est institué au sein du Pouvoir Judiciaire, un organe collégial de décision dénommé Conseil supérieur de la magistrature »).

De même, lorsqu'il s'était agi de réformer la loi n° 024-92 du 20 août 1992 susvisée, l'intitulé « Loi n° 29-94 du 18 octobre 1994 modifiant la loi n° 024-92 du 20 août 1992 portant institution du Conseil supérieur de la magistrature » serait exact et complet si sa formulation avait été, ainsi, conçue : « Loi n° 29-94 du 18 octobre 1994 modifiant et complétant certaines dispositions de la loi n° 024-92 du 20 août 1992 portant institution du Conseil supérieur de la magistrature ».

356 - Conseil supérieur de la magistrature, composition en 1994. Lors de sa création, en 1962, comme en 1992, le Conseil supérieur de la magistrature était présidé par le Président de la République (art. premier, L. n° 5-62 du 20 janvier 1962 sur l'organisation et le fonctionnement du Conseil supérieur de la magistrature ; art. 3, L. n° 024-92 du 20 août 1992 portant institution du Conseil supérieur de la magistrature).

Alors que la vice-présidence du Conseil supérieur de la magistrature revenait au garde des Sceaux, ministre de la Justice en 1962 (art. premier, L. n° 5-62 du 20 janvier 1962 susvisée), elle était confiée au premier président de la Cour suprême en 1992 (art. art. 3, al. 2, L. n° 024-92 du 20 août 1992 susmentionnée).

La réforme de 1994 a créé deux vice-présidents :

- Premier vice-président : le garde des Sceaux, ministre de la Justice ;
- Deuxième vice-président : le premier président de la Cour suprême (art. 3, nouveau, L. n° 29-94 du 18 octobre 1994 modifiant la loi n° 024-92 du 20 août 1992 susvisée).

La composition du Conseil supérieur de la magistrature avait varié de trois membres, outre le président de la République, le garde des Sceaux, ministre de la Justice, le président de la Cour suprême et le président de la Cour d'appel en 1962 (art. premier, 2 et 3, L. n° 5-62 du 20 janvier 1962 citée ci-dessus) à quinze membres dont deux de droit et treize élus en 1992 (art. 4, L. n° 024-92 du 20 août 1992 susmentionnée).

L'article 4 de la loi n° 024-92 du 20 août 1992 précitée a été modifié et complété par le nouvel article 4 de la loi n° 29-94 du 18 octobre 1994 modifiant la loi n° 024-92 du 20 août 1992 susvisée, lequel précisait le nombre et la qualité des membres du Conseil supérieur de la magistrature comprenant, comme en 1992, quinze membres dont treize devaient être élus par le Parlement réuni en congrès, ainsi qu'il suit :

- Le garde des Sceaux, ministre de la Justice qui intègre le Conseil supérieur de la magistrature en qualité de premier vice-président, après avoir figuré dans la composition de cet organe comme vice-président en 1962 (art. 1er, L. n° 5-62 du 20 janvier 1962 susvisée) et en être éjecté en 1992 où le premier président de la Cour suprême assume les fonctions de vice-président de ladite institution (art. 3, al. 2, L. n° 024-92 du 20 août 1992 précitée) ;

- Trois magistrats de la Cour suprême, comme en 1992 alors qu'en 1962, seul le président de la Cour suprême en était membre de droit pour le compte de cette juridiction ;

- Trois magistrats de la Cour d'appel. Les législations antérieures prévoyaient, outre le président de la Cour d'appel, un magistrat du siège de la Cour d'appel (art. 3, 1°, L. n° 5-62 du 20 janvier 1962 citée plus haut) et quatre magistrats des cours d'appel dont un au moins par cour d'appel (art.4, 2°, L. n° 024-92 du 20 août 1992 susmentionnée) ;

- Quatre magistrats des tribunaux de grande instance, comme en 1992 ;

- Deux magistrats des tribunaux d'instance, à l'instar de ce qui avait été prévu dans la législation précédente.

Section 2 – La durée du mandat des membres en 1994

357 - Conseil supérieur de la magistrature, durée du mandat des membres en 1994. Si la durée du mandat des membres du Conseil supérieur de la magistrature était limitée à deux ans en 1962 (art. 3, al. premier, L. n° 5-62 du 20 janvier 1962 citée ci-dessus), le législateur la fixait à trois ans en 1992 avec possibilité de réélection une seule fois (art. 6, al. premier, L. n° 024-92 du 20 août 1992 susvisée) et la maintenait, à ce nombre d'années, en 1994 avec la même faculté d'éligibilité (art. 5, nouveau, L. n° 29-94 du 18 octobre 1994 modifiant et complétant certaines dispositions de la loi n° 024-92 du 20 août 1992 portant institution du Conseil supérieur de la magistrature). Les suppléants des membres du Conseil supérieur de la magistrature étaient élus dans les mêmes conditions sauf s'agissant du garde des Sceaux, ministre de la Justice qui ne pouvait en disposer. En effet, si celui-ci perdait pour une raison quelconque ses fonctions, il revenait au premier président de la Cour suprême qui lui succédait d'accomplir les fonctions de premier vice-président du Conseil supérieur de la magistrature.

QUATRIÈME PARTIE

LES RÉFORMES JUDICIAIRES DE 1999 A 2023

Prétextant réformer la justice dans son entièreté, le législateur n'avait reproduit, dans les nouvelles lois, que les dispositions des lois anciennes.

358 - Organisation judiciaire, remise en cause en 1999. L'organisation judiciaire, issue de la loi n° 022-92 du 20 août 1992 portant organisation du pouvoir judiciaire fut, formellement, modifiée et complétée, après les événements sociopolitiques connus par le Congo en 1997, par la loi n° 19-99 du 15 août 1999 modifiant et complétant certaines dispositions de la loi n° 022-92 du 20 août 1992 portant organisation du pouvoir judiciaire.

Les intentions de réformer la justice se sont, finalement, dans la pratique, limitées à la simple dénomination des juridictions, à leur organisation, à leur fonctionnement (titre 1) ainsi qu'à l'établissement des règles relatives au Conseil supérieur de la magistrature (titre 2).

TITRE I

LES JURIDICTIONS INSTITUÉES EN 1999

Aucune modification fondamentale n'est perceptible, au regard ni des appellations ni de l'organisation et du fonctionnement des juridictions créées en 1999, de la plus haute juridiction aux juridictions inférieures.

359 - Organisation judiciaire, nouvelles juridictions en 1999. L'organisation judiciaire issue de la loi n° 19-99 du 15 août 1999 modifiant et complétant certaines dispositions de la loi n° 022-92 du 20 août 1992 portant organisation du pouvoir judiciaire n'est pas, fondamentalement, différente de celle mise en place, auparavant, en 1992.

En effet, la réforme (art. premier, nouveau L. n° 19-99 du 15 août 1999 susmentionnée) avait maintenu les juridictions de mêmes dénominations que lors de l'institution du pouvoir judiciaire par la loi n° 022-92 du 20 août 1992 susvisée : la Cour suprême ; la Cour des comptes ; les cours d'appel ; les tribunaux de grande instance ; les tribunaux administratifs ; les tribunaux de commerce ; les tribunaux d'instance ; les tribunaux de travail ; les tribunaux militaires.

360 - Rémunération des magistrats, traitement mensuel de fonctions des chefs de juridictions en 2000. Pour faire bénéficier les chefs de juridictions, hormis ceux de la Cour suprême, du traitement mensuel de fonction conséquent, le législateur a décidé, à l'alinéa 2 de l'article premier de la loi n°19-99 du 15 août 1999 susvisée, de la faculté de procéder au rangement des juridictions suivant les trois classes ci-après : hors classe ; première classe ; deuxième classe.

Toutefois, la Cour suprême et la Cour des comptes sont exemptées de classement.

L'étude d'organisation judiciaire en 1999 impose de distinguer les règles intéressant la Cour suprême (chapitre 1) de celles relatives aux autres juridictions (chapitre 2).

CHAPITRE I

LA COUR SUPRÊME EN 1999

361 - Cour suprême, organisation par des lois spécifiques. La première manifestation de la constitutionnalisation de la justice est intervenue par la loi n° 22-61 du 2 mars 1961 portant adoption de la Constitution de la République du Congo. Celle-ci avait consacré son titre 6 à la Cour suprême.

Depuis sa création par la loi n° 4-62 du 20 janvier 1962, la Cour suprême a vu sa composition, son organisation, sa compétence et son fonctionnement être encadrés par les lois spécifiques, hormis celle plus générale de 1983, ci-après : la loi n° 53-83 du 21 avril 1983 portant réorganisation de la justice en République populaire du Congo ; la loi n° 025-92 du 20 août 1992 portant organisation et fonctionnement de la Cour suprême ; la loi n° 30-94 du 18 octobre 1994 modifiant la loi n° 025-92 du 20 août 1992 portant organisation et fonctionnement de la Cour suprême ; la loi n° 17-99 du 15 avril 1999 modifiant et complétant certaines dispositions de la loi n° 025-92 du 20 août 1992 et de la loi n° 30-94 du 18 octobre 1994 portant organisation et fonctionnement de la Cour suprême.

La réforme de la Cour suprême entreprise en 1999 portait, notamment, sur les règles relatives à son organisation (section 1), à sa compétence (section 2) et à sa composition (section 3).

Section 1 – L'organisation de la Cour suprême en 1999

362 - Cour suprême, organisation par une loi particulière en 1999. Il avait été prévu, à l'article 58 de la Constitution du 2 mars 1961, que la Cour suprême comprenait quatre chambres : la chambre constitutionnelle ; la chambre judiciaire ; la chambre administrative ; la chambre des comptes.

Le constituant attribuait au législateur la compétence de déterminer la composition, l'organisation, les attributions et le fonctionnement de la Cour suprême. Ce fut, logiquement, l'objet de la loi n° 4-62 du 20 janvier 1962 portant création de la Cour suprême (J O R C, 15 février 1962, p. 149) étant donné que les règles détaillées relatives à la Cour suprême ne pouvaient, normalement, être insérées dans la Constitution du 2 mars 1961 lors de son institution.

À l'instar de son homologue du 2 mars 1961 (art. 58, al. 2 de ladite Constitution, JORC, 4 mars 1961, p. 2), la Constitution du 15 mars 1992 avait renvoyé à la loi le domaine afférent à l'organisation, la composition et le fonctionnement de la Cour suprême (art. 129, al. 5 de ladite Constitution, JORC, juin 1992, p. 3).

Aussi, sur la base du fondement constitutionnel, la loi n° 022-92 du 20 août 1992 portant organisation du pouvoir judiciaire fixait-elle la compétence et l'organisation des juridictions.

Toutefois, il est regrettable de constater l'exclusion, de son champ, des règles afférentes à l'organisation et au fonctionnement de la Cour suprême. Aux termes de son article 6, en effet, « Une loi fixe l'organisation et le fonctionnement de la Cour suprême ».

Cette disposition, non constitutionnelle mais légale, reconnaissait, ainsi, à la Cour suprême, ce que l'on pouvait qualifier de « privilège d'organisation et de fonctionnement » dès lors que cette haute juridiction nationale devait être, particulièrement, régie par une loi spécifique différente de celle qui concernait l'organisation et le fonctionnement des autres juridictions nationales.

Ce fut l'objet de la loi n° 17-99 du 15 avril 1999 modifiant et complétant certaines dispositions de la loi n° 025-92 du 20 août 1992 et de la loi n° 30-94 du 18 octobre 1994 portant organisation et fonctionnement de la Cour suprême.

Dans le même esprit, la loi n° 19-99 du 15 août 1999 modifiant et complétant certaines dispositions de la loi n° 022-92 du 20 août 1992 portant organisation du pouvoir judiciaire renvoie à une loi particulière l'organisation et le fonctionnement de la Cour suprême (art. 6, L. n°19-99 du 15 août 1999 sus citée).

On observe qu'en 1992, le législateur renvoyait, sans aucune justification plausible, à une autre loi la détermination des règles d'organisation et de fonctionnement régissant la Cour suprême.

Il en a été de même en 1999 alors que l'évitement de la prolifération des textes relatifs tant à l'organisation qu'au fonctionnement des juridictions justifiait le regroupement des normes y afférentes dans une même loi sans considération du niveau desdites juridictions comme il en avait été, ainsi, procédé dans la loi n° 53-83 du 21 avril 1983 portant réorganisation de la justice en République populaire du Congo qui intégrait, judicieusement, au titre 2 consacré à l'organisation et à la compétence des juridictions, le chapitre premier réservé à la Cour suprême qui comportait les dispositions pertinentes relatives à cette juridiction, aux quatre sections ci-après : compétence (art. 29 à 36) ; membres de la Cour suprême (art. 37 à 45) ; formations de la Cour suprême (art. 46 à 67) ; procédure devant la chambre constitutionnelle de la Cour suprême (art. 68 à 82).

Certes, le législateur a, dans sa souveraineté, procédé, ainsi, en utilisant la technique de renvoi à une autre loi pour le dispositif normatif consacré à la Cour suprême mais on peut opposer à son attitude, en 1992 et 1999, qu'il ne devait, servilement, adopter le même procédé de renvoi, à la loi, utilisé par le constituant en 1961 et 1992 en ce qui concerne la détermination des règles relatives à la composition et au fonctionnement de la Cour suprême dès lors qu'elles ne pouvaient être détaillées dans la constitution.

La démarche convenable et rationnelle vers laquelle le législateur se serait orienté aurait été de regrouper les dispositions qui régissent la composition et le fonctionnement des juridictions, sans préoccupation de la hiérarchie de celles-ci, dans un texte unique comprenant aussi bien la Cour suprême, plus haute juridiction nationale, que les autres juridictions inférieures : la Cour des comptes, les cours d'appel, les tribunaux de grande instance, les tribunaux administratifs, les tribunaux de commerce, les tribunaux d'instance, les tribunaux de travail, les tribunaux militaires.

363 - Cour suprême, plus haute juridiction nationale en 1999. La Cour suprême n'a pas reçu de qualificatif évocateur de sa suprématie hiérarchique dans la pyramide des juridictions de la Constitution du 2 mars 1961 qui l'instituait, ni dans la loi n° 4-62 du 20 janvier 1962 portant création de la Cour suprême.

Les lois n° 53-83 du 21 avril 1983 portant réorganisation de la justice en République populaire du Congo (art. 29, alinéa premier) et la loi n° 025-92 du 20 août 1992 portant organisation et fonctionnement de la Cour suprême (art. premier, alinéa premier) lui avaient attribué le vocable « plus haute juridiction nationale » pour manifester l'étendue de son ressort et la portée de son pouvoir juridictionnel.

Le législateur avait, dans l'élaboration de la loi n° 17-99 du 15 avril 1999 modifiant et complétant certaines dispositions de la loi n° 025-92 du 20 août 1992 et de la loi n° 30-94 du 18 octobre 1994 portant organisation et fonctionnement de la Cour suprême, largement, paraphrasé ses prédécesseurs en qualifiant de la même manière cette juridiction (art. premier, al. premier de ladite loi).

364 - Cour suprême, formations juridictionnelles en 1999. En dehors de la chambre administrative et financière restructurée en chambre administrative et constitutionnelle, toutes les autres formations instituées en 1992 ont été reconduites en 1999.

Toutefois, la Cour suprême comportant en 1983 et 1992 une seule chambre civile (respectivement art. 46, premier tiret, L. n° 53-83 du 21 avril 1983 portant réorganisation de la justice en République populaire du Congo et art. 20, premier tiret, L. n° 025-92 du 20 août 1992 portant organisation et fonctionnement de la Cour suprême), était composée de trois chambres civiles en 1999 (art. 19, nouv., premier tiret, L. n° 17-99 du 15 avril 1999 citée ci-dessus).

La loi précise que la première chambre civile est présidée par le premier président de la Cour suprême et la deuxième chambre par le vice-président de ladite juridiction (art. 20 al. premier et 21 al. premier, L. n° 17-99 du 15 avril 1999 susmentionnée). Rien n'a été indiqué en ce qui concerne la troisième chambre dont la présidence pouvait être confiée au président nommé par décret du président de la République sur une liste établie et présentée par le Conseil supérieur de la magistrature (art. 10, nouveau, alinéa premier, L. n° 17-99 du 15 avril 1999 précitée).

Section 2 – La compétence de la Cour suprême en 1999

365 - Cour suprême, compétence territoriale en 1999. Comme dans les législations antérieures (art. 29, al. 2, L. n° 53-83 du 21 avril 1983 susmentionnée ; art. premier, al. 2, L. n° 025-92 du 20 août 1992 susvisée) la réforme de 1999 prévoit que le ressort de la Cour suprême comprend l'ensemble du territoire national. Aussi, son pouvoir de contrôle juridictionnel porte-t-il sur toutes les autres juridictions nationales (art. premier, al. 3, L. n° 17-99 du 15 avril 1999 citée ci-dessus).

366 - Cour suprême, compétence en matière de recours pour excès de pouvoir en 1999. Concernant les attributions relatives à l'examen des recours pour excès de pouvoir, l'ancienne législation désignait les auteurs des décisions susceptibles d'être attaquées par le vocable « autorités réglementaires » (art. 3, L. n° 025-92 du 20 août

1992 portant organisation et fonctionnement de la Cour suprême).

Or si les autorités exécutives et administratives exercent le pouvoir réglementaire, autrement dit, celui d'édicter des mesures générales, abstraites et impersonnelles afin de s'assurer de la bonne exécution des lois, elles ne peuvent être qualifiées « autorités réglementaires » étant donné qu'est réglementaire ce qui est jugé conforme au règlement ou déterminé par lui.

C'est ainsi que le législateur a apporté un correctif à ce qualificatif « réglementaires » en prévoyant que la Cour suprême se prononce sur les recours pour excès de pouvoir formés contre les décisions émanant non plus des « autorités réglementaires » mais plutôt, des « autorités administratives » (art. 3 nouv., L. n°17-99 du 15 avril 1999 modifiant et complétant certaines dispositions de la loi n° 025-92 du 20 août 1992 et de la loi n° 30-94 du 18 octobre 1994 portant organisation et fonctionnement de la Cour suprême).

367 - Cour suprême, extension de compétence en matière de sentences arbitrales en 1999. La loi ancienne limitait la compétence de la Cour suprême, en matière d'arbitrage, à la connaissance des pourvois formés contre les décisions ou recommandations exécutoires des conseils d'arbitrage ou des commissions de recommandation (art. 4, L. n° 025-92 du 20 août 1992 susvisée).

La compétence de la Cour suprême en la matière est étendue par la loi n° 17-99 du 15 avril 1999 précitée, aux termes de laquelle cette plus haute juridiction nationale se prononce, en outre, contre « les sentences arbitrales qui sanctionnent le règlement des conflits soumis à des clauses compromissoires » (art. 4 nouv. de ladite loi).

368 - Cour suprême, restriction de compétence en matière de règlement des juges en 1992. La loi n° 025-92 du 20 août 1992 précitée limitait la compétence de la Cour suprême concernant les règlements de juge aux « conflits de compétence surgis entre les juridictions correctionnelles » (art. 5, 2° de cette loi).

369 - Cour suprême, extension de compétence en matière de règlement des juges en 1999. La loi avait élargi la compétence de la plus haute juridiction nationale, en matière de règlement des juges, auparavant, limitée « entre les juridictions correctionnelles » à la connaissance de ce type de conflits survenus « entre les juridictions » (art. 5 nouv., 2°, L. n° 30-94 du 18 octobre 1994 modifiant la loi n° 025-92 du 20 août 1992 portant organisation et fonctionnement de la Cour suprême). Autrement dit, à la Cour suprême était, désormais, dévolue la compétence pour connaître des règlements des juges pour trancher les conflits de compétence nés, sans aucune exception, entre toutes les juridictions nationales.

Cependant, la réforme opérée par la loi n° 17-99 du 15 avril 1999 modifiant et complétant certaines dispositions de la loi n° 025-92 du 20 août 1992 et de la loi n° 30-94 du 18 octobre 1994 portant organisation et fonctionnement de la Cour suprême a, de nouveau, attribué à la Cour suprême la compétence restrictive de connaître « des règlements de juges pour trancher les conflits de compétence entre les juridictions correctionnelles » (art. 5, 2° de cette loi).

370 - Cour suprême, extension de compétence en matière d'instruction des procédures contre les magistrats en 1999. Selon l'article. 5, 7° de la loi n° 025-92 du 20 août 1992 portant organisation et fonctionnement de la Cour suprême, ladite juridiction connaissait de l'instruction des procédures diligentées contre les magistrats justiciables de la Haute cour de justice.

Cette disposition n'avait pas été retenue lors de la réforme opérée par la loi n° 30-94 du 18 octobre 1994 susvisée. Elle réapparaissait, toutefois, dans la nouvelle loi n° 17-99 du 15 avril 1999 précitée (art. 5, 7ème tiret), dans les mêmes termes que celles qui figuraient dans la loi n° 025-92 du 20 août 1992 susmentionnée.

Section 3 – La composition de la Cour suprême en 1999

371 – Cour suprême, composition en 1999. Le siège de la Cour suprême était composé, en 1992, 1994 et 1999 comme ci-après : un premier président ; un vice-président ; cinq présidents de chambres. Elle comportait, pendant ces périodes, un nombre de juges qui variait suivant les législations : onze juges en 1992 (art. 8, L. n° 025-92 du 20 août 1992 précitée) ; huit juges en 1994 (art. 8 nouv., al. premier, L. n° 30-94 du 18 octobre 1994 susvisée) ; seize juges en 1999 (art. 8 nouv., al. premier, L. n° 17-99 du 15 avril 1999 susdite).

Il a été affirmé, en doctrine, que cette augmentation, non justifiée par l'accroissement du contentieux administratif, « peut avoir des motifs subjectifs ; par exemple le besoin de satisfaire certains magistrats considérés comme proche du pouvoir » (Jonathan Nicaise Sondou, « Le juge administratif congolais », mémoire pour l'obtention du diplôme du cycle supérieur de l'ENAM, filière magistrature, 2001, p. 19).

Le ministère public était constitué par : le procureur général près la Cour suprême ; un premier avocat général ; cinq avocats généraux en 1992 (art. 8, L. n° 025-92 du 20 août 1992 susmentionnée) ; deux avocats généraux en 1994 (art. 8 nouv., al. 2, L. n° 30-94 du 18 octobre 1994 citée ci-haut) ; cinq avocats généraux en 1994 (art. 8 nouv., al. 2, L. n° 17-99 du 15 avril 1999 susvisée).

372 - Premier président de la Cour suprême, maintien du vocable en 1999. Il a, précédemment, été indiqué qu'avant la réforme intervenue en 1992, la Cour suprême était dirigée par une personnalité, sous la désignation de « président », aux termes des dispositions suivantes :

- Article 8, alinéa premier, de la loi n° 4-62 du 20 janvier 1962 portant création de la Cour suprême : « La Cour suprême comprend un président et 4 juges… » ;
- Article 37, alinéa premier, de la loi n° 53-83 du 21 avril 1983 portant réorganisation de la justice en République populaire du Congo: « La Cour suprême est composée d'un président, d'un vice-président, de 20 juges professionnels et 27 juges non-professionnels ».

C'est en 1992 qu'apparaissait le changement d'appellation de ladite personnalité placée à la tête de la Cour suprême, comme le disposait l'article 8 de la loi n° 025-92 du 20 août 1992 portant organisation et fonctionnement de la Cour suprême : « La Cour suprême est composée d'un premier président, d'un vice-président, cinq (5) présidents de chambres et de 11 juges ».

Dans le même sens qu'en 1992 ont été conçues les dispositions de la loi n° 17-99 du 15 avril 1999 modifiant et complétant certaines dispositions de la loi n° 025-92 du 20 août 1992 et de la loi n° 30-94 du 18 octobre 1994 portant organisation et fonctionnement de la Cour suprême concernant la qualification de « premier président » conférée à l'autorité qui dirige la Cour suprême :

- La Cour suprême est composée d'un premier président, d'un vice-président, de cinq présidents de chambres et de seize juges (art. 8 nouv., alinéa. premier, L. n° 17-99 du 15 avril 1999 susmentionnée) ;
- Le premier président est chargé de l'administration et de la discipline de la cour suprême (art. 17 al. premier, L. n° 17-99 du 15 avril 1999 susvisée) ;
- Le bureau de la Cour suprême est formé du premier président,

du procureur général, du vice-président, du premier avocat général, des présidents de chambres et de cinq avocats généraux (art. 17 al. 3, L. n° 17-99 du 15 avril 1999 susmentionnée);

- Le bureau de la Cour suprême est présidé par le premier président de la Cour suprême ou, en cas d'absence ou d'empêchement, par le procureur général près la Cour suprême (art. 17, 4 L. n° 17-99 du 15 avril 1999 précitée) ;

- Le président de la Cour suprême préside la première chambre civile, la chambre mixte, les chambres réunies, l'assemblée consultative ainsi que toute autre formation de la Cour suprême lorsqu'il le juge convenable (art. 20, al. premier, L. n° 17-99 du 15 avril 1999 susvisée) ;

- Le président de la Cour suprême est suppléé par le vice-président et, à défaut, par le président de chambre ayant le rang le plus élevé (art. 20, al. 2, L. n° 17-99 du 15 avril 1999 précitée) ;

- L'assemblée générale consultative comprend : le premier président, le procureur général, le vice-président, les présidents de chambres, les avocats généraux et les juges (art. 30, L. n° 17-99 du 15 avril 1999 susmentionnée) ;

- Lorsqu'ils reçoivent des présidents des tribunaux et des cours d'appel le relevé mensuel des affaires enrôlées aux différentes audiences ainsi que des décisions prises, le premier président de la Cour suprême et le procureur général près la Cour suprême font, aux différentes juridictions, les remarques qu'ils jugent opportunes (art. 34, L. n° 17-99 du 15 avril 1999 susvisée).

373 - Premier président de la Cour suprême, erreur d'interprétation en 1999. La dénomination « premier président » pourrait, à se référer à la législation ancienne, être le résultat d'une interprétation malencontreuse de l'article 9 alinéa 2 de la loi n° 4-62 du 20 janvier 1962 portant création de la Cour suprême.

En effet, les membres de la Cour suprême devaient être installés le 20 juin 1962 comme prévu par l'article 7 du décret n° 62-165 du 12 juin 1962 portant application de la loi n° 4-62 du 20 janvier 1962 précitée. Ainsi, il était procédé par décret n° 62-116 du 20 avril 1962 à la nomination du « premier » président de cette plus haute juridiction nationale, en la personne de monsieur Pouabou Joseph.

En d'autres termes, l'article 9 alinéa 2 de la loi n° 4-62 du 20 janvier 1962 susvisée prévoyait la nomination du président de la Cour suprême qui devait, en « premier lieu », exercer ces fonctions, en tête des autres présidents qui occuperont, postérieurement, ce poste après lui avoir succédé. C'était, en réalité, ce qui justifiait l'usage de l'adjectif « premier », au sens de « qui occupe les fonctions avant les autres ».

L'autorité de nomination ne pouvait envisager, par l'utilisation de ce vocable « premier », une espèce de hiérarchisation des fonctions de président de la Cour suprême au sein même de cette juridiction d'autant plus qu'il n'existait pas une autre autorité judiciaire de même niveau nommée audit poste. En effet, M. Pouabou Joseph fut le premier des hauts magistrats congolais à être nommé président de la Cour suprême suivant décret n° 62-116 du 20 avril 1962.

Par ailleurs, la recherche de la conformité du décret de nomination du président de la Cour suprême à l'article 8 de la loi n° 4-62 du 20 janvier 1962 susmentionnée (JORC, 15 février 1962, p. 149) relatif à la composition de cette juridiction qui « comprend un président et 4 juges », au siège, ne pouvait laisser penser à une autre dénomination que celle de « président de la Cour suprême ».

Il est certain que si ce décret nommait non pas le « président » de la Cour suprême mais le « premier président » de la Cour suprême, il serait exposé à l'annulation pour excès de pouvoir pour manquement de sa conformité à l'article 8 de la loi n° 4-62 du 20 janvier 1962 portant création de la Cour suprême qui l'obligeait à utiliser le terme « président ».

Sans conteste le vocable « premier » mentionné à l'article 9, alinéa 2, de la loi n° 4-62 du 20 janvier 1962 susvisée, relatif à la nomination du président de la Cour suprême dont le choix s'opérait parmi les quatre juges qui venaient pour ce poste, en concours avec le procureur général près la Cour suprême, évoquait, nécessairement, l'ordre de la nomination du président de cette institution qui n'existait pas auparavant. Le président de la Cour suprême n'avait point d'équivalent audit poste avant sa nomination. L'utilisation du mot « premier » manifestait, donc, l'ordre selon lequel il devait être procédé à la nomination du président de la Cour suprême, le premier à devoir exercer ces fonctions.

Il semblerait, en se perdant en conjectures, que le vocable « premier » serait justifié par la présence des présidents de chambres de la Cour suprême. Or la qualité de président de la Cour suprême n'était conférée à aucune autre autorité judiciaire à la Cour suprême, pas même à l'un des quatre juges qui composaient cette juridiction de sorte que l'on ne pouvait considérer qu'il existait un classement des présidents nommés à la Cour suprême en premier président, deuxième président, troisième président...

Certes, les lois susvisées sur l'organisation et le fonctionnement de la Cour suprême (art. 8, L. n° 025-92 du 20 août 1992 portant organisation et fonctionnement de la Cour suprême ; art. 8, nouv. L. n°30-94 du 18 octobre 1994 modifiant la loi n° 025-92 du 20 août 1992 portant organisation et fonctionnement de la Cour suprême ; art. 8, nouv. L. n° 17-99 du 15 avril 1999 modifiant et complétant certaines dispositions de la loi n° 025-92 du 20 août 1992 et de la loi n° 30-94 du 18 octobre 1994 portant organisation et fonctionnement de la Cour suprême) instituent la fonction de « premier président » de cette plus haute juridiction nationale.

Dans ces conditions, leurs décrets d'application portant nomination du premier président de la Cour suprême ne manquent point de légalité. Toutefois, l'erreur est originelle en ce sens qu'elle est issue de la méprise de l'article 9 alinéa 2 de la loi n° 4-62 du 20 janvier 1962 portant création de la Cour suprême tel que cela venait d'être explicité plus haut (cf. supra, n° 373 - Premier président de la Cour suprême, erreur d'interprétation en 1999, p. 268).

374 – Cour suprême, suppression des cabinets en 1999. Constatant les difficultés d'application de l'article 8 nouveau, alinéa 3, de la loi n° 30-94 du 18 octobre 1994 portant organisation et fonctionnement de la Cour suprême, relatif à la création des cabinets au profit du président de cette haute juridiction nationale et du procureur général près la Cour suprême, le législateur avait supprimé ledit alinéa 3 de cet article ainsi que son alinéa 4 afférent à l'assistance des magistrats du siège et du parquet de la Cour suprême par des collaborateurs. Il réduisait, en conséquence, l'article 8 nouveau aux alinéas ci-après :

- « La Cour suprême est composée d'un premier président, d'un vice-président, de cinq (5) présidents de chambres et de huit (8) juges, soit au total : quinze (15) juges.
- « Le ministère public est constitué par le procureur général près la Cour suprême. Il est assisté d'un premier avocat général et de deux avocats généraux ».

375 – Cour suprême, suppression de l'élection des magistrats en 1999. Selon la disposition de l'article 129, alinéa 3, de la Constitution du 15 mars 1992 promulguée par décret n° 92-302 du 28 mai 1992 (JORC, édition spéciale, juin1992), « La Cour suprême comprend des

Magistrats élus par le parlement réuni en congrès dans les conditions fixées par la loi ».

Ce fut l'objet de la loi n° 025-92 du 20 août 1992 portant organisation et fonctionnement de la Cour suprême.

L'article 9, alinéa premier, de cette loi prévoyait, en effet, l'élection des juges de la Cour suprême par le parlement réuni en congrès parmi les magistrats réunissant certaines conditions liées au grade, à l'échelon atteint, à l'ancienneté et à la durée dans l'exercice des fonctions judiciaires ou administratives au sein des services du ministère de la Justice (cf., supra, troisième partie, « L'organisation judiciaire en 1992 et 1994 », titre II, « L'organisation judiciaire en 1994 », chapitre I « La Cour suprême en 1994 », sp. Section 2, « La composition de la Cour suprême en 1994 », n° 345, p. 245).

La réforme entreprise par la loi n° 30-94 du 18 octobre 1994 portant organisation et fonctionnement de la Cour suprême avait, également, prévu l'élection des magistrats de cette juridiction par le parlement réuni en congrès :

« Les quinze (15) Magistrats du Siège de la Cour Suprême et les quatre (4) Magistrats du Ministère Public sont élus par le parlement réuni en congrès, parmi les Magistrats de l'Ordre judiciaire… ».

Le mode de désignation des magistrats à la Cour suprême par voie d'élection a été supprimé par la loi n° 17-99 du 15 avril 1999 modifiant et complétant certaines dispositions de la loi n° 025-92 du 20 août 1992 et de la loi n° 30-94 du 18 octobre 1994 portant organisation et fonctionnement de la Cour suprême. Il avait été préféré, en substitution, la nomination suivant décret du président de la République, sur présentation du Conseil supérieur de la magistrature. En effet, la disposition de l'article 9, nouveau, alinéa premier, de la loi n° 17-99 du 15 avril 1999 modifiant et complétant certaines dispositions de la loi n° 025-92 du 20 août 1992 et de la loi n° 30-94 du 18 octobre 1994 portant organisation et fonctionnement de la Cour suprême était libellée ainsi qu'il suit :

« Sont nommés à la Cour suprême les magistrats hors hiérarchie ou du premier grade ayant au moins quatre années d'ancienneté dont dix années effectives dans les juridictions ou dans les institutions centrales de l'État ».

CHAPITRE II

LES AUTRES JURIDICTIONS EN 1999

L'organisation judiciaire, objet de la loi n° 19-99 du 15 août 1999 modifiant et complétant certaines dispositions de la loi n° 022-92 du 20 août 1992 portant organisation du pouvoir judiciaire avait concerné les juridictions, autres que la Cour suprême, qui sont : la Cour des comptes (section 1), les cours d'appel (section 2), les tribunaux de grande instance (section 3), les tribunaux administratifs (section 4), les tribunaux de commerce (section 5), les tribunaux d'instance (section 6), les tribunaux de travail (section 7) et les tribunaux militaires (section 8).

La loi n° 15-99 du 15 avril 1999 susvisée s'était, comme la loi n° 023-92 du 20 août 1992 portant statut de la magistrature qui l'avait précédée, préoccupée de la rémunération des magistrats (section 9). La disposition de ladite loi relative à l'amélioration de la condition sociale des magistrats fut appliquée en 2000 suivant décret y afférent (section 10).

Section 1 – La Cour des comptes en 1999

376 - Cour des comptes, compétence et organisation en 1999. Les règles fixées, par le législateur, pour régir la Cour des comptes, en 1999, ne se démarquaient pas de celles conçues, précédemment, en 1983 (cf. supra, pour apprécier la compatibilité de la législation de 1983 avec celle de 1992, section 2, « La Cour des comptes en 1992 », p. 212).

L'identité parfaite des règles, ou la paraphrase évocatrice du plagiat de la loi n° 022-92 du 20 août 1992 portant organisation du pouvoir judiciaire et de son prédécesseur, la loi n° 53-83 du 21 avril 1983 portant réorganisation de la justice en République populaire du Congo, est plus frappante dans la loi n° 19-99 du 15 août 1999 modifiant et complétant certaines dispositions de la loi n° 022-92 du 20 août 1992 portant organisation du pouvoir judiciaire.

La loi n° 19-99 du 15 août 1999 susmentionnée avait, en effet, repris, sans procéder à aucune modification substantielle, les mêmes structurations, dénominations des chapitres, sections, paragraphes et numérotations d'articles de contenus, étrangement, identiques à ceux de la loi n° 022-92 du 20 août 1992 portant organisation du pouvoir judiciaire.

Ces éléments constituaient, assurément, la preuve du plagiat à la fois dénoncé et reproché au législateur, lesquels peuvent être illustrés ainsi qu'il suit :

- Chapitres II : « La Cour des comptes » ;
    - Section 1 - La compétence (art. 7 à 15, L. n° 022-92 du 20 août 1992 susvisée ; art. 7 à 15, L. n° 19-99 du 15 août 1999 ci-haut citée) ;
    - Section 2 – De l'organisation de la Cour des comptes
        - Paragraphe 1 – Les membres de la Cour des comptes (art. 16 à 19, L. n° 022-92 du 20 août 1992 précitée ; art. 16 à 19, L. n° 19-99 du 15 août 1999 susmentionnée) ;
        - Paragraphe 2 – De l'administration de la Cour des comptes (art. 20 à 24, L. n° 022-92 du 20 août 1992 susvisée ; art. 20 à 24, L. n° 19-99 du 15 août 1999 citée plus haut) ;
        - Paragraphe 3 – Des formations de la Cour des comptes (art. 25 à 29, L. n° 022-92 du 20 août 1992 citée ci-dessus ; art. 25 à 29, L. n° 19-99 du 15 août 1999 susmentionnée) ;
    - Section 3 – Des attributions de contrôle de la Cour des comptes (art. 30 à 33, L. n° 022-92 du 20 août 1992 susvisée ; art. 30 à 33, L. n° 19-99 du 15 août 1999 précitée) ;
    - Section 4 – Du rapport annuel et des avis (art. 34 à 35, L. n° 022-92 du 20 août 1992 citée ci-dessus ; art. 34 à 35, L. n° 19-99 du 15 août 1999 susmentionnée) ;
    - Section 5 –Des infractions et des sanctions (art. 35 à 45, L. n° 022-92 du 20 août 1992 ci-haut citée ; art. 35 à 45, L. n° 19-99 du 15 août 1999 susvisée).

Section 2 – Les cours d'appel en 1999

377 - Cours d'appel, compétence et organisation en 1999. A l'instar du législateur de 1992 qui avait cru réformer l'organisation judiciaire de 1983 alors qu'il reproduisait, sans innover le modèle ancien, en renouvelant, simplement, les appellations des juridictions préexistantes, celui de 1999, par le biais de la loi n° 19-99 du 15 août 1999 susdite ne s'était, nullement, démarqué de cette attitude de plagiaire.

Prétextant, en effet, moderniser le pouvoir judiciaire sept années après sa dernière réforme, le législateur de 1999 n'avait pas montré d'évolution inspiratrice manifestant la refonte de l'institution judiciaire. Il a été, en effet, procédé au plagiat de la législation précédente qui, elle-même, découlait de la reproduction de l'ancien modèle conçu en 1983 dans un domaine qui nécessitait le renouvellement constant en vue de rénover les pratiques surannées.

Ainsi, furent reprises telles qu'elles figuraient, exactement, dans l'ancienne législation de 1983, sauf que l'appellation « tribunaux populaires de région ou de commune » était substituée à celle de « cours d'appel », les dispositions relatives à la compétence des cours d'appel et à leur organisation en 1983 et 1992 comme ci-après :

- Chapitre III – « Les cours d'appel »
  - Section première – Les compétences des cours d'appel (art. 47 à 49, L. n° 022-92 du 20 août 1992 précitée ; art. 47 à 49, L. n° 19-99 du 15 août 1999 ci- haut-citée) ;
  - Section II – De l'organisation des cours d'appel
    - Paragraphe 1 – Des membres des Cours d'appel (art. 50 à 51, L. n° 022-92 du 20 août 1992 précitée ; art. 50 à 51, L. n° 19-99 du 15 août 1999 susmentionnée) ;
    - Paragraphe 2 – De l'administration des Cours d'appel (art. 52 à 55, L. n° 022-92 du 20 août 1992 susvisée ; art. 52 à 55, L. n° 19-99 du 15 août 1999 citée plus haut) ;
    - Paragraphe 3 – Des formations des Cours d'appel (art. 56 à 60, L. n° 022-92 du 20 août 1992 citée ci-dessus ; art. 56 à 60, L. n° 19-99 du 15 août 1999 susmentionnée).

Section 3 – Les tribunaux de grande instance en 1999

Ici, également, comme indiqué, précédemment, dans les développements consacrés à la compétence, à l'organisation et au fonctionnement de la Cour suprême, de la Cour des comptes et des cours d'appel, la loi n° 53-83 du 21 avril 1983 avait constitué l'unique source de référence du plagiat motivant la réforme de 1999 comme l'était celle de 1992.

378 - Tribunaux de grande instance, compétence en 1999. La technique de la copie des lois précédentes, dans la réforme à laquelle a procédé le législateur, en 1999, est révélée au travers des dispositions nouvelles liées à la compétence, à l'organisation, à l'administration et aux formations des tribunaux de grande instance comme ci-dessous reproduites textuellement :

- « Chapitre V – Les tribunaux de grande instance

• « Section première – Compétence des tribunaux de grande instance (art. 62 à 64, L. n° 022-92 du 20 août 1992 précitée ; art. 62 à 64, L. n° 19-99 du 15 août 1999 ci- haut-citée) ;

• « Section II – De l'organisation des tribunaux de grande instance (art. 56 à 66, L. n° 022-92 du 20 août 1992 précitée ; art. 65 à 66, L. n° 19-99 du 15 août 1999 susmentionnée) ;

• « Section III – De l'administration du tribunal de grande instance (art. 67 à 71, L. n° 022-92 du 20 août 1992 susvisée ; art. 67 à 71, L. n° 19-99 du 15 août 1999 citée plus haut) ;

• « Section IV – Les formations du tribunal de grande instance (art. 72 à 79, L. n° 022-92 du 20 août 1992 citée ci-dessus ; art. 72 à 79, L. n° 19-99 du 15 août 1999 susmentionnée) ».

Section 4 – Les tribunaux administratifs en 1999

379 – Tribunaux administratifs, création en 1999. Avec l'adoption du pluralisme politique, la nouvelle organisation du pouvoir judiciaire a ressorti de ses cendres le tribunal administratif dans la loi n° 022/92 du 20 août 1992 portant organisation du pouvoir judiciaire. Il a été affirmé, en doctrine, que « … le législateur réhabilite, par cette loi, la justice à juger l'administration » (cf. Auguste Iloki, « La place du droit et de la justice dans l'administration », journées de réflexion sur l'administration publique, mars 2000, p. 6, inédit).

L'article 1er de la loi n° 022/92 du 20 août 1992 portant organisation du pouvoir judiciaire dénommait, ainsi qu'il suit, les juridictions compétentes pour rendre la justice au nom du peuple congolais : la Cour suprême, la Cour des comptes, les cours d'appel, les tribunaux de grande instance, les tribunaux administratifs, les tribunaux de commerce, les tribunaux d'instance, les tribunaux de travail, les tribunaux militaires.

La reproduction des dispositions des lois antérieures n° 53-83 du 21 avril 1983 portant réorganisation de la justice et n° 022-92 du 20 août 1992 portant organisation du pouvoir judiciaire dans la loi n° 19-99 du 15 août 1999 modifiant et complétant certaines dispositions de la loi n° 022-92 du 20 août portant organisation du pouvoir judiciaire a été fidèle sauf en ce qui concernait la transcription de l'article 83 dans cette loi nouvelle.

En effet, alors que la copie de l'article 144 de la loi n° 53-83 du 21 avril 1983 susvisée est irréprochable dans la loi dite réformatrice n° 022-92 du 20 août 1992 susmentionnée, celle reproduite à l'article 83 de la loi n° 19-99 du 15 août 1999, citée ci-dessus, qui correspondait audit article 83 des lois n° 022-92 du 20 août 1992 et n° 19-99 du 15 août 1999 se révélait, cependant, fausse.

Il apparaissait, manifestement, que l'opérateur de saisie, mu par des éléments qui avaient impacté sa capacité de concentration, ne pouvait focaliser son attention sur le texte et ne reproduisait plus, exactement, le texte de l'article 83 alinéa 2 de la loi n° 022-92 du 20 août 1992 tel qu'il était formulé.

Ledit article 83, alinéa 2, disposait :

« A ce titre, le tribunal administratif connaît :

1 – De toutes les actions tendant à faire déclarer débitrices les collectivités publiques soit à raison des marchés publics conclus par elles, soit à raison des Travaux publics qu'elles ont ordonnés, soit encore à raison de tous actes ou activités de leur part ayant porté préjudice à autrui… ».

Par inattention, il a été reproduit, malencontreusement, la même disposition ainsi qu'il suit à l'article 83 alinéa 2 de la loi n° 19-99 du 15 août 1999 modifiant et complétant certaines dispositions de la loi n° 022-92 du 20 août 1992 portant organisation du pouvoir judiciaire :

« A ce titre, le tribunal administratif connaît de toutes les actions tendant à faire déclarer débitrices les collectivités publiques soit à raison des marchés titre le Tribunal Administratif connaît :

1 – Publics conclus par elles, soit à raison des Travaux Publics qu'elles ont ordonnés, soit encore à raison de tous actes ou activités de leur part ayant porté préjudice à autrui… ».

On observait que rien ne laissait apparaître l'intérêt du changement voulu par le législateur pour réformer la loi n° 022-92 du 20 août 1992 susvisée dès lors qu'il s'était agi en 1992, comme en 1999, du plagiat de la loi n° 53-83 du 21 avril 1983 précitée dans la plénitude de ce mot.

Section 5 – Les tribunaux de commerce en 1999

380 – Tribunaux de commerce, création en 1999. Fixant la compétence des tribunaux populaires de district ou d'arrondissement, la loi n° 53-83 du 21 avril 1983 portant réorganisation de la justice en République populaire du Congo édictait qu'ils étaient « juges de droit commun en première instance et en toutes matières dans leur ressort » (art. 143 de ladite loi). Ainsi, ils jugeaient, par leurs chambres civiles, en matière civile et commerciale toutes les demandes principales, incidentes, reconventionnelles ou en compensation (art. 145, al. premier, L. n° 53-83 du 21 avril 1983 précitée).

Les tribunaux de commerce n'étant pas, spécialement, organisés lors de la réorganisation judiciaire de 1983, le législateur de 1992 ne pouvait, par conséquent s'y référer pour régler les questions relatives à leurs compétences, organisation et administration. L'institution de ces juridictions était, par conséquent, une originalité. Aussi, les règles qui les gouvernaient pouvaient-elles être perçues comme nouvelles.

Tel n'aura pas été le cas en 1999 où le législateur avait effectué, simplement, le recopiage, de la loi n° 022-92 du 20 août 1992 portant organisation du pouvoir judiciaire, dans la loi n° 19-99 du 15 août 1999 citée plus haut alors qu'il prétendait la réformer.

Ainsi, au chapitre 7 réservé aux tribunaux de commerce dans la loi n° 19-99 du 15 août 1999 susvisée, furent reproduits les mêmes titres de sections et les numérotations d'articles ayant les formulations identiques de la loi n° 022-92 du 20 août 1992 précitée comme ci-après :

- Section 1 – De la compétence des tribunaux de commerce (art. 93 à 105, L. n° 022-92 du 20 août 1992 citée ci-dessus ; art. 93 à 105, L. n° 19-99 du 15 août 1999 susmentionnée) ;
- Section 2 – Organisation des tribunaux de commerce (art. 106 à 112, L. n° 022-92 du 20 août 1992 citée plus haut ; art. 106 à 112, L. n° 19-99 du 15 août 1999 précitée) ;
- Section 3 – De l'administration des tribunaux de commerce (art. 113 à 118, L. n° 022-92 du 20 août 1992 susvisée ; art. 113 à 118, L. n° 19-99 du 15 août 1999 susmentionnée).

Section 6 – Les tribunaux d'instance en 1999

381 - Tribunaux d'instance, création en 1999. La transcription fidèle des dispositions de la loi n° 53-83 du 21 avril 1983 portant réorganisation de la justice en République populaire du Congo était, aussi, observée lors de l'élaboration de la loi n° 19-99 du 15 août 1999 modifiant et complétant certaines dispositions de la loi n° 022-92 du 20 août 1992 portant organisation du pouvoir judiciaire.

Antérieurement, cette même attitude de plagiaire du législateur était constatée au moment du vote de la loi n° 022-92 du 20 août 1992 susvisée qui avait précédé la loi n° 19-99 du 15 août 1999 susmentionnée.

La fidélité de ladite transcription était, tellement, parfaite que le législateur s'abstenait de corriger même des erreurs figurant dans les lois anciennes et les reproduisait telles qu'elles étaient commises antérieurement.

C'était, à titre d'exemple, le cas du renvoi de l'article 121 alinéa 2 aux articles 68 et 71 de la loi n° 19-99 du 15 août 1999 précitée. Reconnaissant, en effet, au président du tribunal d'instance l'administration de cette juridiction, ledit article 121, alinéa 2, lui conférait, pour ce faire, les attributions prévues aux articles 68 et 71 de ladite loi.

Or l'article 68 de la loi n° 19-99 du 15 août 1999 modifiant et complétant certaines dispositions de la loi n° 022-92 du 20 août 1992 portant organisation du pouvoir judiciaire prévoyait, non pas les attributions du président du tribunal d'instance dans l'administration dudit tribunal mais, plutôt, la composition de l'assemblée générale du tribunal de grande instance.

Ladite assemblée générale comprenait : le président du tribunal, les vice-présidents, les présidents de chambres, le procureur de la République, les substituts du procureur de la République, les juges du siège et le greffier en chef.

L'assemblée générale était, certes placée sous la présidence du président du tribunal qui assurait l'administration de cette juridiction (art. 121, L. n° 022-92 du 20 août 1992 portant organisation du pouvoir judiciaire ; art. 121, L. n° 19-99 du 15 août 1999 susmentionnée) mais les dispositions de renvoi, les articles 68 et 71 des lois précitées n'avaient aucun rapport avec les attributions du président du tribunal dès lors que l'article 68 était lié à la composition de l'assemblée générale du tribunal de grande instance (alinéa premier), à la désignation de l'autorité qui en assure la présidence (alinéa 2) et à la périodicité de ses réunions (alinéa 3) tandis que l'article 71 encadrait les attributions du procureur de la République près le tribunal de grande instance.

Cette erreur, originelle, était commise à l'article 162 de la loi n° 53-83 du 21 avril 1983 portant réorganisation de la justice en République populaire du Congo qui renvoyait, malencontreusement, à l'article 152 de la même loi pour les attributions que devait exercer le président du tribunal populaire de village-centre à qui était confiée l'administration de cette juridiction alors que ledit article concernait la composition du greffe du tribunal populaire de district ou d'arrondissement.

Section 7 – Les tribunaux du travail en 1999

382 – Tribunaux du travail en 1999, mêmes dispositions qu'en 1992. Le chapitre 9 réservé aux tribunaux du travail dans les lois n° 022-92 du 20 août 1992 portant organisation du pouvoir judiciaire en République du Congo et le chapitre 9 de la loi n° 19-99 du 15 août 1999 modifiant et complétant certaines dispositions de la loi n° 022-92 du 20 août 1992 portant organisation du pouvoir judiciaire comportaient les mêmes articles de numérotations et contenus, parfaitement, identiques.

Ainsi au chapitre 9, « Des tribunaux du travail » (art. 129 à 134, L. n° 022-92 du 20 août 1992 susvisée) correspondait le chapitre 9, « Des tribunaux du travail (art. 129 à 134, L. n° 19-99 du 15 août 1999 précitée).

Section 8 – Les tribunaux militaires en 1999

383 – Tribunaux militaires en 1999, mêmes dispositions que celles de la loi de 1992. Le chapitre 10, consacré aux tribunaux militaires dans les lois n° 022-92 du 20 août 1992 portant organisation du pouvoir judiciaire et n° 19-99 du 15 août 1999 modifiant et complétant certaines dispositions de la loi n° 022-92 du 20 août 1992 portant organisation du pouvoir judiciaire comportait, aussi bien les mêmes dénominations des sections que les numérotations et contenus d'articles ainsi qu'il suit :

Au chapitre 10, « Des tribunaux militaires » équivalait le chapitre 10, « Des tribunaux militaires », chacun d'eux structuré, dans les lois susvisées, comme ci-après :

- Section 1 – Compétence des tribunaux militaires (art. 139 à 144, L. n° 022-92 du 20 août 1992 citée ci-haut ; art. 139 à 144, L. n° 19-99 du 15 août 1999 susmentionnée) ;
- Section 2 – De l'organisation du tribunal militaire (art. 145 à 146, L. n° 022-92 du 20 août 1992 citée ci-dessus ; art. 145 à 146, L. n° 19-99 du 15 août 1999 susmentionnée) ;
- Section 3 – De l'administration du tribunal militaire (art. 147 à 151, L. n° 022-92 du 20 août 1992 précitée ; art. 147 à 151, L. n° 19-99 du 15 août 1999 susvisée) ;
- Section 4 – Les formations du tribunal militaire (art. 152 à 158, L. n° 022-92 du 20 août 1992 citée plus haut ; art. 152 à 158, L. n° 19-99 du 15 août 1999 susmentionnée).

384 – Pouvoir judiciaire, Imbroglio législatif en 1999. Ayant estimé que la loi n° 022-92 du 20 août 1992 portant organisation du pouvoir judiciaire en République du Congo était devenue inadaptée, le parlement monocaméral dénommé Conseil national de transition avait adopté la loi n° 19-99 du 15 août 1999 modifiant et complétant certaines dispositions de la loi n° 022-92 du 20 août 1992 portant organisation du pouvoir judiciaire.

Il fut, curieusement, promulgué une autre loi de mêmes date et numéro, intitulée « loi n° 19-99 du 15 août 1999 modifiant et complétant certaines dispositions de la loi n° 022-92 du 20 août 1992 portant organisation du pouvoir judiciaire en République du Congo ».

Il se posait, alors, le problème de l'antériorité d'une de ces lois à l'autre dès lors qu'elle comporte les mêmes titres comme indiqué ci-haut. Laquelle, dans ces conditions, modifie et complète l'autre ?

On peut, légitimement, et nonobstant la concomitance de leur adoption, donner la prééminence à la loi dans laquelle il était prévu l'article premier ainsi libellé : « L'article 1er de la loi n° 022-92 du 20 août 1992 portant organisation du pouvoir judiciaire en République du Congo est modifié et complété ainsi qu'il suit :

« Article 1er. – (nouveau) : L'organisation territoriale de la justice est déterminée en fonction de l'organisation territoriale administrative. La justice est rendue au nom du peuple congolais par un seul ordre de juridiction qui comprend : la Cour suprême ; la Cour des comptes ;, les cours d'appel ; les tribunaux de grande instance ; les tribunaux administratifs ; les tribunaux de commerce ; les tribunaux d'instance ; les tribunaux de travail ; les tribunaux militaires.

« À l'exception de la Cour suprême et de la Cour des comptes, les cours d'appel ainsi que les tribunaux prévus à l'alinéa précédent peuvent être classés en juridictions hors classe, juridictions de première classe et juridictions deuxième classe.

« Un décret du Président de la République, pris en Conseil supérieur de la magistrature, classe les juridictions ainsi énumérées et fixe la hiérarchie des magistrats chargés de pourvoir à leur fonctionnement ».

L'élément déterminant de leur classement dans le temps était, ainsi, fourni audit article premier qui indiquait, ostensiblement, l'objet de ladite loi qui consistait à modifier et à compléter son prédécesseur, la loi n° 022-92 du 20 août 1992 portant organisation du pouvoir judiciaire.

Cependant l'article premier, nouveau, de la loi n° 19-99 du 15 août 1999 modifiant et complétant certaines dispositions de la loi n° 022-92 du 20 août 1992 portant organisation du pouvoir judiciaire en République du Congo était libellé, exactement, comme l'article premier de la loi précédente dont elle prétend apporter des modifications, en l'occurrence la loi n° 022-92 du 20 août 1992 portant organisation du pouvoir judiciaire. Seuls les mots, « en République du Congo », dans la loi n° 022-92 du 20 août 1992 susdite, permettaient de les différencier, uniquement, au travers de leurs titres.

Il était impossible de percevoir l'intérêt de la modification et des compléments de la première loi, en son article premier alors qu'il y avait identité complète des contenus des articles premiers (nouveaux) dans les deux lois.

Si en effet, la modification de l'article premier de la première loi comportant l'expression « en République du Congo » se justifiait car son alinéa 2 relatif au classement des juridictions ne figurait pas dans les dispositions de son prédécesseur, la loi n° 022-92 du 20 août 1992 précitée, il n'en était pas de même des deux lois ayant les mêmes intitulés dont les articles premiers, nouveaux, furent rédigés de manière, parfaitement, identique du point de vue de leurs contenus.

385 – Pouvoir judiciaire, effectivité des réformes de 1992 et 1999. Il est aisé d'observer que les réformes intéressant, d'une part, les principes généraux régissant l'organisation judiciaire et les règles fixant la compétence des juridictions ainsi que leur organisation, opérées au travers de la loi n° 022-92 du 20 août 1992 portant organisation du pouvoir judiciaire et de la loi n° 19-99 du 15 août 1999 modifiant et complétant certaines dispositions de la loi n° 022-92 du 20 août 1992 portant organisation du pouvoir judiciaire et, d'autre part, les dispositions spécifiques intéressant la Cour suprême, objet de la loi n° 025-92 du 20 août 1992 portant organisation et fonctionnement de la Cour suprême et de la loi n° 17-99 du 15 avril 1999 modifiant et complétant certaines dispositions de la loi n° 025-92 du 20 août 1992 et de la loi n° 30-94 du 18 octobre 1994 portant organisation et fonctionnement de la Cour suprême n'ont été que la pure transcription, fidèle, des dispositions de la loi n° 53-83 du 21 avril 1983 portant réorganisation de la justice en République populaire du Congo.

En effet, plutôt que d'apporter des innovations fondamentales relatives à la compétence de la Cour suprême et aux formations qu'elle comprenait, le législateur se limitait, faute d'esprit créatif, à effectuer la mise à jour de la loi n° 53-83 du 21 avril 1983 susvisée, d'une part, en expurgeant, simplement, de ses dispositions les juges non-professionnels, une catégorie de juges populaires exclus de la composition des nouvelles juridictions et, d'autre part, en changeant les dénominations des juridictions devenues anachroniques afin d'appliquer l'Acte n° 076 du 21 juin 1991 de la Conférence nationale souveraine relatif aux changements d'appellations des juridictions (cf. supra, troisième partie, « L'organisation judiciaire en 1992 et 1994 », titre I « La réforme de la Justice en 1992 », chap. 1, « La dénomination des juridictions en 1992 », n° 298, organisation judiciaire, nouvelles dénominations des juridictions en 1992, p. 233).

Comme développé ci-dessus, la loi n° 53-83 du 21 avril 1983 susvisée regroupait toutes les dispositions intéressant la compétence et l'organisation des juridictions, sans exception, y compris la Cour suprême.

Si la loi n° 6-61 du 11 janvier 1961 fixant l'organisation judiciaire, ne comprenait pas la Cour suprême, c'est, simplement, parce qu'elle ne fut créée que plus tard, par la loi n° 4-62 du 20 janvier 1962. La date de sa création justifiait, par conséquent, l'édiction des règles relatives à son organisation et à son fonctionnement dans cette loi particulière.

La prévision des règles qui gouvernent la Cour suprême, plus haute juridiction nationale, en dehors des lois d'organisation du pouvoir judiciaire alors même que lesdites lois intègrent bien cette juridiction parmi les institutions judiciaires qui composent ledit pouvoir, ne paraît pas se justifier d'autant plus qu'elle favorise, inutilement, l'inflation des textes juridiques au détriment de leur regroupement susceptible d'en faciliter la consultation.

386 - Inspection générale des juridictions et des services judiciaires en 1999. Dans le souci de veiller au fonctionnement rationnel des juridictions, excepté la Cour suprême, une structure dénommée « inspection générale des juridictions et des services judiciaires » était instituée par décret n° 99/87 du 19 mai 1999.

387 - Auditeurs de justice, formations théorique et pratique en 1999. La loi n° 15-99 du 15 avril 1999 modifiant et complétant certaines dispositions de la loi n° 023-92 du 20 août 1992 portant statut de la magistrature avait prévu que les auditeurs de justice devaient accomplir une formation s'étendant sur une période de deux années, subdivisée en formation théorique qui a lieu dans une école de la magistrature et en formation pratique dans les juridictions où ils sont affectés (art. 21 al. 2, L. n° 15-99 du 15 avril 1999 susmentionnée).

388 - Auditeurs de justice, classement par ordre de mérite en 1999. L'élaboration de la liste de classement des auditeurs de justice par ordre de mérite relevait, désormais, de la compétence du jury d'examen (art. 22, al. Premier, L. n° 15-99 du 15 avril 1999 modifiant et complétant certaines dispositions de la loi n° 023-92 du 20 août 1992 portant statut de la magistrature).

Section 9 - La rémunération des magistrats en 1999

389 – Rémunération des magistrats, traitement le plus élevé alloué aux fonctionnaires en 1999. L'article 40 de la loi n° 15-99 du 15 avril 1999 modifiant et complétant certaines dispositions de la loi n° 023-92 du 20 août 1992 portant statut de la magistrature disposait, comme l'ancien article 43 de la loi n° 023-92 du 20 août 1992 susvisée qui le précédait, que les magistrats percevaient une rémunération qui correspondait au traitement le plus élevé alloué aux fonctionnaires assimilés de l'État.

Ainsi, recherchant l'application de cette disposition, le gouvernement avait fixé, dans la nouvelle grille, substantiellement, la valeur du point indiciaire au niveau supérieur à celui appliqué dans les autres secteurs de la vie nationale.

Si, selon l'article 43 alinéa 3 de la loi n° 023-92 du 20 août 1992 portant statut de la magistrature, la détermination de la nature et du taux de rémunération des magistrats relevaient du décret pris en conseil des ministres, il n'en est plus ainsi dans la loi n° 15-99 du 15 avril 1999 modifiant et complétant certaines dispositions de la loi n° 023-92 du 20 août 1992 portant statut de la magistrature.

La nature du texte d'application de cette mesure légale est, en effet, désormais, le décret du président de la République qui exerce son pouvoir discrétionnaire sur proposition du conseil supérieur de la magistrature (art. 43, nouveau, de cette loi).

Section 10 - La rémunération des magistrats en 2000

390 - Rémunération des magistrats, valeur du point indiciaire en 2000. La valeur du point indiciaire applicable à cette grille était fixée à 160 (art. 3, décr. n° 2000-124 du 1er juillet 2000 portant reversement des magistrats) et, par ailleurs, l'ancienneté d'échelon, acquise à la date du reclassement, était conservée dans le nouvel échelon indiciaire (art. 2 décr. n° 2000-124 du 1er juillet 2000 susdit).

391 - Rémunération des magistrats, amélioration du statut social en 2000. Afin d'assainir, davantage, la situation de la justice gangrenée par des soupçons incessants de corruption des magistrats, le Gouvernement avait estimé utile de créer les conditions d'amélioration de leur statut social.

Il avait été, en effet, conféré des avantages spécifiques et substantiels liés au statut particulier des magistrats suivant leur appartenance à telle juridiction ou à telle autre.

392 - Rémunération des magistrats, traitement mensuel de fonctions des membres de la Cour suprême en 2000. Le traitement mensuel de fonctions des membres de la Cour suprême est fixé par le décret n° 2000-125 du 1er juillet 2000. Ce texte précise, en son article 3, que ses dispositions « constituent un des fondements du pouvoir judiciaire et de l'indépendance de la magistrature » pour manifester l'importance non négligeable des rémunérations allouées aux magistrats de la Cour suprême.

Bénéficient dudit traitement, dont le montant décroît avec le niveau des fonctions, tous les magistrats de la plus haute juridiction nationale dans l'ordre ci-après : le Premier président ; le procureur général ; le vice-président ; le premier avocat général ; les présidents de chambres ; les avocats généraux ; les juges.

393 - Rémunération des magistrats, statuts de certains chefs de juridictions en 2000. En application de l'article premier, alinéa 2, de la loi n° 19-99 du 15 août 1999 susvisée, il fut institué le statut des chefs de cour de certaines juridictions suivant décret n° 2000-127 du 1er juillet 2000 de la manière qui suit :

- Le premier président d'une cour d'appel relevant des juridictions classées hors hiérarchie a rang et prérogative de président de chambre de la Cour suprême ;
- Le procureur général près une cour d'appel relevant des juridictions classées hors hiérarchie a rang et prérogatives d'avocat général près la Cour suprême ;
- Le président d'un tribunal de grande instance relevant des juridictions classées hors hiérarchie a rang et prérogatives de juge à la Cour suprême ;
- Le procureur de la République près un tribunal de grande instance relevant des juridictions classées hors hiérarchie a rang et prérogatives de juge à la Cour suprême ;

- Le premier président d'une cour d'appel relevant des juridictions classées de première classe a rang et prérogatives de juge à la Cour suprême ;

- Le procureur général près une cour d'appel relevant des juridictions classées de première classe a rang et prérogatives de juge à la Cour suprême.

Il en est de même pour les magistrats et juges de la Cour des comptes dont le statut y afférent est institué par décret n° 2000-128 du 1er juillet 2000 ainsi qu'il suit :

- Le président de la Cour des comptes a rang et prérogatives de vice-président de la Cour suprême ;

- Le procureur général près la Cour des comptes a rang et prérogatives de premier avocat général près la Cour suprême ;

- Le vice-président de la Cour des comptes a rang et prérogatives de président de chambre de la Cour suprême ;

- Les présidents de chambre de la Cour des comptes ont rang et prérogatives de juge à la Cour suprême ;

- L'avocat général près la Cour des comptes a rang et prérogatives de juge à la Cour suprême.

394 - Rémunération des magistrats, traitement de fonctions des magistrats membres de l'Inspection générale des juridictions et des services judiciaires en 2000. Le traitement de fonctions des magistrats, membres de l'Inspection générale des juridictions et des services judiciaires, est fixé par le décret n° 2000-126 du 1er juillet 2000, à des niveaux correspondants :

- Pour l'inspecteur général, au traitement de fonctions du vice-président de la Cour suprême ;

- Pour l'Inspecteur général adjoint, au traitement de fonctions des présidents de chambres et des avocats généraux près la Cour suprême ;

- Pour les inspecteurs, au traitement de fonctions des juges à la Cour suprême.

395 - Rémunération des magistrats, grille indiciaire en 2000. Les magistrats, autres que ceux visés par les textes susmentionnés, bénéficient du salaire indiciaire déterminé par le décret n° 2000-124 du 1er juillet 2000 portant reversement des magistrats.

En effet, aux termes de l'article 1er du décret susdit, les « magistrats sont reversés dans la grille indiciaire définie par le décret n° 91-049 du 5 mars 1991 en fonction de leur catégorie, de leur hiérarchie et de leurs indices actuels, conformément au tableau de concordance... », en se référant « au traitement le plus élevé alloué aux fonctionnaires assimilés de l'État » (art. 40 al. 2, L. n° 15-99 du 15 avril 1999 susmentionnée). Il a été fait recours, en l'occurrence, au statut particulier du personnel de l'Université Marien Ngouabi tel que déterminé par le décret n° 91-849 du 30 octobre 1991 portant statut particulier du personnel de l'Université Marien Ngouabi. En effet, aux termes dudit décret :

« Le traitement de base est égal au produit du coefficient correspondant à l'indice par la valeur du point.

« La valeur du point indiciaire, considérée pour la liquidation de la rémunération mensuelle des enseignants de l'Université est celle qui est retenue pour les agents de la fonction publique majorée de la moitié au moins de cette même valeur ».

Tableau synoptique relatif à la grille indiciaire du personnel enseignant de l'Université Marien Ngouabi en 1991

Grade échelon	Assistant	Maitre assistant	Maitre de conférence (agrégé)	Professeur
1	1190	1940	2690	3690
2	1340	2090	2890	3890
3	1490	2240	3090	4090
4	1640	2390	3290	4290
5	1790	2540	3490	4490
6	1940	2690	3690	4690
7	2090	2840	3890	4890
8	2240	2990	4090	5090
9	2390	3140	4290	5290
10	2540	3290	4490	5490

(décret n° 91-849 du 30 octobre 1991 susdit, annexe I, grille indiciaire du personnel enseignant).

La valeur du point indiciaire des agents de la fonction publique applicable à la grille indiciaire définie par le décret n° 91-049 du 5 mars 1991 précité est fixée à 160 (art. 3 décr, n° 2000-124 du 1er juillet 2000 portant reversement des magistrats).

396 - Rémunération des magistrats, tableau synoptique relatif à la grille indiciaire des magistrats en 2000. En application de l'article

40, alinéa 2, de la loi n° 15-99 du 15 avril 1999 modifiant et complétant certaines dispositions de la loi n° 023-92 du 20 août 1992 portant statut de la magistrature, ayant trait à l'allocation aux magistrats du traitement le plus élevé perçu par les fonctionnaires assimilés de l'Etat, le président de la République procédait à l'amélioration de la situation sociale des magistrats ainsi qu'il suit :

Catégorie	**Echelon**	**Nouvel indice**	**Salaire de base**
Hors hiérarchie	4	8100	1 296 000
	3	7950	1 272 000
	2	7800	1 248 000
	1	7650	1 224 000
Premier grade	4	6100	976 000
	3	5950	952 000
	2	5800	928 000
	1	5650	904 000
Deuxième grade	4	4725	756 000
	3	4575	732 000
	2	4425	708 000
	1	4275	684 000
Troisième grade	5	3350	536 000
	4	3200	512 000
	3	3050	488 000
	2	2900	464 000
	1	2750	440 000
Auditeurs de justice		1312	209 920

Source : décret n° 2000-124 du 1er juillet 2000 portant reversement des magistrats.

TITRE II

LE CSM DE 1999 À 2023

Au cours des années 1999 à 2018, le Conseil supérieur de la magistrature a été, plusieurs fois, reformé dans le sens de sa création nouvelle ou des modifications spécifiques relatives à son organisation et à son fonctionnement, notamment, au cours des années 1999 (chapitre 1), 2004 (chapitre 2), 2008 (chapitre 3) et 2018 (chapitre 4). Le Conseil supérieur de la magistrature a tenu sa dernière réunion en 2023 (chapitre 5).

CHAPITRE I

LE CSM EN 1999

Nonobstant son existence depuis 1962, le Conseil supérieur de la magistrature fut, à nouveau, institué en 1999 (section 1). Ainsi, furent prévus sa composition (section 2), son budget (section 3), les pouvoirs du ministre de la Justice (section 4), la durée du mandat des membres (section 5), les pouvoirs du Conseil supérieur de la magistrature (section 6), le pouvoir disciplinaire (section 7), les réunions (section 8), les incompatibilités des membres (section 9), la prohibition de la délégation de la présidence (section 10), la compétence de cet organe en tant que commission d'avancement ou de discipline (section 11), le secrétariat du Conseil supérieur de la magistrature (section 12).

Section 1 – La création du CSM en 1999

397 - Conseil supérieur de la magistrature, création en 1999. Existant, depuis la loi n° 5-62 du 20 janvier 1962 sur l'organisation et le fonctionnement du Conseil supérieur de la magistrature, cet organe était, encore, institué par la loi n° 16-99 du 15 avril 1999 modifiant et complétant certaines dispositions de la loi n° 024-92 du 20 août 1992 et de la loi n° 29-94 du 18 octobre 1994 portant institution du Conseil supérieur de la magistrature (art. premier de ladite loi). Comme, déjà, indiqué ci-haut, le législateur aurait dû seulement se cantonner à prévoir les dispositions modificatives et complétives de la loi ancienne sans se préoccuper d'instituer, de nouveau, et ce, trente-sept ans après sa création en 1962, le Conseil supérieur de la magistrature.

Le style redondant du législateur était, d'autant, regrettable qu'il avait, également, procédé ainsi lors de la réforme du Conseil supérieur de la magistrature intervenu trente ans après son institution en 1962 par la loi n° 024-92 du 20 août 1992 portant institution du Conseil supérieur de la magistrature dont l'article premier fut repris dans la loi nouvelle comme suit : « Il est institué au sein du Pouvoir Judiciaire, un organe collégial de décision dénommé Conseil supérieur de la magistrature » (art. premier, L. n° 024-92 du 20 août 1992 portant institution du Conseil supérieur de la magistrature ; art. premier, L. n° 16-99 du 15 avril 1999 modifiant et complétant certaines dispositions de la loi n° 024-92 du 20 août 1992 et de la loi n° 29-94 du 18 octobre 1994 portant institution du Conseil supérieur de la magistrature).

Section 2 – La composition du CSM en 1999

398 - Conseil supérieur de la magistrature, composition en 1999. Comme en 1962 (art. premier, L. n° 5-62 du 20 janvier 1962 susmentionnée), 1992 (art. 3, al. premier, L. n° 024-92 du 20 août1992 susvisée) et 1994 (art. 3, nouveau, L. n° 29-94 du 18 octobre 1994 citée ci-dessus), le président de la République était président du Conseil supérieur de la magistrature en 1999 (art. 3, nouveau, al. premier, L. n° 16-99 du 15 avril 1999 précitée).

La vice-présidence du Conseil, initialement, assurée par le garde des Sceaux, ministre de la Justice (art. premier, L. n° 5-62 du 20 janvier 1962 sur l'organisation et le fonctionnement du Conseil supérieur de la magistrature) puis par le premier président de la Cour suprême (art. 3, al. 2, L. n° 024-92 du 20 août 1992 susvisée), fut confiée, en 1994, au garde des Sceaux, ministre de la Justice et au premier président de la Cour suprême en qualité, respectivement, de premier vice-président et de deuxième vice-président (art. 3, nouveau, al. 2, L. n° 29-94 du 18 octobre 1994 sus citée).

Ne comptant que des membres nommés en 1962 (art. 3, L. n° 5-62 du 20 janvier 1962 précitée), le Conseil supérieur de la magistrature comprenait, en 1992, des membres élus par le Parlement réuni en congrès (art. 4, L. n° 024-92 du 20 août 1992 susvisée) de même qu'en 1994 où le garde des Sceaux, ministre de la Justice figurait parmi les membres élus dudit organe (art. 4, nouveau, L. n° 29-94 du 18 octobre 1994 susmentionnée).

Alors que l'article 4, nouveau, de cette loi prévoyait deux membres de droit dans la composition du Conseil supérieur de la magistrature, elle n'en précisait, cependant, pas la qualité.

Même si dans la pratique cette disposition était appliquée en considérant, aisément, qu'elle visait, clairement, le garde des Sceaux, ministre de la Justice et le premier président de la Cour suprême, le législateur a cru devoir combler ce vide législatif en disposant, à l'article 3, nouveau, alinéa 2, de la loi n° 16-99 du 15 avril 1999 citée ci-dessus, que le garde des Sceaux, ministre de la Justice et le premier président de la Cour suprême sont membres de droit du Conseil supérieur de la magistrature. L'alinéa 3 dudit article étendait la qualité des membres de droit de cet organe en l'élargissant au procureur général près la Cour suprême, au vice-président de la Cour suprême et au premier avocat général près la Cour suprême.

Le nombre et la qualité des autres membres du Conseil supérieur de la magistrature variaient avec les législations. Ainsi, cet organe comprenait, outre le président de la République et les membres de droit :

- En 1962, trois membres suivants : un magistrat du siège de la Cour d'appel, un magistrat du siège des tribunaux, un juge d'instance, tous nommés par décret du président de la République, en conseil des ministres sur proposition du garde des Sceaux, ministre de la Justice (art. 3, al. premier, L. n° 5-62 du 20 janvier 1962 susvisée) ;
- En 1992, treize membres élus par le Parlement réuni en congrès : trois magistrats de la Cour suprême, quatre magistrats des cours d'appel, quatre magistrats des tribunaux de grande instance, deux magistrats des tribunaux d'instance (art. 4, L. n° 024-92 du 20 août 1992 susmentionnée) ;
- En 1994, treize membres élus par le Parlement réuni en congrès : le garde des Sceaux, ministre de la Justice, trois magistrats de la Cour suprême, trois magistrats de la cour d'appel, quatre magistrats des tribunaux de grande instance, deux magistrats des tribunaux d'instance (art. 4, nouv., L. n° 29-94 du 18 octobre 1994) ;
- En 1999, dix membres nommés par le président de la République : deux magistrats de la Cour suprême, trois magistrats des cours d'appel, trois magistrats des tribunaux de grande instance, deux magistrats des tribunaux d'instance (art. 4, nouveau, L. n° 16-99 du 15 avril 1999 citée ci-dessus).

Section 3 – Le budget du CSM en 1999

399 - Conseil supérieur de la magistrature, budget en 1999. La loi n° 5-62 du 20 janvier 1962 précitée, en son article 8, disposait que « les crédits nécessaires au fonctionnement du Conseil supérieur de la magistrature sont inscrits au budget du ministère de la Justice ».

Dans le souci de mieux assurer l'indépendance de cette institution, la réforme opérée en 1992 prévoyait l'inscription de ses crédits de fonctionnement non plus au ministère de la Justice, mais au budget de l'État, directement, au titre du Conseil supérieur de la magistrature (art. 18, al. 3, L. n° 024-92 du 20 août 1992 portant institution du Conseil supérieur de la magistrature).

Cette disposition est reprise, dans les termes identiques, à l'article 19 de la loi n° 16-99 du 15 avril 1999 modifiant et complétant certaines dispositions de la loi n° 024-92 du 20 août 1992 et de la loi n° 29-94 du 18 octobre 1994 portant institution du Conseil supérieur de la magistrature.

Section 4 – Les pouvoirs du ministre de la Justice en 1999

400 - Conseil supérieur de la magistrature, pouvoirs du garde des Sceaux, ministre de la Justice, premier vice-président en 1999. Comme en 1992, le secrétariat du Conseil supérieur de la magistrature étant assuré par le ministère de la Justice, il est précisé en 1999 qu'en sa qualité de vice-président de cet organe, le garde des Sceaux, ministre de la Justice veille à la surveillance et au contrôle des activités ci-après du Conseil supérieur de la magistrature : des tâches de son secrétariat général ; de sa gestion administrative et financière ; de la préparation de ses sessions et dossiers ; de la rédaction des procès-verbaux de ses réunions et actes (art. 20, nouv., L. n° 16-99 du 15 avril 1999 susmentionnée).

Section 5 – La durée du mandat des membres en 1999

401 - Conseil supérieur de la magistrature, durée du mandat des membres en 1999. Prévue, originellement, pour deux ans (art. 3, al. premier, L. n° 5-62 du 20 janvier 1962 précitée), la durée du mandat des membres du Conseil supérieur de la magistrature était relevée à trois ans avec possibilité de réélection une fois, en 1992 (art. 6, al. 1 et 2, L. n° 024-92 du 20 août 1992 ci-dessus citée) puis en 1994 (art. 6, nouveau, al. premier, L. n° 29-94 du 18 octobre 1994 portant institution du Conseil supérieur de la magistrature).

Supprimant le mode de désignation des membres du Conseil supérieur de la magistrature par voie élective, le législateur optait pour leur nomination par le président de la République pour un mandat de trois ans renouvelable une seule fois (art. 5, nouveau, al. premier, L. n° 16-99 du 15 avril 1999 modifiant et complétant certaines dispositions de la loi n° 024-92 du 20 août 1992 et de la loi n° 29-94 du 18 octobre 1994 portant institution du Conseil supérieur de la magistrature).

Section 6 – Les pouvoirs en matière de nomination en 1999

402 - Conseil supérieur de la magistrature, pouvoirs en matière de nomination en 1999. Sous l'empire de la loi n° 16-99 du 15 avril 1999 modifiant et complétant certaines dispositions de la loi n° 024-92 du 20 août 1992 et de la loi n° 29-94 du 18 octobre 1994 portant institution du Conseil supérieur de la magistrature, ledit organe proposait, au président de la République, la nomination des magistrats du siège et du parquet des cours et tribunaux (art. 6 nouv., L. n° 16-99 du 15 avril 1999 susvisée) alors que dans la législation précédente, les magistrats de la Cour suprême n'étaient pas soumis à cette procédure (art. 9, L. n° 024-92 du 20 août 1992 susvisée).

Le Conseil supérieur de la magistrature veillait, en 1999, comme en 1992, à ce que la nomination des magistrats intervienne dans le respect de la règle d'impartialité et des critères, déjà, retenus dans l'ancienne législation, tels l'ancienneté dans la profession, le cursus professionnel et la probité morale puis ceux nouvellement prévus par la réforme comme l'expérience, la technicité et la compétence, la conscience professionnelle et le sens élevé de patriotisme (art. 7, L. n° 16-99 du 15 avril 1999 sus citée).

Auparavant, le Conseil supérieur de la magistrature établissait et présentait la liste des magistrats, éligibles à la Cour suprême, à la nomination du président de la République, lesquels devaient être de premier grade et totaliser quinze années d'ancienneté dont dix dans les juridictions ou au ministère de la Justice (art. 11, L. n° 024-92 du 20 août 1992 ci-dessus citée). La réforme de 1999 prévoyait, désormais, la nomination à la haute juridiction nationale des magistrats hors hiérarchie ou, à défaut, ceux du premier grade bénéficiant de la même ancienneté que celle indiquée, précédemment, exerçant leurs fonctions non seulement au ministère de la Justice mais, également, dans les institutions centrales de l'État (art., nouv., al. 2, L. n° 16-99 du 15 avril 1999 susmentionnée).

Section 7 – Le pouvoir disciplinaire en 1999

403 - Conseil supérieur de la magistrature, pouvoir disciplinaire en 1999. La loi n° 16-99 du 15 avril 1999 modifiant et complétant certaines dispositions de la loi n° 024-92 du 20 août 1992 et de la loi n° 29-94 du 18 octobre 1994 portant institution du Conseil supérieur de la magistrature renvoie au statut de la magistrature pour l'exercice des attributions du Conseil supérieur de la magistrature en matière de discipline des magistrats (art. 9, L. n° 16-99 du 15 avril 1999 précitée). Le statut de la magistrature prévoit, en effet, les sanctions disciplinaires en cas de commission de fautes disciplinaires (art. 29 à 34, L. n° 16-99 du 15 avril 1999 précitée, JORC, 1er juillet 1961, p. 403). Une distinction est faite entre la discipline des magistrats du siège (art. 35 à 43, L. n° 16-99 du 15 avril 1999 de cette loi) et celle des magistrats du parquet (art. 44 à 46 de la même loi).

Section 8 – Les réunions du CSM en 1999

404 - Conseil supérieur de la magistrature, réunions en 1999. Si, auparavant, la loi indiquait, laconiquement, que le Conseil supérieur de la magistrature se réunissait sur convocation de son président (art. 9, L. n° 5-62 du 20 janvier 1962 sur l'organisation et le fonctionnement du Conseil supérieur de la magistrature), les lois postérieures précisaient les périodes des sessions ordinaires du Conseil supérieur de la magistrature, dont la durée ne pouvait excéder trois jours :

- La première, à la deuxième quinzaine du mois de mai ;
- La deuxième, à la première quinzaine du mois de décembre (art. 15, L. n° 024-92 du 20 août 1992 portant institution du Conseil supérieur de la magistrature ; art. 11, al. premier, L. n° 16-99 du 15 avril 1999 modifiant et complétant certaines dispositions de la loi n° 024-92 du 20 août 1992 et de la loi n° 29-94 du 18 octobre 1994 portant institution du Conseil supérieur de la magistrature).

Alors que la loi n° 5-62 du 20 janvier 1962 précitée instituant le Conseil supérieur de la magistrature n'envisageait pas les réunions extraordinaires de cet organe, celles qui l'ont suivies prévoyaient sa session extraordinaire sur convocation du président de la République ou à la demande des deux tiers de ses membres (art. 15, al. 3, L. n° 024-92 du 20 août 1992 susvisée ; art. al. 3, L. n° 16-99 du 15 avril 1999 précitée).

Section 9 – Les incompatibilités en 1999

405 - Conseil supérieur de la magistrature, incompatibilités en 1999. Les lois du 20 janvier 1962 et du 20 août 1992 précitées n'avaient pas prévu des incompatibilités inhérentes à l'exercice des fonctions de membre du Conseil supérieur de la magistrature. L'article 13 nouveau, alinéa 3, de la loi n° 16-99 du 15 avril 1999 citée ci-dessus prescrivait plusieurs incompatibilités desdites fonctions avec celles de membres du gouvernement, du Parlement, du conseil constitutionnel, du conseil économique et social, du conseil supérieur de l'information et de la communication, du médiateur, du barreau, des conseils locaux, d'officier public ou ministériel. Il était précisé, dans la même disposition, que le ministre de la Justice, en ce qu'il exerçait les fonctions de membre du Conseil supérieur de la magistrature de droit et en assurait la vice-présidence, nonobstant sa qualité de membre du gouvernement, ne pouvait être considéré comme se trouvant en position d'incompatibilité.

Section 10 – La prohibition de délégation en 1999

406 - Conseil supérieur de la magistrature, prohibition de la délégation de la présidence dans la réforme opérée en 1999. Il avait été prévu, antérieurement, la faculté de délégation de la présidence du Conseil supérieur de la magistrature au Premier ministre, en cas d'empêchement du président de la République qui en était le président, lorsque cet organe statuait sur la nomination des magistrats, (art. 20, L. n° 024-92 du 20 août 1992 ci-dessus citée).

Probablement pour éviter l'exercice des fonctions de président du Conseil supérieur de la magistrature par le Premier ministre, la réforme de 1999 prohibait, dans tous les cas, et ce, pour la première fois, la délégation de sa présidence (art. 14, nouv., L. n° 16-99 du 15 avril 1999 citée plus haut).

C'est, certainement, cette interdiction de délégation des fonctions qui expliquait la rareté de ses sessions. Elles ne pouvaient, au cours de cette période, se tenir deux fois l'année comme le prévoyaient les articles 15 de la loi n° 024-92 du 20 août 1992 susvisée et 11, alinéa premier, de la loi n° 16-99 du 15 avril 1999 précitée en raison de l'indisponibilité de son président. Parfois, même, il ne se tenait aucune session dans l'année ou pendant plusieurs années.

Section 11 – La commission d'avancement ou de discipline

407 - Conseil supérieur de la magistrature, commission d'avancement ou conseil de discipline en 1999. Les compétences du Conseil supérieur de la magistrature en matière disciplinaire sont anciennes. En effet, la loi n° 5-62 du 20 janvier 1962 susvisée prescrivait, déjà, que le président de la Cour suprême le préside lorsqu'il siège comme conseil de discipline des magistrats du siège (art. 13, alinéa premier de cette loi). La réforme de 1992 reprenait cette disposition (art. 21, L. n° 024-92 du 20 août 1992 susvisée).

Par contre, la loi n° 5-62 du 20 janvier 1962 ne comportait aucune disposition relative à l'avancement des magistrats.

La loi n° 16-99 du 15 avril 1999 précitée était plus précise et complète en matière d'avancement ou de discipline des magistrats. Elle conférait, en effet, au premier président de la Cour suprême, les compétences de convoquer et de présider le Conseil supérieur de la magistrature, non seulement lorsqu'il siégeait comme conseil de discipline des magistrats du siège et du parquet de toutes les juridictions mais, aussi, comme commission d'avancement des mêmes magistrats (art. 15, nouv. de ladite loi). Dans ces conditions, les membres du Conseil supérieur de la magistrature appliquaient les dispositions pertinentes du statut de la magistrature.

408 - Avancement des magistrats, commission d'avancement en 1999. A la commission d'avancement instituée par la loi n° 42-61 du 20 juin 1961 portant statut de la magistrature et la loi n° 023-92 du 20 août 1992 portant statut de la magistrature, s'est substitué le conseil supérieur de la magistrature qui siège comme commission d'avancement. Il dresse et arrête, comme auparavant y procédait la commission d'avancement, le tableau d'avancement et les listes d'aptitude aux fonctions (Article 26, alinéa 2 de la loi n° 15-99 du 15 avril 1999 modifiant et complétant certaines dispositions de la loi n° 023-92 du 20 août 1992 portant statut de la magistrature).

La nomination des magistrats des tribunaux d'instance aux fonctions dans les juridictions d'appel est, désormais, assujettie à l'accomplissement de dix ans d'exercice des fonctions au sein de ces juridictions de base (article 27, alinéa 3 de la loi n° 15-99 du 15 avril 1999 précitée).

Section 12 – Le secrétariat du CSM en 1999

409 - Conseil supérieur de la magistrature, secrétariat en 1999. Il n'existait pas, avant 1992, de secrétariat formalisé du Conseil supérieur de la magistrature. C'est à l'occasion de ses séances qu'un secrétariat ad hoc était mis en place, sous la supervision du président de la Cour suprême qui présentait les affaires soumises audit organe. En 1992 le législateur avait attribué, au ministère de la Justice, la compétence pour assurer le secrétariat du Conseil supérieur de la magistrature (art. 17, L. n° 024-92 du 20 août 1992 sus citée).

La loi n° 16-99 du 15 avril 1999 susmentionnée reprenait, en son article 18, la disposition de l'article 17 de son prédécesseur en reconnaissant au ministère de la Justice le pouvoir d'assurer, lors des sessions, le secrétariat du Conseil supérieur de la magistrature.

CHAPITRE II

LE CSM EN 2004

Après avoir procédé à l'extension des membres de droit du Conseil supérieur de la magistrature (section 1), la loi de 2004 insérait un magistrat de la Cour des comptes au nombre des membres composant cet organe (section 2) et précisait les conditions de validité de ses décisions (section 3).

Section 1 – L'extension des membres du CSM en 2004

410 - Conseil supérieur de la magistrature, extension de la qualité de membres de droit en 2004. Selon l'article 3, nouveau, alinéa 2, de la loi n° 16-99 du 15 avril 1999 susvisée, seuls le garde des Sceaux, ministre de la Justice, le premier président de la Cour suprême, le procureur général près la Cour suprême, le vice-président de la Cour suprême et le premier avocat général près la Cour suprême étaient membres de droit du Conseil supérieur de la magistrature.

L'alinéa 3 de l'article 3 nouveau de la loi n° 16-2004 du 27 octobre 2004 portant modification des articles 3, 4 et 16 de la loi n° 16-99 du 15 avril 1999 modifiant et complétant certaines dispositions de la loi n° 024-92 du 20 août 1992 et de la loi n° 29-94 du 18 octobre 1994 portant institution du Conseil supérieur de la magistrature étendait la qualité des membres de droit de cet organe en l'élargissant à l'inspecteur général des juridictions et des services judiciaires, l'inspecteur général adjoint des juridictions et des services judiciaires, le président de la Cour des comptes et le procureur général près cette cour.

Section 2 – L'extension de la composition du CSM en 2004

411 - Conseil supérieur de la magistrature, insertion de la Cour des comptes en 2004. Intégrant la Cour des comptes dans la composition du Conseil supérieur de la magistrature, la loi n° 16-2004 du 17 octobre 2004 susvisée prévoyait la nomination, par le président de la République, des membres du Conseil supérieur de la magistrature, déjà, énumérés à l'article 4 nouveau de la loi n° 16-99 du 15 avril 1999 précitée (deux magistrats de la Cour suprême, trois magistrats des cours d'appel, trois magistrats des tribunaux de grande instance, deux magistrats des tribunaux d'instance) en insérant, à cette énumération, un magistrat de la Cour des comptes (art. 4 nouveau de la loi n° 16-2004 du 17 octobre 2004 citée ci-dessus).

Le nombre et la qualité des autres membres du Conseil supérieur de la magistrature variaient avec les législations. Ainsi, cet organe comprenait, outre le président de la République et les membres de droit :

- Trois membres, ci-après, en 1962 : un magistrat du siège de la Cour d'appel, un magistrat du siège des tribunaux, un juge d'instance, tous nommés par décret du président de la République, en conseil des ministres sur proposition du garde des Sceaux, ministre de la Justice (art. 3, al. premier, L. n° 5-62 du 20 janvier 1962 susvisée) ;
- Treize membres élus par le Parlement réuni en congrès, en 1992 : trois magistrats de la Cour suprême, quatre magistrats des cours d'appel, quatre magistrats des tribunaux de grande instance, deux magistrats des tribunaux d'instance (art. 4, L. n° 024-92 du 20 août 1992 susmentionnée) ;
- Treize membres élus par le Parlement réuni en congrès, en 1994 : le garde des Sceaux, ministre de la Justice, trois magistrats de la Cour suprême, trois magistrats de la cour d'appel, quatre magistrats des tribunaux de grande instance, deux magistrats des tribunaux d'instance (art. 4, nouveau, L. n° 29-94 du 18 octobre 1994 sus citée) ;
- Dix membres nommés par le président de la République, en 1999 : deux magistrats de la Cour suprême, trois magistrats des cours d'appel, trois magistrats des tribunaux de grande instance, deux magistrats des tribunaux d'instance (art. 4, nouveau, L. n° 16-99 du 15 avril 1999 citée ci-dessus).

Section 3 – La validité des décisions du CSM en 2004

412 - Conseil supérieur de la magistrature, validité de ses décisions en 2004. L'article 16 de la loi n° 16-99 du 15 avril 1999 modifiant et complétant certaines dispositions de la loi n° 024-92 du 20 août 1992 et de la loi n° 29-94 du 18 octobre 1994 portant institution du Conseil supérieur de la magistrature fixait, à neuf au moins, le nombre requis de membres du Conseil supérieur de la magistrature pour la validité de ses décisions lorsqu'il siégeait comme commission d'avancement ou comme conseil de discipline.

Le législateur de 2004 a augmenté, à quinze, le nombre de membres dudit conseil dont la présence était, désormais, exigée pour que la validé de ses décisions soit acquise (art. 16 nouv., al. 3 L. n° 16- 2004 du 27 octobre 2004 portant modification des articles 3, 4 et 16 de la loi n° 16-99 du 15 avril 1999 modifiant et complétant certaines dispositions de la loi n° 024-92 du 20 août 1992 et de la loi n° 29-94 du 18 octobre 1994 portant institution du Conseil supérieur de la magistrature).

CHAPITRE III

LE CSM EN 2008

En application de la Constitution du 20 janvier 2002 instituant le Conseil supérieur de la magistrature, le législateur adoptait la loi n° 22-2008 du 26 juillet 2008 fixant son organisation, sa composition et son fonctionnement. Il laissait, ainsi, penser à une nouvelle création de cette institution, pourtant, ancienne (section 1) puisque les dispositions légales antérieures n'étaient pas éclipsées dans la loi nouvelle (section 2). La périodicité des réunions était, autrement, fixée (section 3) et les nouvelles dispositions de la réforme étaient limitées, notamment, à celles liées aux commissions créées (section 4) et aux effets d'abrogation des dispositions antérieures contraires (section 5).

Section 1 – La nouvelle création du CSM en 2008

413 - Conseil supérieur de la magistrature, création en 2008. Le Conseil supérieur de la magistrature était, en 2002, une ancienne institution qui avait, déjà, été régie par plusieurs lois :

- La loi n° 5-62 du 20 janvier 1962 sur l'organisation et le fonctionnement du Conseil supérieur de la magistrature ;
- La loi n° 024-92 du 20 août 1992 portant institution du Conseil supérieur de la magistrature ;
- La loi n° 29-94 du 18 octobre 1994 modifiant la loi n° 024-92 du 20 août 1992 portant institution du Conseil supérieur de la magistrature ;
- La loi n° 16-99 du 15 avril 1999 modifiant et complétant certaines dispositions de la loi n° 024-92 du 20 août 1992 et de la loi n° 29-94 du 18 octobre 1994 portant institution du Conseil supérieur de la magistrature ;
- La loi n° 16-2004 du 27 octobre 2004 portant modification des articles 3, 4 et 16 de la loi n° 16-99 du 15 avril 1999 modifiant et complétant certaines dispositions de la loi n° 024-92 du 20 août 1992 et

de la loi n° 29-94 du 18 octobre 1994 portant institution du Conseil supérieur de la magistrature.

Nonobstant cette kyrielle de textes pendant la période comprise entre 1962 et 1994, la Constitution de la République du Congo du 20 janvier 2002 (JORC, édition spéciale 1, février 2002) instituait, une nouvelle fois, le Conseil supérieur de la magistrature, en renvoyant à une loi organique la détermination de son organisation, sa composition et son fonctionnement. Aux termes de l'article 143 de ladite Constitution, en effet, « Une loi organique fixe l'organisation, la composition et le fonctionnement du Conseil supérieur de la magistrature ».

Ainsi, en application de ladite disposition, il fut, évidemment et justement, adopté la loi n° 22-2008 du 26 juillet 2008 portant organisation, composition et fonctionnement du Conseil supérieur de la magistrature nonobstant la préexistence des dispositions de ses prédécesseurs portant sur le même objet. D'ailleurs, la nouvelle loi était bien le plagiat des lois antérieures comme cela découlera des développements qui suivent.

Section 2 - La reprise des dispositions anciennes en 2008

414 - Conseil supérieur de la magistrature, reprise des dispositions anciennes en 2008. Comme sous l'empire des lois antérieures, le Conseil supérieur de la magistrature, dans la loi n° 22-2008 du 26 juillet 2008 portant organisation, composition et le fonctionnement du Conseil supérieur de la magistrature, était :

- Demeuré un « organe collégial de décision » (art. premier, L. n° 024-92 du 20 août 1992 portant institution du Conseil supérieur de la magistrature ; art. premier, L. n° 16-99 du 15 avril 1999 modifiant et complétant certaines dispositions de la loi n° 024-92 du 20 août 1992 et de la loi n° 29-94 du 18 octobre 1994 portant institution du Conseil supérieur de la magistrature ; art. premier, L. n° 22- 2008 du 26 juillet 2008 portant organisation, composition et le fonctionnement du Conseil supérieur de la magistrature) ;
- L'organe au travers duquel le président de la République garantissait l'indépendance du pouvoir judiciaire (art. 2, nouv., L. n° 16-99 du 15 avril 1999 modifiant et complétant certaines dispositions de la loi n° 024-92 du 20 août 1992 et de la loi n° 29-94 du 18 octobre 1994 portant institution du Conseil supérieur de la magistrature ; art. 2, L. n° 22- 2008 du 26 juillet 2008 précitée) ;
- L'institution habilitée à proposer, au président de la République,

la nomination des magistrats du siège et du parquet (art. 9, nouv., L. n° 29-94 du 18 octobre 1994 susmentionnée ; art. 6, nouv., L. n° 16-99 du 15 avril 1999 citée ci-dessus ; art. 8, L. n° 22-2008 du 26 juillet 2008, susvisée) ;

- Habilité à statuer sur la nomination des magistrats (art. 11, L. n° 5-62 du 20 janvier 1962 sur l'organisation et le fonctionnement du Conseil supérieur de la magistrature ; art. 9, 10, 11, L. n° 024-92 du 20 août 1992 citée ci-dessus) ; art. 6, nouv., 7, 8 nouv., L. n° 16-99 du 15 avril 1999 susvisée ; art. 3, premier tiret, 8, 9, 10, L. n° 22- 2008 du 26 juillet 2008 précitée) ;

- Le Conseil de discipline des magistrats, présidé par le président de la Cour suprême (art. 13, al. premier, L. n° 5-62 du 20 janvier 1962 citée ci-haut ; art. 21, L. n° 024-92 du 20 août1992 précitée ; art. 9, L. n° 16-99 du 15 avril 1999 susmentionnée ; art. 16, nouv., al. 3, L. n° 16-2004 du 27 octobre 2004 citée ci-haut ; art. 3, 3e tiret, L. n° 22- 2008 du 26 juillet 2008 précitée) ;

- La commission de gestion de la carrière des magistrats ou la commission d'avancement, présidée par le président de la Cour suprême (art. 15, nouv., 16, al. 3 et art. 17, L. n° 16-99 du 15 avril 1999 précitée ; art. 16, nouv., L. n° 16-2004 du 27 octobre 2004 ci-dessus citée ; art. 3, 2e tiret, L. n° 22- 2008 du 26 juillet 2008 sus citée) ;

- Présidé, toujours, par le président de la République (art. premier, L. n° 5-62 du 20 janvier 1962 susmentionnée ; art. 3, L. n° 024-92 du 20 août 1992 portant institution du Conseil supérieur de la magistrature ; art. 3, nouv., L. n° 29-94 du 18 octobre 1994 portant institution du Conseil supérieur de la magistrature ; art. 3, nouv., et 21, L. n° 16-99 du 15 avril 1999 susvisée ; art. 4,L. n° 22- 2008 du 26 juillet 2008 précitée) ;

- Composé :

- Tel qu'auparavant, des membres de droit et des membres nommés (art. 2 et 3, L. n° 5-62 du 20 janvier 1962 sur l'organisation et le fonctionnement du Conseil supérieur de la magistrature ; art. 3, nouv. et 4, nouv., L. n° 16-99 du 15 avril 1999 précitée ; art. 3, nouv. et 4, nouv., L. n° 16-2004 du 27 octobre 2004 susvisée ; art. 5, al. premier, L. n° 22- 2008 du 26 juillet 2008 susvisée) ;
- Du premier vice-président, le garde des Sceaux, ministre de la Justice et du deuxième vice-président, le premier président de la Cour suprême (art. 3, nouv., al. 2, L. n° 29-94 du 18 octobre 1994 susmentionnée ; art. 3, nouv., al. 2, L. n° 16-99 du 15 avril 1999 susdite ; art. 3, nouv., al. 2, L. n° 16-2004 du 27 octobre 2004 précitée ;

art. 5, al. 2, L. n° 22- 2008 du 26 juillet 2008 citée ci-haut) ;

- Des membres désignés par voie de nomination dont la durée du mandat était de trois ans renouvelable une seule fois (art. 5, nouv., al. premier, L. n° 16-99 du 15 avril 1999 susvisée ; art. 7, al. premier, L. n° 22- 2008 du 26 juillet 2008 portant organisation, composition et le fonctionnement du Conseil supérieur de la magistrature).

Section 3 – La périodicité des réunions en 2008

415 - Conseil supérieur de la magistrature, périodicité des réunions en 2008. S'il avait été prévu en 1992 et 1999 que le Conseil supérieur de la magistrature se réunissait en deux sessions ordinaires fixées à la deuxième quinzaine de mai et à la première quinzaine de décembre (respectivement art. 15, al. premier, L. n° 024-92 du 20 août 1992 portant institution du Conseil supérieur de la magistrature et L. n° 29-94 du 18 octobre 1994 portant institution du Conseil supérieur de la magistrature ; art. 11, L. n° 16-99 du 15 avril 1999 cité ci-haut), le législateur décidait, en 2008, de réduire à une fois l'année la réunion dudit Conseil (art. 15, al. premier, L. n° 22- 2008 du 26 juillet 2008 précitée).

Section 4 – Les dispositions nouvelles en 2008

416 - Conseil supérieur de la magistrature, dispositions nouvelles en 2008. La loi organique n° 22- 2008 du 26 juillet 2008 portant organisation, composition et fonctionnement du Conseil supérieur de la magistrature reprend, fondamentalement, l'essentiel des dispositions des lois qui l'ont précédée. Elle comportait, en effet, comme dispositions nouvelles, essentiellement, celles relatives à la création de deux commissions de cet organe ainsi que celles liées à la nomination des membres ordinaires du Conseil supérieur de la magistrature.

Concernant les nouvelles commissions du Conseil supérieur de la magistrature, apparaissaient :

- La commission de nomination des magistrats (art. 3, premier, L. O n° 22- 2008 du 26 juillet 2008 citée ci-dessus). Aussi, la liste des magistrats du siège et du parquet des cours et tribunaux à proposer à la nomination du président de la République était-elle établie par les membres de droit du Conseil supérieur de la magistrature, sur présentation conjointe du président de la Cour suprême et du procureur général près cette juridiction, sous réserve des arbitrages du garde des Sceaux, ministre de la Justice (art. 8 al. 1 et 2, L. O n° 22- 2008 du 26 juillet 2008 susvisée). De même, les membres de droit de cet organe dressaient et présentaient, au président de la République, la liste des magistrats qui remplissaient les conditions pour être nommés à la Cour suprême (art. 9, L. O n° 22- 2008 du 26 juillet 2008 citée ci-dessus) ;

- La commission de gestion de la carrière des magistrats (art. 3, deuxième tiret, L. O n° 22- 2008 du 26 juillet 2008 citée ci-dessus). Son rôle ne fut pas défini mais il semble bien se rapprocher de celui de la commission d'avancement qui existait auparavant (art. 15 nouv., 16 al. 3, et art. 17 L. n° 16-99 du 15 avril 1999 susdite), laquelle statuant conformément aux dispositions pertinentes du statut de la magistrature, dressait et arrêtait le tableau d'avancement ainsi que la liste d'aptitude aux fonctions (art. 26, al. 2, L. n° 15-99 du 15 avril 1999 susvisée).

Ainsi, selon l'article 11 de loi n° 22- 2008 du 26 juillet 2008 portant organisation, composition et fonctionnement du Conseil supérieur de la magistrature, la commission d'avancement délibérait sur chaque demande d'avancement des magistrats, en travaux préparatoires. Les conclusions arrêtées étaient soumises au Conseil supérieur de la magistrature qui y statuait à l'occasion d'une de ses séances.

Au sujet de la nomination des membres composant le Conseil supérieur de la magistrature, autres que les membres de droit, le législateur réduisait à deux, au lieu de trois comme dans l'ancienne loi (art. 4, nouv., L. n° 16-99 du 15 avril 1999 susmentionnée), le nombre de magistrats des tribunaux de grande instance (art. 5, al. 4, troisième tiret, L. O n° 22- 2008 du 26 juillet 2008 susmentionnée).

La réforme intégrait, dans la composition du Conseil supérieur de la magistrature, d'autres personnalités : un enseignant chercheur en droit de la faculté de droit de l'Université Marien Ngouabi ; un psychologue et un sociologue, attestant chacun d'une expérience professionnelle d'au moins dix ans ; un représentant des organisations non gouvernementales des droits de l'homme (art. 5, al. 5, L. O n° 22- 2008 du 26 juillet 2008 portant organisation, composition et fonctionnement du Conseil supérieur de la magistrature).

La désignation des membres des juridictions procédait de divers choix exprimés en assemblées générales (art. 6, L. O n° 22- 2008 du 26 juillet 2008 portant organisation, composition et fonctionnement du Conseil supérieur de la magistrature).

Section 5 – Les dispositions contraires en 2008

417 - Conseil supérieur de la magistrature, effet d'abrogation des dispositions antérieures contraires en 2008. Le titre IV de la loi organique n° 22-2008 du 26 juillet 2008 portant organisation, composition et fonctionnement du Conseil supérieur de la magistrature abrogeait toutes les dispositions antérieures qui lui étaient contraires (art. 26 de ladite loi).

Le législateur en fournissait, comme ci-après, leur énumération : la loi n° 024-9 du 20 août 1992 portant institution du Conseil supérieur de la magistrature ; la loi n° 29-94 du 18 octobre 1994 portant institution du Conseil supérieur de la magistrature ; la loi n° 4-94 du 1er juin 1994 portant statut du garde des Sceaux, ministre de la Justice ; la loi n° 16-99 du 15 avril 1999 modifiant et complétant certaines dispositions de la loi n° 024-92 du 20 août 1992 et de la loi n° 29-94 du 18 octobre 1994 portant institution du Conseil supérieur de la magistrature ; la loi n° 16-2004 du 27 octobre 2004 portant modification des articles 3, 4 et 16 de la loi n° 16-99 du 15 avril 1999 modifiant et complétant certaines dispositions de la loi n° 024-92 du 20 août1992 et de la loi n° 29-94 du 18 octobre 1994 susvisée.

Ainsi, la loi organique n° 22-2008 du 26 juillet 2008 précitée était-elle complète au point d'intégrer toutes les questions d'organisation, de composition et de fonctionnement du Conseil figurant dans les lois antérieures abrogées sus indiquées ? Il faut signaler que si on remontait à 1962, au moment de l'institution du Conseil supérieur de la magistrature, la loi n° 5-62 du 20 janvier 1962 sur l'organisation et le fonctionnement du Conseil supérieur de la magistrature n'a pas été citée dans l'énumération des textes abrogés à l'article 26 de la loi organique n° 22- 2008 du 26 juillet 2008 précitée parce que son abrogation était, déjà, intervenue à l'article 24 de la loi n° 024-9 du 20 août1992 portant institution du Conseil supérieur de la magistrature.

Il se trouvait que toutes les questions réglées dans l'ancienne loi n° 5-62 du 20 janvier 1962 susvisée (composition, attributions et fonctionnement) étaient prises en compte par la nouvelle loi n° 024-9 du 20 août 1992 précitée.

De même, avaient été reprises et complétées, dans la loi organique n° 22- 2008 du 26 juillet 2008 portant organisation, composition et fonctionnement du Conseil supérieur de la magistrature, les dispositions pertinentes des lois antérieures abrogées.

CHAPITRE IV

LE CSM EN 2018

Plusieurs modifications sont intervenues, en 2018, dans le fonctionnement du Conseil supérieur de la magistrature.

Les matières sur lesquelles les diverses réformes furent intervenues concernent, notamment, la suppléance de la présidence (section 1), la composition de cet organe (section 2), la durée du mandat des membres (section 3), la commission de nomination (section 4), la nomination des magistrats de la Cour suprême (section 5), la commission de discipline (section 6), le pouvoir disciplinaire du garde des Sceaux, ministre de la Justice (section 7), la défense et la préservation de l'indépendance de la magistrature (section 8), la consultation à domicile des membres du Conseil supérieur de la magistrature (section 9), la suppléance du président de la République par le garde des Sceaux, ministre de la Justice (section 10).

Il paraît propice de procéder à l'historique du processus conduisant à la nomination des magistrats (section 11).

L'analyse des modifications opérées par la loi organique n° 29-2018 du 7 août 2018 fixant l'organisation, la composition et le fonctionnement du Conseil supérieur de la magistrature s'agissant de la présidence des commissions mérite, également, d'être poursuivie (section 12).

Il importe, aussi, de rechercher la nature juridique des décisions dudit organe (section 13) ainsi que le mode d'approbation desdites décisions (section 14) et la responsabilité des chefs de la Cour suprême en cas de fautes commises par eux (section 15).

Section 1 – La suppléance de la présidence du CSM en 2018

418 - Conseil supérieur de la magistrature, suppléance de la présidence en 2018. La charge de présider le Conseil supérieur de la magistrature incombait, exclusivement, et ce, depuis la loi n° 5-62 du

20 janvier 1962 sur l'organisation et le fonctionnement du Conseil supérieur de la magistrature, au président de la République (art. premier de cette loi ; art. 3, L. n° 024-92 du 20 août 1992 portant institution du Conseil supérieur de la magistrature ; art. 3, nouv., L. n° 29-94 du 18 octobre 1994 portant institution du Conseil supérieur de la magistrature ; art. 3, nouv., n° 16-99 du 15 avril 1999 modifiant et complétant certaines dispositions de la loi n° 024-92 du 20 août 1992 et de la loi n° 29-94 du 18 octobre 1994 portant institution du Conseil supérieur de la magistrature ; art. 3, nouv., n° 16-2004 du 27 octobre 2004 portant modification des articles 3,4 et 16 de la loi n° 16-99 du 15 avril 1999 modifiant et complétant certaines dispositions de la loi n° 024-92 du 20 août 1992 et de la loi n° 29-94 du 18 octobre 1994 portant institution du Conseil supérieur de la magistrature ; art 4, L. O n° 22-2008 du 26 juillet 2008 portant organisation, composition et fonctionnement du Conseil supérieur de la magistrature).

L'article 4, alinéa premier, de la loi organique n° 29-2018 du 7 août 2018 fixant l'organisation, la composition et le fonctionnement du Conseil supérieur de la magistrature confie, également, la présidence de cet organe au président de la République.

L'alinéa 2 dudit article apporte, cependant, une innovation importante en ce qu'il fait naître, s'agissant de la présidence des réunions du Conseil supérieur de la magistrature, la faculté de suppléance du président de la République par le garde des Sceaux, ministre de la Justice.

Cette disposition nouvelle a dû être inspirée par la volonté du législateur de faciliter la tenue des séances du Conseil supérieur de la magistrature.

En effet, la pratique en la matière montre qu'en raison de l'indisponibilité avérée du président de la République, la priorité n'est pas, souvent, accordée à l'examen des questions intéressant cet organe qui peut, contrairement aux prévisions légales relatives à son fonctionnement, passer plusieurs années sans tenir aucune réunion alors même qu'il y a nécessité.

Nonobstant cette disposition de l'article 4 alinéa 2 de la loi organique n° 29-2018 du 7 août 2018 fixant l'organisation, la composition et le fonctionnement du Conseil supérieur de la magistrature, laquelle se rattache à la suppléance du président de la République par le garde des Sceaux, ministre de la Justice dans la présidence du Conseil supérieur de la magistrature, aucune réunion de cette institution ne s'est, encore, tenue en vertu de ce texte qui semble se diriger vers le boulevard de la désuétude qui lui paraît, largement, ouvert.

Section 2 – La nouvelle composition du CSM en 2018

419 - Conseil supérieur de la magistrature (CSM), nouvelle composition en 2018. Indiquant, précisément, la qualité des membres non magistrats du Conseil supérieur de la magistrature, par décret du président de la République, l'article 5, alinéa 5, premier tiret de la loi organique n° 29-2018 du 7 août 2018 fixant l'organisation, la composition et le fonctionnement du Conseil supérieur de la magistrature désignait, non plus comme son prédécesseur, « un enseignant chercheur en droit de la faculté de droit de l'université Marien Ngouabi » (art. 5, al. 5, premier tiret, L. O n° 22- 2008 du 26 juillet 2008) mais, plutôt, « un enseignant-chercheur en droit de rang magistral » (art. 5, al. 5, premier tiret, L. O n° 29-2018 du 7 août 2018 susmentionnée).

On observe une extension de la composition du Conseil supérieur de la magistrature au représentant du cabinet du président de la République en qualité d'observateur. Celui-ci assiste aux travaux dudit conseil pour suivre ses activités et en rendre compte au président de la République, pourtant, président du Conseil supérieur de la magistrature (art. 5, al. 6, L O n° 29-2018 du 7 août 2018).

L'intérêt de ce représentant parait problématique d'autant plus que non seulement les travaux de ce Conseil sont présidés par le président de la République mais sont transcrits dans des procès-verbaux rédigés par le secrétariat général que dirige le secrétaire général nommé par décret du président de la République (art. 26, L. O n° 29-2018 du 07 août 2018 susmentionnée).

La loi prévoit, même, qu'une personnalité tierce peut prendre part aux séances du Conseil supérieur de la magistrature, en raison de sa qualification, si telle est la décision du président de la République (art. 5, al. 7, L. O n° 29-2018 du 07 août 2018 sus citée).

En ce qui concerne les modalités de désignation des membres des juridictions qui procèdent de choix exprimés en assemblée générale, sous la surveillance et le contrôle de la Cour suprême, et des membres non magistrats du Conseil supérieur de la magistrature par leurs corporations respectives (art. 6, L. O n° 22- 2008 du 26 juillet 2008 citée ci-haut), la nouvelle loi, de même formulation, complète son prédécesseur par l'expression « sur la base du procès-verbal de leur élection transmis au Conseil supérieur de la magistrature » (art. 6, L. O n° 29-2018 du 7 août 2018 fixant l'organisation, la composition et le fonctionnement du Conseil supérieur de la magistrature).

Section 3 – La durée du mandat des membres en 2018

420 - Conseil supérieur de la magistrature, durée du mandat des membres en 2018. Hormis les membres de droit, ceux nommés par décret du président de la République, au sens de l'article 5 de la loi organique n° 29-2018 du 07 août 2018 fixant l'organisation, la composition et le fonctionnement du Conseil supérieur de la magistrature (un magistrat de la Cour suprême, trois magistrats des cours d'appel, deux magistrats des tribunaux de grande instance, deux magistrats des tribunaux d'instance ainsi que les membres non magistrats (un enseignant-chercheur en droit de rang magistral, un psychologue, un sociologue, un représentant des organisations non gouvernementales des droits de l'homme) disposent d'un mandat de trois ans renouvelable une fois (art. 7, al. premier, L.O n° 29-2018 du 7 août 2018 susmentionnée).

L'article 7 de la loi organique n° 22-2008 du 26 juillet 2008 portant organisation, composition et fonctionnement du Conseil supérieur de la magistrature disposait que « La durée du mandat des membres désignés par voie de nomination est de trois ans renouvelable une seule fois ».

Cette disposition, reprise dans la loi nouvelle, ne comporte plus l'adjectif « seule ». En réalité, « une seule fois » avant la réforme ou « une fois » selon la réforme, il demeure que le mandat n'est pas susceptible de plusieurs renouvellements. Le sens de cet article 7, dont la numérotation n'a pas changé dans les deux lois précitées est, resté, fondamentalement, le même.

Section 4 – La commission de nomination du CSM en 2018

421 - Conseil supérieur de la magistrature, commission de nomination des magistrats en 2018. La réforme exige, en matière de nomination, que les propositions y relatives obéissent à une nouvelle règle, celle, non définie, de l'impartialité et du genre (art. 8 al. 3, L. O n° 29-2018 du 7 août 2018 fixant l'organisation, la composition et le fonctionnement du Conseil supérieur de la magistrature alors que ses prédécesseurs se limitaient, uniquement, à énoncer la règle de l'impartialité et à déterminer certains critères devant présider aux nominations, ainsi qu'il suit :

« Le Conseil supérieur de la magistrature veille à ce que les nominations des magistrats obéissent d'une part à la règle de l'impartialité et d'autre part aux critères de l'ancienneté dans la profession, la probité morale, le cursus professionnel » (art. 10, L. n° 024-92 du 20 août 1992 portant institution du Conseil supérieur de la magistrature) ;

« Le Conseil supérieur de la magistrature veille à ce que les nominations des magistrats obéissent d'une part à la règle de l'impartialité et d'autre part aux critères suivants : la probité morale, le cursus professionnel » (art. 10, nouv., L. n° 29-94 du 18 octobre 1994 modifiant la loi n° 024-92 du 20 août 1992 portant institution du Conseil supérieur de la magistrature) ;

« Le Conseil supérieur de la magistrature veille à ce que la nomination des magistrats obéisse à la règle de l'impartialité et aux critères de : ancienneté dans la profession, expérience, technicité et compétence, cursus professionnel, probité morale, conscience professionnelle, sens élevé du patriotisme » (art. 7, L. n° 16-99 du 15 avril 1999 modifiant et complétant certaines dispositions de la loi n° 024-92 du 20 août 1992 et de la loi n° 29-94 du 18 octobre 1994 portant institution du Conseil supérieur de la magistrature) ;

« La liste des magistrats à proposer est arrêtée par les membres de droit du Conseil supérieur de la magistrature, sur présentation conjointe du premier président de la Cour suprême et du procureur général près ladite Cour… ;

« Ces propositions doivent obéir à la règle de l'impartialité et aux critères ci-après : L'ancienneté dans la profession ; l'expérience professionnelle ; la technicité et la compétence, le cursus professionnel, la probité et l'intégrité morale, la conscience professionnelle, le sens élevé du patriotisme et des devoirs de son état » (art. 8, al. 3, L. O n° 22-2008 du 26 juillet 2008 susdite).

L'inspiration du législateur, qui intègre le genre dans l'application de la règle d'impartialité, découle, peut-être, de l'article 17 de la Constitution du 25 octobre 2015, aux termes duquel :

« La femme a les mêmes droits que l'homme.

« La loi garantit la parité et assure la promotion ainsi que la représentativité de la femme à toutes les fonctions politiques, électives et administratives ».

La notion de parité apparaît, ainsi, pour la première fois dans la Constitution du 25 octobre 2015. Son omission dans les précédentes Constitutions est susceptible de justifier son utilisation dans les législations antérieures dès lors que lesdites Constitutions énonçaient que :

« L'État assure l'égalité de tous les citoyens devant la loi, sans discrimination d'origine, de situation sociale et matérielle, d'appartenance raciale, ethnique et régionale, de sexe, d'instruction, de langue, d'attitude vis-à-vis de la religion et de la philosophie, du lieu de résidence. Il respecte tous les droits et libertés dans les limites compatibles avec l'ordre public et les bonnes mœurs. ;

« L'État a le devoir de veiller à l'élimination de toute forme de discrimination à l'égard de la femme et d'assurer la protection de ses droits dans tous les domaines de la vie privée et publique tels que stipulés dans les Déclarations et Conventions internationales ratifiées par le Congo » (art. 11, al. 1 et 2, Const. 15 mars 1992, éd. spéc. Juin 1992).

« Tous les citoyens sont égaux devant la loi.

« Est interdite toute discrimination fondée sur l'origine, la situation sociale ou matérielle, l'appartenance raciale, ethnique ou départementale, le sexe, l'instruction, la langue, la religion et de la philosophie ou le lieu de résidence…

« La femme a les mêmes droits que l'homme. La loi garantit et assure sa promotion et sa représentativité à toutes les fonctions politiques, électives et administratives » (art. 8, Const. 20 janvier 2002, éd. Sp. 1, février 2002).

Ainsi, l'objectif principal à atteindre, en matière de nomination des magistrats à différents postes, est d'éviter toute discrimination liée au genre, autrement dit, de respecter l'égalité entre l'homme et la femme si, toutefois, sont satisfaits les critères ci-après, suivant le classement de l'article 8 alinéa 3 de la loi organique n° 29-2018 du 7 août 2018 susmentionnée : la technicité et la compétence ; la probité et l'intégrité morale ; la conscience professionnelle ; l'ancienneté dans la profession ; l'expérience professionnelle ; le sens élevé du patriotisme et des devoirs de son état.

On peut noter le déclassement, dans la loi organique n° 29-2018 du 7 août 2018, ci-dessus citée, de ces critères qui figuraient, déjà, dans le précédent art. 8, alinéa 3, de la loi organique n° 22-2008 du 26 juillet 2008 ci-haut citée).

Leur hiérarchisation est, ainsi, effectuée en 2018 : la technicité et la compétence, en troisième position 2018 ; la probité et l'intégrité morale, au cinquième rang en 2008 ; la conscience professionnelle, en sixième position en 2008 ; l'ancienneté dans la profession, placée au premier rang en 2008 ; l'expérience professionnelle, située au second rang, en 2008 ; le sens élevé du patriotisme et des devoirs de son état, placé au sixième rang et considéré comme dernier critère dans le classement comme en 2008.

Le législateur n'a plus cru indispensable de mentionner le « cursus professionnel » qui figurait, pourtant, au quatrième rang des critères en 2008, parmi ceux qu'il a retenus en 2018, certainement, en raison de son indiscernabilité.

Section 6 – La commission de discipline du CSM en 2018

422 - Conseil supérieur de la magistrature, commission de discipline en 2018. Alors qu'auparavant la commission de discipline soumettait, après avoir effectué les travaux préparatoires des dossiers dont elle était saisie, ses délibérations à la séance du Conseil supérieur de la magistrature placée sous la présidence du président de la République, la nouvelle loi innove en ce qu'elle énumère les sanctions disciplinaires que peut, désormais, prononcer ladite commission, sous la présidence du premier président de la Cour suprême, à titre définitif, lesquelles sont déclinées ainsi qu'il suit : la réprimande avec inscription au dossier ; le déplacement d'office ; le retrait de certaines fonctions ; l'abaissement d'échelon (art. 13, L. O n° 29-2018 du 7 août 2018 fixant l'organisation, la composition et le fonctionnement du Conseil supérieur de la magistrature).

Ces sanctions disciplinaires applicables aux magistrats sont énoncées à l'article 30, nouveau, de la loi n° 15-99 du 15 avril 1999 modifiant et complétant certaines dispositions de la loi n° 023-92 du 20 août 1992 portant statut de la magistrature. C'est, certainement, en raison de ce que le législateur avait voulu alléger les séances du Conseil supérieur de la magistrature qu'il jugeait nécessaire de procéder à l'extension des compétences de la commission de discipline portant sur la prise de décision limitée aux sanctions susvisées estimées, relativement, mineures.

Ainsi, la réprimande avec inscription au dossier, le déplacement d'office, le retrait de certaines fonctions, l'abaissement d'échelon, qui sont les quatre premières sanctions énumérées à l'article 30, ci-dessus, du statut de la magistrature, délimitent les compétences entre la commission de discipline du Conseil supérieur de la magistrature, présidée par le premier président de la Cour suprême et ledit Conseil lui-même placé sous la présidence du président de la République, lequel ne peut plus décider que pour prononcer les trois autres sanctions considérées plus élevées : la rétrogradation ; la mise à la retraite d'office ou l'admission à cesser les fonctions lorsque le magistrat n'a pas droit à une pension de retraite ; la révocation avec droits à pension.

Section 7 – Le pouvoir disciplinaire du ministre de la Justice

423 - Conseil supérieur de la magistrature, pouvoir du ministre de la Justice en matière disciplinaire en 2018. Avant la loi organique n° 29-2018 du 07 août 2018 fixant l'organisation, la composition et le fonctionnement du Conseil supérieur de la magistrature, la commission de discipline accomplissait sa mission sans aucun rapport, de quelque nature que ce soit, avec le garde des Sceaux, ministre de la Justice.

Cependant, la réforme a apporté une innovation ayant trait aux compétences du garde des Sceaux, ministre de la Justice en matière disciplinaire. Ce dernier, saisi d'une plainte dirigée contre un magistrat ou tenu informé des faits susceptibles de motiver des poursuites disciplinaires peut, dorénavant, saisir la commission de discipline du Conseil supérieur de la magistrature, en cas d'urgence, afin de permettre la suspension, par celle-ci, du magistrat qui fait l'objet d'une enquête, jusqu'à ce qu'intervienne la décision définitive relative à l'action disciplinaire engagée contre lui (art. 14, alinéa premier, L. O n° 29-2018 du 07 août 2018 fixant l'organisation, la composition et le fonctionnement du Conseil supérieur de la magistrature).

Il ne semble pas vain de se demander si les relations entre le garde des Sceaux, ministre de la Justice, en tant que premier vice-président du Conseil supérieur de la magistrature, et la commission de discipline du Conseil supérieur de la magistrature ne sont pas de nature à influencer ladite commission.

En effet, la saisine de cette commission par le garde des Sceaux ministre de la Justice, selon l'article 14, alinéa premier, de la loi n° 29-2018 du 07 août 2018 fixant l'organisation, la composition et le fonctionnement du Conseil supérieur de la magistrature « afin que celle-ci interdise au magistrat faisant l'objet d'une enquête, l'exercice de ses fonctions, jusqu'au prononcé de la décision définitive sur l'action disciplinaire engagée » semble de nature à porter l'empreinte d'une allégeance à cette autorité gouvernementale.

Cette suspicion de manque d'autonomie de ladite commission paraît, aussi, résulter de l'article 14, alinéa 2, de la même loi qui prévoit l'information du procureur général près la Cour suprême par le ministre de la Justice, « de la procédure disciplinaire ainsi engagée contre le magistrat concerné et de la mesure de suspension de ses fonctions sollicitées ».

La qualité de premier vice-président du Conseil supérieur de la magistrature attribuée, légalement, au garde des Sceaux, ministre de la Justice ne compromet-elle pas l'indépendance de la commission de discipline à laquelle il sollicite la mesure de suspension du magistrat contre lequel il a ordonné une enquête et saisi ladite commission ? La réponse affirmative peut être suggérée dès lors que la nomination du premier président de la Cour suprême ainsi que celle du procureur général près cette juridiction n'interviennent qu'après concertation du président de la République, président du Conseil supérieur de la magistrature avec le garde des Sceaux, ministre de la Justice, premier vice- président de cette instance (art. 10, al. 2, L. O n° 29-2018 du 07 août 2018 susmentionnée). Il va de soi qu'il peut en être perçu une perte d'indépendance dans l'exercice de leurs fonctions, par ces hautes autorités judiciaires, au sein de la commission de discipline, résultant de l'influence susceptible d'être exercée par le chef de département de la justice.

La décision de suspension du magistrat, qui est formalisée par décret du président de la République, d'une durée qui ne peut excéder trois mois, est assortie d'un assouplissement en ce qu'elle ne prive pas la victime du droit de percevoir son traitement mensuel avec ses accessoires (art. 14, al. et 4, L. O n° 29-2018 du 07 août 2018 citée ci-haut).

Il est prévu que le magistrat visé par l'enquête, s'il n'est pas fautif, est, alors, rétabli dans ses fonctions par décret du président de la République (art. 15, L. O n° 29-2018 du 07 août 2018 susvisée).

Section 8 – L'indépendance de la magistrature en 2018

424 - Conseil supérieur de la magistrature, défense d'indépendance de la magistrature en 2018. La loi prévoit la défense et la préservation de l'indépendance de la magistrature au cas où celle-ci serait mise en cause, de manière injustifiée, par des attaques violentes, collectives ou personnelles des magistrats.

La loi précédente n'évoquait pas la mise en cause « de manière injustifiée » de l'indépendance de la magistrature. Elle ne se référait pas aux « cas d'attaques violentes, collectives ou personnelles des magistrats » mais se limitait à fustiger, simplement et sobrement, la « mise en cause » de l'indépendance de la magistrature (art. 14, L. O n° 22-2008 du 26 juillet 2008 portant organisation, composition et le fonctionnement du Conseil supérieur de la magistrature).

Section 9 – La consultation à domicile en 2018

425 - Conseil supérieur de la magistrature, consultation à domicile en 2018. Outre les sessions ordinaires et extraordinaires, la réforme innove en prévoyant la consultation à domicile des membres du Conseil supérieur de la magistrature dans les cas, limitativement, énumérés comme suit :

Lorsqu'il s'agit de décisions ponctuelles et urgentes visant un ou plusieurs magistrats ;

S'il s'agit de décisions d'avancement automatique ou de mutation de magistrats qui ne portent point atteinte aux règles d'organisation judiciaire (art. 18, al. 5, L. O n° 22-2008 du 26 juillet 2008 cité ci-haut).

Section 10 – La suppléance du président de la République

426 - Conseil supérieur de la magistrature, suppléance du président de la République par le garde des Sceaux, ministre de la Justice, en 2018. Il est, régulièrement, indiqué expressément ou implicitement que le Conseil supérieur de la magistrature est présidé par le président de la République en matière de nomination des magistrats (art. 11, L. n° 5-62 du 20 janvier 1962 sur l'organisation et le fonctionnement du Conseil supérieur de la magistrature ; art. 9, 10, 11, L. n° 024-92 du 20 août 1992 portant institution du Conseil supérieur de la magistrature ; art. 3, nouveau, 9, nouveau, L. n° 029-94 du 18 octobre 1994 modifiant la loi n° 024-92 du 20 août 1992 portant institution du Conseil supérieur de la magistrature ; art. 6, nouveau, 7 et 8, nouveaux, L. n° 16-99 du 15 avril 1999 modifiant et complétant certaines dispositions de la loi n° 024-92 du 20 août 1992 et de la loi n° 029-94 du 18 octobre 1994 portant institution du Conseil supérieur de la magistrature ; art. 4, L. O n° 22-2008 du 26 juillet 2008 susmentionnée ; art. 4, 8 et 9, L. O n° 29-2018 du 07 août 2018 fixant l'organisation, la composition et le fonctionnement du Conseil supérieur de la magistrature).

C'est en 2018 qu'apparaît la possibilité offerte au garde des Sceaux, ministre de la Justice de pouvoir suppléer le président de la République dans la présidence des séances du Conseil supérieur de la magistrature (art. 4, al. 2, L. O n° 29-2018 du 07 août 2018 sus citée) mais cette disposition n'a pas, encore, été mise en œuvre. Elle n'a, donc, pas, connu d'application effective depuis son instauration.

La loi disposait, en 1962, qu'en matière de nomination, en cas d'empêchement du président de la République, président du Conseil supérieur de la magistrature, le garde des Sceaux, ministre de la Justice en assurait la présidence (art. 11, al. premier, L. n° 5-62 du 20 janvier 1962 susvisée).

Section 12 – La présidence des commissions en 2018

427 - Conseil supérieur de la magistrature, présidence des commissions en 2018. Comme indiqué, précédemment, trois commissions constituant le Conseil supérieur de la magistrature étant créées (la commission de nomination des magistrats, la commission de gestion de la carrière des magistrats, la commission de discipline) par l'article 3 de la loi organique n°22-2008 du 26 juillet 2008 sus cité, le législateur confiait, à l'article 18 de cette loi, leur présidence au premier président de la Cour suprême.

Étant entendu qu'il a, toujours, été procédé à la nomination des magistrats en Conseil supérieur de la magistrature, au cours d'une des séances de cet organe, sous la présidence du président de la République (art. 11, al. premier, L. n° 5-62 du 20 janvier 1962 susvisée ; art. 14, nouv., L. n° 16-99 du 15 avril 1999 citée plus haut), la réforme intervenue par la loi organique n° 29-2018 du 07 août 2018 fixant l'organisation, la composition et le fonctionnement du Conseil supérieur de la magistrature apporte un correctif relatif à la présidence de la commission de nomination des magistrats.

En effet, l'article 21 de ladite loi fait présider, par le premier président de la Cour suprême, uniquement, la commission de gestion des carrières des magistrats et la commission de discipline des magistrats, en excluant, par conséquent, la commission de nomination des magistrats.

Alors qu'il est précisé que la commission d'avancement et la commission de discipline délibèrent, chacune, sur chaque dossier, « en travaux préparatoires » (respectivement, art. 11 et 12, L. 0 n° 29-2018 du 07 août 2018 citée ci-dessus), cette expression n'a, par contre, pas été retenue à l'article 8 de la même loi s'agissant de la prévision des attributions de la commission de nomination consistant à proposer, au président de la République, la nomination des magistrats du siège et du parquet des cours et tribunaux.

Il n'est pas aisé de percevoir les modalités de fonctionnement de la commission de nomination dès lors que la loi est silencieuse sur l'autorité compétente pour la convoquer et présider ses réunions.

Pourtant, il est, clairement, indiqué à l'article 21, alinéa premier, de la loi organique n° 29-2018 du 07 août 2018 susvisée que la commission de gestion de la carrière des magistrats et la commission de discipline des magistrats « sont convoquées et présidées par le premier président de la Cour suprême, deuxième vice-président du Conseil supérieur de la magistrature).

Et lorsque l'on se réfère à la loi de 2008 qui prévoyait la présidence de la commission de nomination des magistrats, de la commission de gestion de la carrière des magistrats et de la commission de discipline des magistrats par le premier président de la Cour suprême (art. 18, alinéa premier, L. O n°22-2008 du 26 juillet 2008 susvisée), on est en droit de s'interroger sur le refus du législateur de faire présider, dans la nouvelle loi, la commission de nomination des magistrats par cette même autorité et, surtout, pourquoi, dans ces conditions, une autre personnalité n'a-t-elle pas été choisie par le législateur pour présider ladite commission ?

Il est évident qu'en procédant ainsi, le législateur n'a pas facilité l'application des règles de fonctionnement rationnel de la commission de nomination des magistrats. La convocation des réunions de ladite commission demeure problématique dès lors qu'il apparaît qu'elle ne peut être convoquée par une autorité habilitée, pour ce faire, par la loi.

Pourtant cette question n'échappait pas au législateur, puisqu'il excluait, le premier président de la Cour suprême de la présidence de la commission de nomination alors qu'il lui attribuait les compétences pour convoquer les deux autres commissions (art. 21, al. premier, L. O n° 29-2018 du 07 août 2018 précitée).

Étant donné que la liste des magistrats susceptibles d'être nommés par le Conseil supérieur de la magistrature, à différentes fonctions dans les juridictions, est établie par les membres de droit de cet organe, « sur présentation conjointe du premier président de la Cour suprême et du procureur général près ladite Cour, sous réserve des arbitrages du ministre de la Justice (art. 8, al. 2, L. O n° 29-2018 du 07 août 2018 susmentionnée), il est, donc, évident que cette disposition évoque la contribution du garde des Sceaux, ministre de la Justice, en tant que premier vice-président du Conseil supérieur de la magistrature, à l'élaboration de la liste des magistrats à proposer à la nomination. Autrement dit, son approbation doit être requis préalablement à la présentation de ladite liste au Conseil supérieur de la magistrature lors de sa séance y relative.

Peut-être que le législateur pourrait envisager de confier la présidence de la commission de nomination au garde des Sceaux, ministre de la Justice. Il paraît, cependant, gênant de mettre en œuvre cette hypothèse sans enfreindre l'indépendance du pouvoir judiciaire, d'autant plus qu'il s'agirait d'associer un membre du Gouvernement à la nomination des magistrats.

Le flou sur les travaux de la commission de nomination est, encore, plus épais lorsque l'on observe que l'article 18 de la loi organique n° 22-2008 du 26 juillet 2008 portant organisation, composition et fonctionnement du Conseil supérieur de la magistrature disposait que les conclusions qui résultaient des délibérations de la commission de nomination des magistrats, de la commission de gestion de la carrière des magistrats et de la commission de discipline des magistrats, sous la présidence du premier président de la Cour suprême, étaient, toutes, qualifiées « actes préparatoires ».

Or, l'article 8 de la loi organique n° 22-2008 du 26 juillet 2008 portant organisation, composition et fonctionnement du Conseil supérieur de la magistrature ne fait, nullement, apparaître, concernant la commission de nomination, qu'elle accomplit, aussi, des « actes préparatoires » comme la commission de gestion de la carrière des magistrats et la commission de discipline des magistrats.

Il s'agit, pourtant, pour les trois commissions d'accomplir des actes préparatoires mais le législateur ne l'exprime pas, expressément, en ce qui concerne, uniquement, ceux de la commission de nomination alors qu'ils sont des actes de même nature puisqu'ils doivent être soumis au Conseil supérieur de la magistrature, pour devenir des décisions du président de la République en cas de leur approbation.

Section 13 – La nature juridique des décisions en 2018

La réforme issue de la loi organique n° 29-2018 du 07 août 2018 fixant l'organisation, la composition et le fonctionnement du Conseil supérieur de la magistrature fournit les éléments qui permettent de déceler la nature administrative des décisions prises par le Conseil supérieur de la magistrature (parag. 1), même si les règles appliquées ne sont pas celles qui relèvent de la matière administrative (parag. 2).

Parag. 1 – Les décisions de nature administrative

428 - Conseil supérieur de la magistrature, décisions insusceptibles de recours en 2008. Avant la réforme de 2018, le législateur décidait que les décisions du Conseil supérieur de la magistrature étaient « insusceptibles de voies de recours » (art. 19, al. premier, L. O n° 22-2008 du 26 juillet 2008 portant organisation, composition et fonctionnement du Conseil supérieur de la magistrature) pour exprimer qu'elles ne pouvaient, plutôt, faire l'objet d'aucun recours, et, donc, étaient insusceptibles de recours.

429 - Conseil supérieur de la magistrature, décisions susceptibles de recours gracieux en 2018. L'innovation, en la matière, est intervenue avec l'article 22 de la loi organique n° 29-2018 du 07 août 2018 précitée, aux termes duquel « Les décisions du Conseil supérieur de la magistrature ne sont susceptibles que d'un recours gracieux ».

La référence au recours gracieux révèle, indubitablement, la nature administrative des décisions du Conseil supérieur de la magistrature. En effet, le recours gracieux parce qu'il est exercé par l'administré auprès de l'autorité administrative qui a pris la décision contestée afin de la faire réviser.

En l'occurrence, le recours gracieux est susceptible d'être exercé contre les décrets du président de la République sanctionnant les décisions du Conseil supérieur de la magistrature relatives à la nomination des magistrats, à la discipline des magistrats et à l'élévation des magistrats à divers grades et échelons comme spécifié à l'article 23, alinéas 1 et 2 de la loi organique n° 29-2018 du 07 août 2018 fixant l'organisation, la composition et le fonctionnement du Conseil supérieur de la magistrature.

La doctrine explique, en effet, que « dans le cadre du recours administratif gracieux, l'administré exige de l'auteur de la décision prétendue illégale qu'il revienne sur elle, en la révoquant afin qu'elle ne produise plus d'effet pour l'avenir, en la retirant dans le but de faire disparaître les effets qu'elle a pu, déjà, produire (Auguste Iloki, « Le recours pour excès de pouvoir au Congo », Éditions L'Harmattan, 1ère édition 2002, p. 18).

Le droit administratif congolais prévoit l'exercice du recours gracieux dans le cadre de la procédure administrative où il constitue un préalable à toute action contentieuse : « Toute action ne peut être portée en justice si elle n'a été précédée d'un recours gracieux ou hiérarchique, ou d'une demande préalable » (art. 397, C.P.C.C.A.F).

Autrement dit, le recours gracieux doit précéder l'action en justice. Celle-ci se concevant, également, par la saisine du juge par tout plaideur pour exercer le recours pour excès de pouvoir, le recours gracieux revêt, ainsi, au sens de l'article 397 du code de procédure civile, commerciale, administrative et financière, un caractère obligatoire car sans avoir accompli cette formalité substantielle, l'accès au recours gracieux n'est pas ouvert.

Affirmant, pourtant, à juste titre, le caractère obligatoire du recours gracieux, Monsieur Placide Moudoudou le justifie en se fondant, inopportunément, sur l'article 396 (au lieu de l'article 397) du code de procédure civile, commerciale, administrative et financière. Or, cette disposition concerne, plutôt, l'indication des personnes morales susceptibles d'être assignées, dans le cadre d'une procédure administrative, tant en défense qu'en intervention forcée : l'État, les établissements publics, les communes et les autres collectivités publiques (cf. Placide Moudoudou, « Droit administratif congolais, Éditions L'Harmattan, 1ère édition 2003, p. 102).

Monsieur Placide Moudoudou ne s'est pas réservé de fustiger le juge administratif qui attribuait au recours gracieux un caractère facultatif contrairement, pense-t-il, à l'article 396 de la loi n° 51-83 du 21 avril 1983 portant code de procédure civile, commerciale, administrative et financière.

Aussi reproduisait-il, à titre illustratif, un extrait d'arrêt de la chambre administrative de la Cour suprême du 15 septembre 2000, y afférent, ci-après :

« S'agissant du recours gracieux qui n'a pas été engagé en l'espèce, qu'il suffit de constater, pour ne pas retenir ce fait comme cause d'irrecevabilité, que ledit recours gracieux n'a qu'un caractère facultatif ; que l'article 410 du C.P.C.C.A. F dispose, en effet : avant de se pourvoir en annulation les intéressés peuvent présenter un recours administratif hiérarchique » (cité par Monsieur Placide Moudoudou, op. cit. p. 102).

Or, la motivation du juge était, plutôt, fondée sur l'application de l'article 410 du même code et non sur l'article 396 dudit code, qu'il a visé mal à propos, ni même sur l'article 397 de ce code. Il s'agit, en réalité, des dispositions qui régissent de manière particulière des domaines différents nonobstant le rapprochement qui peut être fait entre les dispositions des articles 410 et 397 du code de procédure civile, commerciale, administrative et financière.

En effet, l'article 410 du code de procédure civile, commerciale, administrative et financière est, en ses deux alinéas, exactement, libellé ainsi qu'il suit :

« Toutefois, avant de se pourvoir en annulation d'une décision administrative, les intéressés peuvent présenter, dans le délai de deux mois, un recours administratif hiérarchique ou gracieux tendant à faire rapporter ladite décision.

« En ce cas, le délai du recours en annulation ne commence à courir qu'à compter :

« - Ou de la notification du rejet du recours administratif ;

« - Ou de l'expiration de la période de 4 mois prévue à l'article 409 ci-dessus ».

Il semble apparaître la méprise de l'auteur susnommé qui a dû se référer à l'article 396 (l'article 397 en réalité) du code de procédure civile, commerciale, administrative et financière alors qu'il expose la contrariété de la décision de la chambre administrative fondée sur l'article 410 du code susdit.

Ce quiproquo n'aurait, certainement, pas lieu si la critique de l'auteur était basée sur la même disposition que celle interprétée par lui ou s'il focalisait sa réflexion sur l'article 410 du code de procédure civile, commerciale, administrative et financière appliqué par le juge. Il n'aurait, indubitablement, pas évoqué la contrariété qu'il a perçue entre la disposition de la loi et son application rationnelle par la Cour suprême.

En effet, alors que le juge fait application de l'article 410 du code de procédure civile, commerciale, administrative et financière dont le domaine diffère de celui des articles 396 et 397 dudit code, l'auteur susvisé apprécie la position de la chambre administrative de la Cour suprême sur un autre fondement inapproprié.

Il est vrai que le recours gracieux est, aussi, conçu par le législateur comme la voie facultative dont dispose tout plaideur préalablement à l'exercice du recours pour excès de pouvoir (art 410, C. P. C. C. A. F.).

C'est ce qu'exprime la doctrine lorsqu'elle affirme que « Le recours pour excès de pouvoir n'est pas exclusif du recours hiérarchique ou gracieux. L'on peut, en effet, préalablement à cette action, présenter dans le délai de deux mois un recours administratif hiérarchique ou gracieux visant à rapporter la décision contestée » (Auguste Iloki, « Le recours pour excès de pouvoir au Congo », L'Harmattan, 2002, p. 62).

Aussi, en disposant que les décisions du Conseil supérieur de la magistrature ne sont susceptibles que d'un recours gracieux, ne doit-on pas s'interroger si l'article 22, alinéa premier de la loi organique n° 29-2018 du 07 août 2018 fixant l'organisation, la composition et le fonctionnement du Conseil supérieur de la magistrature prive les magistrats du droit d'exercer le recours pour excès de pouvoir contre les décrets du président de la République relatifs aux décisions qu'ils estiment illégales ?

La réponse négative est suggérée par l'article 397 du code de procédure civile, commerciale, administrative et financière qui ne conçoit pas, isolement, le recours gracieux mais le prévoit comme voie de recours susceptible d'être exercée, ainsi que cela venait d'être développé ci-dessus, obligatoirement, avant d'engager toute action en justice et, donc, y compris celle inhérente à la procédure de recours en annulation pour excès de pouvoir.

La réponse affirmative est, également, envisageable d'autant plus que l'article 406 du code de procédure civile, commerciale, administrative et financière prescrit que : « Le recours en annulation n'est pas recevable si les requérants disposent pour faire valoir leurs droits, du recours ordinaire de pleine juridiction ou de toute autre voie de recours spécialement prévue par la législation ou la règlementation en vigueur ».

Or, l'article 22 de la loi organique n° 29-2018 du 07 août 2018 visée, ci-dessus, enferme les magistrats, qui entendent attaquer les décisions du Conseil supérieur de la magistrature, à n'exercer, uniquement, que le recours gracieux.

En d'autres termes, en se référant à l'article 406 du code de procédure civile, commerciale, administrative et financière, le recours gracieux énoncé audit article pouvant être compris comme « toute autre voie de recours spécialement prévue par la législation », les magistrats victimes des décisions du Conseil supérieur de la magistrature ne pourront exercer le recours pour excès de pouvoir car il n'est prévu, à leur bénéfice, que le recours gracieux.

Ainsi, dans l'hypothèse où le requérant, magistrat en l'occurrence, intente le recours gracieux, sur le fondement de l'article 22 de la loi organique n° 29-2018 du 07 août 2018 fixant l'organisation, la composition et le fonctionnement du Conseil supérieur de la magistrature, sa demande ne pourra ouvrir la voie à l'exercice du recours pour excès de pouvoir, même en cas de rejet exprès ou de silence gardé pendant quatre mois par l'autorité administrative qui équivaut, également, au rejet comme spécifié à l'article 409 du code de procédure civile, commerciale, administrative et financière.

La législation sur le Conseil supérieur de la magistrature, antérieure à 2008, n'avait consacré aucune disposition relative aux recours susceptibles d'être exercés par les magistrats contre les décisions de cet organe.

Il importe, cependant, de signaler que l'article 31 de la loi n° 023-92 du 20 août 1992 portant statut de la magistrature énonçait que « Tout manquement par un magistrat aux devoirs de son état, à l'honneur, à la délicatesse ou à la dignité, constitue une faute » et que, conséquemment, l'article 33 de la même loi fournissait l'énumération des sanctions applicables aux magistrats qui enfreindraient les règles déontologiques dont la plus élevée était celle de la révocation avec droits à pension.

Le conseil de discipline statuait, à huis clos, sur la faute disciplinaire reprochée au magistrat poursuivi devant le Conseil supérieur de la magistrature. Il était rendu, dans ces conditions, selon les dispositions de l'article 41 de loi n° 023-92 du 20 août 1992 portant statut de la magistrature, une décision qui devait être motivée, laquelle était « susceptible de recours devant la chambre administrative de la Cour suprême ».

Or, auparavant, sous l'empire de la loi n° 42-61 du 20 juin 1961 portant statut de la magistrature, l'article 42 de cette loi disposait, au contraire, que « Le Conseil supérieur de la magistrature statue à huis clos. La décision qui doit être motivée, n'est susceptible d'aucun recours ».

Il apparaît, donc, que l'article 41 de loi n° 023-92 du 20 août 1992 portant statut de la magistrature dévoile, clairement, la nature juridique de la décision du Conseil supérieur de la magistrature qui est, sans aucun doute, une décision administrative soumise au contrôle juridictionnel de la Cour suprême au moyen du recours pour excès de pouvoir exercé devant la chambre administrative de cette plus haute juridiction nationale.

Parag. 2 – Les règles appliquées aux magistrats

430 – Sanctions disciplinaires appliquées aux magistrats en 1982, assimilation aux agents de l'Etat. les règles disciplinaires applicables aux agents de l'État nonobstant le régime juridique spécifique, qui particularise les règles susceptibles d'être appliquées aux magistrats par référence au statut de la magistrature qui détermine les sanctions en cas de fautes professionnelles, les autorités administratives appliquaient, plutôt, aux magistrats fautifs d'autres sanctions qui, elles, étaient issues de la loi n° 01-82 du 7 janvier 1982 sur les règles disciplinaires applicables aux agents de l'État. Lesdites sanctions concernaient les fonctionnaires qui désobéissaient aux règles disciplinaires.

L'article 267 de la loi n° 021-89 du 14 novembre 1989 portant refonte du statut général de la fonction publique énonçait, ainsi qu'il suit, les sanctions disciplinaires pouvant être infligées à un agent : l'avertissement ; le blâme ; le changement d'affectation ou la mutation d'office ; l'exclusion temporaire ; la perte des droits à l'avancement ; l'abaissement d'échelon ; la rétrogradation ; la révocation.

Cependant, plutôt que de recourir à la loi n° 021-89 du 14 novembre 1989 précitée, il avait été fait application des dispositions de loi n° 01-82 du 7 janvier 1982 sur les règles disciplinaires applicables aux agents de l'État.

C'est alors que saisie du recours pour excès de pouvoir contre la décision sanctionnant le magistrat fautif, qui se fondait sur ladite loi n° 01-82 du 7 janvier 1982 susvisée, la Cour suprême annulait le décret y relatif dans l'espèce illustrative ci-après :

« …Attendu que pour contester la légalité de la décision qui le révoque de la fonction publique, le requérant invoque six moyens ; attendu que tous ces moyens sont fondés sur l'irrégularité de la procédure disciplinaire ; attendu que sur le moyen tiré du non-respect des droits de la défense, le requérant expose qu'au moment de la prise de cette décision, il occupait les fonctions de juge du siège au tribunal de grande instance de Pointe-Noire ; qu'il n'a jamais comparu devant le Conseil national de discipline ayant rédigé le procès-verbal du 29 janvier 1987 qui est à l'origine du décret n° 87-476 du 20 août 1987 ; qu'il n'a, donc, pas pu présenter sa défense ; qu'il y a eu violation des dispositions de l'article 14 de la loi n° 01-82 du 7 janvier 1982 sur les règles disciplinaires applicables aux agents de l'État, lequel article dispose : « la procédure devant le Conseil national de discipline est contradictoire » ; attendu qu'il ressort de l'instruction que la procédure ayant abouti à la révocation de Monsieur M…, magistrat de 2ème grade, 2ème groupe, 1er échelon de la fonction publique, l'administration n'a pas eu égard au principe du caractère contradictoire de la procédure administrative non contentieuse ; que la décision intervenue dans ces conditions a été prise en violation des droits de la défense ; qu'il s'ensuit que Monsieur M… est fondé à en demander l'annulation et qu'il y a lieu, sans qu'il soit besoin d'examiner les autres moyens du recours, d'annuler le décret n° 87-476 du 20 août 1987 portant révocation du requérant de la fonction publique, entant qu'il est intervenu en violation des droits de la défense et par conséquent entaché d'excès de pouvoir… « (cf. aff. M… c/ É…, Ch, adm. Fin., arrêt n° 015-93, 20 août 1993, cité par Auguste Iloki, « Le recours pour excès de pouvoir au Congo », Éditions L'Harmattan, 1ère édition 2002, p. 80,).

L'application des dispositions de la loi n° 01-82 du 7 janvier 1982 sur les règles disciplinaires applicables aux agents de l'État aux magistrats avait eu lieu pendant l'éclipse du Conseil supérieur de la magistrature, au moment où ces derniers étaient soumis aux mêmes régimes de sanctions des fautes commises dans l'exercice de leur activité professionnelle que les fonctionnaires.

L'échelle des sanctions disciplinaires se déclinait ainsi qu'il suit : avertissement ; blâme ; déplacement d'office ; radiation du tableau d'avancement ; abaissement de grade ; abaissement d'échelon ; exclusion temporaire de la fonction publique ; révocation avec droits à pension ; révocation sans droits à pension (art. 2, L. n° 01-82 du 7 janvier 1982 sur les règles disciplinaires applicables aux agents de l'État).

Section 14 – Le mode d'approbation des décisions en 2018

431 - Conseil supérieur de la magistrature, formalisation des décisions en 2018. Jusqu'en 2008, aucune disposition légale ne prévoyait la nature juridique des actes d'approbation des décisions adoptées par le Conseil supérieur de la magistrature. Il n'y avait, cependant, aucune difficulté à cet égard dès lors que le législateur décidait de la présidence, par le président de la République, des séances de cet organe. À l'évidence, ses décisions ne pouvaient être matérialisées, autrement, que par décret du président de la République. La pratique ne le dément nullement.

C'est en 2008 qu'apparaît la disposition légale consacrant l'approbation des délibérations du Conseil supérieur de la magistrature par voie réglementaire (art. 13, L. O n° 22-2008 du 26 juillet 2008 portant organisation, composition et fonctionnement du Conseil supérieur de la magistrature). Elle est reprise, dans des termes identiques, dans la nouvelle loi organique n° 29-2018 du 07 août 2018 fixant l'organisation, la composition et le fonctionnement du Conseil supérieur de la magistrature (art. 16 de ladite loi).

Estimant que les formulations des articles 13 de la loi organique n° 22-2008 du 26 juillet 2008 précitée et 16 de la loi organique n° 29-

2018 du 07 août 2018 susvisée édictant que « Les délibérations du Conseil supérieur de la magistrature sont approuvées par voie réglementaire », n'étaient pas éclairantes, le législateur précisait que « Toutes décisions du Conseil supérieur de la magistrature sur la nomination et la discipline des magistrats, sont sanctionnées par décret du président de la République » (art. 20, al. premier, L. O n° 22-2008 du 26 juillet 2008 citée ci-haut) ; art. 23, al. premier, L. O n° 29-2018 du 07 août 2018 susmentionnée).

Toutefois, les décisions du Conseil supérieur de la magistrature relatives à l'élévation aux grades et échelons étaient matérialisées par arrêtés du garde des Sceaux, ministre de la Justice (art. (art. 20, al. 2, L. O n° 22-2008 du 26 juillet 2008 citée ci-dessus) ; art. 23, al. 2, L. O n° 29-2018 du 07 août 2018 ci-haut citée).

Section 15 – La responsabilité des chefs de la Cour suprême

432 - Conseil supérieur de la magistrature, mise en œuvre de la responsabilité du premier président et du procureur général près la Cour suprême en 2018. Il est envisagé, pour la première fois, de sanctionner, isolément, les fautes commises par le président et le procureur général près la Cour suprême, qu'elles soient disciplinaires, parce qu'étant en relation avec l'exercice de leurs fonctions ou non en raison de ce qu'elles résultent des circonstances qui ne sont pas en rapport avec leur activité professionnelle.

Il est, exceptionnellement, appliqué, dans ces conditions, une procédure spécifique dont la mise en œuvre intéresse deux acteurs : le président de la République et le garde des Sceaux, ministre de la Justice. Celui-ci établit, en effet, un rapport détaillé des faits reprochés à l'un ou l'autre des chefs de la Cour suprême impliqué qu'il transmet au président de la République. Ce dernier, usant de son pouvoir discrétionnaire, prend toutes les dispositions qui s'imposent dans l'intérêt du bon fonctionnement de la justice (art. 25, al. premier, L.O n° 29-2018 du 07 août 2018 sus indiquée). Cependant, si les faits, objet des poursuites sont de nature à engager la responsabilité civile ou pénale du premier président de la Cour suprême ou du procureur général près ladite juridiction, ces derniers seront soumis aux règles appliquées à tous les magistrats des autres juridictions (art. 25, al. 2, L.O n° 29-2018 du 07 août 2018 fixant l'organisation, la composition et le fonctionnement du Conseil supérieur de la magistrature).

Les réformes en matière judiciaire ayant été estimées insuffisantes ont suscité, en 2009, l'éveil du Gouvernement qui a manifesté la volonté d'adaptation de la législation au nouveau contexte.

CHAPITRE V

LE CSM EN 2023

433 - **Conseil supérieur de la magistrature en 2023**. Le Conseil supérieur de la magistrature est régi, en 2023, par la loi organique n° 29-2018 du 7 août 2018 fixant l'organisation, la composition et le fonctionnement du Conseil supérieur de la magistrature.

Cependant, nonobstant les dispositions de l'article 18 de ladite loi qui dispose, clairement, que « Le Conseil supérieur de la magistrature se réunit en session ordinaire une fois l'an » », cet organe ne s'est réuni, depuis 2018, que le 27 mars 2023 (décret n° 2023-88 du 23 avril 2023 portant convocation du Conseil supérieur de la magistrature), soit quatre années après sa dernière réunion ! Il est évident que l'irrégularité de ses réunions est préjudiciable au système judiciaire dans son ensemble.

Pendant cette période blanche il ne fut, donc, pas tenu de sessions extraordinaires prévues en cas de nécessité. Il n'eut pas, non plus, recours à la consultation, à titre exceptionnel, des membres du Conseil supérieur de la magistrature pour prendre des décisions ponctuelles et urgentes ou d'avancement automatique ou de mutation des magistrats comme spécifié à l'article 18 alinéa 5 de la loi organique n° 29-2018 du 7 août 2018 fixant l'organisation, la composition et le fonctionnement du Conseil supérieur de la magistrature.

A l'occasion de sa réunion du 27 mars 2023, le Conseil supérieur de la magistrature a procédé à la nomination des magistrats dans les juridictions, mis des magistrats à la disposition de la Cour des comptes et de discipline budgétaire, pour emploi, à l'issue de leur formation à l'Ecole nationale d'administration et de la magistrature du Cameroun (section 1), prononcé des sanctions à l'encontre des magistrats coupables de fautes disciplinaires (section 2) et élevé certains magistrats à divers grades et échelons (section 3).

Ces décisions furent mises en œuvre par des décrets, en date du 5 mai 2023, du président de la République, pris en Conseil supérieur de la magistrature.

Section 1 – La nomination des magistrats en 2023

434 - Conseil supérieur de la magistrature, nomination des magistrats en 2023. Il ressort du compte rendu de la session ordinaire du Conseil supérieur de la magistrature du 27 mars 2023 que suite à l'examen du rapport présenté par la Commission de nomination des magistrats, et ce, conformément à l'article 8 de la loi organique n° 29-2018 du 07 août 2018 fixant l'organisation, la composition et le fonctionnement du Conseil supérieur de la magistrature, cet organe a procédé à la nomination des magistrats du siège et du parquet à la Cour suprême (décr. n° 2023-131 du 5 mai 2023 portant nomination des magistrats à la Cour suprême), aux cours d'appel (décr. n° 2023-132 du 5 mai 2023 portant nomination des magistrats dans les cours d'appel), dans les tribunaux de grande instance, les tribunaux administratifs, les tribunaux d'instance, les tribunaux du travail et les tribunaux du commerce (décr. n° 2023-133 du 5 mai 2023 portant nomination des magistrats dans les tribunaux de grande instance, les tribunaux administratifs, les tribunaux d'instance, les tribunaux du travail et les tribunaux du commerce), au sein des juridictions d'instance, en complément d'effectifs (décr. n° 2023-134 du 5 mai 2023 portant nomination au sein des juridictions d'instance, des magistrats en complément d'effectifs).

Section 2 – Les sanctions disciplinaires en 2023

435 - Conseil supérieur de la magistrature, sanctions disciplinaires en 2023. En application des règles relatives à la discipline des magistrats, notamment, l'article 30 de la loi n° 15-99 du 15 avril 1999 modifiant et complétant certaines dispositions de la loi n° 023-92 du 20 août 1992 portant statut de la magistrature, plusieurs sanctions destinées à assurer le fonctionnement rationnel des juridictions, fortement, réclamées par les justiciables, furent infligées aux magistrats de diverses juridictions suivant les spécifications suivantes : la réprimande avec inscription au dossier (parag. 1) ; le retrait de certaines fonctions (parag. 2) ; la rétrogradation (parag. 3) ; la révocation avec droits à pension (parag. 4).

Parag. 1 - La réprimande avec inscription au dossier

436 – Sanctions disciplinaires, la réprimande avec inscription au dossier en 2023. Dans l'échelle des sanctions disciplinaires prévues à l'encontre d'un magistrat, auquel est reproché tout manquement au devoir de son état, à l'honneur, à la délicatesse ou à la dignité, constitutif d'une faute, la réprimande avec inscription au dossier est la sanction de base sur un total de sept possibles.

Il s'agit d'un avertissement fait au magistrat pour lui reprocher une faute, de sorte qu'il respecte, à l'avenir, les règles de déontologie professionnelle afin d'éviter de subir une sanction plus forte en cas de récidive. C'est, donc, une espèce de blâme, d'admonestation ou de remontrance pour le prévenir des risques auxquels il s'exposerait s'il n'améliorait pas sa conduite pour parfaire ses performances dans l'exécution de ses tâches professionnelles quotidiennes qui lui sont assignées.

Neuf magistrats ont subi la sanction de la réprimande avec inscription au dossier, prononcée par le Conseil supérieur de la magistrature :

- Massounguila Anicet, magistrat de 2e grade, 2e groupe, 1er échelon, juge d'instruction au tribunal de grande instance de Dolisie ;
- Ebandza Francis, magistrat de 2e grade, 2e groupe, 1er échelon, président par intérim de la 4ème chambre correctionnelle du tribunal de grande instance de Brazzaville ;
- Mampaha Michel, magistrat de 2e grade, 2e groupe, 1er échelon, procureur de la République près le tribunal de grande instance de Sibiti ;
- Koulangou Ferdinand, magistrat hors hiérarchie de 1er échelon, avocat général près la cour d'appel de Brazzaville ;
- Ngolo Ngambou Sarah, magistrat de 2e grade, 2e groupe, 1er échelon, juge d'instruction au tribunal de grande instance de Pointe-Noire ;
- Lambhet Missonsa Davyne Arlette, magistrat de 2e grade, 2e groupe, 1er échelon, juge d'instruction au tribunal de grande instance de Pointe-Noire ;
- Oboyo Ikafilofoula Cyr, magistrat de 2e grade, 2e groupe, 1er échelon, procureur de la République près le tribunal de grande instance de Pointe-Noire ;
- Massamba Alain, magistrat de 2e grade, 2e groupe, 1er échelon, conseiller à la cour d'appel d'Owando ;
- Ntondele Massamba Nicaise, magistrat de 2e grade, 2e groupe,

1er échelon, juge d'instruction au tribunal de grande instance de Kinkala (cf. décr. n° 2023-128 du 5 mai 2023 portant réprimande avec inscription au dossier de neuf (9) magistrats de l'ordre judiciaire, en tête M. Massounguila Anicet, JORC, n° 19 du jeudi 11 mai 2023, p. 661 ; Le patriote, n° 720, 3 avril 2023, p. 3 ; LDB, n° 4474, 29 mars 2023, p. 4).

Parag. 2 - Le retrait de certaines fonctions en 2023

437 – Sanctions disciplinaires, le retrait de certaines fonctions en 2023. Deux magistrats ont subi la sanction de retrait de certaines fonctions :

- Ibara Ibombo Dann, magistrat du 1er grade, 2e groupe, 3e échelon, président de la 2ème chambre correctionnelle au tribunal de grande instance de Brazzaville ;
- Mabounda Kickouama Firmin, magistrat du 2e grade, 2e groupe, 1er échelon, juge d'instruction au tribunal de grande instance de Brazzaville (cf. décr. n° 2023-127 du 5 mai 2023 portant retrait de certaines fonctions de deux (2) magistrats de l'ordre judiciaire, en tête M. Ibara Ibombo Dann2, JORC, n° 19 du jeudi 11 mai 2023, p. 660 ; LDB, n° 4474, 29 mars 2023, p. 4 ; Le patriote, n° 720, 3 avril 2023, p. 3).

Parag. 3 – La rétrogradation

438 – Sanctions disciplinaires, la rétrogradation en 2023. Cette sanction a pour objet la régression de la position du magistrat par rapport au rang hiérarchique qu'il avait, déjà, acquis grâce à ses avancements dans la grille professionnelle, ce qui engendre comme conséquence la perte de grade, de groupe ou d'échelons suivant la gravité de la mesure disciplinaire que le Conseil supérieur de la magistrature décide de lui infliger.

Trois magistrats en ont été victimes :

- Ekoundzola Christian Régis, magistrat du 1er grade, 2e groupe, 1er échelon,vice-président du tribunal de grande instance de Pointe-Noire ;
- Iwandza Didier Narcisse (récidiviste), magistrat du 1er grade, 2e groupe, 4e échelon, président du tribunal de grande instance de Pointe-Noire ;
- Mviboudoulou Simon William, magistrat du 4e échelon de la

catégorie hors hiérarchie, avocat général près la Cour suprême, rétrogradé au 2e grade, 2e groupe, 4e échelon pour insubordination caractérisée, abus d'autorité, manquement grave à la délicatesse, à la dignité, à l'honneur et aux devoirs de son état de magistrat (cf. décr. n° 2023-129 du 5 mai 2023 portant rétrogradation de trois (3) magistrats de l'ordre judiciaire, en tête M. Ekoundzola Christian Régis, JORC, n° 19 du jeudi 11 mai 2023, p. 661 ; LDB, n° 4474, 29 mars 2023, p. 4).

Parag. 4 – La révocation avec droit à pension en 2023

439 – Sanctions disciplinaires, la révocation avec droit à pension en 2023. Mesure disciplinaire d'une gravité exceptionnelle, la révocation vise l'éviction du magistrat du corps de la magistrature. Des sept sanctions prévues contre le magistrat fautif, la révocation avec droit à pension est celle qui se présente comme étant la plus lourde prévue à l'article 30 de la loi n° 15-99 du 15 avril 1999 modifiant et complétant certaines dispositions de la loi n° 023-92 du 20 août 1992 portant statut de la magistrature.

En infligeant cette sanction majeure à neuf magistrats, ci-après, le Conseil supérieur de la magistrature espère qu'elle va jouer la fonction d'exemplarité dans le contexte de lutte contre les antivaleurs, ces pratiques avilissantes symbolisées, notamment, par la corruption, l'abus d'autorité, le manque d'ardeur au travail, l'absentéisme et l'extrême lenteur dans le jugement des affaires :

- Oniangué Michel, procureur général près la cour d'appel de Brazzaville, pour insubordination caractérisée, opposition illégale à l'exécution d'une décision de justice et incitation d'un justiciable à renoncer à ses droits ;
- Bassenga Fiellot Tov Fresnay (récidiviste) président de chambre au tribunal de grande instance de Brazzaville au moment des faits, pour institution d'une justice parallèle en matière de règlement de litiges fonciers et trafic d'influence avéré ;
- Koubaka Lucette Berthe, juge d'instruction au tribunal de grande instance de Dolisie, pour recouvrement et détournement de sommes d'argent et abus d'autorité par l'incarcération arbitraire d'un justiciable ;
- Zekakany Thomas J. Chrisostome, procureur de la République adjoint près le tribunal de grande instance de Pointe-Noire, pour détention et rétention des pièces à conviction constituées par des caisses

de minerais (cassitérite), sans en avoir la prérogative et, sans l'avis du juge d'instruction chargé de l'affaire, et refus de déférer à la convocation de l'inspection générale des juridictions ;

- Mouanda Massende José Bosco, substitut du procureur général près la cour d'appel de Brazzaville, pour immixtion dans les actes de liquidation et de partage d'une succession sans être ni notaire ni liquidateur, sortant ainsi gravement du cadre de la mission du parquet général ;

- Ebilika Gervais, doyen des juges d'instruction au tribunal de grande instance de Pointe-Noire (récidiviste), Pour inculpation abusive d'un huissier de justice en mission d'exécution de décisions judiciaires pourtant devenues définitives : collusion avec les parties ;

- Boliban Serge Audrey, conseiller à la cour d'appel de Pointe-Noire, pour usurpation du titre de procureur de la République et abus d'autorité ;

- Nzanguele Ngoumba Mayeul, procureur de la République près le tribunal de grande instance de Kinkala, pour arrestation et détention arbitraires assorties de concussion ;

- Nzoussi Ferdinand, président de chambre à la cour d'appel de Pointe-Noire, pour concussion en contrepartie de ses diligences dans le dénouement d'une affaire de règlement de propriété (cf. décr. n° 2023-126 du 5 mai 2023 portant révocation de neuf (9) magistrats de l'ordre judiciaire, en tête M. ONIANGUE Michel, JORC, n° 19 du jeudi 11 mai 2023, p. 680 ; LDB, n° 4474, 29 mars 2023, p. 4 ; Le patriote, n° 720, 3 avril 2023, p. 3).

Section 3 – La gestion de la carrière des magistrats en 2023

440 – Gestion de la carrière des magistrats, élévation aux grades et échelons en 2023. L'article 23 de la loi organique n° 29-2018 du 07 août 2018 fixant l'organisation, la composition et le fonctionnement du Conseil supérieur de la magistrature dispose :

« Toutes les décisions du Conseil supérieur de la magistrature sur la nomination et la discipline des magistrats sont sanctionnées par décret du Président de la République.

« Les décisions du Conseil supérieur de la magistrature constatant l'élévation à divers grades et échelons, ainsi que celles prononcées en dernier ressort par la commission de discipline, sont sanctionnées par décret du Président de la République.

« Treize membres, au moins, doivent être présents pour la validité des délibérations de la commission d'avancement et de la commission de discipline ».

C'est en application de l'alinéa 2 de l'article 23 de la loi organique n° 29-2018 du 07 août 2018 susvisée que les délibérations de la commission d'avancement des magistrats, consignées dans les procès-verbaux de la session des 22, 23 décembre 2022 et 25 janvier 2023, furent approuvées par décret du président de la République, président Conseil supérieur de la magistrature (décr. n° 2023-130 du 5 mai 2023 portant approbation des délibérations de la commission d'avancement des magistrats du Conseil supérieur de la magistrature, J. O. R. C n° 19 du jeudi 11 mai 2023, p. 637).

Appréciant les demandes d'avancement des magistrats, et se basant sur le rapport de la commission de gestion de la carrière des magistrats, le Conseil supérieur de la magistrature s'était prononcé sur les avancements des magistrats (parag. 1) qui recouvrent, également, les reconstitutions de leurs carrières (parag. 2).

Parag. 1 – L'avancement des magistrats en 2023

441 - Avancement des magistrats en 2023, ajournement des demandes d'avancement des magistrats susceptibles de subir des sanctions. Il résulte de l'annexe au décret n° 2023-130 du 5 mai 2023 portant approbation des délibérations de la commission d'avancement du Conseil supérieur de la magistrature que, saisie des demandes d'avancement aux différents grades et échelons de la hiérarchie du corps de la magistrature par treize magistrats qui avaient comparu devant la commission de discipline où ils s'étaient expliqués sur divers manquements qui leur étaient reprochés dans l'exercice de leurs activités professionnelles, la commission d'avancement avait estimé inopportun d'examiner leurs revendications dès lors que, selon elle, lesdits magistrats pourraient être sanctionnés par le Conseil supérieur de la magistrature au cours de sa prochaine réunion non encore convoquée (cf. annexe au décret n° 2023-130 du 5 mai 2023 portant approbation des délibérations de la commission d'avancement du Conseil supérieur de la magistrature, JORC n° 19-2023 du jeudi 11 mai 2023, p. 637).

Pour la commission d'avancement des magistrats qui exerçait ses compétences, dans ce domaine, sur le fondement de l'article 11 de la loi n° 29-2018 du 07 août 2018 fixant l'organisation, la composition et le fonctionnement du Conseil supérieur de la magistrature, les demandes d'avancement des magistrats, dont elle suspendait l'examen, ne pourront avoir de suite qu'après que ledit organe a ou non prononcé des sanctions contre ces magistrats coupables de fautes disciplinaires, déjà, caractérisées et sanctionnées par la commission de discipline qui en avait, à cet égard, fait des propositions au Conseil supérieur de la magistrature habilité à statuer en la matière.

Etaient, ainsi, concernés les magistrats, ci-après, catégorisés suivant les sanctions proposées par la commission de discipline :

1. **Au titre d'abaissement d'échelon** :

- Bassenga Fiellot To'v Fesnay, magistrat de 2e grade, 2e groupe, 3e échelon, indice 4575 depuis le 1er mars 2016, suivant arrêté du 7 avril 2021 du garde des Sceaux, ministre de la Justice ;
- Boliban Serge Audrey, intégré dans la magistrature congolaise suivant décret n° 2022-497 du 16 août 2022 de M. le Président de la République avec effet à la date de première prise effective de fonctions le 8 mars 2013.

442 – Commission de discipline des magistrats, abaissement d'échelon empêchant l'examen des demandes d'avancement. Alors que Bassenga Fiellot To'v Fesnay et Boliban Serge Audrey demandaient leurs avancements, respectivement, au 4e échelon du 2e grade et au 2e, 3e, et 4e échelons du 2e grade puis la promotion en qualité de magistrat de 1er grade, 2e groupe, 1er échelon, la commission d'avancement conditionnait l'examen de leurs dossiers aux décisions du Conseil supérieur de la magistrature en matière disciplinaire lors de l'appréciation, plus tard, des « propositions » de sanctions les concernant, faites par ladite commission de discipline des magistrats, audit organe.

Or, aux termes de l'article 12 de la loi n° 29-2018 du 07 août 2018 précitée, « La commission de discipline délibère sur chaque dossier disciplinaire, en travaux préparatoires, et soumet les conclusions au Conseil supérieur de la magistrature dans son ensemble, qui statue, sous la présidence du Président de la République ».

Tel est le principe qui connaît l'exception prévue, immédiatement, à l'article 13 de la même loi qui énonce, clairement, que « La commission de discipline prononce toutefois, à titre définitif, les sanctions disciplinaires ci-après : la réprimande avec inscription au dossier ; le déplacement d'office ; le retrait de certaines fonctions ; l'abaissement d'échelon ».

Il apparaît, par conséquent, que le prononcé desdites sanctions relève de la compétence exclusive de la commission de discipline. Celle-ci ne saurait, dès lors qu'elle décide, à cet égard, « à titre définitif », se référer au Conseil supérieur de la magistrature qui ne peut statuer sur les « propositions » de ladite commission relatives aux sanctions susvisées.

D'ailleurs, l'article 23, alinéa 2 de la loi n° 29-2018 du 07 août 2018 fixant l'organisation, la composition et le fonctionnement du Conseil supérieur de la magistrature indique, péremptoirement, que « Les décisions du Conseil supérieur de la magistrature constatant l'élévation à divers grades et échelons, ainsi que celles prononcées en dernier ressort par la commission de discipline, sont sanctionnées par décret du président de la République ».

Les décisions de la commission de discipline « prononcées en dernier ressort » ne peuvent être entendues que comme celles qui sont insusceptibles de recours, parce que devenues définitives et, donc, inattaquables. Telles doivent être reconnues celles de la commission de discipline, en l'occurrence les décisions portant sur la réprimande avec inscription au dossier, le déplacement d'office, le retrait de certaines fonctions et l'abaissement d'échelon (art. 13, L. n° 29-2018 du 07 août 2018 précitée).

Cette compréhension de l'article 23 de la loi n° 29-2018 du 07 août 2018 susmentionnée est confortée par la disposition de l'article 13 de la même loi qui, dans le même esprit, prévoit que la commission de discipline prononce, toutefois, « à titre définitif », les sanctions disciplinaires dans les quatre cas sus indiqués de réprimande avec inscription au dossier, de déplacement d'office, de retrait de certaines fonctions et d'abaissement d'échelon. Il est bien constant que les expressions similaires « en dernier ressort » et « à titre définitif » expriment, incontestablement, la même idée que les décisions de la commission de discipline, dans les hypothèses susvisées, ne peuvent être soumises, pour réexamen, par un autre organe, pas même au Conseil supérieur de la magistrature dont les compétences en la matière sont bien confinées à la rétrogradation, à la mise à la retraite ou l'admission à cesser les fonctions lorsque le magistrat n'a pas droit à une pension de retraite et à la révocation avec droits à pension (art. 30, L. n° 15-99 du 15 avril 1999 modifiant et complétant certaines dispositions de la loi n° 023-92 du 20 août 1992 portant statut de la magistrature et 13, L. n° 29-2018 du 07 août 2018 fixant l'organisation, la composition et le fonctionnement du Conseil supérieur de la magistrature)

La compétence du Conseil supérieur de la magistrature ne peut, dans ces conditions, s'exercer que dans le cadre de l'appréciation des décisions (et non des propositions comme les dénomme la commission d'avancement des magistrats) de la commission de discipline portant sur les sanctions disciplinaires autres que celles visées à l'article 13 de la loi n° 29-2018 du 07 août 2018 susmentionnée.

Lesdites sanctions se déclinent en rétrogradation, mise à la retraite d'office ou l'admission à cesser les fonctions lorsque le magistrat n'a pas droit à une pension de retraite, révocation avec droit à pension (art. 30, L. n° 15-99 du 15 avril 1999 modifiant et complétant certaines dispositions de la loi n° 023-92 du 20 août 1992 portant statut de la magistrature).

Et, en se référant à l'article 24 de la loi n° 29-2018 du 07 août 2018 susvisée qui dispose que « La commission d'avancement ou la commission de discipline délibère conformément aux dispositions de la loi portant statut de la magistrature, aux décrets et tous autres règlements pris pour son application », les sanctions susceptibles de donner lieu à l'appréciation des propositions de certaines d'entre elles par le Conseil supérieur de la magistrature sont, assurément, issues de l'article 30 de la loi n° 15-99 du 15 avril 1999 modifiant et complétant certaines dispositions de la loi n° 023-92 du 20 août 1992 portant statut de la magistrature.

Au nombre desdites sanctions figurent, exclusivement : la rétrogradation ; la mise à la retraite d'office ou l'admission à cesser les fonctions lorsque le magistrat n'a pas droit à une pension de retraite ; la révocation avec droit à pension.

En définitive, la position de la commission d'avancement telle qu'elle résulte de l'annexe au décret n° 2023-130 du 5 mai 2023 portant approbation des délibérations de la commission d'avancement des magistrats du Conseil supérieur de la magistrature ne paraît pas receler de justification convaincante.

En effet l'abaissement d'échelon, en tant que sanction prononcée par la commission de discipline contre les magistrats Bassenga Fiellot To'v Fesnay et Boliban Serge Audrey, n'appelait pas la soumission de ladite sanction au Conseil supérieur de la magistrature.

En réalité, comme spécifié ci-dessus, c'est « à titre définitif » que la commission de discipline statuait en la matière. La soumission des « propositions de sanctions » au Conseil supérieur de la magistrature était, par conséquent, superfétatoire puisqu'il s'agissait, légalement, des décisions prises par ladite commission en application de l'article 13 de la loi n° 15-99 du 15 avril 1999 susmentionnée.

On ne peut, effectivement, imaginer que l'expression « La commission de discipline prononce toutefois, à titre définitif, les sanctions disciplinaires ci-après », dont l'abaissement d'échelon, évoque l'émission de « propositions » au Conseil supérieur de la magistrature plutôt que de décisions irrévocables.

La commission de discipline, se prononçant sur l'abaissement d'échélon à l'encontre des magistrats Bassenga Fiellot To'v Fesnay et Boliban Serge Audrey, aurait dû se fonder sur l'article 13 de la loi n° 15-99 du 15 avril 1999 susdite pour décider définitivement.

Imprégnée de la décision de la commission de discipline, la commission d'avancement était, donc, habilitée à se prononcer, au fond, sur les demandes d'avancement des magistrats susnommés sans les ajourner pour attendre la décision du Conseil supérieur de la magistrature relative aux fautes disciplinaires qui leur étaient reprochées alors qu'elles étaient, déjà, légalement, prononcées à titre définitif par la commission de discipline compétente pour y procéder lors de sa dernière réunion y afférente.

2. Au titre de la réprimande avec inscription au dossier

443 - Commission de discipline des magistrats, réprimande avec inscription au dossier empêchant l'examen des demandes d'avancement. La commission de discipline des magistrats avait prononcé, à l'encontre des magistrats, ci-après, « à titre définitif », au sens de l'article 13 de la loi n° 29-2018 du 07 août 2018 fixant l'organisation, la composition et le fonctionnement du Conseil supérieur de la magistrature, la sanction de la réprimande avec inscription au dossier :

- Ngolo Nganbou Sarah Eladre, magistrat de 2e grade, 2e groupe, 3e échelon, pour compter du 3 mars 2016, suivant arrêté n° 6384 du 7 avril 2021 portant élévation d'échelon au titre des années 2014, 2015 et 2016 du garde des Sceaux, ministre de la Justice ;
- Mouanda Massende José Bosco, magistrat de 1er grade, 2e groupe, 4e échelon, depuis le 27 mars 2016, suivant arrêté n° 11611 du 20 juin 2019 du garde des Sceaux, ministre de la Justice ;
- Massounguila Anicet Tymothée, intégré dans la magistrature congolaise suivant décret n° 2022-498 du 16 août 2022 de M. le

Président de la République avec effet à la date de première prise effective de fonctions le 9 avril 2014 ;

- Mampaha Michel Whesfally, intégré dans la magistrature congolaise suivant décret n° 2022-749 du 11 décembre 2020 de M. le Président de la République avec effet à la date de première prise effective de fonctions le 1er mars 2012 ;

- Lembhet Missonsa Davyne Arlette, magistrat de 2e grade, 2e groupe, 3e échelon, indice 4575 depuis le 1er mars 2016, suivant arrêté n° 6384 du 7 avril juin 2021 du garde des Sceaux, ministre de la Justice ;

Comme Bassenga Fiellot To'v Fesnay et Boliban Serge Audrey, ces cinq magistrats susnommés demandaient, à la commission habilitée du Conseil supérieur de la magistrature, leurs avancements à divers échelons et, pour certains, leurs promotions au 1er grade.

Faisant fi des dispositions de l'article 13 de la loi n° 29-2018 du 07 août 2018 précitée, inhérentes à la compétence de la commission de discipline de « prononcer » et, donc, de décider, de statuer, ou de trancher « à titre définitif », autrement dit, de prendre la sanction disciplinaire non modifiable, irrévocable, de la « réprimande avec inscription au dossier », après l'avoir caractérisée, la commission d'avancement avait ajourné l'examen des demandes des magistrats susdits, prétextant que la commission de discipline « proposait », à leur égard, la sanction de réprimande avec inscription au dossier (cf. annexe au décret n° 2023-130 du 5 mai 2023 portant approbation des délibérations de la commission d'avancement du Conseil supérieur de la magistrature, JORC n° 19-2023 du jeudi 11 mai 2023, p. 637).

Autrement dit, la commission d'avancement du Conseil supérieur de la magistrature craignait, certainement, de faire droit aux magistrats suivant la situation particulière de chacun en mettant en exergue la « présomption de culpabilité », au détriment du principe de la « présomption d'innocence », par essence pénale, qui pouvait, opportunément, recevoir une application extensive dans le domaine disciplinaire.

La commission d'avancement avait, dans l'examen des dossiers de demandes d'avancement en cause, interprété avec moins de rigueur, l'article 13 de la loi n° 29-2018 du 07 août 2018 fixant l'organisation, la composition et le fonctionnement du Conseil supérieur de la magistrature en ce qu'elle ajournait les demandes d'avancement des magistrats.

Ladite commission subordonnait, en effet, sa décision à celle du Conseil supérieur de la magistrature sur les sanctions des fautes disciplinaires commises par les magistrats demandeurs alors qu'elle pouvait se prononcer sur le fondement de la sanction de la réprimande avec inscription au dossier, rationnellement, prononcée par la commission de discipline qui n'avait pas à être soumise au Conseil supérieur de la magistrature pour sa validation (sur les détails relatifs à l'interprétation de l'article 13 de la loi n° 29-2018 du 07 août 2018 fixant l'organisation, la composition et le fonctionnement du Conseil supérieur de la magistrature et le rapprochement avec l'article 30 de la loi n° 15-99 du 15 avril 1999 modifiant et complétant certaines dispositions de la loi n° 023-92 du 20 août 1992 portant statut de la magistrature, cf. supra, chap. V, le Conseil supérieur de la magistrature en 2023, Section 3, la gestion de la carrière des magistrats en 2023, parag 1, les avancements des magistrats en 2023, n° 441, avancements des magistrats en 2023, ajournement des demandes d'avancement des magistrats susceptibles de subir des sanctions, p. 339).

3. Au titre de la rétrogradation

444 - Commission de discipline des magistrats, rétrogradation empêchant l'examen des demandes d'avancement. L'article 13 de la loi n° 15-99 du 15 avril 1999 modifiant et complétant certaines dispositions de la loi n° 023-92 du 20 août 1992 portant statut de la magistrature n'intègre pas la rétrogradation dans le régime des sanctions disciplinaires que prononce, à titre définitif, la commission de discipline.

Ainsi, au cas où les faits qui résultent d'un dossier disciplinaire sont de nature à l'amener à délibérer, en travaux préparatoires, dans le sens de l'infliction au magistrat de la sanction de la rétrogradation, la commission de discipline, qui l'adopte, la soumet au Conseil supérieur de la magistrature conformément à l'article 12 de la loi n° 15-99 du 15 avril 1999 modifiant et complétant certaines dispositions de la loi n° 023-92 du 20 août 1992 portant statut de la magistrature. Cet organe est, en effet, habilité à statuer en la matière pour apprécier, sous la présidence du président de la République, la légitimité de la proposition de sanction faite par la commission de discipline.

Lors de sa session qui s'est tenue les 22 au 23 décembre 2022 et 25 janvier 2023, la commission de discipline avait reconnu coupables des fautes disciplinaires punissables de la sanction de la rétrogradation deux magistrats. Ceux-ci saisissaient, ensuite, la commission d'avancement pour solliciter leur élévation aux grades et échelons de la hiérarchie du corps de la magistrature. Il s'agissait des magistrats suivants :

- Iwandza Didier Narcisse, magistrat du 1er grade, 2e groupe, 4e échelon depuis le 27 mars 2015, suivant arrêté n° 11611 du 20 juin 2019 portant élévation d'échelon au titre des années 1994 à 2016 de certains magistrats de la hiérarchie du corps judiciaire du garde des Sceaux, ministre de la Justice ;

- Ekoundzola Christian Régis, magistrat du 1er grade, 2e groupe, 1er échelon depuis le 10 janvier 2015, suivant arrêté n° 5082 du 22 mars 2019 du garde des Sceaux, ministre de la Justice ;

Les magistrats Iwandza Didier Narcisse et Ekoundzola Christian Régis demandaient, respectivement, la promotion à la catégorie hors hiérarchie, l'avancement aux 1er, 2e et 3e échelons et l'avancement au 2e échelon du 1er grade.

Estimant que la commission de discipline devant laquelle ces magistrats avaient, auparavant, comparu les sanctionnait de rétrogradation pour manquement aux devoirs de leur état, la commission d'avancement, comme dans les cas précédents des magistrats Bassenga Fiellot To'v Fesnay, Boliban Serge Audrey (abaissement d'échelon), Ngolo Nganbou Sarah Eladre, Mouanda Massende José Bosco, Massounguila Anicet Tymothée, Mampaha Michel Whesfally, Lembhet Missonsa Davyne Arlette (réprimande avec inscription au dossier), ajournait l'examen de leurs dossiers en attendant la décisions définitive, à cet égard, du Conseil supérieur de la magistrature (cf. annexe au décret n° 2023-130 du 5 mai 2023 portant approbation des délibérations de la commission d'avancement du Conseil supérieur de la magistrature, JORC n° 19-2023 du jeudi 11 mai 2023, p. 637).

Etant entendu que la rétrogradation ne figure pas au nombre des sanctions à propos desquelles la commission de discipline se prononce définitivement, tels l'abaissement d'échelon, la réprimande avec inscription au dossier, le déplacement d'office et le retrait de certaines fonctions (art. 13, L. n° 29-2018 du 07 août 2018 fixant l'organisation, la composition et le fonctionnement du Conseil supérieur de la magistrature), il était logique de respecter les deux phases d'adoption de décisions de la commission de discipline en vertu des dispositions de l'article 12 de la loi n° 29-2018 du 07 août 2018 susdite, à savoir :

- La phase préparatoire, au cours de laquelle la commission de discipline examine les dossiers disciplinaires et adopte les conclusions y afférentes que lui inspire l'appréciation des fautes reprochées aux magistrats poursuivis ;

- La phase décisionnelle, pendant laquelle le Conseil supérieur de la magistrature statue sur les dossiers qui lui sont soumis par la commission de discipline et qui comportent les propositions de sanctions qu'elle a adoptées. Il revient, en effet, au Conseil supérieur de la magistrature de décider, et ce, définitivement, de la nature de la sanction à infliger qui peut être égale, plus élevée ou moins importante que celle, initialement, adoptée par la commission de discipline conformément à l'article 12 de la loi n° 29-2018 du 07 août 2018 fixant l'organisation, la composition et le fonctionnement du Conseil supérieur de la magistrature ainsi libellée :

« La commission de discipline délibère sur chaque dossier disciplinaire, en travaux préparatoires, et soumet les conclusions au Conseil supérieur de la magistrature dans son ensemble, qui statue, sous la présidence du Président de la République ».

Cependant, la commission d'avancement semble avoir fait une application problématique de cet article 12 de la loi n° 29-2018 du 07 août 2018 susvisée.

En effet, elle a conditionné l'examen des dossiers des magistrats demandeurs d'élévation d'échelons et de promotion au grade supérieur ou à la catégorie hors hiérarchie aux décisions du Conseil supérieur de la magistrature statuant sur les conclusions de la commission de discipline qui les a sanctionnés.

A cet égard, il a, déjà, été, précédemment, développé que l'absence de sanctions définitives à l'encontre des magistrats fautifs ne saurait constituer un obstacle à leur avancement car, même si la matière disciplinaire n'est pas du domaine pénal, il conviendrait de faire bénéficier les magistrats dont les sanctions proposées par la commission de discipline ne sont pas, encore, entérinées par le Conseil supérieur de la magistrature par décret y relatif du président de la République, président dudit organe, des catégories et échelons sollicités (sur les détails liés à la position de la commission d'avancement concernant l'appréciation des demandes d'avancement de certains magistrats qui ont subi les sanctions prononcées en dernier ressort par la commission de discipline aux termes de l'article 23 alinéa 2 de la loi n° 29-2018 du 07 août 2018 susmentionnée, cf. supra, chap. V, le Conseil supérieur de la magistrature en 2023, Section 3, la gestion de la carrière des magistrats en 2023, parag. 1, les avancements des magistrats en 2023, n° 444, avancements des magistrats en 2023, ajournement des demandes d'avancement des magistrats susceptibles de subir des sanctions, p. 345 et s.).

4. Au titre de la révocation

445 - Commission de discipline des magistrats, révocation empêchant l'examen des demandes d'avancement. A l'instar de la rétrogradation, la révocation avec droit à pension ainsi que la mise à la retraite d'office ou l'admission à cesser les fonctions lorsque le magistrat n'a pas droit à une pension de retraite sont des sanctions qui ne peuvent être prononcées par la commission de discipline du Conseil supérieur de la magistrature.

Ces trois sanctions relèvent, donc, de la compétence du Conseil supérieur de la magistrature (art. 13, L. n° 29-2018 du 07 août 2018 fixant l'organisation, la composition et le fonctionnement du Conseil supérieur de la magistrature et 30, L. n° 15-99 du 15 avril 1999 modifiant et complétant certaines dispositions de la loi n° 023-92 du 20 août 1992 portant statut de la magistrature).

La commission de discipline avait, par conséquent, à juste titre fait des propositions au Conseil supérieur de la magistrature afin qu'il examine, à sa session des 22 au 23 décembre 2022 et 25 janvier 2023, tant la réalité que la gravité des fautes disciplinaires reprochées aux magistrats poursuivis et de prononcer la sanction de la révocation au cas où les faits seraient établis à leur encontre, conformément au statut de la magistrature.

Les magistrats impliqués se nommaient :

- Nzenguele Ngoumba Mayeul Arnaud, magistrat de 2e grade, 2e groupe, 1er échelon, indice 4275 depuis le 8 mars 2013, suivant décret n° 2022-497 du 16 août 2022 de monsieur le président de la République avec effet à la date de sa première prise de fonctions le 8 mars 2013 ;
- Ebilika Gervais, se disant magistrat de 2e grade, 2e groupe, 1er échelon, suivant attestation n° 137 du 6 mars 2013 du garde des Sceaux, ministre de la Justice ;
- Oniangue Michel, magistrat de 2e grade, 2e groupe, 4e échelon, indice 4725 depuis le 27 mars 2006, suivant arrêté n° 805 du 20 janvier 2012 du garde des Sceaux, ministre de la Justice.

Ces trois magistrats, de deuxième grade, demandaient à la commission d'avancement de les promouvoir aux échelons et grade divers du corps de la magistrature.

En réponse, la commission d'avancement « à l'unanimité de ses membres, a estimé qu'il n'était pas de bonne doctrine de prononcer des avancements à l'intérieur du grade ou avec promotion à un grade supérieur en faveur des magistrats susceptibles d'être, par ailleurs, sanctionnés ou non, pour divers manquements à leurs devoirs de magistrats » (cf. annexe au décret n° 2023-130 du 5 mai 2023 portant approbation des délibérations de la commission d'avancement des magistrats du Conseil supérieur de la magistrature, JORC, n° 19-2023 du jeudi 11 mai 2023, p. 637).

L'ajournement, par la commission d'avancement du Conseil supérieur de la magistrature, d'examen des demandes d'avancements des magistrats à l'intérieur du grade ou avec promotion à un grade supérieur était, pour le moins, problématique en considération du fondement allégué.

Ledit ajournement se fondait, en effet, sur d'éventuelles sanctions que prononcerait le Conseil supérieur de la magistrature au cours d'une réunion de cet organe dont la convocation n'avait, encore, pas été faite au moment où siégeait la commission d'avancement des magistrats, des 22 au 23 décembre 2022 et 25 janvier 2023 (sur la critique de la position de la commission d'avancement à cet égard, cf. Chap. V, le Conseil supérieur de la magistrature en 2023, section 3, la gestion de la carrière des magistrats en 2023, parag. 1, l'avancement des magistrats en 2023, n° 444, commission de discipline des magistrats, rétrogradation empêchant l'examen des demandes d'avancement, p. 345).

Parag. 2 – Les reconstitutions des carrières en 2023

Des magistrats demandaient à la commission d'avancement de les promouvoir à la catégorie hors hiérarchie et de les élever aux échelons supérieurs dans ladite catégorie (A), de procéder à leur avancement au premier grade et à l'élévation d'échelons à l'intérieur dudit grade (B).

Des auditeurs de justice nommés magistrats par attestation du chef de département ministériel de la justice sollicitaient, également, le bénéfice d'échelons au deuxième grade, deuxième groupe (D).

A – La promotion à la catégorie hors hiérarchie

Saisie des demandes de promotion à la catégorie hors hiérarchie par des magistrats qui aspiraient à y accéder et d'autres demandes provenant des magistrats se trouvant, déjà, promus à ladite catégorie et qui sollicitaient leur avancement en échelons, le Conseil supérieur de la magistrature se prononçait sur leurs mérites au cours de sa session ordinaire du 27 mars 2023.

Cet organe examinait, également, lors de cette réunion, les demandes formulées par les magistrats nommés en cette qualité après leur formation d'auditeurs de justice dans des écoles y habilitées suivant attestation du garde des Sceaux, ministre de la Justice.

446 - Reconstitutions des carrières, promotion à la catégorie hors hiérarchie et avancement aux échelons en 2023. La loi n° 42-61 du 20 juin 1961 portant statut de la magistrature instituait la catégorie hors hiérarchie en y plaçant, uniquement, les magistrats de la Cour suprême, le président de la cour d'appel et le procureur général près ladite cour (art. 4, al. premier, L. n° 42-61 du 20 juin 1961 portant statut de la magistrature).

La réforme entreprise par la loi n° 15-99 du 15 avril 1999 modifiant et complétant certaines dispositions de la loi n° 023-92 du 20 août 1992 portant statut de la magistrature maintenait la catégorie hors hiérarchie (art. 2, nouv, al. 2 de ladite loi).

Aux termes de l'alinéa 3 de l'article 2 (nouveau) de la loi n° 15-99 du 15 avril 1999 modifiant et complétant certaines dispositions de la loi n° 023-92 du 20 août 1992 portant statut de la magistrature, « Les échelons, ainsi que les fonctions exercées par les magistrats de chaque grade, sont définis par un décret du Président de la République pris sur proposition du Conseil supérieur de la magistrature ».

C'est l'interprétation de ce texte qui fonde la position problématique de la commission d'avancement qui estime qu'elle ne peut faire droit à la demande des magistrats de les promouvoir à la catégorie hors hiérarchie en l'absence de texte d'application pertinent relatif aux conditions d'accès et à l'ancienneté aux échelons (cf. annexe au décret n° 2023-130 du 5 mai 2023 portant approbation des délibérations de la commission d'avancement du Conseil supérieur de la magistrature, JORC n° 19-2023 du jeudi 11 mai 2023, p. 639).

Or non seulement les échelons mais, également, les fonctions exercées par les magistrats de chaque grade, aux termes de l'article 2, nouveau, alinéa 3 de la loi n° 15-99 du 15 avril 1999 modifiant et complétant certaines dispositions de la loi n° 023-92 du 20 août 1992 portant statut de la magistrature sont définis par un décret du président de la République pris sur proposition du Conseil supérieur de la magistrature.

Il y a lieu de se demander sur quel fondement le Conseil supérieur de la magistrature procédait aux nominations antérieures, telles en 2018, des magistrats de la Cour suprême, des cours d'appel et de la Cour des comptes qui exigent qu'ils appartiennent à la catégorie hors hiérarchie ou au premier grade remplissant les critères d'ancienneté dans la profession, d'expérience, de technicité et compétence, de cursus professionnel, de probité morale, de conscience professionnelle et de sens élevé de patriotisme (art. 3, nouv. L. n° 15-99 du 15 avril 1999 modifiant et complétant certaines dispositions de la loi n° 023-92 du 20 août 1992 portant statut de la magistrature).

En effet, alors qu'elle tenait sa session des 22 au 23 décembre 2022 et 25 janvier 2023, la commission d'avancement des magistrats motivait, dans sa délibération adoptée au cours de la session ordinaire du Conseil supérieur de la magistrature du 27 mars 2023, le rejet des demandes d'avancement des magistrats qui sollicitaient des promotions à la catégorie hors hiérarchie et l'élévation d'échelons dans cette catégorie en procédant aux analyses des dispositions des lois n° 42-61 du 20 juin 1961 portant statut de la magistrature et 023-92 du 20 août 1992 portant statut de la magistrature alors même qu'elles étaient, déjà, abrogées (cf. annexe au décret n° 2023-130 du 5 mai 2023 portant approbation des délibérations de la commission d'avancement du Conseil supérieur de la magistrature, JORC n° 19-2023 du jeudi 11 mai 2023, p. 639).

Statuant sous l'empire de la loi n° 15-99 du 15 avril 1999 modifiant et complétant certaines dispositions de la loi n° 023-92 du 20 août 1992 portant statut de la magistrature, la commission d'avancement des magistrats ne s'est fondée sur aucune de ses dispositions pour déplorer l'absence de texte d'application.

Pourtant, l'article 2 nouveau, alinéa 3 de la loi n° 15-99 du 15 avril 1999 susmentionnée disposait, pertinemment, que « Les échelons, ainsi que les fonctions exercées par les magistrats de chaque grade, sont définis par un décret du président de la République pris sur proposition du Conseil supérieur de la magistrature ». Il revenait, alors, audit organe de proposer, et ce, depuis 1999, le texte d'application de la loi nouvelle sur le statut de la magistrature afin de mieux régir la gestion de la carrière des magistrats au plan promotionnel.

Certes, le décret n° 2000-124 du 1er juillet 2000 portant reversement des magistrats, que fustige la commission d'avancement, devrait effectivement être complet en indiquant les conditions d'accès à la catégorie hors hiérarchie ainsi que celles relatives à l'ancienneté pour la promotion du magistrat au grade ou son élévation à l'échelon supérieur. Ledit décret est pris en Conseil des ministres. Il devrait, plutôt, porter l'indication de ce qu'il est édicté sur proposition du Conseil supérieur de la magistrature.

Le texte règlementaire qui permettrait à la commission d'avancement de siéger, sereinement, n'existant pas du fait de la défaillance du Conseil supérieur de la magistrature qui devrait le soumettre à la signature du président de la République, président de cet organe, est-il logique de justifier le rejet des demandes de franchissement d'échelon ou de grade des magistrats par le manque de texte d'application pertinent alors que les demandeurs à l'avancement ne peuvent, logiquement, prendre aucune initiative à cet égard ?

Le Conseil supérieur de la magistrature ne saurait, en l'occurrence, se prévaloir, comme il l'a fait, de l'absence de texte d'application de la loi n° 023-92 du 20 août 1992 portant statut de la magistrature. Dès lors que la commission d'avancement a décidé d'ajourner l'examen des demandes d'avancement des magistrats au cours de sa session des 22 au 23 décembre 2022 et 25 janvier 2023, le texte pertinent sur lequel il se fonderait devrait, plutôt, être la loi n° 15-99 du 15 avril 1999 modifiant et complétant certaines dispositions de la loi n° 023-92 du 20 août 1992 portant statut de la magistrature, abrogative de celle qui a été visée.

Evidemment cette loi nouvelle avait repris la même reformulation de l'article 2 alinéa 3 de l'ancienne loi disposant, à cet égard, que « Les échelons, ainsi que les fonctions exercées par les magistrats de chaque grade, sont définis par décret du Président de la République pris sur proposition du conseil supérieur de la magistrature ».

Ainsi rien ne pouvait, contextuellement, permettre le changement de position de la commission d'avancement des magistrats en présence de la similarité de ces dispositions de la loi ancienne et de la loi nouvelle.

Or, les enjeux interdisent l'entérinement de la décision de la commission d'avancement, dès lors qu'il existe une alternative qui ôte toute implacabilité à la décision d'ajournement prise par ladite commission.

En effet, alors que l'article 51 de la loi n° 023-92 du 20 août 1992 portant statut de la magistrature relatif aux dispositions transitoires disposait, classiquement, que « Toutes dispositions antérieures contraires à la présente loi sont abrogées », l'article 48 de la loi n° 15-99 du 15 avril 1999 modifiant et complétant certaines dispositions de la loi n° 023-92 du 20 août 1992 portant statut de la magistrature était rédigé dans les termes ambigus suivants : « Sont et demeurent abrogées toutes dispositions antérieures ou contraires à celles de la présente loi, notamment celles de la loi n° 023-92 du 20 août 1992 portant statut de la magistrature ».

C'est, incontestablement, cette disposition qui mérite d'être interprétée pour la sortir du flou dans lequel le législateur, qui en est l'auteur, l'a recouverte, et qui est le mieux placé pour jouer le rôle d'interprète dans la situation présente.

A défaut de loi interprétative, il semble impérieux de rechercher, activement, le sens et la portée de l'article 48 de la loi n° 15-99 du 15 avril 1999 susdite pour en dégager la clarté qui manifeste la volonté exprimée par le législateur dans l'énoncé obscur dudit article.

Si la commission d'avancement avait procédé à l'interprétation de cet article 48 de la loi n° 15-99 du 15 avril 1999 1999 modifiant et complétant certaines dispositions de la loi n° 023-92 du 20 août 1992 portant statut de la magistrature, elle devrait, rationnellement, le décortiquer. Pour ce faire, il lui aurait été judicieux de recourir à la méthode créatrice qui suggère de se référer, essentiellement, à l'intention du législateur qu'il y a lieu de rechercher afin d'adapter ledit article 48 aussi bien aux circonstances qu'aux nécessités qu'impose son application aux situations concrètes soumises par les magistrats sans faire abstraction aux considérations d'opportunité et d'équité.

La tâche de la commission serait d'autant allégée si elle s'appuyait sur la formule utilisée par le législateur qui fournit une indication capitale lorsqu'il emploi la conjonction « ou » qui n'existait pas à l'article 51 de la loi n° 023-92 du 20 août 1992, aux termes duquel « Toutes dispositions antérieures contraires à la présente loi sont abrogées ». L'usage de ladite conjonction oriente, forcément, l'interprète vers une alternative en excluant, habilement, l'autre conjonction « et » qui, en l'occurrence, ne serait d'aucun secours puisqu'il dirigerait l'interprète vers le cumul des groupes de mots « dispositions antérieures et « dispositions contraires » qui lui interdiraient de comprendre l'article 48 autrement que l'a fait la commission d'avancement.

La conjonction « ou » permet, alors, de comprendre que le législateur abroge toutes les dispositions légales antérieures à la loi nouvelle puisque son but est de créer, dans ce domaine, des règles nouvelles (première alternative) et, s'agissant des textes autres que la loi n° 023-92 du 20 août 1992 portant statut de la magistrature, expressément, abrogées, seules sont concernées par l'abrogation les dispositions contraires à celles prévues par la réforme.

C'est ainsi qu'en l'absence de règles nouvelles fixant la durée à observer par les magistrats pour passer d'un échelon à l'autre, au second grade ou au premier grade, ou dans la catégorie hors hiérarchie, seul doit pouvoir s'appliquer le décret n° 61-183 du 3 août 1961 portant application de la loi n° 42-61 du 20 juin 1961 portant statut de la magistrature, dès lors qu'il n'est pas suivi d'un autre texte, qui serait son équivalent, en la matière, à une époque donné, susceptible de lui être opposé pour rechercher la contrariété des dispositions.

Tel serait le choix de la commission d'avancement en présence du vide juridique dans le domaine concerné car l'objectif du législateur ne saurait être ramené à légiférer pour priver de droits les magistrats qui ont, déjà, accompli sans qu'aucune contestation ne soit élevée à cet égard, le temps d'ancienneté nécessaire à l'échelon pour leur promotion à celui supérieur ou en faveur de leur changement de grade.

C'est ainsi que le pense le premier président de la Cour suprême qui instruit, sous l'empire de la loi n° 15-99 du 15 avril 1999 modifiant et complétant certaines dispositions de la loi n° 023-92 du 20 août 1992 portant statut de la magistrature, comme suit, les magistrats : « Le seul texte toujours applicable de nos jours, quant à la notation, l'ancienneté à l'échelon et quant aux conditions à remplir pour passer du deuxième grade au premier grade, demeure le décret n° 61-183 du 3 août 1961 portant application de la loi n° 42-61 du 20 juin 1961 portant statut de la magistrature… » (cf. Lettre circulaire à tous les magistrats des cours et tribunaux de la République, 11 juin 2019).

Il ne saurait, dans ces conditions, être fait grief aux magistrats, bénéficiaires potentiels de la promotion à la catégorie hors hiérarchie et à l'avancement aux échelons supérieurs, d'avoir sollicité la reconnaissance et la consécration de leurs droits dès lors qu'ils ont accompli la durée légale exigée pour y accéder.

Il incombe, plutôt, à la commission d'avancement de continuer à appliquer ce qu'elle a qualifié comme étant « sa doctrine », pour éviter de porter préjudice à la carrière des magistrats qui ne mérite aucun reproche à cet égard, afin d'éviter de créer toute discrimination entre les magistrats se trouvant dans les mêmes conditions.

A ce sujet, en effet, la responsabilité du Conseil supérieur de la magistrature n'est pas à rechercher ailleurs mais en son sein dans la mesure où la proposition du décret recherché doit émaner de ses membres d'autant plus que cette compétence est dévolue audit conseil par l'article 2 alinéa 3 de la loi n° 15-99 du 15 avril 1999 précitée.

Il est souhaitable que la commission d'avancement des magistrats, qui reconnaît avoir prononcé des promotions à la catégorie hors hiérarchie « avant la session du 23 juillet au 12 août 2019 », reprenne à appliquer les règles qu'elle avait instaurées en la matière car la pratique est bien constitutive d'une source du droit. S'y fonder ne devrait susciter aucune crainte de « verser dans l'illégalité et l'arbitraire ». Au contraire, cette attitude l'éloignerait de la discrimination qu'engendre le rejet des demandes justifiées d'autant plus que la commission d'avancement des magistrats ajourne les demandes fondées « sans mettre en cause le statut acquis par les magistrats déjà promus » à la catégorie hors hiérarchie avant le revirement depuis 2018.

A cet égard la commission d'avancement, interprétant l'article 10 du décret n° 61-183 du 3 août 1961 portant application de la loi n° 42-61 du 20 juin 1961 relatif au statut de la magistrature, estime que le vide créé par le défaut de décret d'application relatif aux conditions d'accès et d'ancienneté à chaque échelon ne lui permet pas de statuer sur les demandes y afférentes des magistrats et ajourne leur examen « en attendant l'édiction d'un texte réglementaire sur la question » !

Le recours gracieux ne pourrait-il pas être ouvert aux magistrats promus à la catégorie hors hiérarchie avant 2018, demandeurs d'avancement aux échelons dans ladite catégorie ainsi que par les magistrats de 1er grade, 4e échelon ou proposés au 4e échelon avec une ancienneté à faire valoir, conformément aux dispositions de l'article 22, alinéa premier de la loi n° 15-99 du 15 avril 1999 modifiant et complétant certaines dispositions de la loi n° 023-92 du 20 août 1992 portant statut de la magistrature ?

Etaient concernés par la décision prise dans le sens susmentionnée par le conseil supérieur de la magistrature, siégeant comme commission d'avancement, les magistrats hors hiérarchie et de premier grade suivants :

- Ongoundou Constant, magistrat hors hiérarchie de 3e échelon depuis le 30 mai 2016, suivant arrêté n° 11611 du 20 juin 2016 ;
- Mankou Joseph, magistrat hors hiérarchie de 2e échelon depuis le 6 mai 2016 ;
- Nsonde Léonard, magistrat hors hiérarchie de 2e échelon depuis le 21 mars 2016, suivant arrêté n° 11611 du 20 juin 2019 ;
- Pouo Moutsouka, magistrat hors hiérarchie de 3e échelon depuis le 6 mai 2016, suivant arrêté n° 11611 du 20 juin 2016 ;
- Abia Henri Faustin, magistrat hors hiérarchie de 3e échelon depuis le 6 mai 2016, suivant arrêté n° 11611 du 20 juin 2019 ;
- Djimbi Simouna, magistrat hors hiérarchie de 1er échelon depuis le 2 août 2015, suivant arrêté n° 11611 du 20 juin 2019 ;
- Eyangue Edmond, magistrat hors hiérarchie de 1er échelon depuis le 6 juillet 2015, suivant arrêté n° 11611 du 20 juin 2019 ;

- Makaya Jean Paul, magistrat hors hiérarchie de 1er échelon depuis le 2 août 2015, suivant arrêté n° 11611 du 20 juin 2019 ;

- Kouessali Jean Claude, magistrat hors hiérarchie de 2e échelon depuis le 2 août 2015, suivant arrêté n° 11611 du 20 juin 2019 ;

- Mabiala Mena-Koutima Alphonse, magistrat de 1er grade, 2e groupe, 4e échelon depuis le 21 mars 2011, suivant arrêté n° 11611 du 20 juin 2019 ;

- Mavoungou Jérôme Patrick, magistrat de 1er grade, 4e groupe, 4e échelon depuis le 16 octobre 2018 suivant décret portant élévation d'échelon n° 20226 248 du 9 mai 2022 ;

- Nzaba Pierre, magistrat de 1er grade, 2e groupe, 4e échelon depuis le 28 septembre 2013, suivant arrêté n° 11611 du 20 juin 2019 ;

- Moukila Jean Roger, magistrat de 1er grade, 2e groupe, 4e échelon depuis le 27 mars 2015, suivant arrêté n° 11611 du 20 juin 2019 ;

- Louboungou Félicien Pierre, magistrat de 1er grade, 2e groupe, 4e échelon depuis le 27 mars 2016, suivant arrêté n° 11611 du 20 juin 2019 ;

- Wassi Praxède Aurélie Flore, épouse Mavoungou, magistrat de 1er grade, 2e groupe, 4e échelon depuis le 27 mars 2015, suivant arrêté n° 11611 du 20 juin 2019 ;

- Younga-Kissengou Daniel, magistrat de 1er grade, 2e groupe, 4e échelon depuis le 10 novembre 2006, suivant arrêté n° 805 du 20 janvier 2012 ;

- Mankita Clément, magistrat de 1er grade, 2e groupe, 4e échelon depuis le 27 mars 2015, suivant arrêté n° 11611 du 20 juin 2019 ;

- Ikolo Guy Alain, magistrat de 1er grade, 2e groupe, 4e échelon, suivant arrêté n° 11611 du 20 juin 2019 ;

- Kinouani Hervé, magistrat de 1er grade, 2e groupe, 4e échelon, suivant arrêté n° 11611 du 20 juin 2019 (cf. annexe au décret n° 2023-130 du 5 mai 2023 portant approbation des délibérations de la commission d'avancement du Conseil supérieur de la magistrature, JORC n° 19-2023 du jeudi 11 mai 2023, p. 639 et s.).

B – La promotion au premier grade

446 bis - Reconstitutions des carrières en 2023, promotion au premier grade et avancement aux échelons. L'article 10, alinéa premier, du décret n° 61-183 du 3 août 1961 portant application de la loi n° 42-61 du 20 juin 1961 relatif au statut de la magistrature dispose :

« Nul ne peut être promu au premier grade s'il ne justifie, dans le second grade de huit années de service effectif en position d'activité ou de détachement dont deux années d'exercice des fonctions du second groupe et s'il n'est inscrit au tableau d'avancement ».

Certes, les fonctions du deuxième groupe spécifiées à l'article 3 du décret n° 61-183 du 3 août 1961 portant application de la loi n° 42-61 du 20 juin 1961 relatif au statut de la magistrature sont celles de vice-président et de procureur adjoint près un tribunal de grande instance.

Il convient d'observer que l'article premier de ce texte prévoyait que la hiérarchie du corps judiciaire comprenait trois grades et subdivisait les deux premiers en deux groupes. Il répartissait les fonctions aux magistrats qui devaient les exercer à l'intérieur de chacun de desdits groupes.

Le troisième groupe comportait des fonctions attribuées aux juges d'instance. Les autres magistrats étaient habilités à accomplir d'autres fonctions telles ceux du premier groupe (substitut, juge d'instruction, juge au tribunal de grande instance) et du deuxième groupe (vice-président et procureur adjoint près un tribunal de grande instance).

Or le troisième grade et le premier groupe ont été supprimés, de sorte que les fonctions, initialement, réservées aux magistrats du 3e grade et du premier groupe sont, présentement, dévolues aux magistrats du deuxième groupe, deuxième grade.

Les fonctions dudit groupe ne sont, donc, plus dévolues, uniquement, comme auparavant, au vice-président et au procureur adjoint près un tribunal de grande instance comme cela avait été prévu à l'article 3 du décret n° 61-183 du 3 août 1961 portant application de la loi n° 42-61 du 20 juin 1961 relatif au statut de la magistrature.

Il n'est, par conséquent, plus possible de considérer que les fonctions de deuxième groupe sont réduites à celles de vice-président et procureur adjoint près un tribunal de grande instance. Il convient, plutôt, d'en assurer l'extension à toutes les autres fonctions basiques juridictionnelles, notamment, celles de président d'un tribunal d'instance, de juge d'un tribunal de grande instance, de juge d'instruction, de substitut du procureur de la République près un tribunal de grande instance, de juge des enfants.

La commission d'avancement devait, dans ces conditions, constater l'inefficacité, et donc, l'inapplicabilité conjoncturelle de l'article 10, alinéa premier, du décret n° 61-183 du 3 août 1961 susdit puis tirer les conséquences de son caractère obsolète le conduisant dans l'ère de la désuétude.

En conséquence, la commission d'avancement ferait droit, aux magistrats demandeurs, de leur promotion au premier grade et de leur élévation aux échelons mérités.

C – L'avancement des auditeurs de justice

447 - Reconstitutions des carrières, avancement des auditeurs de justice en 2023. La commission d'avancement des magistrats cite l'article 22, alinéa 4, de la loi n° 023-92 du 2 août 1992 portant statut de la magistrature qui dispose : « Les auditeurs de justice déclarés aptes aux fonctions judiciaires sont nommés au groupe 2, deuxième grade, par décret du Président de la République, sur proposition du Conseil supérieur de la magistrature ». Ainsi, certains auditeurs de justice ayant demandé leur avancement n'ont pas obtenu satisfaction pour n'avoir pas, estime la commission d'avancement, joint aux éléments de leur dossier y relatif le décret de leur nomination en qualité de magistrat, signé par le président de la République.

La commission d'avancement des magistrats, qui avait organisé sa session des 22 au 23 décembre 2022 et 25 janvier 2023, aurait dû se fonder, même si les numéros d'articles et d'alinéas sont les mêmes, sur l'article 22, alinéa 4, non pas de la loi abrogée n° 023-92 du 20 août 1992 portant statut de la magistrature mais de la nouvelle loi en vigueur, en l'occurrence la loi n° 15-99 du 15 avril 1999 modifiant et complétant certaines dispositions de la loi n° 023-92 du 20 août 1992 portant statut de la magistrature.

Est-il raisonnable de dénier, comme l'a fait la commission d'avancement, aux soixante-quatorze magistrats affectés dans les différentes juridictions de la République du Congo et y exerçant leurs fonctions depuis plusieurs années, la qualité de magistrat en raison de ce qu'ils n'ont pas été, préalablement, nommés suivant décret du président de la République ?

A cet égard, la commission d'avancement constate que « … la pratique qui a prévalu pendant longtemps a consisté, pour les différents ministres de la justice…, à nommer par attestation les auditeurs de justice ayant terminé avec succès leur formation initiale dans les écoles de formation des magistrats et à les faire affecter, sans avoir été préalablement intégrés dans le corps de la magistrature par décret du président de la République au sein des juridictions nationales où ils exercent leurs fonctions à part entière. C'est un fait à déplorer mais c'est la pratique qui a prévalu pendant de nombreuses années » (cf. annexe au décret n° 2023-130 du 5 mai 2023 portant approbation des délibérations de la commission d'avancement du Conseil supérieur de la magistrature, « présentation des candidats à l'avancement et de leurs dossiers », JORC n° 19-2023 du jeudi 11 mai 2023, p. 640 et s.).

Or il ressort des attestations de nomination des magistrats par les ministres successifs de la justice mises en cause par la commission d'avancement des magistrats que leur libellé manifeste, clairement, l'acte de nomination des magistrats aux fonctions du corps de la magistrature.

En effet, à titre illustratif, on peut se référer à l'attestation n° 1000 du 23 décembre 2013 du ministre d'État, Garde des sceaux, ministre de la Justice et des Droits humains qui indiquait qu'un « projet de décret en cours de visas, contreseings et signature porte nomination de certains élèves admis à l'École Nationale d'Administration et de Magistrature du Cameroun, cycle supérieur, filière Magistrature, en qualité d'auditeur de justice, indice 1312 ».

Au terme de leur formation à l'école nationale d'Administration et de magistrature (ENAM) du Cameroun, ces auditeurs de justice furent nommés dans la magistrature congolaise par attestation n° 024 du 31 décembre 2015 du ministre d'État, garde des Sceaux, ministre de la Justice, des droits humains et de la Réforme de l'État libellée ainsi qu'il suit :

« Le ministre d'État, Garde des Sceaux, ministre de la Justice, des Droits humains et de la Réforme de l'État soussigné, atteste qu'un projet de décret en cours de visas, contreseings et signature, porte nomination dans la magistrature congolaise des auditeurs de justice ci-dessous cités, de nationalité congolaise, diplômés de l'école nationale d'Administration et de magistrature (ENAM) du Cameroun, en qualité de magistrat de 2ème grade, 2ème groupe, 1er échelon, indice 4275... ».

C'est, finalement, par décret n° 2020-754 du 11 décembre 2020 portant nomination des auditeurs de justice, en tête : Ontsira Omporo Dayelhi (régularisation) qu'ils étaient nommés dans le corps de la magistrature congolaise.

Du 31 décembre 2015 au 11 décembre 2020, cinq ans s'était écoulés au cours desquels les magistrats concernés avaient droit à l'avancement aux échelons.

On ne saurait, dans ces conditions, dénier leur appartenance au corps de la magistrature faute de décret du président de la République y afférent en ne reconnaissant pas de valeur juridique à l'attestation du garde des Sceaux, ministre de la Justice, des Droits humains et de la

Réforme de l'État les y intégrant.

Pourtant, il est, clairement, explicité que « Le corps de la magistrature comprend les magistrats du siège et du parquet de la Cour suprême et des autres juridictions nationales, ainsi que les magistrats en service dans les administrations de l'Etat et les auditeurs de justice » (art. premier, L. n° 15-99 du 15 avril 1999 modifiant et complétant certaines dispositions de la loi n° 023-92 du 20 août 1992 portant statut de la magistrature).

Ainsi, déjà nommés auditeurs de justice par attestation n° 1000 du 23 décembre 2013 du ministre d'État, garde des sceaux, ministre de la Justice et des Droits humains qui indiquait qu'un projet de décret en cours de visas, contreseings et signature portait leur nomination en qualité d'auditeur de justice, cette qualité était, dès lors, acquise aux intéressés.

En effet, n'ayant pas, encore, été annulée ou rapportée, l'attestation en cause, en tant qu'elle recèle la nature d'acte administratif, a continué à produire ses effets juridiques en l'absence de décret de nomination et d'intégration des auditeurs de justice concernés.

Il ne saurait, en effet, être reproché aux auditeurs de justice figurant sur l'attestation en cause, à l'égard desquels des droits sont créés, de s'en prévaloir et de solliciter, en conséquence, les échelons dont ils espèrent bénéficier en raison de leur ancienneté acquise dans l'exercice de leurs fonctions de magistrat.

De même, il ne peut être dénié la validité de toutes les autres attestations des gardes des Sceaux, ministres de la justice successifs jusqu'au moment où avait siégé la commission d'avancement des magistrats.

Tel est le cas de l'attestation n° 947 du 17 août 2017 du ministre de la Justice, des Droits humains et de la Promotion des Peuples autochtones indiquant qu'un projet de décret en cours de visas, contreseings et signature portait nomination de cent sept élèves admis à l'École nationale d'administration et de magistrature de Cotonou (Benin), cycle supérieur, filière magistrature, au titre des années 2017-2019, en qualité d'auditeur de justice, indice 1312.

Beaucoup d'autres attestations, ayant le même objet, étaient établies dans le même style, indiquant que des projets de décrets en cours de visas, contreseings et signature portaient intégration et nomination dans la magistrature congolaise, des auditeurs de justice, de nationalité congolaise, diplômés de l'Ecole nationale d'administration et de magistrature (ENAM), et de diverses autres écoles étrangères de formations des auditeurs de justice en qualité de magistrat de 2ème grade, 2ème groupe, 1er échelon, indice 4275 (cf. attestation n° 824 du 23 décembre 2014 du garde des Sceaux, ministre de la Justice et des Droits humains).

Afin que soit mieux suivie la carrière des magistrats, le compte rendu de la session ordinaire du Conseil supérieur de la magistrature du 27 mars 2023 avait révélé l'exigence du président de la République consistant, pour les autorités judiciaires compétentes en matière de notation, de respecter, strictement, les principes qui organisent l'évaluation des magistrats avant le 1er juillet de chaque année (cf. LDB, n° 4474, 29 mars 2023, p. 4 ; Le patriote, n° 720, 3 avril 2023, p. 3).

Section 4 – L'approbation des décisions du CSM en 2023

448 - Conseil supérieur de la magistrature, exercice du pouvoir réglementaire du président de la République en 2023. Jusqu'en 2008, aucune disposition légale n'imposait la forme juridique des décisions du Conseil supérieur de la magistrature pour leur faire acquérir la force exécutoire. Elles étaient, toutefois, toujours, matérialisées par décret du président de la République.

L'article 20, alinéa premier, de la loi organique n° 22-2008 du 26 juillet 2008 portant organisation, composition et fonctionnement du Conseil supérieur de la magistrature prescrivait, au président de la République, d'exercer son pouvoir réglementaire en prenant des décrets individuels en matière de nomination ou de discipline des magistrats, en ces termes :

« Toutes décisions du Conseil supérieur de la magistrature sur la nomination et la discipline des magistrats, sont sanctionnées par décret du Président de la République ».

L'alinéa second dudit article, relatif à la gestion de la carrière des magistrats, reconnaissait au garde des Sceaux, ministre de la Justice le pouvoir de formaliser, par arrêté, l'élévation des magistrats à divers grades et échelons.

Ces dispositions étaient, ainsi, reprises à l'article 23 de la loi organique n° 29-2018 du 07 août 2018 fixant l'organisation, la composition et le fonctionnement du Conseil supérieur de la magistrature :

- Alinéa premier : « Toutes les décisions du Conseil supérieur de la magistrature sur la nomination et la discipline des magistrats, sont sanctionnées par décret du Président de la République » ;

- Alinéa 2 : « Les décisions du Conseil supérieur de la magistrature constatant l'élévation à divers grades et échelons, ainsi que celles prononcées en dernier ressort par la Commission de discipline, sont sanctionnées par décret du Président de la République ».

Ainsi, le garde des Sceaux, ministre de la Justice perdait, au profit du président de la République, le pouvoir qui lui était, auparavant, reconnu, de formaliser, par arrêté, ce type de décision.

CINQUIÈME PARTIE

LA PROBLÉMATIQUE DE LA CODIFICATION

À certaines occasions majeures historiques, la vétusté des textes qui organisaient la justice et permettaient sa mise en œuvre avait été décriée. On peut se limiter à citer « la semaine de la magistrature », en 1969 et le Congrès extraordinaire du parti unique au pouvoir, le Parti congolais du Travail (P.C.T), en 1979.

449 - Semaine de la magistrature en 1969, bases d'une justice révolutionnaire. Les praticiens du droit avaient entendu se prononcer sur la place et le rôle de la justice à l'ère révolutionnaire pour constater le divorce béant entre la législation coloniale, encore en vigueur en 1969, et la nouvelle orientation politique du pays. Ils répudiaient la conception occidentale de la considération de la justice comme constituant le troisième pouvoir dans l'organisation des régimes démocratiques au regard du principe de la séparation des pouvoirs.

Selon eux, la justice devait être regardée, en République du Congo, comme un service public au même titre que les autres, sans privilège particulier. Ils conféraient, ainsi, à ceux qui étaient chargés de la rendre, les magistrats, la qualité d'agents de l'État exerçant leurs fonctions au sein du service public de la justice (cf. Compte rendu de la semaine de la magistrature, des lois révolutionnaires appliquées par les juges révolutionnaires, République du Congo, ministère de la Justice, Brazzaville, 1969, p. 4, inédit).

En doctrine, la semaine de la magistrature était assimilée au « forum au cours duquel les magistrats devaient se consacrer aux travaux relatifs à la conception, au statut de la justice, au rôle du juge dans la révolution et s'employer à jeter les bases d'une législation congolaise nouvelle conforme aux aspirations révolutionnaires du peuple… » (cf. Auguste Iloki, « La justice au Congo, pouvoir ou service public ? », Penant n° 796, janvier à mai 1988, p. 137 ; cf. également, RSS n° 6, avril à juin 1986, p. 133).

450 - Semaine de la magistrature en 1969, participants. Le niveau élevé auquel était hissé la semaine de la magistrature se percevait au regard de la qualité des participants, des praticiens du droit, essentiellement, au nombre desquels : Moudileno Massengo, garde des Sceaux, ministre de la Justice et du travail ; Yoka Emmanuel, directeur de cabinet du garde des Sceaux, ministre de la Justice et du travail ;

Moungali Guillaume, directeur des services centraux au ministre de la Justice ; Gabou Alexis, juge à la Cour suprême ; Okoko Jacques, juge à la Cour suprême ; Nganga-Zandzou, procureur général près la Cour suprême ; Mouele André, premier président de la cour d'appel de Brazzaville ; Bigemi François, président du tribunal de grande instance de Brazzaville ; Mongo Jean, vice- président du tribunal de grande instance de Brazzaville ; Lenga Placide, substitut du procureur de la République près le tribunal de grande instance de Brazzaville ; Mapako-Tchilala Joseph, substitut du procureur de la République près le tribunal de grande instance de Brazzaville ; Mayinguidi Etienne, procureur de la République près le tribunal de grande instance de Pointe-Noire.

451 – Réformes sur la justice, résolutions du congrès du Parti congolais du Travail en 1979. Le Congrès extraordinaire du Parti congolais du Travail (P.C.T) du 26 mars 1979 avait adopté plusieurs résolutions sur la justice en vue de sa réformation pour l'adapter au contexte de cette époque.

La mise en œuvre desdites résolutions avait inspiré l'institution, auprès du département de l'organisation du Parti congolais du Travail, de la Commission nationale des réformes judiciaires (CNRJ). Ce fut l'objet de la décision n° 001 du 31 mars 1981 portant organisation, composition et attributions de la Commission nationale des réformes judiciaires. Tel fut le contexte de la codification entreprise au cours de l'année 1983, considérée comme ayant été, dans l'histoire de la justice moderne congolaise, l'année de la démocratisation de la justice au cours de laquelle des réformes substantielles étaient entreprises, lesquelles se trouvaient, encore, en grande partie, justifiées en 2009.

452 – Codification en 2009, contexte. Il apparaissait, courant 2009, la volonté politique de renouveler les textes qui régissaient l'arsenal juridique congolais, comme en 1979 lors du congrès extraordinaire du Parti congolais du Travail et à l'occasion de la « Semaine de la magistrature », en 1981, ainsi qu'en 1983 lorsque débutait, réellement, le mouvement de réforme de la justice.

Dans le cadre du renouvellement contemporain de la législation dans divers domaines, le Gouvernement avait mené des tentatives de codification en 2009 (titre 1), puis en 2014 et 2022 (titre 2).

TITRE I

LES TENTATIVES DE CODIFICATION EN 2009

Dans sa quête effrénée de renouvellement de la législation, le Gouvernement avait dévoilé les objectifs de son ambition à cet égard en spécifiant les domaines de codification (chapitre 1er) et tenté, concrètement, de mener quelques actions afin de favoriser la rédaction des codes et, donc, de mettre en œuvre les réformes espérées au moyen de la commission mise en place (chapitre 2) nonobstant les obstacles qui jonchaient le parcours de la codification en cette année 2009 (chapitre 3).

CHAPITRE I

LES DOMAINES DE LA CODIFICATION EN 2009

453 - **Codification en 2009, objectifs**. Lors des forums qui ont réclamé, impérativement, la réforme des textes sur la justice congolaise en raison de la vétusté des législations dans différents domaines, que ce soit au cours de la semaine sur la magistrature ou au congrès extraordinaire du Parti congolais du Travail, l'exigence d'adaptation desdites législations était justifiée par leur archaïsme au contexte social et économique. Leur anachronisme, notamment, avec les coutumes locales, ne permettait plus aux juridictions de rendre la justice dans le sens des aspirations des populations.

Il s'était créé, pendant ces périodes, des mouvements de répudiation de la législation et de la réglementation coloniales, notamment, celle issue du code civil de 1804, du code pénal de 1810, de l'arrêté de 11 mai 1914 réglant la procédure en matière civile et commerciale devant la Cour d'appel, les tribunaux de première instance, les justices de paix à compétence étendue et à compétence ordinaire de l'Afrique équatoriale française, des codes du travail de 1964 et de 1975, du code de la nationalité, du code de la famille.

Ces textes, revêtus du sceau colonial, avaient perdu leur valeur dès lors qu'ils symbolisaient les survivances du système colonial. Ils représentaient des référents coloniaux qui suscitaient, dans ces conditions, le rejet de leur application estimée irrationnelle par le juge congolais.

Leur inadaptation motivait la volonté du Gouvernement de mettre en œuvre les résolutions et recommandations adoptées sur la justice pour les réformer dans le sens de leur harmonisation avec les conditions socio-économiques de la République du Congo.

L'évolution effrénée de la société stimulait, alors, le Gouvernement dans la recherche de l'harmonie dans la société par la mise en place des législations beaucoup plus appropriées pour satisfaire les intérêts des justiciables afin de réduire, à défaut de les faire disparaître, les incohérences et discriminations sociales.

Les objectifs de la codification sont dévoilés suivant que celle-ci concerne les matières civiles (section 1), administrative, commerciale, pénale, sociale et dans le cadre de la procédure civile, commerciale, administrative et financière (section 2).

Section 1 – La codification des matières civiles en 2009

454 - Codification en 2009, en droit civil. A titre illustratif, en droit civil, les matières intéressant la protection du droit de propriété sont plus édifiantes concernant le besoin, pour le moins pressant, d'adaptation avec les pratiques sociales existantes, communément, acceptées puis d'unification pour leur harmonisation qui fonde la paix dans la société.

Il en est de même des questions de droit civil portant sur le droit de la famille et le droit des successions qui divisent les congolais. Les conceptions des citoyens, à cet égard, sont en effet variables et controversées suivant les époques, les clans et les familles. Dans cette diversité d'opinions, l'unanimité ne peut être acquise, sur ces points, qu'au prix d'une législation adaptée à la situation socio-économique de la République du Congo, débarrassée de toutes considérations discriminatoires.

Un autre point névralgique, qui mérite d'être indiqué, est celui des successions. Saisissant cette matière au moment de l'élaboration du code de la famille en 1984, le législateur avait, malheureusement, fait hélas, fi de la réalité sociale. Il privilégiait, en effet, à cette occasion, le système juridique ancien du colonisateur qui rendait, plutôt, compte de ses valeurs sociologiques.

Pareillement, le droit foncier subit, pour la même raison que celle, précédemment, évoquée, certaines modifications. Le recours à la législation du colonisateur dessert les intérêts des populations, notamment, des propriétaires terriens qui s'opposent à l'exécution des décisions judiciaires fondées sur un droit étranger qui ne s'insère pas dans leurs pratiques sociales.

Section 2 – La codification de diverses matières en 2009

455 - Codification en 2009, en matière administrative. La volonté de réformer la législation en matière administrative avait motivé le gouvernement pour assurer, par une nouvelle conception de l'administration, la protection des intérêts des administrés.

456 - Codification en 2009, en droit commercial. Dans le domaine du droit commercial, l'harmonisation s'impose entre les normes du droit national et celles qui résultent du droit OHADA.

457 - Codification en 2009, en matière pénale. Le code pénal recèle des peines dont l'application est incommode en République du Congo en raison de ce qu'elles ressortissent d'un temps révolu.

458 - Codification en 2009, en droit du travail. Les relations professionnelles de l'époque coloniale, cristallisées dans la loi n° 52-1322 du 15 décembre 1952 portant code du travail dans les territoires d'outre-mer, de même que celles d'après l'indépendance issues des lois n° 10-64 du 25 juin 1964 portant code du travail de la République du Congo et n° 45-75 du 15 mars 1975 instituant un code du travail de la République populaire du Congo, ne cadrent plus avec les rapports de travail entre les employeurs et les travailleurs à l'époque contemporaine.

La réforme du code du travail comblerait, par conséquent, utilement, les défaillances de la législation actuelle nonobstant les progrès enregistrés depuis les dernières révisions des deux deniers codes du travail adoptés après l'accession de la République du Congo à la souveraineté internationale.

459 - Codification en 2009, en matière de procédures civile, commerciale, administrative et financière. Les questions de procédures civile, commerciale, administrative et financière étant, fortement, imbriquées avec celles relatives à l'organisation, à la compétence et au fonctionnement des juridictions au regard de leur composition et des effectifs qui leur sont affectés, nécessitent une adaptation constante permettant d'en faciliter l'application afin de rechercher l'efficacité de la justice.

En somme, pour combler le vide juridique existant sur certaines matières et procéder aux rectifications des législations, déjà, existantes dans plusieurs autres domaines, le Gouvernement avait jugé indispensable de mettre en place la commission habilitée à procéder aux réformes nécessaires dont les missions étaient reparties entre différents acteurs.

La réalisation de cet objectif visait, en réalité, la poursuite de l'œuvre réformatrice, salutaire, entamée en 1983 sur la base d'une commission créée en 1981 pour refondre les textes devenus vétustes.

Considérée ainsi, cette idée valait, incontestablement, son pesant d'or. En effet, le développement économique de la République du Congo dépendant des attitudes des acteurs de l'administration d'une part, et des investisseurs, d'autre part, la dénonciation incessante des actes de fraude, de faux et usage de faux, de concussion et de corruption dont sont accusés les agents de l'État par les autorités politiques n'est pas de nature à motiver les investisseurs pour l'implantation des structures industrielles dans le pays.

D'où l'intérêt de lutter contre les infractions économiques tant par l'élaboration d'une législation efficace adaptée à la conjoncture économique que par la rigueur et la droiture des positions du juge rendant la justice de manière à ne point démotiver les propriétaires de capitaux.

Des orientations dans le sens de l'encadrement de ce secteur par des textes nouveaux devraient s'imposer dans le cadre des réformes juridiques et judiciaires conséquentes.

La rénovation des textes basiques régissant les domaines différents de la vie nationale congolaise ainsi que la refondation de la législation sur la justice en République du Congo est, évidemment, un processus mais il n'est pas vain de s'interroger si la stratégie adoptée par le Gouvernement pour assurer la mise en œuvre de ses objectifs, à cet égard, a été favorable à leur réalisation.

Il semble bien qu'à ce sujet, les responsabilités sont partagées, selon Henri Bouka, Premier président de la Cour suprême, qui pense que les magistrats de toutes les juridictions devraient manifester leur implication dans l'accomplissement de cette lourde tâche salvatrice, lorsqu'il affirme :

« La révision des codes ne doit pas être considérée comme relevant de la seule responsabilité du cabinet ; au contraire, nous, magistrats des juridictions d'instance, d'appel et de cassation, nous devons, grâce à nos rapports, donner de la matière au cabinet pour éviter que ne soient envoyés à la Cour suprême des avant-projets de loi qui remettent tout en cause alors qu'il ne s'agit, en réalité, que de faire évoluer notre dispositif législatif existant en l'adaptant aux exigences de ces temps-ci et à ce que commande la bonne distribution de la justice » (cf. Adresses du Premier président de la Cour suprême et du Procureur général à l'occasion de la rencontre des magistrats, avocats, greffiers et huissiers de justice, séance du 21 janvier 2022 à Brazzaville, Cour suprême, p. 7, inédit).

CHAPITRE II

LA RÉDACTION DES CODES EN 2009

La mise en œuvre de la codification dans toute sa diversité nécessitait la création de la commission de rédaction des textes qui comportait une coordination (section 1). Le Gouvernement confiait le travail préparatoire aux cadres nationaux en qui il avait confiance (section 2).

Section 1 – La commission de rédaction en 2009

460 - Commission de révision ou de rédaction des codes en 2009, mission. Les travaux de la commission chargée de la révision et/ou de la rédaction des codes usuels étaient lancés, le 12 août 2009, dans la salle des conférences du ministère des affaires étrangères, par le gouvernement représenté par le ministre d'État, garde des Sceaux, ministre de la Justice et des droits humains.

À cette occasion, la mission de ladite commission avait été définie comme suit, par le chef de département de la justice qui orientait les cadres commis aux différentes tâches de réformation des textes :

« Le projet de reconsidération et de rédaction de nos différents codes est une initiative qui s'insère pleinement dans le processus de réforme globale de la justice au Congo. Il répond aux ordres et orientations précises du Président de la République appelant une loi quinquennale sur la justice visant la rénovation de l'ensemble de notre édifice juridique de base et de notre système judiciaire national » (cf. All. ministre d'État, garde des Sceaux, ministre de la Justice et des Droits humains, 12 août 2009, p. 3, inédit).

Après avoir indiqué l'objet de la mission de la commission sus évoquée, il était précisé qu'elle « devra éclairer, par ses débats et ses propositions, les choix fondamentaux du gouvernement et les projets qu'il soumettra au Parlement afin de rendre à notre justice le caractère exemplaire qui doit être le sien » (cf. All. ministre d'État, garde des Sceaux, ministre de la Justice et des Droits humains, 12 août 2009, p. 3, inédit).

Autrement dit, il revenait à la commission de concevoir la politique gouvernementale préalablement à l'élaboration des avant-projets de textes issus de ses débats sur les domaines soumis à son étude. Dans son adresse aux membres de la commission, lors du lancement de ses travaux, le représentant du gouvernement élucidait, clairement, en effet, la mission de la commission qui « va s'engager dans une entreprise qui doit formuler la stratégie de mise en œuvre de l'ambition gouvernementale d'instauration de l'État de droit » (cf. All. ministre d'État, garde des Sceaux, ministre de la Justice et des Droits humains, 12 août 2009, p. 4, inédit).

Évidemment la justice devant être regardée comme le socle de l'État de droit, les textes qui en constituent l'ossature pour son renforcement méritent une attention à la fois particulière et soutenue dans leur élaboration. Aussi, l'action prioritaire de l'État doit-elle y être consacrée pour permettre à la justice de jouer son rôle, essentiel, de garantir l'État de droit et de favoriser, ainsi, le développement économique et social.

Avec la même motivation qu'en 1981, le gouvernement mit en place, au sein du ministère de la Justice et des droits humains, par note de service n° 0519/MJDH/CAB du 14 mai 2009, une commission chargée de la révision et/ou de la rédaction des codes usuels en vigueur en République du Congo : code pénal, code de procédure pénale, code civil, code de procédure civile, commerciale, administrative et financière, code de la famille, code administratif, code pénitentiaire, code du travail et de la sécurité sociale.

Des détails sur la forte structuration de ladite note de service furent fournis concernant la subdivision de la commission en coordination (parag. 1) et en sous-commissions (parag. 2).

Parag. 1 – La coordination de la commission en 2009

461 - Commission de révision ou de rédaction des codes en 2009, coordination. Selon la méthodologie adoptée par le gouvernement, une coordination dirigée par le ministre d'État, garde des Sceaux, ministre de la Justice et des Droits humains devait superviser les travaux des consultants auxquels était confiée, à chacun, la mission d'élaborer un avant-projet de code spécifique en fonction de leurs compétences respectives suivant les domaines sélectionnés par lui en fonction des choix qu'il a opérés (cf. Termes de référence relatifs à la révision des codes, p. 2, inédit).

La coordination de la commission de révision ou de rédaction des codes comprenait, essentiellement, des magistrats sélectionnés sur la base de leur expertise (A). Certains d'entre eux, ainsi que des avocats, composaient le secrétariat (B).

A – La composition de la coordination en 2009

462 – Commission de révision ou de rédaction des codes, composition de la coordination. La commission chargée de la révision et/ou de la rédaction des codes usuels fut composée, essentiellement, des hauts magistrats en fonction à la Cour suprême, choisis en raison de leur expérience.

Placée sous la présidence du directeur de cabinet du ministre d'État, garde des Sceaux, ministre de la Justice et des Droits humains, Alphonse Dinard Moubangat Moukonzi, la commission susvisée comprenait le premier président de la Cour suprême, Placide Lenga et le procureur général près cette juridiction, respectivement, premier vice-président et deuxième vice-président.

Les deux autres personnalités occupant la troisième et la quatrième position dans l'ordre hiérarchique établi à la Cour suprême, en l'occurrence, le vice-président de ladite Cour, Henri Bouka et le premier avocat général près cette juridiction, Michel Mvouo, étaient, chacun, en ce qui le concerne, nommés en qualité de rapporteur et de deuxième rapporteur.

Le président de la chambre administrative de la Cour suprême, Samuel Gatabantou, assumait les fonctions de chef de secrétariat, et le conseiller juridique et administratif du ministre d'État, garde des Sceaux, ministre de la Justice et des Droits humains, Gilbert Mouyabi, celles de chef de secrétariat adjoint au niveau de la coordination de la commission de révision ou de rédaction des codes.

B – Le secrétariat de la commission en 2009

463 – Commission de révision ou de rédaction des codes, membres du secrétariat. Furent nommés membres du secrétariat les personnalités dont les noms et prénoms sont indiqués ci-après : Philippe Ongagna ; Paul Morossa ; un représentant du programme d'appui à l'État de droit (PAED) ; tous les chefs de secrétariat des sous-commissions ; le pool informatique composé des personnes choisies en raison de leurs compétences dans ce domaine.

Parag. 2 – Les sous-commissions en 2009

464 – Commission de révision ou de rédaction des codes, sous-commissions spécialisées. Plusieurs sous-commissions spécialisées étaient créées pour répondre aux besoins de la réforme suivant les secteurs identifiés : code pénal, code de procédure pénale, code civil, code de procédure civile, commerciale, administrative et financière, code de la famille, code administratif, code pénitentiaire, code du travail et de la sécurité sociale.

A - la sous-commission code pénal en 2009

465 – Commission de révision ou de rédaction des codes, sous-commission code pénal. Sa composition était la suivante : président : Jean-Pierre Mbika ; vice-président : Charles Émile Appesse ; chef de secrétariat : Moïse Sola ; chef de secrétariat adjoint : André Kamango ; membres : maître Lionel Kalina Menga ; Julien Pierre Ausone Malanda ; Christine Goma-Maniongui ; Henriette Galiba ; Col. Etienne Élion ; Frank Régis Tounda Ouamba.

B – La sous-commission code de procédure pénale

466 – Commission de révision ou de rédaction des codes, sous-commission code de procédure pénale. Elle était composée comme ci-après : président : Thaddée Ndayi ; vice-président : Robert Armand Bemba ; chef de secrétariat : Jocelyne Milandou ; chef de secrétariat adjoint : Simon William M'viboudoulou ; membres : Odilon Ossombi ; maître Quenum ; Gilbert Itoua ; maître Emmanuel Oko ; Charles Loemba ; Corneille Moukala Moukoko.

C – La sous-commission code civil en 2009

467 – Commission de révision ou de rédaction des codes, sous-commission code civil. La composition de cette sous-commission comprenait, principalement, les magistrats, un universitaire et un avocat dans l'ordre suivant **:** président : Auguste Iloki ; vice-président : Pascal Koumou ; chef de secrétariat : Maître Prosper Mabassi ; chef de secrétariat adjoint : Robert Mouteke ; membres : Grégoire Nanga Nanga ; Lambert Ngoka ; Grégoire Bounsana ; Théophile Mbitsi ; Fred Matoko : maître Armand Galiba.

D – La sous-commission code de procédure civile

468 – Commission de révision ou de rédaction des codes, sous-commission code de procédure civile commerciale, administrative et financière. Cette sous-commission fut composée de : président : Henri Bouka ; vice-président : maître Claude Coelho ; chef de secrétariat : Flora D'almeida Mele ; chef de secrétariat adjoint : Jean Kiwanganina ; membres : Albert Mbon ; Armand Demba ; Mathurin Bayi ; Jérôme Mavoungou ; maître Jean Claude Olombi ; charles Mabouana.

E – La sous-commission code de la famille en 2009

469 – La Commission de révision ou de rédaction des codes, sous-commission code de la famille. Elle était composée ainsi qu'il suit : président : Yvonne Kimbembe ; vice-président : Christine Gomis ; chef de secrétariat : Essamy Ngatse ; chef de secrétariat adjoint : J. Marie Mabounda Manganza ; membres : Rebecca Quionie Bowao ; Joseph Esselam ; Gertrude Longonda ; Antoinette Kebi ; maître Agathe Missamou Mampouya ; Justin Manota.

F – La sous-commission code administratif en 2009

470 – La Commission de révision ou de rédaction des codes, sous-commission code administratif. Cette sous-commission était, ainsi, composée : président : Auguste Makaya Bouanga ; vice-président : Paul Gomez Olamba ; chef de secrétariat : Placide Moudoudou ; chef de secrétariat adjoint : Voula Aleka ; membres : Alban R. Adouki ; Guy Ganguia ; Delphine Émmanuel Adouki ; Roland Bikoumou ; Isaac Loko ; Gilbert Bondongo ; Valentin Mavoungou.

G – La sous-commission code pénitentiaire en 2009

471 – Commission de révision ou de rédaction des codes, sous-commission code pénitentiaire. Elle fut, ainsi, composée : président : Jeanny Ibela Ibel ; vice-président : Victor Mahoungou Ngouakou ; chef de secrétariat : Thomas J. Chris Nzekakani ; chef de secrétariat adjoint : Jean Pierre Bakala ; membres : Bernard Tchicaya ; Patrice De Papito Lagany ; Pascal Mondjo Epenit ; Jocelyn Samba ; Jean Biyoudi ; Amédée Nganga.

H – La sous-commission code du travail en 2009

472 – Commission de révision ou de rédaction des codes, sous-commission code du travail et de la sécurité sociale. Sa composition était, ainsi déclinée : président : Dorothée Ouetiningue Mambani ; vice-président : Locko Balossa ; chef de secrétariat : Jean Poaty ; chef de secrétariat adjoint : Norbert Elenga ; membres : Mabele-Gabouma ; Narcisse Ngoulou ; Christine MayandaTsika ; Ferdinand Likouka ; Jean Ngalebayi ; Dominique Mbanzoulou.

Section 2 – La confiance aux cadres nationaux en 2009

Le Gouvernement avait confié, en 2009, comme lors des travaux de la réforme de la justice opérée en 1983, des missions aux cadres congolais qui recevaient la qualification de « consultants », suivant le profil qu'il déterminait (parag. 1er), les tâches qu'il fixait (parag. 2) et la durée des travaux impartie (parag. 3).

Parag. 1 – Le profil des consultants en 2009

473 - Codification en 2009, profil des consultants. Le consultant devait être docteur en droit ou être titulaire d'un diplôme équivalent et ayant exercé au moins pendant dix ans, magistrat, avocat ou notaire totalisant, au moins, quinze ans d'ancienneté, expert possédant une expérience avérée dans la rédaction des textes législatifs (cf. Termes de référence relatifs à la révision des codes, p. 3, inédit).

Certains consultants se chargeraient de la révision des codes usuels : code pénal, code de procédure pénale, code civil, code de procédure civile, code de la famille, code du travail tandis que d'autres procéderaient à l'élaboration de nouveaux codes, essentiellement, le code pénitentiaire et le code administratif.

Parag. 2– Les tâches des consultants en 2009

474 - Codification en 2009, tâches des consultants. Les tâches des consultants consistaient, d'abord, à analyser les textes juridiques nationaux et les instruments internationaux en fonction du domaine qui est le sien avant d'engager les échanges avec les acteurs nationaux compétents.

Ensuite, chacun des consultants procéderait à la conception du draft approprié du code du domaine concerné et présenterait les conclusions de ses travaux aux membres de la coordination préalablement à la validation de l'avant-projet de code spécifique par un atelier ad hoc.

Parag. 3 - La durée des travaux des consultants en 2009

475 - Codification en 2009, durée des travaux des consultants. La durée des travaux des consultants, qui correspond à celle de leur recrutement, était fixée par le gouvernement à six mois. Devant effectuer leur mission à Brazzaville, les consultants soumettraient leurs études, pour évaluation, à la coordination suivant le calendrier ci-après :

- Premier mois : rapport sur la revue documentaire ;
- Troisième mois : rapport des échanges avec les acteurs nationaux compétents ;
- Quatrième mois : draft de chaque code ;
- Cinquième mois : lecture, par les consultants, des observations et recommandations de la commission de coordination suite à l'examen de chaque code ;
- Sixième mois : intégration, par les consultants, des observations et recommandations de la commission de coordination et organisation des ateliers de validation des différents avant-projets de codes.

CHAPITRE III

LA CODIFICATION EN 2009

Le ministère de la Justice ne disposant pas de fonds pour financer les travaux liés aux travaux de la réforme envisagée, les obstacles jonchaient, alors le déroulement normal de leur exécution (sections 1).

Il était, par conséquent, envisagé de se rabattre sur les cadres nationaux pour procéder au travail préparatoire des experts étrangers chargés de procéder à la rédaction des textes de la réforme afin de minimiser le coût élevé des travaux (section 2).

Section 1 – Les obstacles à la codification en 2009

La réalisation de la volonté gouvernementale de réformer la justice en 2009 s'était heurtée à deux obstacles majeurs :

- Le manque de financement des travaux de mise en œuvre des textes (parag. 1) ;
- L'absence de confiance aux cadres congolais (parag. 2).

Parag. 1 – Les difficultés de financement en 2009

476 - Codification en 2009, difficultés de financement. Faute de disponibilités financières, il ne fut effectué aucune étude relative à la réforme envisagée jusqu'au 20 février 2012. A cette date, il était convoqué, suivant avis de réunion du ministre d'État, garde des Sceaux, ministre de la Justice et des Droits humains (a. r. n° 411 du 17 avril 2012), la réunion ayant regroupé les présidents des sous-commissions prévues par la note de service n° 0519 du 14 mai 2009 précitée. Au cours de celle-ci, il était évoqué des difficultés liées au financement depuis 2009, notamment, celles dues à la lourdeur des procédures de décaissement des fonds du Projet d'actions pour le renforcement de l'État de droit et des associations (PAREDA). Il en résultait le défaut de réunion des acteurs intéressés à la mise en œuvre de la refonte des textes et de la révision des codes préconisées par le Gouvernement.

Il était, néanmoins, demandé aux présidents des sous-commissions des codes usuels dont la révision s'imposait (code pénal, code de procédure pénale, code civil, code de procédure civile, code de la famille, code du travail) et des nouveaux codes dont l'élaboration était jugée indispensable (le code pénitentiaire et le code administratif) de concevoir, en collaboration avec les membres concernés, dans le délai d'un mois environ (du 20 avril au 22 mai 2012), les termes de référence à adresser aux experts auprès desquels la rédaction de ces codes serait confiée.

Cependant, les sous-commissions constituées pour exécuter la mission à elles confiées par le Gouvernement se sont heurtées aux difficultés de fonctionnement qui ont constitué autant d'obstacles entravant la tenue des réunions plénières d'adoption de leurs termes de référence. Ceux-ci ont, néanmoins, été élaborés et mis à la disposition du Gouvernement par les présidents des sous-commissions (le 16 mai 2012 pour les termes de référence relatifs à la révision du code civil, le 21 mai 2012 en ce qui concerne les termes de référence de la sous-commission de révision du code de la famille...). Pourtant, le moment était jugé propice pour procéder au renouvellement des textes et à la codification d'autres domaines non encore explorés par le législateur.

477 - Codification en 2009, financement par le Programme d'appui à l'État de droit (PAED). Il ne semble pas vain de rappeler que la refonte des textes relevant, hautement et profondément, de l'expression de la souveraineté, ne devrait pas être conditionnée par un financement étranger, au titre d'aide à apporter à l'État par le Programme d'appui à l'État de droit (PAED) comme cela avait été espéré, par le gouvernement, en 2009.

En effet, lorsqu'il avait été décidé en 1983 de démocratiser la justice, les fonds nécessités pour réaliser ce projet, de grande envergure furent inscrits au budget de l'État pour le compte du ministère de la Justice. La maîtrise de leur décaissement trimestriel par ce département ministériel avait, évidemment, permis et facilité l'exécution rapide des tâches y afférentes.

Les textes élaborés et adoptés par l'Assemblée nationale populaire, notamment, en 1983, s'agissant des lois n° 53-83 du 21 avril 1983 portant réorganisation de la justice en République populaire du Congo (abrogée par l'article 161 de la loi n° 022-92 du 20 août 1992 portant organisation du pouvoir judiciaire) et n° 51-83 du 21 avril 1983 portant code de procédure civile, commerciale, administrative et financière ainsi qu'en 1984 du code de la famille ont, largement, contribué au rapprochement de la justice du justiciable et à la bonne distribution de la justice même si leurs insuffisances, qui nécessitent leur réformation, sont, actuellement, révélées.

La modification de ces textes, justifiée par les évolutions politiques, sociales et économiques, devrait suivre la même logique de financement direct par l'État congolais qui présente de larges garanties de réussite du projet de réforme.

Parag. 2 – Le rejet des cadres nationaux en 2009

478 - Codification en 2009, rejet des cadres nationaux. Il importe de rappeler que les réformes entreprises en 1983 n'ont pas été opérées avec le concours intellectuel des experts étrangers. Le gouvernement avait, en effet, eu recours aux magistrats, avocats, sociologues, psychologues et autres spécialistes congolais expérimentés d'autres différents domaines pour rédiger des avant-projets de textes et en débattre, préalablement à leur adoption par l'Assemblée nationale, avec les acteurs divers composant la société congolaise.

Il est évident qu'ainsi le coût des travaux de la réforme n'avait pas été, aussi, élevé qu'en faisant appel aux experts des pays étrangers qui ne sont, d'ailleurs, pas censés connaître les structures sociales congolaises autant que les nationaux, eu égard à la diversité des situations auxquelles il faut se référer dans l'élaboration des textes.

Il est, en effet, convenable de tenir compte de la structure sociale pour produire des textes appropriés qui doivent, en partie, la refléter afin de préserver l'identité nationale congolaise. Les Congolais doivent, en conséquence, accepter les textes au travers desquels ils pourront se reconnaître. Il est certain que les avant-projets attendus par le gouvernement doivent, pour le moins, être adaptés, autant que possible, à l'état social et aux mœurs de la République du Congo pour générer l'harmonie, la stabilité et la paix recherchées dans la société.

Certes, le respect des coutumes congolaises ne saurait constituer la préoccupation principale et exclusive de la codification. Il s'agira, plutôt, de procéder à la réformation des codes dans différents domaines ou d'en élaborer de nouveaux dans d'autres matières ou secteurs en visant la recherche de solutions satisfaisantes ou meilleures pour la population congolaise, même au détriment des coutumes rétrogrades qui empêcheraient la transformation nécessaire de la société vers son évolution ou entraveraient le développement économique ou social de la République du Congo.

C'est, sans nul doute, l'idéal recherché dans l'application effective du droit nouveau, objet de la réforme, qui composera avec les données sociales. En effet, les décisions des juridictions seront revêtues, dans ce contexte, de l'autorité nécessaire à l'égard des justiciables qui les accepteront et en assumeront l'exécution parce qu'elles auront été mieux comprises pour avoir été prises en application de la législation élaborée en parfaite harmonie avec l'environnement social congolais.

Section 2 – Le financement des travaux en 2009

479 - Codification en 2009, financement. Il était prévu, à la suite de la réalisation du programme indiqué ci-haut, la remise au ministre d'État, garde des Sceaux, ministre de la Justice et des Droits humains des avant-projets de codes validés au cours d'une cérémonie officielle.

Cependant, la concrétisation de cette volonté gouvernementale se heurtait aux difficultés de financement non pas par les moyens propres provenant du budget de l'État congolais mais d'une institution étrangère, le Projet D'Actions pour le Renforcement de l'État de droit (PAREDA) qui n'avait pu tenir sa promesse de prendre en charge les honoraires des consultants et les frais d'organisation de l'atelier de validation.

TITRE II

LES TENTATIVES DE CODIFICATION EN 2014 ET 2022

Les essais de mise en œuvre des réformes ayant échoué, le Gouvernement observait l'éclipse, des années 2009 à 2013. Il reprenait les tentatives de renouvellement de la législation en 2014 (chapitre I) et, huit années plus tard, en 2022 (chapitre 2).

CHAPITRE I

LES TENTATIVES DE CODIFICATION EN 2014

480 - **Codification en 2014, recours aux experts nationaux.** Suite aux difficultés rencontrées dans la mise en œuvre des réformes, le gouvernement avait identifié un certain nombre de cadres nationaux qu'il considérait comme experts dans des domaines précis de leurs compétences. Il adressait, en conséquence, à ceux-ci des lettres tenant lieu d'appel à manifestation d'intérêt, ayant pour objet leur implication dans l'élaboration des textes ayant trait à la révision ou à la réforme des codes usuels en République du Congo.

Il leur était exigé de faire parvenir, au gouvernement, pour la détermination de leur rémunération, la facture pro forma des prestations y afférentes dans les délais raisonnables.

Nonobstant l'exécution, à ce stade, des activités liées à l'élaboration des plans des travaux relatifs à la rédaction ou à la révision des codes et l'envoi des factures pro forma sollicitées, les intentions de codification du gouvernement ne furent pas suivies d'effet, faute de financement. Cette année-là, encore, l'échec de la tentative de codification des codes usuels en République du Congo était constaté, en raison, probablement, du manque de programmation budgétaire de cette activité.

CHAPITRE II

LES TENTATIVES DE CODIFICATION EN 2022

481 - **Tentatives de codification en 2022, exécution du plan national de développement**. Des espoirs de réalisation des réformes juridique et judiciaire sont susceptibles de se voir réalisés au cours de l'exécution du plan national de développement (PND) 2022-2026 (cf. L. n° 3-2022 du 14 janvier 2022 portant approbation du plan national de développement (PND) 2022-2026 : une économie forte, diversifiée et résiliente, pour une croissance inclusive et un développement durable irréversible) nonobstant des précisions portant sur ses piliers stratégiques, clairement, énoncées ainsi qu'il suit, à l'article 4 de ladite loi, lesquels ne renseignent pas, de manière spécifique, sur la volonté de codification dans les domaines susvisés :

- Le développement de l'agriculture au sens large ;
- Le développement de l'industrie ;
- Le développement des zones économiques spéciales ;
- Le développement du tourisme ;
- Le développement de l'économie numérique ;
- Le développement des activités immobilières.

Il est souhaitable, qu'en raison de ce que ces piliers stratégiques ne font, nullement, référence aux réformes juridique et judiciaire, la mise en œuvre des annexes opérationnelles du plan national de développement (PND) 2022-2026 qui se déclinent, entre autres, en document cadre de politique et de programmation macroéconomique et budgétaire (DCPPMB), programme annuel des actions prioritaires, programme d'investissement public (PIP) 2022-2026 et document cadre de suivi et évaluation (DCSE) intègre le financement, par les budgets annuels couvrant cette période, des réformes relatives à la codification des textes sur la justice pour leur adaptation à la vie contemporaine.

La réalisation de cet espoir ne paraît pas incertaine dès lors qu'au moment des débats sur le projet de loi portant approbation du plan national de développement (PND) 2022-2026, il était évoqué la prévision de cinq cents millions de francs CFA au titre de la révision du code de procédure civile, commerciale, administrative et financière et du code du travail. Il s'agit là d'un indice révélateur de la réalisation de la volonté du gouvernement de procéder, même timidement, au coup par coup, au travail immense de codification des textes.

Le caractère dérisoire des crédits alloués au ministère de la Justice pour permettre le financement de ses projets avait fait réagir la doctrine qui constatait, pertinemment, que « ... le service de la justice n'est pas lui-même exempt de problématique, loin s'en faut... il doit faire face à diverses difficultés. La première est d'ordre matériel et résulte des faibles crédits alloués au troisième pouvoir lors de la répartition annuelle des postes du budget. Ceci met l'institution judiciaire dans une posture fâcheuse par rapport aux autres services publics... » (cf. Hygin Didace Amboulou « Le notaire et le service public », préface de Fidèle Mounguengue, Éditions L'Harmattan, 2008, p. 24).

Autrement dit, il est souhaitable que ces entraves soient surmontées pour éviter l'immobilisme et l'apathie dans le domaine des réformes juridiques et judiciaires recherchées.

482 - Tentatives de codification en 2022, adoption du code pénitentiaire. On observe que les ambitions du Gouvernement inscrites dans la note de service n° 0519/MJDH/CAB du 14 mai 2009 relative à la révision et/ou à la rédaction des codes usuels en vigueur en République du Congo (code pénal, code de procédure pénale, code civil, code de procédure civile, commerciale, administrative et financière, code de la famille, code administratif, code pénitentiaire, code du travail et de la sécurité sociale) sont, partiellement, satisfaites par l'adoption de la loi n° 10-2022 du 20 avril 2022 portant code pénitentiaire en République du Congo.

483 - Code pénitentiaire, objet. Plutôt que d'avoir à se référer au code pénal, au code de procédure pénale ou à d'autres textes épars, le code pénitentiaire réunit, en un document unique, l'ensemble des règles qui gouvernent le service pénitentiaire.

Il s'agit d'une avancée remarquable comparativement à d'autres domaines qui attendent des réformes, pourtant, promises mais, souvent, repoussées à d'autres échéances.

Le contexte de son élaboration est marqué par le nombre important des personnes incarcérées alors que les maisons d'arrêts existantes, en raison de leur vétusté avancée, ne sont plus fonctionnelles. Pour pallier cette difficulté, le ministre de la Justice, présentant le projet de loi portant code pénitentiaire, affirmait à cet égard : « Nous accusons des faiblesses du fait de la vétusté de certaines maisons d'arrêt qui ne fonctionnent plus. Mais on a dû prendre des dispositions pour que les personnes placées entre les mains de l'administration pénitentiaire puissent être dans les geôles de la gendarmerie ou de la police. Cela ne veut pas dire que ces personnes sont en détention préventive à la gendarmerie ou à la police. Nos maisons d'arrêt ont été construites à une certaine époque, les années se sont écoulées et elles n'ont plus pour certaines les conditions d'une vie carcérale adéquate » (Jean Jacques Koubemba, « Le Congo va actualiser ses textes juridiques en matière pénitentiaire », LDB, n° 4201, jeudi 3 mars 2022, p. 3).

Selon le ministre de la Justice, des Droits humains et de la Promotion des peuples autochtones présentant le projet de loi portant code pénitentiaire devant le Sénat, ledit texte en projet permet l'harmonisation de la législation nationale avec les instruments juridiques internationaux ratifiés par la République du Congo ayant trait aux matières relatives à la protection des mineurs privés de liberté et au traitement des femmes délinquantes.

La loi n° 10-2022 du 20 avril 2022 portant code pénitentiaire promeut, selon le Gouvernement, dans sa déclaration faite à l'occasion de la journée internationale des droits de l'Homme le 10 décembre 2022, huit mois environ après la promulgation de ladite loi, « le respect des règles minima visant à améliorer les principes et les règles d'une bonne organisation pénitentiaire et le traitement des détenus » (Rominique Makaya, milieu carcéral, l'amélioration des conditions de vie se poursuit », LDB, n° 4398, mardi 13 décembre 2022, p. 2).

484 - Code pénitentiaire, domaine. Les sujets traités sont répartis dans huit titres :

- Le premier titre non indiqué, formellement, se rapporte, probablement, aux « Généralités » car il comporte quatre articles prescrivant :

  - les cas suivant lesquels toute personne condamnée à une peine privative de liberté, placée sous mandat de dépôt ou arrêtée en vertu d'un mandat d'arrêt ou d'une ordonnance de prise de corps, pourra être détenue dans un établissement pénitentiaire (art. premier et 2, code pénitentiaire) ;
  - Le cas de détention arbitraire (art. 3, L. n° 10-2022 du 20 avril 2022 portant code pénitentiaire) ;

- La qualité de personnes détenues et la classification de celles-ci (art. 4, code pénitentiaire) ;

- Le titre 2 est consacré aux établissements pénitentiaires : définition et classification (chap. 1), organisation (chap. 2), contrôle et visite (chap. 3), sécurité (chap. 4), personnel de l'administration (chap. 5), exécution des sentences pénales (chap. 6) ;

- Le titre 3, réservé aux organes d'exécution des peines, comporte deux chapitres : commission interministérielle de coordination des activités de rééducation et de réinsertion sociale des personnes détenues (chap. 1), commission de l'application des peines (chap. 2) ;

- Le titre 4, qui traite de la condition des personnes détenues, détermine le régime général de la détention (chap. 1), les régimes particuliers de la détention et du mouvement des détenus suivant qu'ils sont bénéficiaires des mesures d'extraction, de translation judiciaire ou de transfèrement (chap. 3), fixe les droits des détenus (chap. 4), les obligations et le régime disciplinaire des détenus (chap. 5) ;

- Le titre 5 concerne la rééducation et la réinsertion sociale des détenus ;

- Le titre 6 est consacré à la détention et à la rééducation des mineurs ;

- Le titre 7 traite de la suspension provisoire de l'exécution des peines ;

- Le titre 8 est réservé aux dispositions diverses, transitoires et finales.

485 – Etablissements pénitentiaires, définition. La loi n° 10-2022 du 20 avril 2022 portant code pénitentiaire fournit la définition des établissements pénitentiaires comme étant des maisons d'arrêts et de correction ainsi que des centres pénitentiaires agricoles ou d'apprentissage, ouverts ou fermés, habilités à recevoir des personnes placées en détention provisoire ou condamnées à une peine privative de liberté par une juridiction pénale (art. 5, al. premier, L. n° 10-2022 du 20 avril 2022 portant code pénitentiaire en République du Congo).

Ainsi, exclut-elle du champ des établissements pénitentiaires : les cellules aménagées dans les commissariats de police ; les centres de gendarmerie (art. 5, al. 2, L. n° 10-2022 du 20 avril 2022 portant code pénitentiaire en République du Congo).

486 – Etablissements pénitentiaires, classement. La loi distingue, entre les établissements pénitentiaires :

Les établissements pénitentiaires de milieu fermé. La loi n° 10-2022 du 20 avril 2022 portant code pénitentiaire en République du Congo en dénombre quatre qui revêtent cette nature : les maisons d'arrêt ; les maisons centrales ; les centres de détention ; les centres pénitentiaires (art. 10, L. n° 10-2022 du 20 avril 2022 susvisée).

Les établissements pénitentiaires de milieu ouvert. Deux structures de cette qualité sont prévues : les centres de semi-liberté ; les centres pour peines aménagées (art. 13, L. n° 10-2022 du 20 avril 2022 susmentionnée).

487 - Etablissements pénitentiaires de milieu fermé, les maisons d'arrêt. Le rôle attribué aux maisons d'arrêt, en tant qu'établissements pénitentiaires de milieu fermé, est de recevoir autant les prévenus que les condamnés « dont le reliquat de la peine est inférieur ou égal à un an » (art. 11, al. premier, L. n° 10-2022 du 20 avril 2022, portant code pénitentiaire en République du Congo).

488 - Etablissements pénitentiaires de milieu fermé, les maisons centrales. Les maisons centrales sont, légalement, caractérisées comme étant des établissements pénitentiaires de milieu fermé où sont accueillis les condamnés qualifiés « les plus difficiles », (art. 11, al. 2, L. n° 10-2022 du 20 avril 2022 susvisée), lesquels nécessitent l'application d'un régime de sécurité particulier en raison de leur dangerosité avérée.

489 - Etablissements pénitentiaires de milieu fermé, les centres de détention. A l'instar des maisons d'arrêt, les centres de détention reçoivent des condamnés. Cependant, la durée de leur peine, à la différence de ceux qui sont accueillis dans les maisons d'arrêt, est égale ou supérieure à une année. En outre, les condamnés y sont envoyés, contrairement à ceux destinés aux maisons d'arrêt, parce qu'ils sont perçus comme présentant des « meilleures perspectives de réinsertion » (art. 11, al. 3, L. n° 10-2022 du 20 avril 2022 portant code pénitentiaire en République du Congo).

490 - Etablissements pénitentiaires de milieu fermé, les centres pénitentiaires. Les centres pénitentiaires sont dotés de quartiers « maison d'arrêt », « maison centrale », « centre de détention » de sorte qu'ils accueillent, tant les prévenus que les condamnés à des courtes et longues peines (art. 11, al. 4, L. n° 10-2022 du 20 avril 2022 susvisée).

491 - Etablissements pénitentiaires de milieu ouvert, les centres de semi-liberté. Les centres de semi-liberté sont des établissements spécialisés pour accueillir les condamnés admis au régime de semi-liberté qui leur permet d'exercer une activité : travailler ; recevoir un enseignement ou une formation professionnelle ; participer à la vie de famille ou subir un traitement médical (art. 14, al. premier, L. n° 10-2022 du 20 avril 2022 susdite).

492 - Etablissements pénitentiaires de milieu ouvert, centres pour peines aménagées. Ces centres ont la faculté de recevoir : les détenus volontaires faisant l'objet d'une mesure de semi-liberté ou d'un placement à l'extérieur ; les détenus dont le reliquat de la peine est inférieur à un an pour leur faciliter l'exécution d'un projet de réinsertion (art. 14, al. 3, L. n° 10-2022 du 20 avril 2022 précitée).

492 bis – Codification en 2023, adoption de la loi organique déterminant les attributions, l'organisation, la composition et le fonctionnement de la Cour des comptes. Les ambitions du Gouvernement inscrites dans la note de service n° 0519/MJDH/CAB du 14 mai 2009 relatives à la révision et/ou à la rédaction des codes usuels en vigueur en République du Congo, dont le code de procédure civile, commerciale, administrative et financière, sont, partiellement, satisfaites par l'adoption de la loi organique déterminant les attributions, l'organisation, la composition et le fonctionnement de la Cour des comptes. C'est, en effet, en séance plénière, le 14 juillet 2023, que cette loi organique fut votée par l'Assemblée nationale puis le 20 juillet 2023 par le Sénat.

On imagine qu'en 2009, l'idée du Gouvernement consistait à réformer, entre autres matières régies par le code de procédure civile, commerciale, administrative et financière, objet de la loi n° 51-83 du 21 avril 1983, celles inhérentes à la Cour des comptes comme il avait procédé, ainsi, auparavant, dans ladite loi. Mais les innovations importantes liées à l'indépendance et à l'autonomie de la Cour des comptes l'ont orienté vers l'élaboration du projet de loi y afférent. Cependant, nonobstant son adoption aux dates sus indiquées, la loi susdite n'est pas, encore, promulguée au 17 août 2023.

CONCLUSION

Les développements ci-dessus, relatifs à la revue panoramique du système judiciaire postindépendance séquencés en cinq périodes (1961-1963, 1963-1983, 1992-1994, 1998-2018, 2009-2023), ont permis de procéder à un aperçu de l'état des lieux de la justice à chaque étape de la manifestation de la volonté de son adaptation à la réalité de l'époque considérée.

Il s'est révélé l'empreinte, quasiment, indélébile de la législation coloniale nonobstant les efforts de renouvellement des normes juridiques, ce, dans tous les domaines. Le législateur congolais n'a, en effet, pas montré son empressement à se départir du modèle légué par le colonisateur, lequel a continué de constituer la source de son inspiration. Cette attitude, a, évidemment et considérablement, ralenti la réformation du système judiciaire ainsi que le renouvellement de divers textes juridiques.

Certes, il s'était opéré une évolution dans l'opérationnalisation de la volonté réformatrice du parti unique qui avait adopté en 1979 la résolution sur la justice qui fut, effectivement, mise en œuvre, méthodiquement et vigoureusement, en 1983.

En effet, des réformes audacieuses ont été effectuées, en cette année, sous la bannière du Gouvernement qui avait proposé à l'assemblée nationale populaire de nombreux textes en vue de renouveler les lois et règlements jugés vétustes. L'inspiration provenait, essentiellement et principalement, du personnel magistrat sous la bannière du parti unique, le Parti congolais du Travail qui dénonçait la disharmonie entre les textes juridiques légués par le colonisateur, le niveau de l'évolution sociale et l'état du système judiciaire.

La réforme à laquelle il a été procédé par le biais de la loi n° 53-83 du 21 avril 1983 portant réorganisation de la justice en République populaire du Congo fut, toutefois, remise en cause, en 1992, après la conférence nationale souveraine. La suppression des tribunaux populaires avait fait ressurgir les anciennes dénominations des juridictions sans apporter de modification de fond aux règles d'organisation, de composition et de fonctionnement des juridictions. Etait, en outre, supprimée dans la nouvelle loi d'organisation judiciaire, la participation des juges non-professionnels à la composition des juridictions dans toute l'étendue de la République du Congo.

Les dispositions de la loi n° 022-92 du 20 août 1992 portant organisation du pouvoir judiciaire, notamment en ses articles 16, alinéa. 2, et 17, alinéa 2, manifestaient, clairement, le caractère formel de cette réforme de laquelle ne résultait pas une modification fondamentale de l'ancienne organisation judiciaire issue de la politique conçue par le parti-État. Le législateur reproduisait, ostensiblement et largement, les dispositions de la loi n° 53-83 du 21 avril 1983 portant réorganisation de la justice en République populaire du Congo en expurgeant, simplement, de cette loi celles qui se rapportaient aux appellations des tribunaux populaires pour leur substituer d'autres dénominations et ce, conformément à la recommandation de la Conférence nationale souveraine suivant Acte n° 076 du 21 juin 1991 auquel était conféré la valeur de loi.

Or la procédure à suivre devant les juridictions est demeurée celle édictée par la loi n° 51-83 du 21 avril 1983 portant code de procédure civile, commerciale, administrative et financière, laquelle s'applique, présentement, devant toutes les juridictions sans aucune adaptation nécessitée par les révélations de la pratique judiciaire alors même que certaines de ses dispositions comportent des dénominations des juridictions supprimées par la nouvelle loi n° 022-92 du 20 août 1992 portant organisation du pouvoir judiciaire, notamment, aux titres 3 et 5 relatifs, respectivement, à la procédure devant les tribunaux populaires de district ou d'arrondissement et à la procédure devant les tribunaux populaires de région ou de commune.

De même, les dispositions légales prévues pour encadrer la Cour des comptes en 1992 au regard de sa compétence, de son organisation, de ses attributions, des infractions dont elle avait connaissance ainsi que des sanctions qu'elle pouvait prononcer en cas de violation des règles de gestion par les comptables patents ou les gestionnaires de fait demeuraient, quasiment, les mêmes que celles édictées par le législateur dans la loi n° 53-83 du 21 avril 1983 portant réorganisation de la justice en République populaire du Congo.

Il en était, également, ainsi, des dispositions de ladite loi relatives aux tribunaux populaires de commune ou de région au sujet desquels le législateur, prétextant moderniser le pouvoir judiciaire en 1992 et 1999, avait manqué d'inspiration pour assurer, réellement, la refonte de l'institution judiciaire mais plagiait, complètement, la législation de 1983 dans un domaine qui nécessitait le renouvellement constant en vue de rénover les pratiques surannées observées dans la mise en œuvre de l'ancienne législation.

Ainsi, furent reprises, telles qu'elles, les dispositions précédemment élaborées en 1983, sauf que l'appellation « tribunaux populaires de région ou de commune » était, simplement, substituée à celle de « cours d'appel ».

Hormis les retouches mineures auxquelles il a été procédé, depuis la réforme remarquable et fondamentale de la justice en 1983, donnant l'aspect à la modification profonde des textes puisque les dispositions concernées ne reflétaient que le contenu de celles qui étaient appliquées antérieurement, rien ne permettait de percevoir des modifications pertinentes opérées au travers des lois présentées, faussement, comme nouvelles.

On peut, pour s'en convaincre, se référer à la loi n° 5-62 du 20 janvier 1962 sur l'organisation et le fonctionnement du Conseil supérieur de la magistrature. Alors qu'il s'agit de la loi qui institue cet organe, le législateur qui entendait le réformer adoptait la loi qu'il intitulait, faussement, « Loi n° 024-92 du 20 août 1992 portant institution du Conseil supérieur de la magistrature ». Ne pouvant être institué, plusieurs fois, le Conseil supérieur de la magistrature devait, plutôt, subir des modifications dans la nouvelle loi qui serait, réellement et pertinemment, intitulée : « Loi n° 024-92 du 20 août 1992 modifiant et complétant certaines dispositions de la loi n° 5-62 du 20 janvier 1962 sur l'organisation et le fonctionnement du Conseil supérieur de la magistrature » dès lors qu'il s'était agi de repenser son organisation. Dans ce nouveau texte, le législateur avait organisé le pouvoir de nomination dudit organe, établi les règles relatives à l'exercice de son pouvoir disciplinaire et à son fonctionnement.

Il en est, de même, de la loi n° 022-92 du 20 août 1992 portant organisation du pouvoir judiciaire qui était le plagiat de la loi n° 53-83 du 21 avril 1983 portant réorganisation de la justice en République populaire du Congo.

Plus significative et révélatrice, à cet égard, est la loi n° 19-99 du 15 août 1999 modifiant et complétant certaines dispositions de la loi n° 022-92 du 20 août 1992 portant organisation du pouvoir judiciaire qui reprend, en effet, de manière quasiment identique, les mêmes structurations, dénominations des chapitres, sections, paragraphes, numérotations d'articles ainsi que les formulations de son prédécesseur.

Or la métamorphose souhaitée des textes devait avoir pour fondement les réalités observées dans le fonctionnement des juridictions, lors de l'application des textes afin de s'éloigner des conceptions désincarnées. Le législateur se baserait, essentiellement, dans ce contexte, sur une approche empirique, de laquelle l'observation et l'expérience lui permettraient de procéder à l'évaluation de l'application des lois. Il en résulterait des modifications espérées et adaptées excluant, ainsi, tout raisonnement abstrait. La technique pour l'élaboration rationnelle des réformes viserait, alors, la recherche de solutions concrètes.

Se rendant bien compte du retard accumulé dans l'élaboration des réformes juridique et judiciaire, le Gouvernement a entrepris de réaliser les travaux de codification en s'appuyant, d'abord, sur les cadres nationaux dans la perspective de confier la tâche de rédaction des moutures des textes définitifs aux experts étrangers. Sa volonté de refonder la législation n'a pu aboutir en l'absence de programmation budgétaire y afférente.

Comptant, essentiellement, sur les financements promis par les organismes étrangers pour effectuer les travaux de réformes juridique et judiciaire, le Gouvernement n'a pu réaliser sa volonté de renouveler les textes faute de concrétisation, par les donateurs, des promesses de mise à sa disposition des crédits espérés.

Il est, par conséquent, souhaitable d'insérer au budget annuel du ministère chargé de la justice, comme en 1983, des crédits nécessaires à la codification et à la révision des textes. C'est, du reste, la résolution d'une question de souveraineté nationale qui ne devrait, nullement, dépendre de la volonté des organismes de financement étrangers. Ainsi pourra-t-on espérer pouvoir résoudre la problématique des réformes juridique et judiciaire en République du Congo.

INDEX ALPHABÉTIQUE

C

D

E

F

G

H

I

J

M

N

O

P

R

TABLE DES MATIÈRES

BIBLIOGRAPHIE

I – Ouvrages

Hygin Didace Amboulou « Le notaire et le service public, préface de Fidèle Mounguengue », Éditions L'Harmattan, 2008.

Claude Butin « Ne faîtes jamais confiance à la justice de votre pays », Édition Orphie, 2021.

Hans Kelsen « Qu'est-ce que la justice », Editions markus haller, 2022.

Henry-Marcellin Dzouma-Nguelet « Le Président Denis SASSOU-NGUESSO et le droit, Essai d'une réflexion théorique », Éditions L'Harmattan Congo, 2023.

Élisabeth Guigou, Gilbert Anton, Jean-Denis Bredin, Jean-François Burgelin, Jean-Marie Coulon, Marie-Anne Frison-Roche, Jean Jicquel, Hubert, Haenel, Giovanni Longo, Dieudonné Mandelkern, Jean-Pierre Mattei, Jean-Marie Messier, Henri Nallet, Nicholas Phillips, Jean-Marc Sauvé, Pierre Truche, Didier Truchet « Le service public de la justice », Éditions Odile Jacob, 1998.

Auguste Iloki, « Le recours pour excès de pouvoir au Congo », Éditions L'Harmattan, 1ère édition 2002.

Valencia Iloki Engamba « Au tribunal de Wamy », tome 1, Les éditions du Panthéon, 2020.

Valencia Iloki Engamba, « Une industrie pour la justice congolaise », Éditions Mabiki, Kinhasa-Bruxelles-Wabre, 2021.

Martin Mberi, « Congo-Brazzaville, regard sur 50 ans d'indépendance nationale, 1960-2010 », L'Harmattan Congo, 2011.

Placide Moudoudou, « Présidents et ministres du Congo-Brazzaville (1958-2021) », Presses universitaires de Brazzaville, 2021.

Gaston Ololo « Evolution de l'administration territoriale congolaise », Editions Lemba, 2007.

Denis Robert « La justice ou le chaos », Editions Stock, 1996.

Mathilde Quenum « Les responsabilités de l'avocat », Éditions universitaires européennes, 2018.

II - Articles

Auguste Iloki, « Les tribunaux populaires en République populaire du Congo », Penant n° 786-787, janvier à juin 1985.

Auguste Iloki, « La justice au Congo, pouvoir ou service public ? », RSS n° 6, avril à juin 1986 ; Penant n° 796, janvier à mai 1988, p. 137 ;

Auguste Iloki, « La justice congolaise à l'âge de la majorité, quel progrès ? », 28 juin 1988, inédit.

Auguste Iloki, « Le droit à l'égal accès à la justice en République populaire du Congo », journées juridiques du département de droit de l'Université Marien Ngouabi, Brazzaville, 9 décembre 1988, inédit.

Auguste Iloki, « Le sort du droit dans la démocratie pluraliste au Congo », 7 février 1991, inédit.

Auguste Iloki, « La justice administrative en République du Congo », journées du barreau, Brazzaville, du 18 au 19 janvier 2000.

Auguste Iloki, « La place du droit et de la justice dans l'administration », journées de réflexion sur l'Administration publique, mars 2000, inédit.

Auguste Iloki, « L'organisation judiciaire congolaise », réunion de travail organisée par la fédération et la direction générale des MUCODEC, 31 mars 2001, inédit.

Auguste Iloki, « Droits et devoirs du travailleur en tant que citoyen en démocratie », 2001, inédit.

Valencia Iloki Engamba, « Le sexisme dans l'administration judiciaire en République du Congo », LSA, n° 3960, 06 mars 2020, p. 5.

Valencia Iloki Engamba, « Les médias congolais semblent ne pas connaître réellement la justice », Le patriote, n° 5825, 16 juin 2021, p. 4.

III – Cours

Auguste Iloki, cours de droit judiciaire, Université Marien Ngouabi, Institut supérieur des sciences économiques, juridiques, administratives et de gestion, licence en droit, 2ème année, option droit privé, 1984-1985.

Auguste Iloki, droit juridictionnel, cours polycopié, licence en droit, 2ème année, option droit privé, Université Marien Ngouabi, faculté de droit, 1987-1988.

Auguste Iloki, droit juridictionnel, cours dispensé en première année, ENAM, filière magistrature, 2010-2011.

IV – Mémoires

Julien César M'bode, « L'assistance judiciaire en matière civile à Brazzaville : problèmes et perspectives », mémoire pour l'obtention du diplôme du cycle supérieur de l'ENAM, filière magistrature, 2012.

Nazaire Jonathan Nicaise Sondou, « Le juge administratif congolais », mémoire pour l'obtention du diplôme du cycle supérieur de l'ENAM, filière magistrature, 2001.

V – Comptes rendus

Compte rendu de la « semaine de la magistrature », des lois révolutionnaires appliquées par des juges révolutionnaires, République du Congo, ministère de la Justice, Brazzaville, 1969.

Compte rendu des travaux de la session ordinaire du Conseil supérieur de la magistrature, LDB, n° 3150, mercredi 21 février 2018, p. 4).

VI – Répertoire

Répertoire des magistrats, édition 2015, Conseil supérieur de la magistrature, Groupe CCEE, Zi ST Mitre Est, RN8, Quartier d'entreprises 13400 Aubagne.

Répertoire des magistrats, édition 2018-2019 Conseil supérieur de la magistrature, secrétariat général, Groupe CCEE, Les Tuileries, 49 rue Jeu de Ballon, Aubagne.

Structures éditoriales du groupe L'Harmattan

L'Harmattan Italie
Via degli Artisti, 15
10124 Torino
harmattan.italia@gmail.com

L'Harmattan Hongrie
Kossuth l. u. 14-16.
1053 Budapest
harmattan@harmattan.hu

L'Harmattan Sénégal
10 VDN en face Mermoz
BP 45034 Dakar-Fann
senharmattan@gmail.com

L'Harmattan Cameroun
TSINGA/FECAFOOT
BP 11486 Yaoundé
inkoukam@gmail.com

L'Harmattan Burkina Faso
Achille Somé – tengnule@hotmail.fr

L'Harmattan Guinée
Almamya, rue KA 028 OKB Agency
BP 3470 Conakry
harmattanguinee@yahoo.fr

L'Harmattan RDC
185, avenue Nyangwe
Commune de Lingwala – Kinshasa
matangilamusadila@yahoo.fr

L'Harmattan Congo
219, avenue Nelson Mandela
BP 2874 Brazzaville
harmattan.congo@yahoo.fr

L'Harmattan Mali
ACI 2000 - Immeuble Mgr Jean Marie Cisse
Bureau 10
BP 145 Bamako-Mali
mali@harmattan.fr

L'Harmattan Togo
Djidjole – Lomé
Maison Amela
face EPP BATOME
ddamela@aol.com

L'Harmattan Côte d'Ivoire
Résidence Karl – Cité des Arts
Abidjan-Cocody
03 BP 1588 Abidjan
espace_harmattan.ci@hotmail.fr

Nos librairies en France

Librairie internationale
16, rue des Écoles
75005 Paris
librairie.internationale@harmattan.fr
01 40 46 79 11
www.librairieharmattan.com

Librairie des savoirs
21, rue des Écoles
75005 Paris
librairie.sh@harmattan.fr
01 46 34 13 71
www.librairieharmattansh.com

Librairie Le Lucernaire
53, rue Notre-Dame-des-Champs
75006 Paris
librairie@lucernaire.fr
01 42 22 67 13

www.ingramcontent.com/pod-product-compliance
Lightning Source LLC
LaVergne TN
LVHW021153061026
849535LV00002B/446

CHAPITRE I

LE MAINTIEN DES RÈGLES ANCIENNES

Il avait été imaginé des procédures particulières favorisant le fonctionnement des juridictions (section 1). Des velléités de répudiation du pouvoir judiciaire furent observées à cette époque (section 2).

Section 1- Le fonctionnement des juridictions

En raison de ce que l'insuffisance de personnel magistrat ne permettait pas le fonctionnement rationnel des juridictions, il avait été préconisé des techniques appropriées pour y remédier : les délégations de magistrats (parag. 1) et le cumul de fonctions (parag. 2).

Parag. 1 - Les délégations de magistrats en 1964

155 – Collégialité dans les tribunaux de grande instance, exception par les délégations de magistrats. Siégeant jusque-là à juge unique, les tribunaux de grande instance étaient amenés à respecter la collégialité dans leur composition juridictionnelle suivant ordonnance n° 8/69 du 3 mars 1969 instituant la collégialité dans les tribunaux de grande instance.

Cependant, l'insuffisance de personnel magistrat ne permettait pas de procéder à la composition des juridictions en respectant la collégialité. C'est ainsi que ce principe ne fut, réellement, observé qu'au tribunal de grande instance de Brazzaville.

D'ailleurs, selon l'article 7, alinéa premier de l'ordonnance n° 8/69 du 3 mars 1969 instituant la collégialité dans les tribunaux de grande instance, ses dispositions ne devaient s'appliquer « que dans le ressort du tribunal de grande instance de Brazzaville, à compter de la date de nomination des magistrats pour le service des chambres ».

Ainsi, les dispositions de l'ordonnance n° 8/69 du 3 mars 1969 susvisée ne pouvaient s'appliquer aux autres tribunaux de grande instance que dans la mesure où le garde des Sceaux, ministre de la

Justice le décidait suivant arrêté après délibération de l'assemblée générale de la Cour d'appel du Congo (art. 7, al. 2, ord. n° 8/69 du 3 mars 1969 instituant la collégialité dans les tribunaux de grande instance).

C'est alors que s'agissant des tribunaux de grande instance de Dolisie et de Fort Rousset, la solution préconisée était celle des « délégations de magistrats » d'une juridiction dans une autre puisqu'ils avaient, toujours, des effectifs inférieurs au besoin de leur fonctionnement normal.

Le recours à ces délégations ne constituait pas moins des atteintes au principe de l'inamovibilité des magistrats du siège selon lequel tout magistrat du siège, installé dans ses fonctions, ne peut recevoir sans son consentement une affectation nouvelle même en avancement. Dans leurs fonctions juridictionnelles, ils ne relèvent que de la loi et de leur conscience (art. 2, L. n° 42-61 du 20 juin 1961 portant statut de la magistrature).

156 – Délégations de magistrats, ordonnance n° 64-4 du 21 janvier 1964. Les tribunaux d'instance, prévus par la loi n° 6-61 du 11 janvier 1961 fixant l'organisation judiciaire, n'avaient jamais fonctionné pour insuffisance de personnel magistrat.

En conséquence, les affaires de droit coutumier continuaient à être jugées par des tribunaux fonctionnant suivant les règles édictées par le décret du 29 mai 1936 organisant les juridictions indigènes (tribunaux de conciliation, tribunaux de premier degré, tribunaux de deuxième degré, une chambre spéciale d'homologation).

C'est ainsi que pour faire fonctionner les juridictions et, donc, vaincre l'insuffisance des magistrats il avait fallu, afin de satisfaire les besoins du service, faire preuve d'imagination pour qu'émerge une gestion, relativement, rationnelle des effectifs par le système estimé salutaire dénommé « délégations de magistrats », institué suivant ordonnance n° 64/4 du 21 janvier 1964 autorisant les délégations de magistrats.

A – L'autorité compétente

157 - Délégations de magistrats, pouvoir du ministre de la Justice. Grâce au procédé de la délégation de magistrats, le garde des Sceaux, ministre de la Justice pouvait déléguer, par arrêté, les juges des tribunaux de grande instance et d'instance aux fins de leur habilitation